U0800390

高速铁路岗位培训教材

CRH380B(L)型
动车组司机

中国铁路总公司劳动和卫生部
中国铁路总公司运输局

中国铁道出版社有限公司
CHINA RAILWAY PUBLISHING HOUSE CO., LTD.

内 容 简 介

本书为高速铁路岗位培训教材之一，全书共分为十三章，内容包括：高速铁路及动车组技术概论、动车组概述、动车组司机室、动车组牵引传动系统、动车组制动系统、动车组信息网络、动车组辅助设备、列车运行控制系统、客运专线防灾系统、高速铁路基础设备、动车组司机室设备检查和操作、动车组操纵、故障处理及非正常行车。

本书可作为高速铁路职工岗位培训教材，也可供高速铁路动车组维修和运用管理人员学习，对各类职业院校相关师生学习也有重要的参考价值。

本书内容如有不符最新规章标准之处，以最新规章标准为准。

图书在版编目(CIP)数据

CRH380B(L)型动车组司机/中国铁路总公司劳动和卫生部，中国铁路总公司运输局组织编写．—北京：中国铁道出版社，2016.6（2025.2重印）
高速铁路岗位培训教材
ISBN 978-7-113-21827-0

Ⅰ.①C… Ⅱ.①中… ②中… Ⅲ.①高速动车-岗位培训-教材 Ⅳ.①U266

中国版本图书馆 CIP 数据核字(2016)第 113857 号

书　　名：CRH380B(L)型动车组司机
作　　者：中国铁路总公司劳动和卫生部　中国铁路总公司运输局

责任编辑：黄　璐　　**编辑部电话：**(010)51873421　　**电子邮箱：**jiche@tdpress.com
封面设计：王镜夷
责任校对：苗　丹
责任印制：高春晓

出版发行：中国铁道出版社有限公司（100054，北京市西城区右安门西街 8 号）
网　　址：https://www.tdpress.com
印　　刷：北京联兴盛业印刷股份有限公司
版　　次：2016 年 6 月第 1 版　2025 年 2 月第 9 次印刷
开　　本：787 mm×1092 mm 1/16　**印张：**19.5　**字数：**490 千
书　　号：ISBN 978-7-113-21827-0
定　　价：68.00 元

前言

随着我国高速铁路的快速发展，动车组保有量不断增加，新车型不断增多，对动车组运用、检修人员的岗位技术业务和操作技能提出了更高要求。为满足各型动车组运用、检修人员岗位培训的需要，中国铁路总公司劳动和卫生部、运输局在原铁道部开发的CRH1、CRH2、CRH5型动车组司机、动车组机械师岗位培训教材的基础上，组织编写了高速铁路动车组系列岗位培训教材。本套教材是高速铁路岗位培训教材的重要组成部分。

本套教材分为动车组司机与动车组机械师两个系列，涵盖了目前投入运营的高速铁路动车组主要车型。教材紧扣动车组司机、动车组机械师《铁路职业技能培训规范》，内容包含了培训规范的主要能力模块。本着岗位培训实际、实用的原则，教材对动车组各系统的工作原理只作基本介绍，不作深入阐述，重点突出了动车组实际运用、检修以及故障处理等相关内容。

本套教材适用于动车组司机、动车组机械师岗前培训、岗位适应性培训或职工自学使用。需要重点说明的是，随着动车组技术的不断发展和现场运用的实际需要，动车组技术参数、系统软件及组成部件会发生更新和升级，这会导致动车组运用、检修相关规程或操作程序发生变化，可能会与本教材当前表述不一致，在实际培训教学中，建议教师编制教学讲义或现场教学以最新规程规定和新版操作手册说明为准。

本书为CRH380B(L)型动车组司机岗位培训教材。全书共分十三章，内容包括CRH380B(L)型动车组各系统结构原理、检查操纵以及故障处理等。为便于教学使用，书中各章均配有复习思考题。

Preface

本书由北京铁路局负责组织编写，主编：王永辉；参加编写人员：方小龙、王勇、张涛、赵军、邓洪、房永超。

本书由中国铁路总公司劳动和卫生部、运输局组织审定，主要审定人员：李刚、郭小青、韩钧、刘涛、高波、程卫明、傅永成、张炜、张进。在本书编写、审定过程中，还得到相关厂家、铁路局的大力支持和帮助，在此一并表示感谢。

编　者

2016 年 3 月

目录

Contents

Contents

第一章 高速铁路及动车组技术概论

高速铁路既是现代高新技术的集成，又是正在不断发展的高新技术的应用，是世界铁路发展的方向。高速铁路虽然源于传统铁路，但借助于多项高新技术已全面突破了常规铁路的概念，形成一种能与既有路网兼容的新型交通系统。高速铁路在运营过程中更新换代，其技术还在不断发展与完善。本章重点介绍世界高速铁路发展、技术特点及动车组发展情况。

第一节 国内外高速铁路运输的发展及现状

世界交通运输的发展史，从根本上讲就是以提高速度为主要目标的技术开发史。由于火车速度高于轮船和马车，19 世纪后半叶至 20 世纪初，铁路得到了大发展，并促进了整个社会经济的进步。第二次世界大战后，汽车和石油工业蓬勃发展，发达的资本主义国家高速公路异军突起，航空运输日新月异，机型不断更新，铁路为之受到挑战，一度被视为“夕阳产业”。在这种形势下，迫使铁路部门加快了提高行车速度的步伐，高速铁路应运而生。

1964 年 10 月 1 日世界第一条高速铁路——日本东海道新干线正式开通运营，标志着高速铁路技术开始进入实用阶段。当时高速铁路定义为最高速度 200 km/h 及以上的铁路运输系统。

随着技术的不断发展，国际铁路联盟（UIC）1996 年在互通运营指导文件中进行了更确切的定义，适度提高了新建线的标准，规定“新建线路达到 250 km/h 及以上，既有线改造达到 200 km/h 及以上的铁路”为高速铁路。我国目前沿用了此标准。但在我国高速铁路相关建设及运用维护工作中，综合考虑了技术管理特别是核心设备换代方面的实际情况，我国《铁路技术管理规程》高速与普速部分划分标准主要按 200 km/h 进行划分。

一、高速铁路特点

高速铁路具有其他交通运输系统难以比拟的多项优势，得到世界各国的普遍重视。

（一）旅客需求方面

1. 安全系数大

安全性是旅客最关切的核心因素。铁路的安全性是由轨道交通系统的基本运行原理决定的。以列车的自动导向为例，极大规避了人工参与导向次生的误操作等问题。

与高速公路比，据统计美国每年因车祸死亡的人数约为 5.5 万人，受伤人数多达 200 万左右，德国、法国和日本每年死亡人数也在万人以上，并有近 10 万人因伤致残；而民航失事也时有发生。

尽管各个国家统计口径不完全一致，但都反映了铁路运输的安全优越性。高速铁路安全性更优于普通铁路，日本近40年，法国近10年未发生过列车颠覆和旅客死亡事故。

2. 旅行总时耗小

据统计分析，目前高速铁路在100～1 000 km范围内，与公路和航空运输相比具有明显的旅行总时耗优势，而此范围能涵盖大部分旅行需求。

与汽车运输比，速度快，在大于200 km的范围内优势明显。自驾里程大于200 km的旅客改乘高速列车越来越多。与航空运输比，节省机场往来及安检等附增时间，在总里程小于1 000 km的情况下，与飞机相比具有明显的优势。

3. 正点率高

航空运输受气候影响大，风、雪、雨、雾等各类异常天气下易晚点。高速公路堵塞情况也时有发生，风、雨、雪、雾等各类异常天气下易受到干扰。高速铁路在气候适应性方面比较强。

高速铁路线路为全封闭、全立交、系统自动进行导向，并采用多项高新技术，列车调度精准，列车运行速度可控，大大减少了不确定性。列车在站发车，从原理上能保证其正点运行。日本高速列车50年来平均误点48 s。如在大雾天气下，前行列车位置不通过司机瞭望来实现防护，而是由列控系统自动获取位置信息并进行防护计算，极大降低了大雾导致司机可视范围降低带来的影响。

4. 舒适度好

高速列车座椅空间整体比汽车、飞机大。同时列车上就餐、给排水及卫生系统配备齐全，使用空间大。高速列车运行平稳，运行过程中通过曲线时旅客无乘坐汽车的明显晃动感，也无飞机起降和遇气流时的强烈颠簸感，整体乘坐舒适度较高。

(二)国家战略方面

从国家层面，除考虑旅客直接需求外，我国幅员辽阔，各地区资源分布、经济发展不平衡，运输需求巨大。发展高速铁路适应我国国情，高速铁路运输能力大、能源消耗少、环境污染小、社会效益高。

1. 运输能力大

据相关资料统计，高速铁路每天开行列车192～240对时，若每列车平均乘坐800人，年均单向输送能力将达5 600万～7 000万人。

在同等占地面积下，双线高速铁路的运能是双向四车道高速公路的3倍。航空运能则远低于高速铁路运能。日本东海道新干线年运量1.7亿人次，是原来东京—大阪间航空运量的10倍、高速公路的5倍，但运输成本只是其1/5～2/5。

2. 能源消耗少

据统计，各种交通运输工具平均每人公里的能耗：高速铁路与小汽车、飞机之比为1∶5.8∶5.3。高速铁路能耗最低。

更为突出的是，电力驱动的高速列车不直接消耗石油，具有重大国防意义。战斗机、军舰等国防装备目前主要还是以石油做动力。石油属于战略能源，关系到国家安全。石油属于不可再生资源，一般认为，如果国家进口石油比例超过70%，战略地位受其他国家间接牵制太大，存在战略风险。

同样的行程使用高速列车，国家需提供 1 个单位的能源。若改航空运输，则需国家提供 5.3 个单位的石油能源为前提。若改成小汽车运输，则需国家提供更多的石油能源为前提。

因此，国家通过建设高速铁路优化运输结构，整体上比使用汽车或飞机承运，可节约 4/5 的石油。高速铁路运输能力大，节省的石油极为可观，可有效降低石油进口比例，提升国家的战略安全。

由此看出，优化国家的战略能源结构，必须大力发展高速铁路等低能耗交通运输系统。

3. 环境污染小

电力驱动的高速列车运行污染物排放比其他交通运输工具小得多。特别是在“雾霾”治理方面，根据发达国家经验，减少汽车污染物排放是关键因素。

电力驱动的高速列车运行不污染环境，表 1-1 统计数据是将发电厂发电污染折算到高速列车后的数据。即便如此，其污染物排放量仅为汽车的百分之几。因此，高速铁路属于绿色的交通运输方式。

表 1-1　每人公里排放污染物量对比(g)

污染物	小汽车	高速列车
CO	9.3	0.06
NO_x	1.7	0.43
CH	1.1	0.03

4. 社会效益高

高速铁路具有极高的社会效益，可节约整体社会交通运输耗时。将旅客从其他交通运输方式转乘高速列车节省的旅行时间等效成旅客的工作时间，极大减少社会的工作消耗，等效为社会增创大量财富。

初步统计，京沪高速铁路一年可节约 10 亿小时。据日本新干线统计，旅客从既有线改乘新干线高速列车，每年可节约旅行时间 3 亿小时。即每年节省的时间效益相当于当时修建东海道新干线所需的全部费用。此外，可减少高速公路交通堵塞或事故给国民经济带来的巨大损失，减少给家庭带来的巨大伤害。

欧共体国家用于解决公路堵塞的费用约占国民生产总值的 2.6%～3.1%，相当于整个欧洲高速铁路网的全部投资；用于处理公路事故的费用也占国民生产总值的 2.5%。

另外，高速铁路开通运营可增加各地区经济文化交流，对促进地方经济发展、民族团结具有重大意义。投资高速铁路也可作为国家宏观经济调控手段，可带动基建、冶金等一大批行业的发展。

综上所述，不论从国家战略层面，还是从旅客需求层面，高速铁路具有特殊的优越性，已成为各国交通运输发展的共同趋势。发展高速铁路属于国家行为。世界多个国家甚至一些发展中国家，都正在发展或者正在规划高速铁路，如南非、埃及、委内瑞拉等。随着市场需求、技术发展，高速铁路运营需求必然进一步提升，向着速度更高、更安全、更舒适、更经济、更环保的方向发展。

二、国外高速铁路发展概况

(一)国外高速铁路发展过程

共分三个阶段:

第一阶段:自 1825 年在英国诞生世界第一条铁路来,铁路牵引动力设备从蒸汽机车发展到内燃机车及电力机车最后到动车组。

第二阶段:从 20 世纪初开始,德国、法国、日本等国都开展了大量的有关高速列车的理论研究和试验工作。

1. 1903 年 10 月 27 日,德国用电力机车首创了试验速度 210 km/h 的历史纪录;

2. 1955 年 3 月,法国用 2 台电力机车牵引 3 辆客车试验速度达到了 331 km/h,刷新了高速铁路的纪录。

第三阶段:从 20 世纪 60 年代进入实用阶段,80 年代至 90 年代取得突破性进展。

1. 1981 年法国高速列车时速达到 270 km ;

2. 1989 年法国 TGV 大西洋铁路又以 300 km/h 速度投入运营;

3. 1990 年 5 月 13 日,时隔仅 8 个月法国再创 515.3 km /h 的试验速度;

4. 2007 年 4 月 3 日,法国 V150 试验列车创造了轮轨高速铁路试验速度 574.8 km/h 的世界纪录,如图 1-1 所示。

图 1-1　V150 试验列车

(二)国外高速铁路开通状况

日本是世界首条正式商业运营的高速铁路的国家,东海道新干线诞生于 1964 年。

1981 年,法国东南线开通。

1991 年,德国两条高速铁路开通。

1992 年,西班牙首条高速铁路开通。

1992 年,意大利首条高速铁路开通。

1994 年,英法海峡高速海底隧道开通。

据国际铁路联盟统计,截至 2013 年 11 月,世界已有十多个国家的高速铁路投入运营,高速铁路运营里程达到了11 605 km。

(三)国外高速铁路速度等级划分

目前公认的定义为国际铁路联盟(UIC)规定的新线 250 km/h 以上，既有线改造 200 km/h 以上的铁路称为高速铁路(图 1-2)。

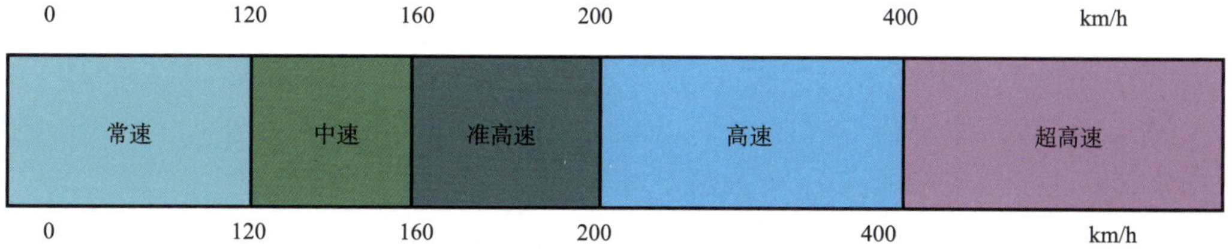

图 1-2　速度等级划分

(四)国外主要国家高速铁路发展概况

1. 日本

日本是世界上第一个建立商业运营高速铁路的国家。日本高速铁路称为新干线(Shinkansen)，东海道新干线 1959 年动工，于 1964 年东京奥运会开幕前通车，使用日本 0 系光号 16 辆编组高速列车担当，并采用全动力分散方式，如图 1-3 所示。

图 1-3　世界首列高速列车——日本 0 系高速列车

新干线建成后，大量客流转向新干线，迫使东京至名古屋的航班停运，极大地促进了日本沿线城市的发展。日本新干线的建设扭转了世界铁路“夕阳产业”的命运，各国铁路界为之震惊，新干线成为日本的名片。

1971 年日本国会审议并通过了《全国铁道新干线建设法》，掀起了高速铁路建设的浪潮。1975 年山阳新干线通车营业，列车最高速度 270 km/h。1982 年上越新干线通车营业，列车最高速度 240 km/h；1985 年东北新干线通车营业，列车最高速度 240 km/h；1997 年长野新干线通车营业，列车最高速度 260 km/h。

到 2013 年建成的线路有：从八户到青森长 96.5 km 的高速线(东北新干线延长线)；从青森到札幌长 300 km 的高速线(北海道新干线)；长野—富山—小松—大阪长 473 km 的高速线(北陆新干线延长线)；福冈—熊本—八代长 130.9 km 和福冈—长崎长 140 km 的九州新干线的 2 条支线。

目前,日本新干线全部营业里程已达 2 170 km,短途新干线里程 275.9 km,并计划再修建 5 000 km 高速铁路 。

日本高速列车大致可划分为两大类:

(1)0 系(1964 年)、100 系(1985 年)、200 系(1980 年)、300 系(1990 年)、400 系(1990 年)、500 系(1997 年)、700 系(1997 年)、800 系(2004 年)、N700 系(2007 年、摆式)。此类高速列车主要运行于东海道、山阳、九州新干线。

(2)E1 系(1994 年)、E2 系(1995 年,2002 年升级至 E2-1000)、E3 系(1995 年)、E4 系(1997 年)、E5 系 Fastech360、E6。此类高速列车主要运行于东北等新干线。

日本高速动车组列车至今已形成完整体系,如图 1-4 所示。

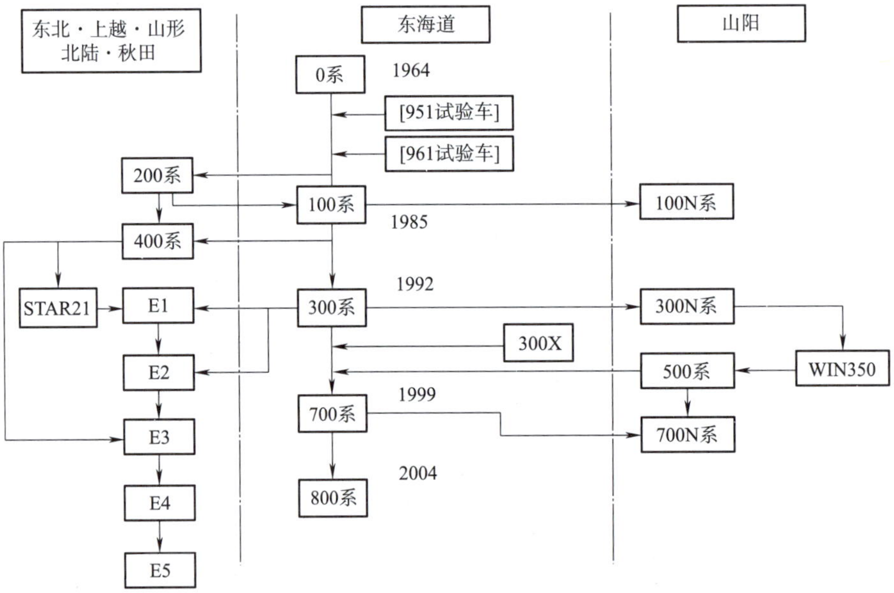

图 1-4　日系动车组型号发展示意图

其中,Fastech360 是为了研究以 360 km/h 速度营运的可行性而设计的倾摆式交流传动动车组,引入风阻制动机构,定型为 E5 系,2011 年 3 月 5 日起开始商业化运营,目前最高运行速度 320 km/h,如图 1-5 所示。

图 1-5　Fastech360 高速列车

日本针对地理环境较差、土质松软、山地河流较多的情况，为降低对轨道等基础设施的要求，动车组采用动力分散方式，且大力推进高速列车的轻量化设计，日本高速列车轴重基本在14 t以下，而欧洲高速列车基本在17 t以上。

日本的列车运行控制系统(DS-ATC列控系统)使用有绝缘数字轨道电路发送列车位置、目标速度、进路条件和轨道电路状态等信息。车载设备采用数据库方式存储线路数据，并生成一次连续速度控制曲线。列车制动采用设备控制优先方式。

2. 法国

法国是继日本之后世界上第二个商业运营高速铁路的国家，也是高速列车运营速度最高的国家。

法国高速列车称为TGV(法文“Train à Grande Vitesse”即超高速列车的缩写)，高速铁路称为TGV高速铁路系统。日本新干线后，法国以极高的热情推进本国铁路的高速化。前期尝试使用燃气轮机作为动力，直至1976年才转向电力驱动研究。

法国政府于1971年批准修建TGV东南线巴黎至里昂，全长417 km，其中新建高速铁路线389 km)，东南线于1976年10月正式开工，1983年9月全线建成通车，列车最高运行速度270 km/h。

随后在1989年、1990年，法国又建成巴黎至勒芒、巴黎至图尔的大西洋线，列车最高速度达到300 km/h。

1993年，法国第三条高速铁路TGV北线开通运营。北线也称北欧线，由巴黎经里尔，穿过英吉利海峡隧道通往伦敦，并与欧洲北部比利时的布鲁塞尔、德国的科隆、荷兰的阿姆斯特丹相连，是一条重要的国际通道。21世纪，法国把东南线延伸至马赛，并修建通向意大利和西班牙的南部欧洲线以及巴黎至德国的东部欧洲线，逐渐与邻国相连。

法国高速列车模式与日本不同，前期一直致力于动力集中模式，并采用铰接式转向架，满足跨国直通运行是其突出特征；后期致力于动力分散模式。法国新一代高速列车称为AGV(法文“Automotrice à Grande Vitesse”即高速动车组的缩写)，运营速度360 km/h，采用动力分散方式永磁电机驱动，如图1-6所示。

法国高速动车组列车至今已形成完整体系，如图1-7所示。

图1-6　AGV高速列车

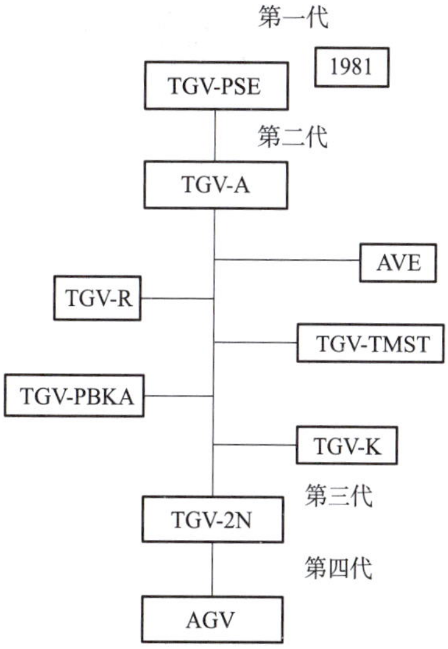

图1-7　法国高速列车发展示意图

法国列车运行控制系统(TVM430 列控系统)使用无绝缘数字轨道电路,采用列控联锁一体化设备(SEI)生成行车许可并通过钢轨传送到列车。车载设备根据轨道电路报文产生分段连续速度控制曲线。列车制动采用司机控制优先方式。

3. 德国

德国是最早制造和运用动车的国家,制造技术处于领先地位。1903 年 7 月 8 日,运行由钢轨供电的动车组,由 4 节动车和 2 节拖车编组。同年 8 月 14 日,又运行由接触网供电的动车组,这是世界上第一列由接触网供电的单相交流电动车组。同年 10 月 28 日,西门子公司制造的三相交流电动车进行高速试验,首创速度 210.2 km/h 的历史性纪录。

德国的实用性高速铁路直到 20 世纪 90 年代初才开始修建。1982 年,首列 ICE-V 型试验车被德国铁道定购,1985 年交付使用,并在之后以 406.9 km/h 的速度成为当时世界纪录。

德国高速列车称为 ICE(为 Inter City Express 城际快车的缩写)。1988 年 5 月 1 日,ICE-V 创造了 406.9 km/h 的世界速度。1991 年,德国推出 ICE-1 动车组,是德国第一代高速列车。德国高速列车在动力配置上与法国类似,前期擅长动力集中式,后期转入动力分散式动车组研究。在 2000 年,推出动力分散 ICE-3 高速列车,速度可达 320 km/h,如图 1-8 所示。

图 1-8 ICE-3 高速列车

以 ICE-3 做基础,德国西门子公司推出 Velaro 高速列车平台("Velaro"衍生自"高速"的西班牙文词组 Velocidad Alta),可以根据运营商的具体需求定制。

2007 年,德国启动 Velaro 柔性平台项目,突出其通用性、灵活性。目前已生产出应用于德国铁路的 Velaro D 高速列车,如图 1-9 所示。

德国高速动车组列车至今已形成完整体系,如图 1-10 所示。

德国列车运行控制系统(LZB 列控系统)采用轨道电缆(交叉环线)方式传输车-地信息。使用 S 棒无绝缘轨道电路实现列车占用和完整性检查。车载设备采用连续速度控制模式曲线监控列车安全运行。列车制动采用司机控制优先方式。

图 1-9　Velaro D 高速列车

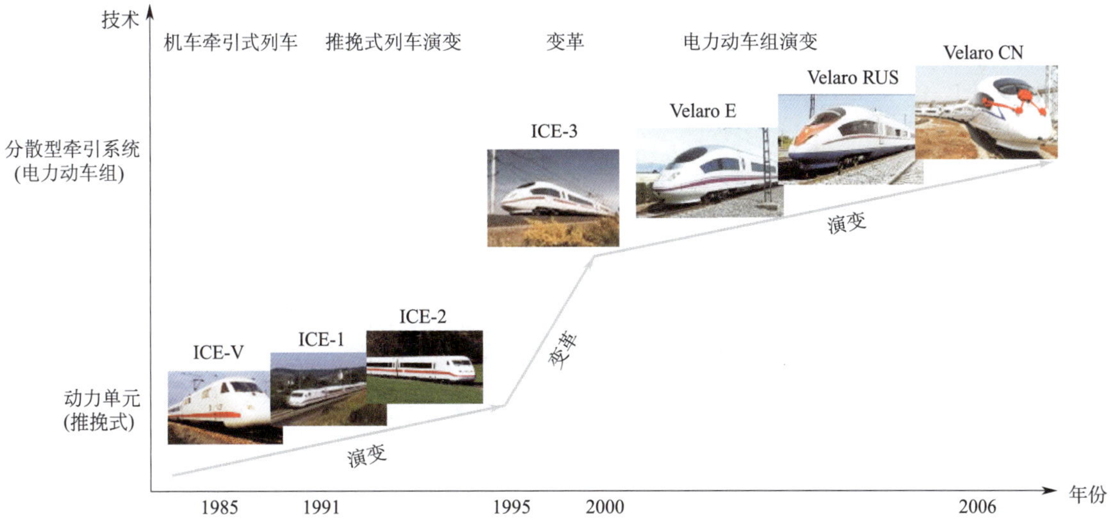

图 1-10　德国高速动车组发展过程

4. 意大利

意大利是欧洲首个进行铁路高速化的国家。其首条高铁(罗马—佛罗伦萨高速铁路)1970 年动工,1977 年首段通车。模式与德国类似,全部修建新线,客货列车混用,采用摆式列车模式。意大利高速列车简称 ETR(Electrico Treno Rapido 高速电动车组首字母)。

1960 年,意大利国家铁路和菲亚特轨道车辆集团合作,研制可以倾斜单一座位的特殊系统。1969 年研制出第一台摆式列车原型 ETR Y 0160(首款命名为 Pendolino 的车型,Pendolino 潘多利诺意大利语“小摆钟”)。1974 年研制出 ETR401 摆式列车,如图 1-11 所示。

1985 年发展至 ETR450,后又升级至 ETR460 和 ETR480。

菲亚特铁路公司的 Pendolino 系列摆式列车在欧洲广泛使用,如为芬兰提供的 SM3 型摆式列车是基于 ETR 460 型设计(图 1-12),按前芬兰国家铁路 VR 的特定要求和当地严寒气候进行改造。菲亚特公司于 2000 年被法国阿尔斯通公司收购。

图 1-11 ETR401 摆式列车

图 1-12 SM3 型摆式列车

新一代摆式列车车型 ETR 600 和 ETR 610 已于 2006 年起交付,如图 1-13 所示。此外,意大利于 2008 年采购了 25 列法国 AGV575 高速列车,编号为 ETR1000。

图 1-13 ETR 610 型摆式列车

5. 瑞典

受日本新干线和法国 TGV 的影响，瑞典也推进铁路提速。

由于瑞典铁路弯道多、曲线半径小，考虑全面改造基础设施或新建高速铁路投入较大，瑞典国有铁路(SJ)决定开发一种能在既有线上以较高速度运行的列车。其采用了摆式列车实现高速运行客货混用方案。

瑞典国铁和 Adtranz 公司经过多年的研究实验，研制成功 X2000 型动力集中式摆式列车，如图 1-14 所示，并于 1990 年投入运用。X2000 仅在非机车部分设置车体倾摆功能，且使用径向转向架。

图 1-14　X2000 摆式列车

此后，瑞典还研制出 XZ、XCE 等型号的摆式列车。X2000 对瑞典铁路有很重要的意义，1990 年投入运营即令当时陷入低潮的瑞典铁路客运重新发展，成为瑞典高速列车的代表。

由于 X2000 摆式列车在站间距短的城郊地区营运成本较高，ADtranz 公司于 2000 年研发出 Regina 电动车组，如图 1-15 所示。Regina 动车组编组灵活，可以采用两节或三节短编组运行，也可用三个单元编组成一列车(6～9 节)以重联方式运行，是理想的中短途客运和城际交通用车。Adtranz 公司 2011 年被庞巴迪公司收购。

图 1-15　Regina 动车组

6. 其他国家

随着世界高速铁路的发展，西班牙、韩国、俄罗斯、美国等多个国家也开始大力发展本国的高速铁路。西班牙、韩国等引进其他国家先进技术，开发自主品牌。如西班牙 Talgo-350(2006)交流传动 350 km/h 倾摆式动车组，如图 1-16 所示，韩国 HEMU-430X 交流传动 370 km/h 动车组，如图 1-17 所示。

图 1-16 西班牙 Talgo-350 高速动车组

图 1-17 韩国 HEMU-430X 高速动车组

三、我国高速铁路发展概况

我国具有国土辽阔、人口众多、经济发展不平衡等特点，铁路与其他交通运输方式相比，具有大运力、低成本、节能、环保等优点，在综合运输交通体系中发挥着重要的骨干作用。

改革开放以来，我国的经济和社会飞速发展，而铁路发展一直严重滞后，成为国民经济和社会发展的“瓶颈”制约。为适应全面建设小康社会的目标要求，铁路网必须要扩大规模，完善结构，提高质量，快速扩充运输能力，迅速提高装备水平。

我国对高速铁路的前期研究始于20世纪90年代初。以京沪高速铁路为例，当时处于构思阶段，1990年铁道部完成《京沪高速铁路线路方案构想报告》并提交全国人大会议讨论。共组织456个课题研究，1995年全部完成设计。在高速列车方面，对动力学问题进行大量的理论和实验研究，包括风洞实验、弹射实验、线路实验等。

1994年，我国第一条准高速铁路(广州—深圳)建成并投入运营，运营速度为160～200 km/h。通过科研试验、引进和开发，为我国高速铁路建设做了前期准备。1998年广深铁路电气化提速改造完成，设计最高速度为200 km/h。为研究"通过摆式列车方式在中国铁路既有线实现提速"的可行性，我国于同年从瑞典引入速度200 km/h的X2000摆式列车在广深线运营，并取得巨大成功，特别是其先进的运用维修理念对我国铁路机车车辆的检修体制产生影响。广深铁路是中国由既有线改造进入高速铁路的开端，如图1-18所示。

图1-18　X2000摆式列车

由于中国铁路长期面临运输能力严重不足，制约我国经济发展。在1996年～2000年期间进行的三次中国铁路大提速的基础上，我国制定了《"十五"期间铁路提速规划》，正式将高速铁路建设列入规划。

《规划》提出：到"十五"末期，初步建成以北京、上海、广州为中心，连接全国主要城市的全路快速客运网，总里程达16 000 km；客运专线旅客列车最高速度达到200 km/h及以上，实现高速铁路、部分繁忙干线客货分线。而用于高速铁路车辆的交流电传动、动车组技术研究也同步进行，并开展速度为270 km/h高速动车组(DJJ2)研制。

1999年8月16日，第一条真正意义上的高速铁路秦沈客专正式开工建设，2003年正式开通运营。全线设计速度达到200～250 km/h。

2004年1月，国务院常务会议通过了历史上第一个《中长期铁路网规划》，确定了扩大规模，完善结构，提高质量，快速扩充运输能力，迅速提高装备水平的铁路网发展目标。正式宣布规划建设里程超过1.2万km的客运专线。列车速度目标值达到200 km/h及以上。在三个地区(环渤海地区、长江三角洲地区、珠江三角洲地区)建造城际客运系统。自规划实施后，大批高速铁路相继开工建设。

2004年，中国在广深铁路首次开行速度达160 km/h的国产快速旅客列车。广深铁路被誉为中国高速铁路成长、成熟的"试验田"。

2007年，实行中国铁路第六次大提速，达到世界既有线提速改造先进水平。中国首次在主要提速干线(如京沪线、京广线、京哈线、胶济线等)大规模开行速度高达 200～250 km/h 的中国铁路高速(CRH)动车组列车，标志着我国也已经步入了高速铁路时代。

2008 年 4 月 18 日，合宁高速铁路开通运营，南京至合肥由原来的 4 h 缩短至 1 h 25 min；7 月 20 日，设计速度 250 km/h 的胶济铁路高速铁路东段开通运营，济南到青岛的行车时间仅需 2 h；8 月 1 日，我国第一条设计速度 350 km/h 的高速铁路——京津城际铁路开通并投入商业运营。

2008 年 10 月 31 日，国务院批准了《中长期铁路网规划(2008 年调整)》。该方案将客运专线规划目标由 1.2 万 km 调整为 1.6 万 km，并将城际客运系统扩展到长株潭、中原城市群、武汉城市圈、关中城镇群、海峡西岸城镇群等经济发达和人口稠密地区。

2009 年 4 月 1 日，石太高速铁路开通运营，石家庄到太原只需要 59 min；合肥至武汉高速铁路开通运营，由合肥至武汉的运行时间仅为 1 h 55 min；10 月 1 日，甬台温、温福铁路开通运营，该线为国家Ⅰ级双线电气化铁路，设计速度 200 km/h(预留提速 250 km/h 条件)；10 月 18 日福厦铁路全线铺通；12 月 26 日，当时世界上一次建成里程最长、工程类型最复杂的武广高速铁路开通并投入商业运营。

2010 年 2 月 6 日，世界首条修建在湿陷性黄土地区的郑西高速铁路开通运营；7 月 1 日，沪宁城际高速铁路开通运营；9 月 20 日，昌九(南昌至九江)城际高铁开通运营；10 月 26 日，沪杭高铁开通，运营时速 350 km，上海至杭州运行时间仅需 45 min。12 月 30 日，海南东环高速铁路正式运营通车。

2011 年 1 月 7 日，广珠城际铁路高速铁路正式运营通车；6 月 30 日，京沪高速铁路开通运营，成为目前世界上一次建成里程最长的运营线路；12 月 26 日，广深港高铁(广深段)正式开通，广州南站到深圳北站只需 35 min。

2012 年 9 月 28 日，郑武高铁开通投入运营；12 月 26 日，北京至郑州段开通运营，至此，京广高速铁路全线贯通运营，北起首都北京，南到广州，经过河北、河南、湖北、湖南、广东 5 省，全程 2 298 km，是世界上运营里程最长的高速铁路。从北京坐高铁到广州的旅行时间缩短至 8 h。

2012 年 12 月 1 日，世界上第一条新建高寒铁路——哈大高速铁路开通运营。

2013 年 9 月 12 日盘营高速铁路通车；11 月 26 日，津秦高速铁路通车；12 月 28 日厦深、渝利高速铁路通车；12 月 30 日，柳南高速铁路通车，进一步完善了国家铁路网在广西的布局，让广西南宁至首都北京实现全程高铁。

2014 年，大西、宜万、沪昆东段、南广、贵广、兰新等高速铁路相继开通。

经过 10 多年的高速铁路新线建设和对既有铁路的高速化改造，我国已经拥有世界上最大规模高速铁路网。我国高速铁路里程名列世界第一。

在高速列车发展方面，我国共经历了两个阶段，从 1958 年到 20 世纪 80 年代末期，是我国铁路动车和动车组发展的初始阶段，动车组的发展刚开始萌芽，虽然历经 30 余年，但发展程度仍然不高。20 世纪 90 年代到 21 世纪初，我国铁路动车和动车组进入了发展的第二阶段，这是高速发展阶段。

前期曾研制出多种型号高速列车。如北海号、北亚号、长白山号、春城号、大白鲨号、罕露号、金轮号、晋龙号、庐山号、神州号、先锋号、新曙光号、中原之星等。其中，以后期研发的蓝箭、中华之星高速列车影响最为深远。蓝箭和中华之星分别于 2001 年和 2005 年在广深线和秦沈客运专线上投入试验性商业运营。

“蓝箭”高速列车是为满足广深线“小编组、高密度、高速度”的公交化客运要求，由株洲电力机车厂、株洲电力机车研究所、长春客车厂和广铁集团于 2000 年共同研制的新一代交流传动高速电动旅客列车组，最高速度 220 km/h，如图 1-19 所示。

图 1-19 “蓝箭”高速列车

“中华之星”高速列车在秦沈客运专线创造了“中国铁路第一速”的 321.5 km/h 速度纪录，如图 1-20 所示。

图 1-20 “中华之星”高速列车

2004 年 4 月 1 日，国务院召开会议专题研究铁路机车车辆装备有关问题，形成《研究铁路机车车辆装备有关问题的会议纪要》，明确了“引进先进技术、联合设计生产、打造中国品牌”基本原则，确定重点扶持国内机车车辆制造企业、引进少量原装、国内散件组装和国内生产的项目运作模式，实现我国铁路客运发展的高速化。

2004 年 7 月 29 日，国家发改委与原铁道部联合印发《大功率交流传动电力机车技术引进与国产化实施方案》和《时速 200 km 动车组引进与国产化实施方案》。

通过技术引进、消化、吸收，国内形成四家机车车辆重点制造企业和多家外围企业，实现了动车车辆制造水平的跨越，增强了市场竞争力，有力地推动了我国相关民族工业的发展壮大。在这些重点制造企业中，有中车长春轨道客车股份有限公司联合阿尔斯通公司，制造生产出

CRH5 型动车组；中车青岛四方机车车辆股份有限公司联合日本川崎重工，制造生产出 CRH2 型系列动车组；青岛四方庞巴迪铁路运输设备有限公司，制造生产出 CRH1 型系列动车组。中车唐山机车车辆厂联合德国西门子公司，制造生产出 CRH3 型系列动车组。同时，在时速 200 km 的技术平台上，自主创新研制出时速 300 km 及 350 km 动车组，新研制的时速 400 km 动车组即将下线。

我国高速列车运行控制系统（CTCS 系统）以分级形式满足不同线路运输需求的技术规范，它的体系结构按铁路运输管理层、网络运输层、地面设备层和车载设备层配置，以地面设备为基础，车载与地面设备统一设计，分别采用传统轨道电路和应答器及无线网络传输行车许可信息，并保证列车安全运行。

第二节　高速铁路运营模式及动车组发展历程

高速铁路技术是当代世界铁路的一项重大技术成就，它集中地反映了一个国家铁路牵引动力、线路结构、运行控制、运输组织和经营管理等方面的技术水平，也体现了一个国家的科技和工业水平。高速铁路在经济发达、人口密集的地区经济效益和社会效益突出。

一、高速铁路主要运营模式

（一）国外高速铁路主要运营模式

目前，世界高速铁路以日本新干线、法国 TGV 和德国 ICE 为世界高速铁路技术、运营管理的代表。

1. 日本新干线模式

是指全高速独立运营模式。日本高速铁路列车运营管理及运输组织有如下特点：

（1）高速铁路采用与既有线不同的线路标准。旅客列车专用，是与既有线轨距不同、互不联轨的独立系统，昼间运营、夜间养护。目前日本拥有 2 100 多公里高速铁路。

（2）绝大部分列车在本线内运行，列车运行密度大，列车运行距离短。

（3）不同区域间的旅客主要采用换乘的方式，其列车运行组织也非常重视列车间的衔接。

（4）为方便旅客，通过改造既有线使部分高速列车延伸到既有线。

（5）非常重视列车运行秩序，保障列车正点运行。在运输组织方面，日本的新干线采取提高速度、增加列车密度等措施提高运输能力，采用各种列车的不同停站方式吸引旅客。高速铁路运行图的能力利用率比较高，运行图是一种均衡运输的模式，看不出明显的运行高峰与非高峰时间，但图中编制了相当多的假日运行线，这些运行线在平日可作为备用线使用。这是日本高速运行图的显著特点。

2. 法国 TGV 模式

是指高速列车下既有线模式。法国高速铁路运营管理和运输组织有如下特点：

（1）法国高速铁路采用全高速，速度均在 200 km/h 以上，建新线全部采用客货列车混用。

（2）部分高速列车下线运行的模式，通达里程远大于高速线里程。

（3）高速铁路网以巴黎为中心，呈放射状。由于 TGV 列车可延伸到既有线上运行，其总通车里程范围为 7 500 km，覆盖大半法国国土。

(4)许多方面与既有线技术装备水差别不是非常大。

(5)客货列车分时运行，昼间运行客车，夜间运行货车。

3. 德国 ICE 模式

是指多种列车混合运行模式。德国高速铁路运营管理及运输组织有如下特点：

(1)高速铁路采用新线建设和既有线改造方式。

(2)德国铁路将 ICE 高速列车主要用于城市间特快列车运行网，高速列车通达里程已超过 5 000 km。德国虽然没有一个完全的高速铁路网，但通过跨线开行高速列车的方式，实现了一个高速列车网，即 ICE 高速列车覆盖全国主要城市。

(3)ICET 摆式车体用于曲线较多的既有线电气化区段。

(4)高速线与既有线联网运营，客货分时混合运行。昼间运行客车，夜间运行货车。

(5)高速列车开行的主要理念体现在方便性、快捷性、通达性兼顾。

(二)国内高速铁路运营模式

我国高速铁路可分为连接各经济区的通道型和连接经济区内主要城市的城际型高速铁路两种基本类型。

1. 从运营模式上，可以分为：

(1)速度目标 350 km/h，与既有线平行的纯高速铁路(如京广、京沪、哈大、徐兰)。

(2)速度目标 250 km/h，与既有线平行的客货混行高速新线(如石太)。

(3)速度目标 250 km/h，无平行既有线的客货混行高速新线(如沿海、沪汉蓉)。

(4)经济区内的城际型高速铁路，属纯高速铁路。

显然，通道型高速铁路与城际型高速铁路、纯高速铁路与客货混行高速铁路存在不同的技术条件。这使我国高速铁路面临较日、法、德等国更为复杂的运营环境及其技术条件。

2. 按照高速列车的运营管理，可以将高速铁路上运行的列车分为本线、下线以及跨线三个等级：

(1)本线列车是指全部在高速线上运行的高速列车，停站少、运营模式单一、速度最快。

(2)下线列车是指始发或终到站一个在高速线并在高速线上运行一定距离的列车。

(3)跨线列车是指始发站和终到站都不在高速线，但在高速线运行一定距离的列车。

3. 我国高速铁路运营模式的主要特点：

(1)运营线路长，客流需求特点存在很大差异。

(2)运行时间长，运行中服务需求存在很大差异。

(3)高速铁路与其他线路相关程度高，存在本线、下线、跨线等运输组织方式呈现多样化。

(4)高速铁路运行图在高速铁路建成初期采用集中均衡式运行图模式，远期采用合理负荷下的规格化饱和运行图模式(简称规格化运行图模式)。

二、动车组种类及发展历程

(一)动车组定义及分类

动车组是指由若干动车和拖车或全部由动车长期固定连挂在一起组成的列车。其特征是固定编组，自带动力，可双向运行。

动车组原意是驱动单元的组合(Powered Car Train-set)，是对传统机车车辆模式进行特定改进而提出的概念。传统列车由机车驱动，中间车厢不带动力。此种方式到站时经常需要将火车头与中间车厢解编，在返回方向重新连挂机车，导致整备时间长，限制运输能力的进一步提高。通过对这种模式进行特定改进，取消传统机车与车辆间的频繁摘挂，把动力单元固定组合在一起，终到站后不再需要对列车进行任何摘挂作业，彻底解决了车端需频繁拆解结构导致的安全可靠性较低的问题。同时，可双向运行（设置两个司机室），提高运输效率。

动车组一般具有加速能力强、爬坡能力强、换向方便等优点。目前，国内外大多数轻轨、地铁、城际列车都是动车组。高速动车组的牵引动力配置主要有动力集中、动力分散两种形式。

传统的机车车辆模式就是牵引动力集中式配置，如图 1-21 所示。列车由一台或几台机车在列车首尾进行驱动。此种方式在黏着一定的情况下，为保证头车牵引力，机车需要适当提高轴重，避免黏着破坏。动力分散则将动力分散至中间车厢上，如图 1-22 所示。

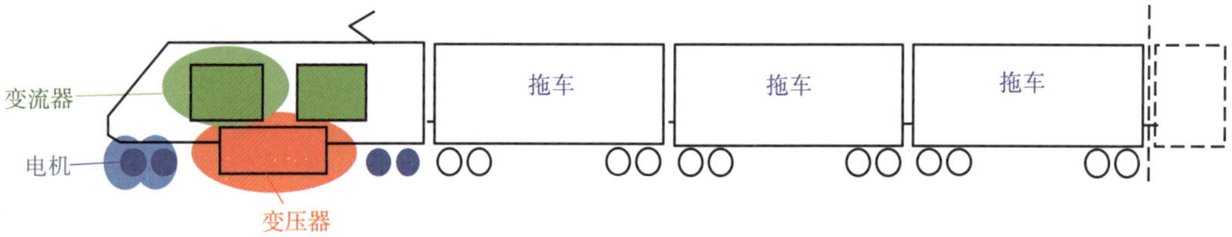

图 1-21　动力集中式动车组

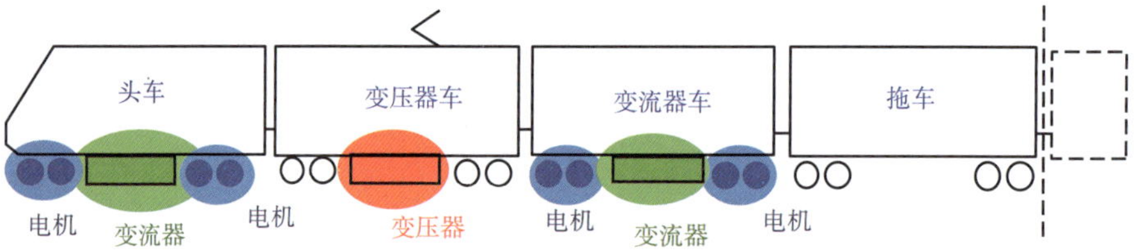

图 1-22　动力分散式动车组

低速运行时动力集中与动力分散方式无明显优劣。但随着列车运行速度的提高，轮轨转换是主要矛盾。第一，动力集中方式机车过重对轨道产生冲击大；第二，动力集中头车黏着接近饱和而其他车厢黏着未充分利用，而速度越高，可用黏着力越小，黏着利用矛盾越突出。第三，动力集中于头车对动力设备功率造成限制，难以满足进一步提高速度的要求。德、法等国家高速列车均由动力集中逐步转向动力分散式。

1. 按照动拖比分类。列车中，有动力的车轴所承载的车重与无动力的车轴所承载的车重之比称为动拖比。列车动拖比小于 1∶3 为动力集中；小于 1∶1 但不小于 1∶3 为弱动力分散；等于和大于 1∶1 为强动力分散。当列车编组中，动力车全部车轴均有动力、每节动力车轴数与非动力车轴数相同且轴重接近的情况下，可以用动力车数量与非动力车节数之比粗略计算动拖比。

动力集中系动车组非常少见，目前只有德国“ICE-1”动车组和中国“新曙光”动车组，前者曾用于城际特快，现用于长途直达班次。

弱动力分散系动车组相对多见，多用于城际和中长途线路。法国的“TGV”、德国的“ICE-1”和“ICE-2”、美国的“Acela”、瑞典的“X2000”、中国的“中华之星”、“蓝箭”、“神州”动车组等都属于弱动力分散系动车组。

强动力分散系动车组最为常见，常用于城际和中长途线路。地铁与轻轨中的动车组、日本的“新干线”各系、法国的“AGV”、德国的“ICE-3”、中国的 CRH 系列均属此列。

2. 按照用途分类。目前，绝大多数型号和数量的动车组都被用于客运领域。少量动车组被用于货运。还有极少一部分用于轨道检测等特殊用途。

3. 按照动力类别分类。动车组可以分电力动车组和内燃动车组。

(二)国外高速动车组种类

自 1964 年 10 月 1 日，世界上第一条高速铁路——日本东海道新干线开通运营以来，动车组的运用随着高速铁路的发展日益广泛。经过 40 余年的发展，形成了以日本新干线、法国 TGV 和德国 ICE 高速动车组为代表的三大技术体系。各国动车组从本国实际需要出发，具有各自的技术特色，为推动世界铁路向高速化发展起到了积极的作用。

1. 日本。主要为 0 系和 E 系两类动车组。采用动力分散型、独立转向架。是世界上最早开行高速动车组的国家。

2. 法国。主要为 TGV 系列高速动车组和 AGV 系列高速动车组。

3. 德国。共有三代多种车型。第一代：ICE-1 型，动力集中型，第二代：ICE-2 型，动力集中型，第三代：ICE-3 型，动力分散型。

到 20 世纪 80 年代中期，日本、法国和德国高速铁路的成功经验带动了世界其他国家和地区高速铁路的发展。意大利、西班牙、瑞典、韩国均已有高速铁路投入运行。除采用日本、法国和德国的技术外，瑞典等国家还通过采用摆式列车提高列车运行速度，实现既有线路高速化，取得良好效果。

(三)国内 CRH 高速动车组种类及发展历程

通过引进、消化、吸收，我国 CRH 高速列车种类基本分为四大系列，分别为 CRH1 型系列、CRH2 型系列、CRH3 型系列、CRH5 型。

1. CRH1 系列动车组简介

CRH1 型动车组是为进行中国铁路第六次大提速，于 2004 年起向庞巴迪运输和“青岛四方—庞巴迪—鲍尔铁路运输设备有限公司”、BSP 订购的 CRH 型动车组之一。经过不断的吸收和研发，至今已自行设计制造出 CRH1A、CRH1B、CRH1E、CRH380D 型系列动车组。

(1)CRH1A 型动车组：以庞巴迪公司为瑞典铁路生产的皇后系列(Regina)动车组(图 1-23)为原型设计，持续运营速度为 200 km/h。除根据我国运用需求由原短编组调整 8 辆编组等外，对转向架、轴箱定位结构进行了较大的改动。采用交流传动及动力分散式结构，编组方式是 5 动车+3 拖车，轴重不大于 16 t，牵引总功率 5 500 kW，车体为不锈钢焊接结构。两组动车可重联运行，如图 1-24 所示。

图 1-23　Regina 动车组

图 1-24　CRH1A 型动车组

(2)CRH1B 型动车组:是在 CRH1A 基础上扩编至 16 节车厢的大编组动车组,车体外观不变。编组方式 10 节动车+6 节拖车。最高运营速度为 250 km/h。牵引总功率 11 000 kW,如图 1-25所示。

图 1-25 CRH1B 型动车组

(3)CRH1E 型动车组:是以庞巴迪公司研发的 ZEFIRO 250 系列为基础制造的 16 节车厢的大编组卧铺动车组。每组包括 10 节动车配 6 节拖车,最高运营速度为 250 km/h,是世界上第一种 250 km/h 的高速卧铺动车组,牵引总功率 11 000 kW,如图 1-26 所示。

图 1-26 CRH1E 型动车组

(4)CRH380D 型动车组:由青岛四方庞巴迪铁路运输设备有限公司(BST)生产,设计运营速度 350 km/h,最高运营速度 380 km/h,最高试验速度 420 km/h。车头安装改进型转向架,配备失稳监控系统,安全可靠性大大提高,该车总功率为 10 800 kW,加速性能优异,如图 1-27所示。

2. CRH2 系列动车组简介

CRH2 型动车组是为进行中国铁路第六次大提速,向日本川崎重工及青岛四方机车车辆股份有限公司订购的高速列车之一。CRH2 系列动车组为动力分散式、交流传动的动车组,采用铝合金空心型材车体。该车型是以日本新干线的 E2 系 1000(图 1-28)为基础改进,至今已自行设计制造出 CRH2A、CRH2B、CRH2C、CRH2E、CRH2A 统型 、CRH380A、CRH380AL、CRH380CL 型系列动车组。

图 1-27　CRH380D 型动车组

图 1-28　E2-1000 型动车组

(1)CRH2A 型动车组:编组方式是 4 节动车配 4 节拖车,每 4 节为一个单元,速度级别属 A 型,标称速度 200 km/h,最高营运速度为 250 km/h,牵引功率 4 800 kW,如图1-29所示。

图 1-29　CRH2A 型动车组

(2)CRH2C 型动车组:是在 CRH2A 型基础上进行升级。主要是把动车数量增至 6 节(6M2T),使用 DSA350 型高速受电弓,以及在电弓两旁加装挡板等。列车速度级别属 C 型,标称速度 300 km/h,最高营运速度为 350 km/h,牵引功率 7 728 kW,如图 1-30 所示。

图 1-30 CRH2C 型动车组

(3)CRH2B 型动车组:为 16 节长大编组动车组,列车速度级别属 B 型,标称速度 200 km/h,最高营运速度为 250 km/h,牵引功率 9 600 kW,如图 1-31 所示。

图 1-31 CRH2B 型动车组

(4)CRH2E 型动车组:为 16 节长大编组的 CRH2E 型卧铺动车组。列车速度级别属 E 型,标称速度 200 km/h,最高营运速度为 250 km/h,牵引功率 9 600 kW,如图 1-32 所示。

图 1-32 CRH2E 型动车组

(5)CRH2A 统型动车组:采用的是动力分散型交流传动方式,以 4 辆动车和 4 辆拖车构成一个编组,标称速度 250 km/h,最高营运速度为 250 km/h,牵引功率 5 152 kW。

(6)CRH380A 型动车组:与 CRH2C 相同,采用 6 动+2 拖编组。牵引功率为 9 600 kW,使用 SS400+型高速受电弓,在受电弓两侧配备立体围护整流罩。动车组持续运行速度 350 km/h,最高运营速度 380 km/h,脱轨系数、轮轴横向力、构架横向加速度和车体振动加速度等指标低于限度标准。

(7)CRH380AL 型动车组:是在 CRH380A 型动车组基础上生产制造,采用 14 动+2 拖的编组方式,牵引功率 20 440 kW,7 个动力单元,56 台牵引电机,使用 DSA350 型高速受电弓,在受电弓的两侧配备立体围护整流罩。动车组持续运行速度 350 km/h,最高运营速度 380 km/h,如图 1-33 所示。

图 1-33　CRH380A(L)型动车组

(8)随着城际动车组的不断推出,四方股份公司研发了 CRH6A 型动车组,如图 1-34 所示。

图 1-34　CRH6A 型动车组

此外,四方股份公司还研制出抗风沙高寒的 CRH2H 型动车组。

3. CRH3 系列动车组简介

CRH3 型动车组是为新建高速城际铁路及客运专线,向德国西门子公司和唐山轨道客车有限责任公司订购的高速动车组。原型为德国铁路西门子公司的 ICE-3 型列车，至今已自行设计制造出 CRH3C、CRH380B、CRH380BL 型系列动车组。

(1)CRH3C 型动车组：采用动力分散式，编组为 4 动+4 拖，铝合金车体。我国在引进过程中主要对车体进行了加宽设计。最高运营速度 350 km/h，牵引功率 8 800 kW，如图 1-35 所示。

图 1-35　CRH3C 型动车组

(2)CRH380B 型动车组：是唐山轨道客车有限责任公司和长春轨道客车股份有限公司在 CRH3C 型动车组基础上自主研发的高速动车组，采用 4 动 4 拖的编组方式，海豚型车头，能够有效减小高速运行时的空气阻力(约 10%)，列车性能优化以提高牵引功率、降低传动比及动车组气动外形减阻为主，舒适度优化主要采取提高列车减振性能、车厢降噪、加强车内气压控制等方式。持续运营速度 350 km/h，最高运营速度 380 km/h，最高试验速度 400 km/h 以上，牵引功率 9 200 kW，如图 1-36 所示。

图 1-36　CRH380B 型动车组

(3)CRH380BL 型动车组:是唐山轨道客车有限责任公司和长春轨道客车股份有限公司在CRH3C 型动车组基础上自主研发的高速动车组,采用 8 动+8 拖编组方式,牵引功率18 400 kW,持续运营速度 350 km/h,最高运营速度 380 km/h。

(4)CRH380CL 型动车组:是继 CRH80A、CRH380B 型高速动车组后诞生的新型高速动车组。首次采用自主研发的网络控制系统。由长春轨道客车股份有限公司研制生产。列车外形采用仿生学原理,车头宛如猎豹极速奔跑的姿态,相比现有动车组外形,降低 12%的气动阻力。采用 16 辆编组,持续运营速度 350 km/h,最高运行速度 400 km/h。其配置的转向架临界速度大于速度 600 km/h。动车组内部设施人性化程度极高,空调设计尤为独特,暖风主要从车厢中间和底部发出,而冷风则主要从车厢顶部的出风口发出。热空气较轻往上走,冷空气依靠自身重力往下坠,乘客置身其中,几乎感觉不到空调风的存在,更加自然、舒适,可最大限度满足乘客商务办公和休闲观光的需要,如图 1-37 所示。

图 1-37　CRH380CL 型动车组

另外,随着城际动车组需求的增大,唐山轨道客车有限责任公司在 CRH3C 型动车组的基础上设计生产了 CJ2 型城际动车组,调整牵引功率,较大程度进行国产化,降低成本,如图 1-38 所示。

图 1-38　CJ2 型城际动车组

长春轨道客车股份有限公司在CRH380BL的基础上，研发生产出CRH380BG高寒型动车组，用于我国高寒地区；研发生产出CJ1型城际动车组，用于城际动车组，主要是调整牵引功率，较大程度进行国产化，降低成本。如图1-39所示。

图1-39 CJ1型城际动车组

CRH3平台动车组运行速度较高，设计安全余量大，技术先进，系统检测及保护较多。但设计理念较为复杂，结构相对其他车型来说较为复杂。

4. CRH5A型动车组简介

CRH5A型动车组是为进行中国铁路第六次大提速，向法国阿尔斯通公司和长春轨道客车股份有限公司订购的CRH型动车组之一。原车型为SM3型摆式动车组(图1-40)。

图1-40 SM3型动车组

引进过程中改动较大，去除了转向架的摆式机构，采用空气弹簧二系悬挂升级原刚簧；列车头型进行升级，换用pendolino 4头型。采用动力分散式，编组5动车+3拖车。可两组重联运行，耐寒性高，其承受温度范围可达±40℃，适用于中国东北、西北地区，持续运营速度250 km/h，最高试验速度 305 km/h,牵引功率 5 500 kW,车体为中空型材铝合金车体,如图 1-41 所示。

图 1-41 CRH5A 型动车组

另外,长春轨道客车股份有限公司在 CRH5A 型动车组基础上设计生产出抗风沙高寒动车组。

5. 综合检测车组简介

在综合检测列车方面,国内各生产厂家均有涉及。其中,青岛四方机车车辆股份有限公司动车组种类最为齐全,借助各速度等级动车组 CRH2A、CRH2C、CRH380A、CRH380B 均研制有综合检测车,如图 1-42、图 1-43 所示。

图 1-42 CRH380AJ-0201 高速综合检测车

图 1-43 CRH380BJ-0301 高速综合检测车

6. 正在研发或即将投入运营的动车组

主要产品包括 CRH6、CRH3A、CRH3G、CRH380AM 等高寒防风沙动车组、智能化高速列车、永磁传动高速列车。其中 CRH380AM 设计速度 500 km/h，在实验室里测试最高速度达 605 km/h，如图 1-44 所示。

(a) CRH6型城际动车组

(b) CRH380AM型动车组

(c) CRH3G型动车组

(d) CRH3A型动车组

图 1-44　即将投入运营的动车组

目前，我国各型动车组正在逐步推进客服、操作界面的统型工作，升级为统型动车组。此外，在技术上，CRH380D、CRH380C 以及城际动车组出现多技术平台融合的情况。随着我国高速列车技术的不断发展，必将形成具有完整体系的中国高速列车标准。

第三节　高速铁路主要技术特点

高速铁路虽然源于传统铁路，但借助于多项高新技术已全面突破了常规铁路的概念，已形成一种能与既有路网兼容的新型交通系统，并在世界诸多经济发达的国家和地区迅速扩展。高速铁路已是当代科学技术进步与经济发展的象征。其在运营过程中不断更新换代，技术还在不断发展与完善。

一、高速铁路技术体系

高速铁路属于超大规模集成系统，高速铁路由工务工程、牵引供电、通信信号、动车组(高速列车)、运营调度系统、客运服务系统六大子系统有机组合而成。高速铁路的技术体系主干如图 1-45 所示。

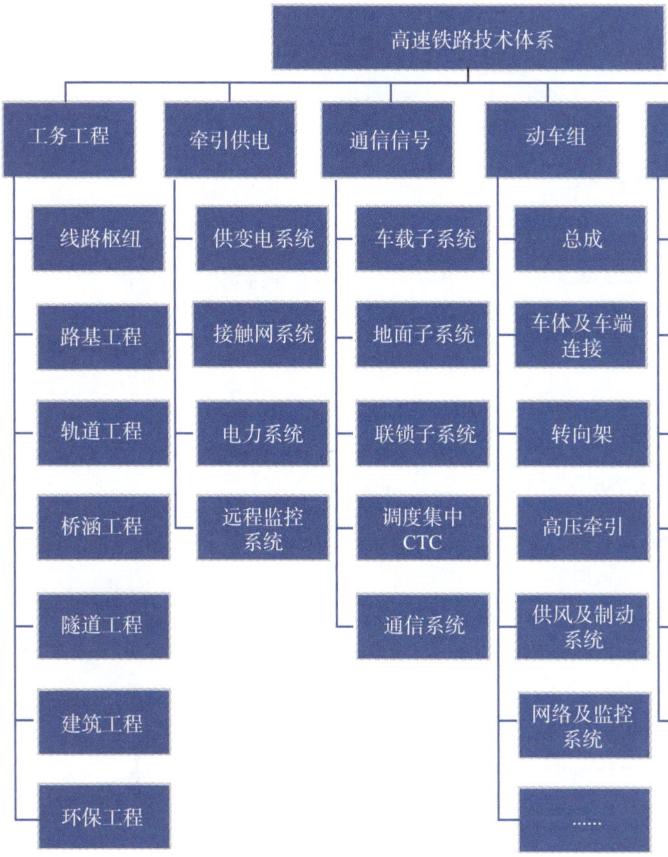

图 1-45　高速铁路技术体系

各系统间既相对自成体系，又相互关联。高速列车与运营调度、列车运行控制系统三者之间关系密切。其相关关系如图 1-46 所示。

由于各国发展高速铁路的国情、路情不同，运输模式不同，故采用的技术和装备也不同，运营管理和养护维修方式也有不同。我国高速铁路技术体系特点是：

1. 满足高速度、高密度、大运量、长距离、高舒适性及多种运输组织形式需求；
2. 兼容不同速度等级的列车，配备多种编组形式的动力分散型动车组；
3. 采用高平顺性、高稳定性、高耐久性且少维修的基础设施；
4. 建立智能化的调度指挥系统、列车自动控制系统及信息化的运营管理系统；
5. 高度重视环境保护，追求高安全性、高可靠性及低运营成本。

二、高速铁路四大类核心技术

1. 线路技术。需保证全天候列车高速运行冲击下线路高平顺度。
2. 列控技术。高速铁路列控系统属于复杂大跨度、高可靠性安全控制系统。
3. 弓网高速受流技术。列车高速运行时动态取流，保证受流质量和系统的维护性。
4. 高速列车技术，也是最核心元素。高速列车是当代高新技术的集成。高速列车方面，涉及各系统技术接口概况典型示意图如图 1-47 所示。

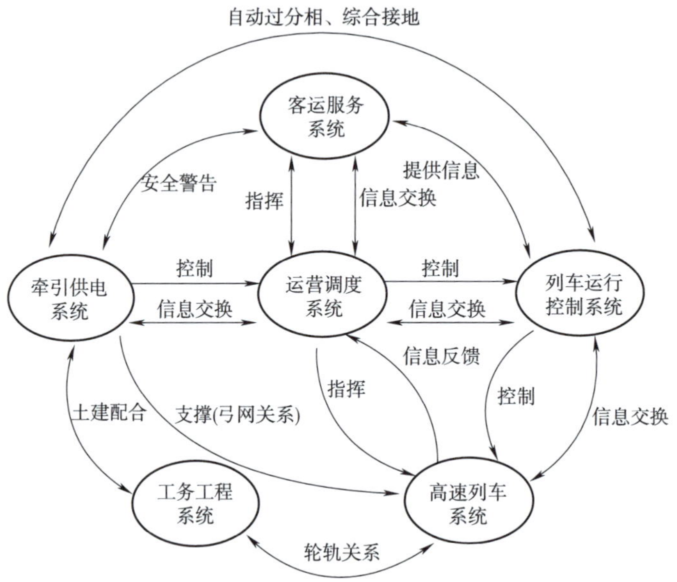

图 1-46　高速铁路技术体系关系图

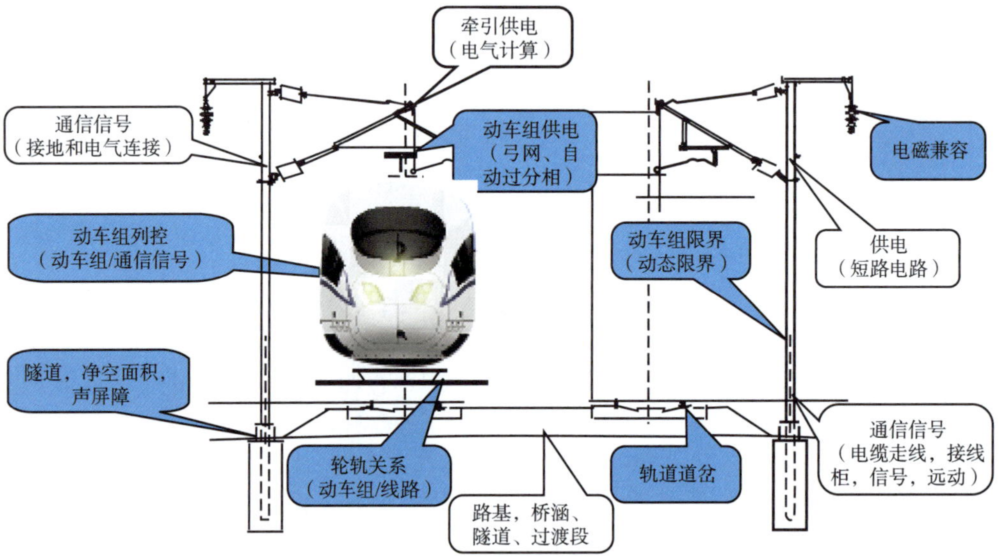

图 1-47　各系统技术接口概况典型示意图

三、工务工程技术特点

为保证高速列车能够长期、持续地安全、平稳运行，要求线下基础具有高平顺性、高稳定性、高精度、小变形、少维修等特点。这些技术特点是高速铁路有别于中低速铁路的最主要之处，需要从线路平纵断面、路基、轨道、桥梁、隧道等各方面运用技术标准和措施加以保证。与普速铁路相比，高速铁路采用许多新技术和新工艺，其设计和施工控制标准高。

1. 线路。平、纵断面变化应尽可能平缓，并具有一个宽大封闭的运行空间。

2. 线间距。世界各国高速铁路都根据各自的国情、线路运行速度、车辆情况（流线型程度、车宽、气密性等）等综合考虑固定设施和移动设施的投资等因素，确定线间距标准，其标准相差较大。我国高速铁路规定根据机车车辆限界最大宽度、列车最高运行速度确定区间正线线间距，分别为：350 km/h≥5.0 m；300 km/h≥4.8 m；250 km/h≥4.6 m；200 km/h≥4.4 m。

3. 最小曲线半径。最小曲线半径与运输组织模式、列车速度、曲线超高参数和轨道类型有关。必须确定合理的曲线超高参数，即实设超高、欠超高、过超高的允许值。由于我国高速铁路规定的超高参数数值小、标准高，计算得出的最小曲线半径较大。350 km/h 线路的曲线半径一般为 8 000～10 000 m，最小为 7 000 m；300 km/h 线路的曲线半径一般为 6 000～8 000 m，最小为 5 000 m；250 km/h 线路的曲线半径一般为 4 500～7 000 m，最小为 3 500 m；200 km/h 线路一般为 2 200 m，最小为 2 000 m。德国科隆—法兰克福的最高速度 300 km/h，规定最大超高 170 mm，最大欠超高 150 mm，最小曲线半径3 320 m。

4. 建筑限界。一般分为基本建筑限界、桥梁建筑限界、隧道建筑限界；根据牵引种类，又分电力牵引铁路、内燃牵引铁路的建筑限界等。高速铁路的建筑限界必须同时满足高速铁路上运行的各种车辆的安全。根据我国高速铁路的运输模式，采用的建筑限界有三类：纯客运、客货（普通货车）兼顾、双层集装箱通道。

5. 路基。高速铁路路基除具备一般铁路路基的基本性能之外，还需要满足高平顺性、高稳定性轨道对基础提出的新性能要求：即强度高、刚度大的路基基床，沉降很小的地基以及沿线路方向平缓变化的刚度。

6. 桥梁。高速铁路桥梁的梁体必须具有足够大的竖向刚度、横向刚度和抗扭刚度，保证线路的高平顺性和避免不良的车、桥动力响应或共振；墩台必须具有足够大的纵向刚度，以限制桥上无缝线路轨道的附加应力和制动时梁轨相对位移，保证线路稳定；桥梁结构及构造布置应符合耐久性要求，便于检查和维修。我国高速铁路采用了刚度大、整体性能好的结构，如简支梁、连续梁、组合梁、钢架及拱等，优先选用双线整孔箱形梁桥。

7. 隧道。高速列车进入隧道后诱发的空气动力学效应随列车速度的提高而加大，因此会产生一系列负面影响，主要表现在三个方面，即瞬变压力、洞口微气压波和行车阻力。根据研究，隧道内气动力效应与隧道净空面积、长度，列车横断面、头部形状、密封性，以及道床类型、竖井和横洞位置等因素有关。我国高速铁路隧道设计特点是加大隧道净空面积，采用斜切式、明洞扩大式等不同形式洞门，必要时设置洞口缓冲结构，减缓隧道内空气动力学效应的不利影响。

8. 轨道。我国高速铁路轨道的主要技术特点是采用 60 kg/m 的 100 m 长定尺钢轨、跨区间无缝线路、大号码道岔和无砟轨道。借鉴国外先进技术与成熟经验，逐步实现自主知识产权的无砟轨道技术体系和高速道岔的国产化及创新。

四、牵引供电技术特点

高速铁路牵引供电系统主要由牵引供电系统和电力系统组成。其技术要求为：满足高速运行的弓网关系；满足可靠稳定的供电要求；满足免维护、少检修、抵御自然环境侵害的要求；动车组自动过分相；供电能力适应高速度、高密度、大功率；具有综合一体化远程监控能力。与普通电气化铁路相比，高速铁路牵引供电系统具有功率需求大、负荷电流大、馈线电流波动剧烈等特点。

1. 供变电。我国高速铁路牵引变电所外部电压等级采用220 kV双电源供电，互为备用。其特点是输送能力高，电压损失小，保证较高的供电质量；改善对电力系统的负序和谐波影响，系统具有更大的负序承受能力，电压畸变小；安全可靠，能保证高速列车稳定运行。供电方式采用先进的AT供电方式，供电能力大、电分相少、节能环保、电磁污染低、外部电源投资低。

2. 接触网。国外高速铁路接触网有不同的悬挂方式，日本采用复链型悬挂(300 km/h线路采用简单链型悬挂)、德国采用弹性链型悬挂、法国采用简单链型悬挂。我国200～250 km/h高速铁路一般采用简单链型悬挂(合武铁路、长吉城际采用弹性链型悬挂)，300～350 km/h线路一般采用弹性链型悬挂(京津城际、广深港客专采用全补偿简单链型悬挂)。

3. 远程监控系统。我国高速铁路综合监控采用SCADA系统，提供用户监控的人机界面以及牵引供电设备和电力供电设备的监测、手动或自动控制。远程监控系统集通信、信号、牵引供电、电力远程监控一体化设计。采用分层分布式系统结构，控制中心采用独立的监控网络及设备，通过网络安全隔离措施与其他系统进行接口。系统监控范围包括220V～220 kV的通信、信号、牵引供电、电力供电设备在线实时监控。

五、列车运行控制系统技术特点

我国高速铁路采用的是中国列车运行控制系统(CTCS)。主要包括：

1. CTCS-0/1级：基于轨道电路传输信息，车载设备由机车信号和列车运行监控装置(LKJ)构成。

2. CTCS-2级：基于轨道电路(ZPW-2000)和应答器传输列车行车许可信息，采用目标距离连 续速度控制模式监控列车安全运行的列控系统。

3. CTCS-3级：基于GSM-R无线通信实现车-地信息双向传输，无线闭塞中心(RBC)生成行车许可，轨道电路(ZPW-2000)实现列车占用检查，应答器实现列车定位，并具备CTCS-2级功能的列车运行控制系统。

4. CTCS-4级：完全基于无线传输信息的列控系统，地面可取消轨道电路，由RBC和车载验证系统共同完成列车定位和完整性检查，点式应答器提供列车用于测距修正的定位信息，实现移动闭塞。

我国高速铁路200～250 km/h等级采用CTCS-2级列控系统，300～350 km/h等级的采用CTCS-3级列控系统，均由车载设备(ATP)和地面设备组成。

六、电务通信工程技术特点

我国高速铁路的通信系统包括：光传输系统、数据网、电话交换系统、调度通信系统、GSM-R、会议电视系统、应急通信系统、综合视频监控、时钟同步、综合网管、监测系统、防雷与接地系统、通信电源及线路等。

高速铁路通信系统的主要技术特点是：采用数字移动通信系统(GSM-R)，其场强覆盖、服务质量标准(QOS)必须符合要求。特别是CTCS-3列控信息区段，必须采用系统冗余设计，以满足调度指挥、公务通信、信息传输和列车运行控制的需要。

七、运营调度系统技术特点

集成化程度高，技术复杂，可靠性要求高。集计算机、通信、网络等现代化技术为一体，完成列车的计划、运行、维修等一系列任务，是完成客运专线运输组织特别是日常运营的根本保证，也为完成运输生产提供有力保障。

高速铁路行车指挥采用分散自律调度集中系统（CTC），由铁路局、车站两级构成，具备列车进路及调车进路的控制、列车运行监视、车次号追踪、列车运行计划调整和列控限速设置等功能。CTC控制模式包括分散自律控制和非常站控两种模式。分散自律控制模式的操作方式又分为中心操作方式、车站调车操作方式和车站操作方式等三种。

八、高速铁路自然灾害及异物侵限监测系统技术特点

可对铁路沿线风、雨、雪、地震及异物侵限进行实时监测，同时具备报警、预警及联动触发功能的系统，采用铁路局中心系统、现场监测设备两级架构。

1. 风速监测。极大风速值超过15 m/s的地区应设置风监测点。山区垭口、峡谷、河谷等区段，风速风向监测点的平均间距1～5 km；桥梁、高路堤等区段，风监测点的平均间距5～10 km。

2. 雨量监测。年降雨量大于200 mm的地区设置雨量监测点。连续路基区段，有砟轨道线路雨量监测点的布设间距一般为15～20 km；无砟轨道线路布设间距一般为20～25 km。位于高路堤、高路堑地段、隧道口等特殊地段应需要增设雨量监测点。

3. 雪深监测。雪量监测点设置雪深计，最大积雪深度36 cm以上的地区原则上按50 km设置一处，一般设置于车站、综合维修车间、工区、路堑等处所。

4. 异物侵限监测 。设置在公跨铁桥梁、公铁并行地段、高路堑及可能存在危险的隧道口等地点（线路允许速度不大于160 km/h区段内的公跨铁立交桥不设置）。

5. 地震监测。沿线地震动峰值加速度大于等于0.1 gal（相当于震级烈度Ⅶ级）的地区，应具有S波监测功能，有条件时宜具备P波预警功能。可设置于牵引变电所、AT所、分区所等处所，设置间隔宜为20 km。每个监测点设置两台地震仪，间隔宜为40 m。当两个及以上地震监测点监测出的地震动加速度达到45 gal及以上时，即发出地震报警信息，并立即发送给地震影响范围的列控系统接口继电器，列控系统收到报警信息，控制列车运行；同时将报警信息发送给地震影响范围的牵引变电系统接口继电器，停止向接触网供电。

九、高速列车主要技术特点

高速铁路的动车组基本均为机车车辆一体化。主要技术特点：

1. 安全、快捷、舒适、平稳。
2. 固定编组、双向运行，无须调头、机动性强，车头流线型。
3. 启动迅速、制动力强。
4. 采用轻量化的车体结构和动力设备。
5. 采用动力学性能优化的转向架。
6. 采用交流传动技术。

7. 采用复合制动系统。

8. 列车控制系统采用网络通信技术。

第四节　动车组技术

一、高速动车组技术特点

1. 制动系统技术特点

动车组制动系统由两部分组成，分别是再生制动及直通式电空制动。再生制动系统将牵引电动机转换成发电机，将动能转换成电能并将电流反馈回电网。直通式电空制动系统，将电指令转换成空气指令实现空气制动或缓解作用。列车制动优先采用再生制动方式，制动方式转换均由微机系统控制完成。大多数采用电气指令式制动系统，动车组各车辆的制动控制装置采用微机控制。

制动力由动力车的电制动及各车辆的摩擦制动两种形式产生，动力车采用轮盘方式制动，拖车采用轴盘制动方式制动。通过司机操纵台上的制动控制器发出制动指令时，制动电信号首先到达列车计算机系统。列车计算机系统根据列车速度，减速度及轮轨黏着状态，确定动力制动及空气制动的功率及两者的分配。

动车转向架可采用再生制动和摩擦制动，拖车转向架仅可用摩擦制动。当动力制动和摩擦制动共同使用时再生制动永远具有优先权。再生制动的制动力不足时，则由摩擦制动补偿。

列车配有计算机控制的电空制动系统，每辆车都设有本车制动计算机(BCU)。而贯穿整个列车的电气安全环路却不受计算机的控制，以确保在紧急情况下启动紧急制动阀。

2. 空气动力学技术特点

随着列车运行速度的提高，空气的动力作用一方面对列车和列车运行性能产生影响；同时，列车高速运行引起的气动现象对周围环境也产生影响。对于高速动车组来说，列车头型设计非常重要，好的头型设计可以有效地减少列车表面压力、列车空气阻力，会车压力波和隧道内列车表面压力和列车风等问题。

为了节省牵引功率，降低高速所引起的动力作用对线路结构、机车车辆结构产生的损伤，以及提高旅客乘坐舒适度，需要最大限度地降低高速动车组的轴重，车体结构轻量化。因此，国内外高速列车车体的主要材料是铝合金和不锈钢，从发展趋势看，铝合金将成为动车组车体的主导材料。

3. 高性能转向架技术特点

提高列车运行速度首先遇到的问题是转向架运行的稳定性和安全性，提高列车运行速度应具有高性能的转向架，具有高速运行的稳定性和安全性，良好的曲线通过性能，旅客乘坐的舒适性。CRH 系列动车组均采用无摇枕高速转向架技术，并采用空气弹簧做二系悬挂，提高了旅客舒适度，保证良好的曲线通过性能，旅客乘坐的舒适性。

4. 复合制动技术特点

高速列车对制动技术提出了严峻的挑战，因为列车的动能与速度的平方成正比，而在一定的制动距离条件下，列车的制动功率是速度的三次函数。因此，传统的空气制动能力远远不能满足需要。主要是：

(1)采用大功率盘形制动机。

(2)采用复合制动方式,即:空气盘形制动+电气动力制动(再生制动)+非黏着制动(涡流制动和磁轨制动);按速度控制制动力的大小以充分利用黏着;采用高性能的防滑装置以及采用微机控制等。

(3)采用电、空联合制动模式,电制动优先,并装有防滑器。电制动与空气制动结合可保证列车在较大的速度范围内都有充足的制动力,而防滑器的安装可使轮轨间的黏着力得到充分运用,进而有效地缩短制动距离。电制动由于操纵控制方便,并且可以大大减少空气制动系统零部件的磨耗,因而得以优先使用。

(4)操纵控制采用电控、直通或微机控制电气指令式。这些装置使制动系统的反应更为迅速,进一步缩短制动距离。采用"故障导向安全"机构,在制动系统发生故障时,能向安全方向动作。

5. 密接式车钩缓冲装置技术特点

车辆间的牵引缓冲装置是关系到缓和列车冲击,提高旅客舒适性和列车安全的重要部件,高速列车对牵引缓冲装置提出了更高的要求。目前世界各国高速列车普遍采用密接式车钩连接装置,该装置两车钩连接面的纵向间隙一般都小于 2 mm,上下、左右偏移也很小,对提高列车的运行平稳性和电气线路、风管的自动对接提供保证。

6. 交流传动技术特点

早期的电力牵引传动系统均采用交—直传动,用直流电动机驱动。由于直流电动机的单位功率重量较大,使高速列车既要大功率驱动又要求减轻轴重,形成难以克服的矛盾。我国 CRH 各平台动车组均采用交—直—交结构传动系统,牵引能力强、牵引特性好。交流牵引电机具有额定输出功率大,结构简单、体积小、重量轻、易维修,速度控制方便,效率高等一系列优点。

动车组的交流牵引电动机较传统的直流牵引电动机具有额定输出功率大、结构简单、体积小、重量轻、易维修、速度控制方便、效率高等一系列优点。

7. 自动控制及故障诊断技术特点

列车自动控制系统对保证高速列车安全运行有十分重要的作用。世界各国在发展高速铁路时都十分重视列车自动控制系统的研究和开发,研制了多种基础技术设备,例如列车超速防护系统、卫星定位系统、车载智能控制系统、车载微机自动监测和诊断系统等。

目前,高速铁路自动控制方式主要分为两类:一类是以设备为主,人控为辅的控制方式,以日本新干线采用的 ATC(列车自动控制)方式为代表;另一类是人机共用、人控为主的方式,以法国 TGV 高速列车为代表,主要采用 TVM300 型安全防护系统及改进的 TVM430 型安全防护系统,还有德国 ICE 高速列车采用的 FRS 速差式机车信号和 LZB 型双轨条交叉电缆传输式列车控制设备等。

8. 高速受流技术特点

接触网—受电弓受流系统的受流过程以运动形式完成,包括多种机械运动形式电气状态变化。受流系统的电流容量、适用速度、安全性能、使用寿命提高。要保证功率传输的可靠性,必须保证动车组所需要的最低电压,保证动车组的可靠运行。高速列车的电流负荷特性较之常速列车有较大的区别,其特征是脉冲负荷占的比例大,整个牵引供电系统要适应高速列车对电压水平和电流负荷的要求。

9. 牵引控制系统技术特点

采用性能优越的三相交流异步牵引电机。交流传动系统的变流装置是将单相交流电转变为调频调压的三相交流电。技术特点是：

(1)调速范围宽。根据列车速度要求，变流器调频范围从0.4 Hz一直到200 Hz以上，且调频连续平稳，无冲击。

(2)控制特性复杂。牵引性能由恒转矩区，恒功区及自然特性区组成，启动转矩大，恒功区宽。

(3)有良好的稳态控制特性和快速动态响应特性。动车组通过弓网传递能量，通过轮轨传递牵引力，空转、打滑、跳弓离线及网压波动等均能引起功率的急剧变化，牵引变流器能适应这种负载及外界环境的急剧变化。

(4)输出电压波形质量好。为减少谐波分量对牵引电机谐波热损耗和转矩脉动影响，输出波形尽量接近正弦形。

(5)牵引与再生制动频繁转换，能量双向流动。

(6)效率高，利用率高，可靠性高。

(7)利于安装、调度和维修。

二、动车组型号及车组号编号规则

1. 我国动车组型号及车组号标志于动车组头车两侧外墙上。动车组型号及车组号标识用于识别不同列的动车组。如图1-48所示。

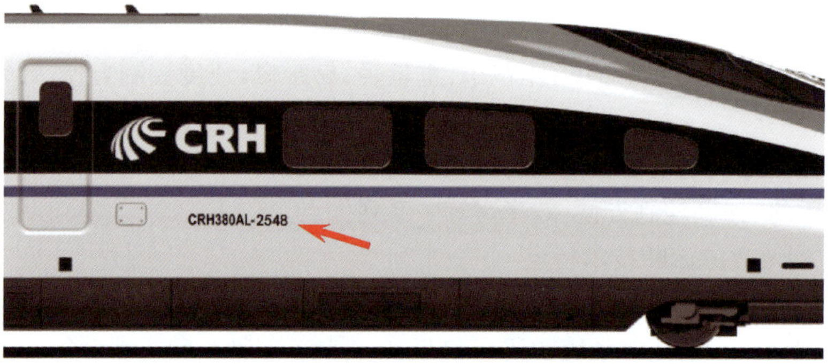

图1-48 动车组型号和车组号标志示意图

2. 型号及车组号格式定义如下。

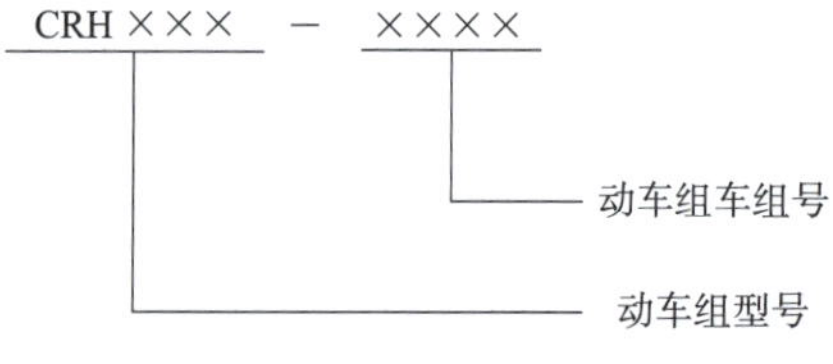

三、动车组型号部分简介

1. 动车组型号分技术序列代码命名方式和速度目标值命名方式两种。技术序列代码命名方式，动车组型号及车组号示意如下。

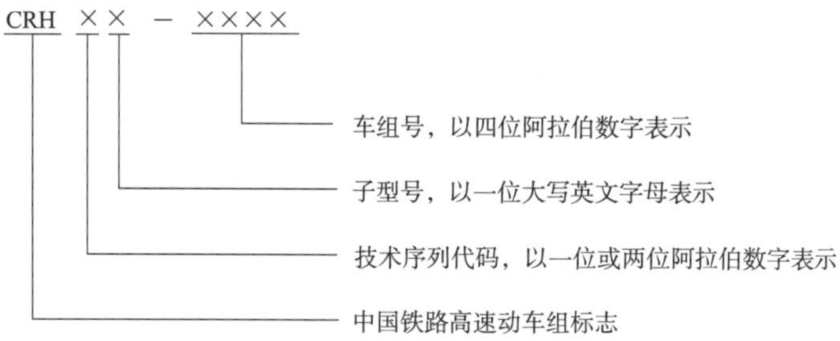

2. 技术序列代码以阿拉伯数字表示，由 1 开始顺序排列，见表 1-2。

表 1-2　动车组技术序列代码

代　　码	研制生产单位	备　　注
1	四方庞巴迪	
2	四方股份	
3	唐车公司	
5	长客股份	
6	四方股份/浦镇公司	城际动车组
7 及后续	预留	

3. 子型号以一位大写英文字母表示，由 A 开始顺序排列。见表 1-3。

表 1-3　动车组子型号代码

代　　码	时速(km/h)	编　　组	备　　注
A	200～250	8 辆	座车
B	200～250	16 辆	座车
C	300～350	8 辆	座车
D	300～350	16 辆	座车
E	200～250	16 辆	卧车
F	160	8 辆	城际动车组
G	200～250	8 辆	耐高寒座车
H	200～250	8 辆	耐风沙及高寒座车
I	预留		
J		8 辆	综合检测车
K 及后续	预留		

4. 速度目标值命名方式。主要针对 CRH380 系列动车组，动车组型号及车号示意如下：

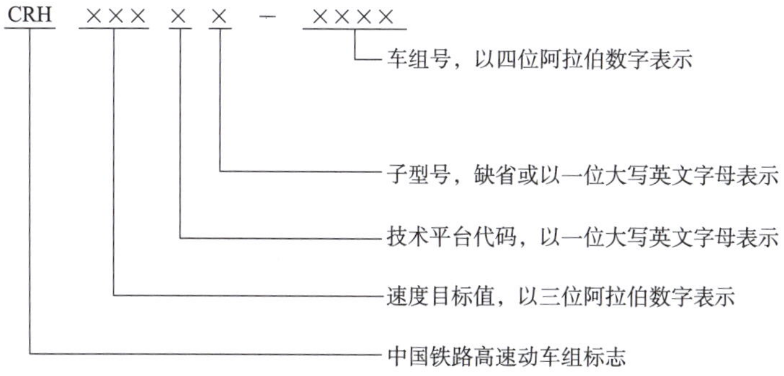

5. 动车组设计的最高运行速度目标值的三位阿拉伯数字表示，例如：380 代表设计最高运行速度目标值为 380 km/h。技术平台代码含义见表 1-4。

表 1-4 动车组技术平台代码

代　码	研制生产单位	编　组	备注
A	四方股份	8 辆	座车
B	唐车公司/长客股份	8 辆	座车
C	长客股份	8 辆	座车
D	四方庞巴迪	8 辆	座车
E	预留		
F	预留		

6. 子型号代码以一位大写英文字母表示，由 G 开始顺序排列。缺省时为基本型。子型号代码与技术序列代码命名方式下的子型号保持完全一致。新增 L、M 两项含义见表 1-5。

表 1-5 新增子型号代码

代　码	备　注
L	基本型的 16 辆编组动车组
M	更高速度等级试验列车改为综合检测动车组

四、动车组车组号简介

车组号部分以四位阿拉伯数字表示，按照动车组的制造工厂，具体号段分配见表 1-6。

表 1-6 动车组号段分配

动车组制造工厂	速度 250 km/h 及以下	速度 350 km/h 及以上	检测、试验等特殊用途
BST	1 001～1 499	1 501～1 999	0101～0199
四方股份	2 001～2 499 (CRH2C 保持不变，仍包含在其中)	2 501～2 999	0201～0299
唐车公司	3 001～3 499 (CRH3C 保持不变，仍包含在其中)	3 501～3 999	0301～0399
四方股份/浦镇公司	城际动车组： 四方股份 4 001～4 499 浦镇公司 4 501～4 999		四方股份 0401～0449 浦镇公司 0451～0499
长客股份	5 001～5 499	5 501～5 999	0501～0599

五、动车组车厢的车种及车辆号编号规则

1. 动车组中车辆的车种及车辆号标识于各个车厢上，用于区分各个车厢。如图 1-49 所示。

图 1-49　车辆车种及车辆号示意图

2. 车辆车种及车辆号格式定义如下：

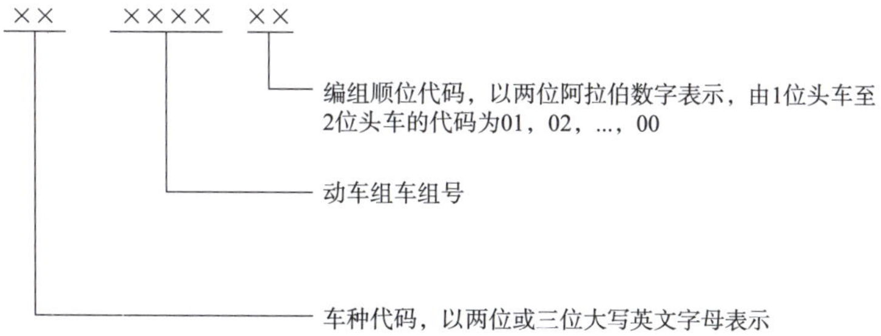

3. 动车组中的车辆车种代码是车种名称的汉语拼音缩写，车种代号、车种名称及英文见表 1-7。示例：ZYS 264201

ZYS——车辆车种代码，一等/商务座车；

2642——动车组车组号；

01——车辆编组顺序号。

表 1-7　动车组车辆车种代号

序　号	车种代号	车种名称	英　文
1	ZY	一等座车	First Class Coach
2	ZE	二等座车	Second Class Coach
3	WR	软卧车	Soft Sleeper Coach
4	WY	硬卧车	Hard Sleeper Coach
5	CA	餐　车	Dining Coach
6	SW	商务车	Business Coach
7	ZEC	二等座车/餐车	Second Class/Dining Coach
8	ZYS	一等/商务座车	First Class/Business Coach
9	ZES	二等/商务座车	Second Class/ Business Coach
10	ZYT	一等/特等座车	First Class/ Premier Coach
11	ZET	二等/特等座车	Second Class/ Premier Coach
12	JC	检测车	Detection Car

六、动车组运用及其基本要求

1. 动车组列车运行图是动车组运用工作的主要依据。动车组的运用涵盖了一体化管理、信号、行车组织、列车运行图、动车组的周转、动车组运转制度及乘务员乘务制度、运用安全管理等多方面的内容。

2. 运用工作是动车组实现高速铁路运输功能的最终环节。动车组的安全、正点、高效运用是动车组相关设计生产,运营维护等各项工作的最终目的。动车组在实际运用过程中出现的问题也为设计生产、运营维护工作的改进提出新的需求及优化方向。动车组运用的基本要求是安全、正点、高效。

七、动车组的修程修制

动车组的维修在确保车辆运行安全方面起着重要的作用。与传统列车相比,动车组集成设备规模大,维护检修工作的复杂性提高。检修项目多,周期较为分散。检修计划编制和检修作业组织的复杂性提高,对信息系统需求越来越大。

我国各型 CRH 动车组均实行计划性预防修的检修体制,基本上划分成五个等级。如图 1-50 所示。

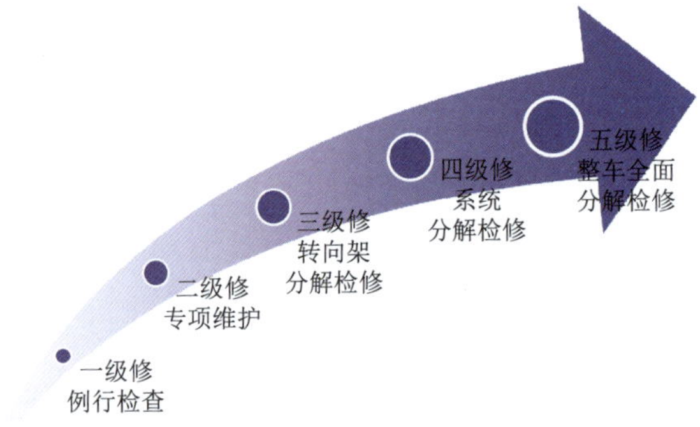

图 1-50 我国动车组的检修级别划分

其中一、二级检修为运用检修,在动车组运用所内进行;三、四、五级检修为高级检修,在具备相应车型检修资质的检修单位(动车基地或主机企业)进行。

动车组运用检修及高级检修采用以走行公里周期为主(走行公里以动车组管理信息系统为准)、时间周期为辅的检修模式。我国各型动车组检修周期情况见表 1-8。

表 1-8 各型动车组检修周期

修程 车型	一级检修	二级检修	三级检修	四级检修	五级检修
CRH1A	≤(4 000+400)km 或运用 48 h	另行 公布	(120±10)万 km 或 3 年	(240±10)万 km 或 6 年	(480±10)万 km 或 12 年
CRH1B					
CRH1E					
CRH5A	≤(5 000+500)km 或运用 48 h	另行 公布	(120±12)万 km 或 3 年	(240±12)万 km 或 6 年	(480±12)万 km 或 12 年

续上表

<table>
<tr><th>修程
车型</th><th>一级检修</th><th>二级检修</th><th>三级检修</th><th>四级检修</th><th>五级检修</th></tr>
<tr><td>CRH3C</td><td rowspan="4">≤(4 000+400)km
或运用 48 h</td><td rowspan="4">另行
公布</td><td rowspan="4">(120±12)万 km
或 3 年</td><td rowspan="4">(240±12)万 km
或 6 年</td><td rowspan="4">(480±12)万 km
或 12 年</td></tr>
<tr><td>CRH380B</td></tr>
<tr><td>CRH380BL</td></tr>
<tr><td>CRH380CL</td></tr>
<tr><td>CRH2A</td><td rowspan="7">≤(4 000+400)km
或运用 48 h</td><td rowspan="7">另行
公布</td><td rowspan="7">$60^{+2.5}_{-5}$万 km
或 1.5 年</td><td rowspan="7">120^{+5}_{-10}万 km
或 3 年</td><td rowspan="7">(240±10)万 km
或 6 年</td></tr>
<tr><td>CRH2B</td></tr>
<tr><td>CRH2E</td></tr>
<tr><td>CRH2C(一阶段)</td></tr>
<tr><td>CRH2C(二阶段)</td></tr>
<tr><td>CRH380A</td></tr>
<tr><td>CRH380AL</td></tr>
</table>

注:(1)动车组检修周期以走行公里周期为主、时间周期为辅的检修模式,先到为准;(2)二级检修项目允许按二级修维修卡片规定的检修周期延后 10%组织施修(有调整检修周期范围的除外);(3)高级检修间隔不超过一个三级检修周期。

1. 一级检修。是对运用动车组的车顶、车下、车体两侧、车内和司机室等部位实施快速例行检查、试验和故障处理的检修作业,可称为库检。一级检修利用库内三层工作平台进行,重点为走行、车顶高压、制动等。此外还同时进行吸污上水、车内外保洁等整备作业。检修股道接触网的供断电对一级修作业流程影响较大,一般据此为主线安排一级修生产节拍。

2. 二级检修。是对动车组各系统、零部件实施的周期性维护保养、检测、试验。在运用所作业条件下,开展相对深入的专项维护工作。二级检修一般要打开各裙板等各类外部盖板。进行清洁、润滑及测试作业,重点项目有空心轴探伤、踏面修形等。

3. 三、四、五级检修。在具备相应车型检修资质的检修单位如动车段或主机企业进行。扣车时间较长,各部件分解较深入,并可实施在运用缺乏作业条件或者耗时较长的改造。

三级修以转向架检修为中心展开,对转向架进行分解检修。转向架是动车组安全的核心,此外结合扣车时间对制动系统等进行状态检查和功能测试。

四级维修是对关键系统的分解检修,相对三级修,进一步扩大分解检修系统的范围,包含制动系统、电机的分解检修等。

五级修对整车进行全面分解检修,包括动车组分解、清洗、检查、修复,最后还对车体进行油漆,基本恢复至新车状态。

复习思考题

1. 高速铁路的特点是什么?
2. 国内高速铁路运营模式是什么?
3. 动车组定义及分类是怎样的?
4. 高速铁路四大类核心技术是什么?

第二章　动车组概述

本章主要介绍CRH380B(L)型动车组总体结构、编组以及车内布置。同时对连接装置、转向架、车门等设备进行介绍。

第一节　动车组总体

CRH380B型和CRH380BL型动车组在中国350 km/h速度等级客运专线(如京沪高铁、津秦高铁等)上运营。

一、整体结构

1. 车辆编组

CRH380B型动车组为8辆编组,如图2-1所示;CRH380BL型动车组为16辆编组,如图2-2所示。动车组设VIP车、一等车、二等车、商务车、餐座合造车,如图2-1、图2-2所示。

VIP车设高级座席,采用1+2布置;一等车座席采用2+2布置;二等车座席采用2+3布置;两端车前部各设一个休闲观光区;餐座合造车设餐座区,采用2+2布置。

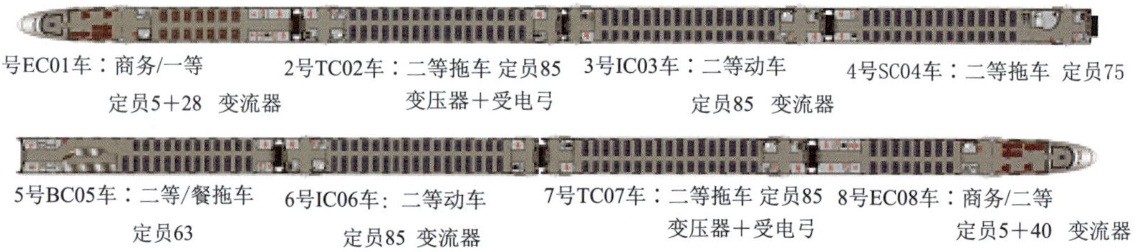

图2-1　CRH380B型动车组编组及平面布置图

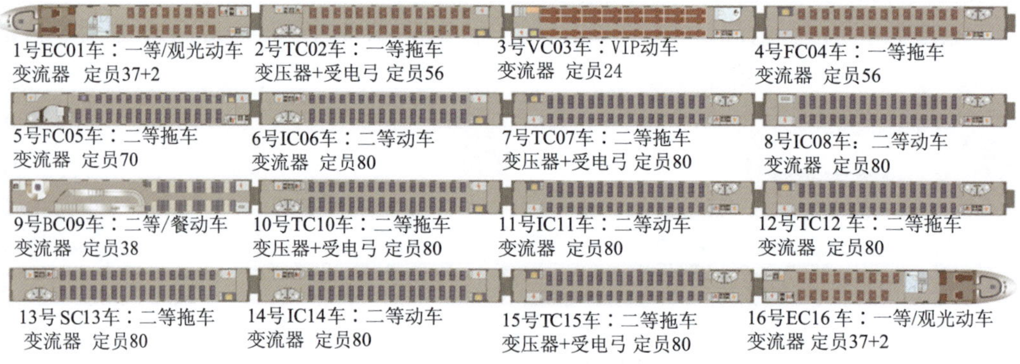

图2-2　CRH380BL型动车组编组及平面布置图

2. 车辆顺序(以 CRH380BL 型为例)

(1)端车(01):VIP 观光区和 VIP 座席复合车,带牵引变流器及其冷却系统、牵引电机和齿轮装置。

(2)变压器车(02):一等座席,带牵引变压器及其冷却系统。

(3)VIP 车(03):VIP 座席,带牵引变流器及其冷却系统、牵引电机和齿轮装置。

(4)一等车(04):一等座席,带电池设备。

(5)二等车(05):二等座席,带电池设备。

(6)中间车(06):二等座席,带牵引变流器及其冷却系统、牵引电机和齿轮装置。

(7)变压器车(07):二等座席,带牵引变压器及其冷却系统。

(8)中间车(08):二等座席,带牵引变流器及其冷却系统、牵引电机和齿轮装置。

(9)餐车(09):餐车座席和服务设施,带牵引变流器及其冷却系统、牵引电机和齿轮装置。

(10)变压器车(10):二等座席,带牵引变压器及其冷却系统。

(11)中间车(11):二等座席,带牵引变流器及其冷却系统、牵引电机和齿轮装置。

(12)二等车(12):二等座席,带电池设备。

(13)二等车(13):二等座席,带电池设备。

(14)中间车(14):二等座席,带牵引变流器及其冷却系统、牵引电机和齿轮装置。

(15)变压器车(15):二等座席,带牵引变压器及其冷却系统。

(16)端车(16):VIP 包间和一等座席复合车,带牵引变流器及其冷却系统、牵引电机和齿轮装置。

3. 车体材料及总成

CRH380B(L)型动车组的车体是用车体全长的大型中空铝合金型材组焊而成,为筒型整体承载结构。车体具有很好的防振、隔音效果,尤其是侧墙。

侧墙,如图 2-3 所示,在型材内侧有 T 形槽或 L 形导轨,用来安装内装件或设备。附件的固定方式有粘接、铆焊和焊接等。其铆接的吊码与侧墙之间有塑料垫板,具有减振的功能。通长的型材在端部都留有小孔用以排净空腔内部的冷凝水。

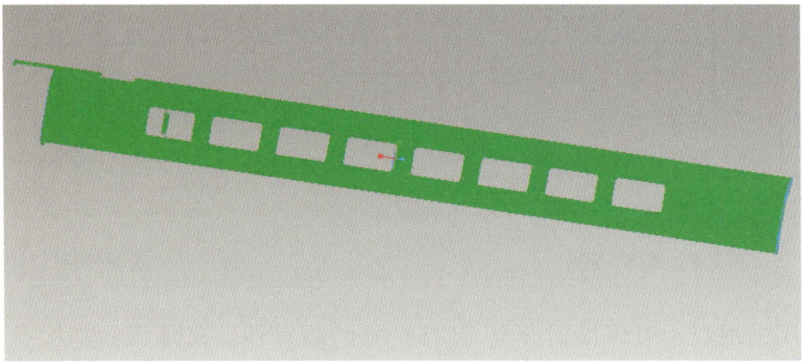

图 2-3　车体侧墙

车顶结构是由 5 块大型中空铝型材拼焊而成,如图 2-4 所示。在车顶上设有平顶,用于安装受电弓及过压限制电阻,还设有用于安装空调的开口。其中平顶的型材整体的截面厚度比较小,并且平顶轮廓不是便于承载的拱形结构,所以型材上、下面及中间筋的材料厚度均比其他部位型材厚很多,如图 2-5 所示。

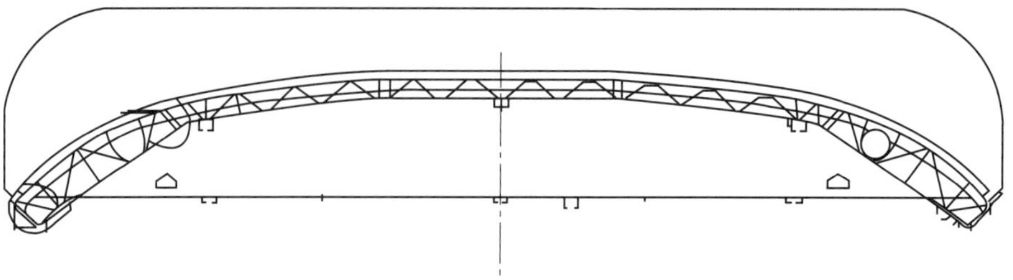

图 2-4　车顶

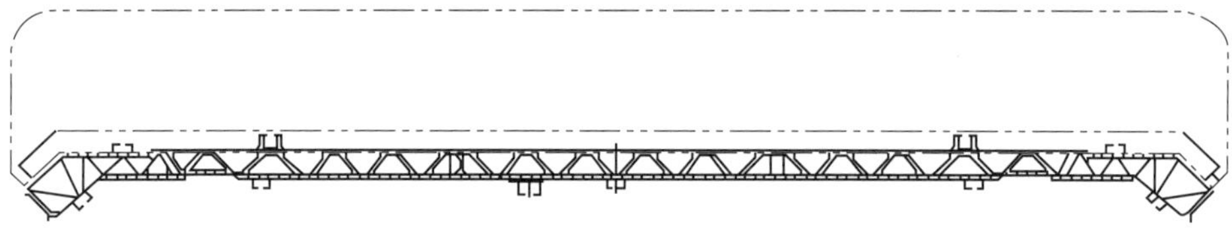

图 2-5　平顶

端墙主要由四部分组成:门框、角柱、端墙板和端墙附件组成。其内侧,如图 2-6 所示;外侧,如图 2-7 所示。

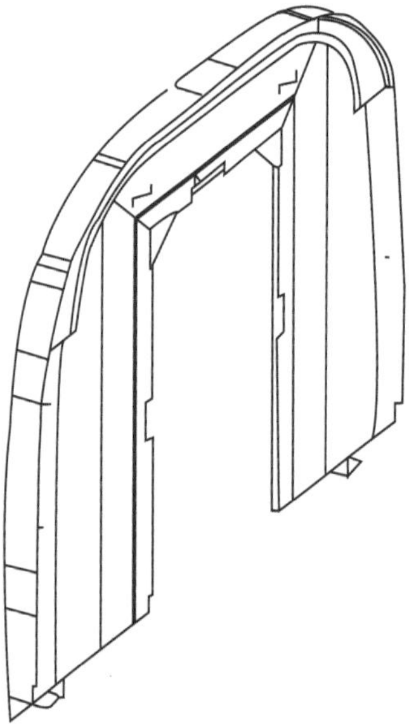

图 2-6　端墙内侧

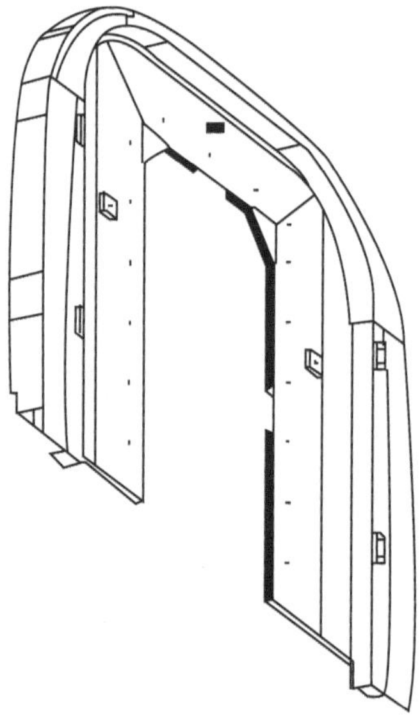

图 2-7　端墙外侧

车体所使用的材料为可焊接铝合金,具有良好的防腐性。车体承载结构是由底架、侧墙、车顶、端墙以及设备舱组成为一个整体,对于头车还设有司机室,如图 2-8 所示。

司机室主要由前墙、侧墙、顶板、端部环形框组成,如图 2-9 所示。侧柱与车顶弯梁对应,受力情况最好。司机室车顶的前部为了安装球面玻璃开了一个很大的开口,在开口中间加了一个矩形型材来补强,球面玻璃安装在环形安装框上,此环形框在肩带、侧墙处都有对应的立柱,从而增加了司机室球面玻璃框附近的强度。一旦撞车,头车的车体结构设计成能够给司机提供一个安全空间,设计时候要确保车体在挡风玻璃以上的区域能够承受 300 kN 的力。

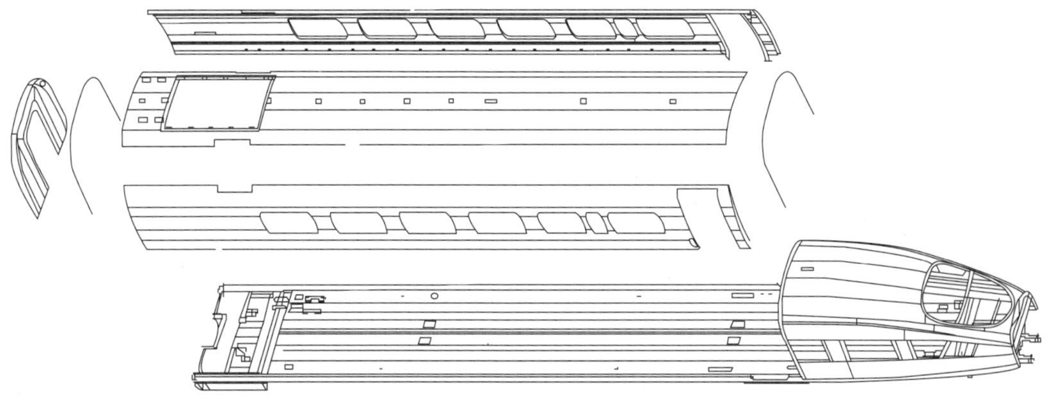

图 2-8　车体

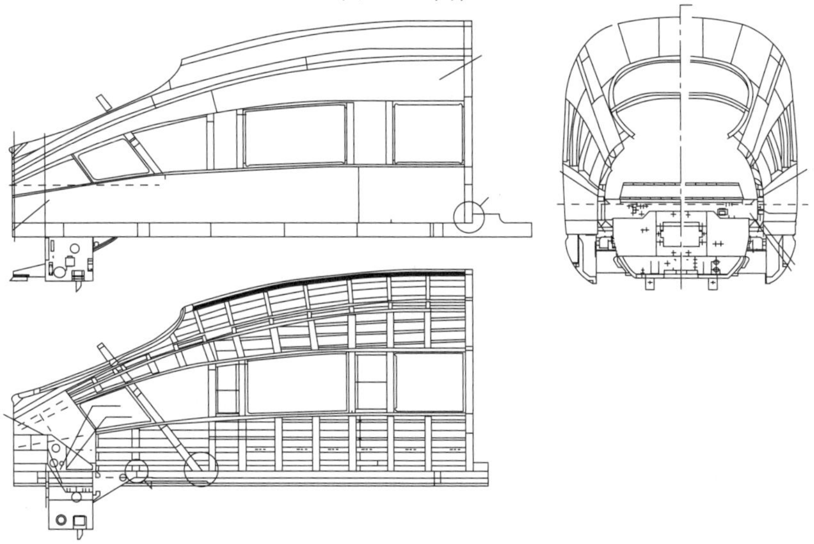

图 2-9　司机室

底架主要由两大部分组成，底架前端和地板，如图 2-10 所示。它们通过连接梁、连接板相连，连接梁为型材，连接板可以调整宽度，保证车体长度。底架上设有排水堵，每个地板的两侧分别设 3 个，用于排放进入底架上的积水。

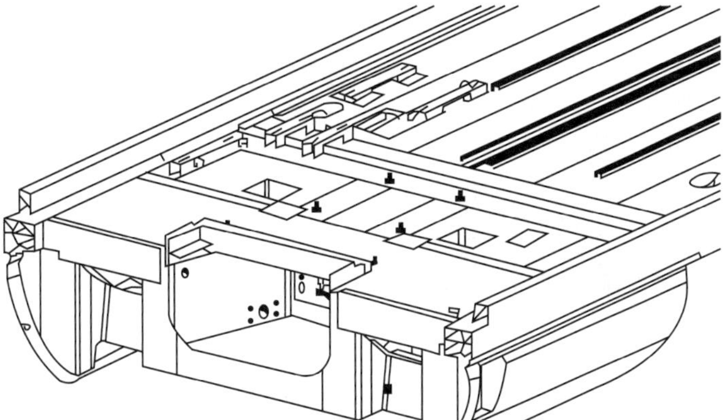

图 2-10　底架

二、车体外部设备

车体外部设备包括车体设备舱、注水口盖板、排污口盖板、排障器、底部导流罩、车顶设备罩、头车玻璃钢裙板、中间车转向架裙板等部件。

设备舱的作用是降低动车组运行中的空气阻力和保护车下悬挂设备防止石击。由裙板(包括裙板锁闭机构、安全吊钩、安装座)、设备舱底板(包括支架、固定座、底板支撑槽)、隔板等组成,如图 2-11 所示。

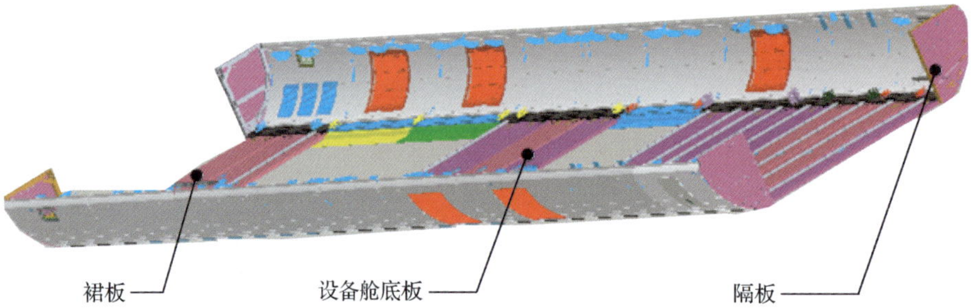

图 2-11　设备舱

注水口盖板的功能是保护注水装置,防止被飞石破坏和灰尘进入,影响水的质量。同时优化车体空气动力学性能,使车体外形保持流线型,减少空气阻力。CRH380B(L)型每辆车的两侧各设一个注水口盖板,盖板采用内塞拉结构。

排污口盖板的功能是方便职工进行排污作业。CRH380BL 型除 09 车外,每辆车的两侧各设一个排污口盖板,盖板采用内塞拉结构,在裙板上设有滑道。

排障器装在司机室前端下方,排障器中央的底部能承受 137 kN 的静压力。排障器由型材、铝管、铝板组焊、螺栓连接而成,通过螺栓固定在司机室的下方,如图 2-12 所示。其距轨面高度名义尺寸为 245 mm,并满足车轮踏面磨耗。

图 2-12　排障器

底部导流罩的作用是优化空气动力学性能并防止石头或小动物损坏导流罩后面的部件。底部导流罩采用玻璃钢材料制作,通过螺栓与排障器连接,如图 2-13 所示。

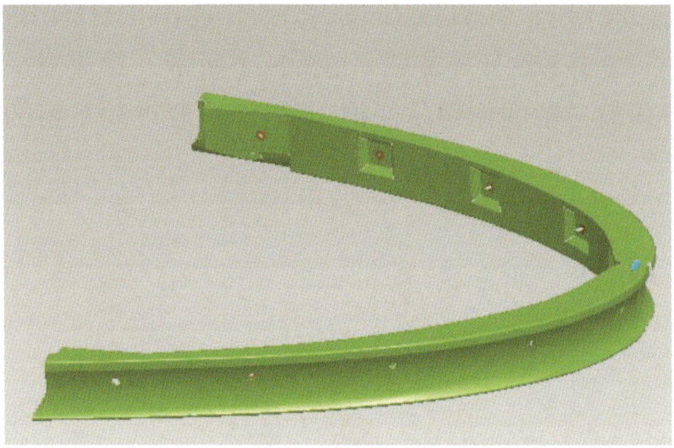

图 2-13　底部导流罩

头车玻璃钢裙板、中间车转向架裙板的作用是优化转向架区域的空气动力学性能。通过裙板锁、螺栓与支座和车体连接，如图 2-14、图 2-15 所示。

图 2-14　头车玻璃钢裙板

图 2-15　中间车转向架裙板

三、车顶设备

CRH380BL 型车 02、07、10、15(CRH380B 型车 02、07)车设有受电弓车顶导流罩，如

图 2-16所示，车顶导流罩由两个侧罩和圆顶罩组成；CRH380BL 型车 04、05、12、13(CRH380BL 型车 04、05)设有 MUB 导流罩，如图 2-17 所示。导流罩采用玻璃钢材料制作，通过螺栓与车顶连接。车顶设备罩的作用是保护车顶设备、改进动车组的空气动力学性能。

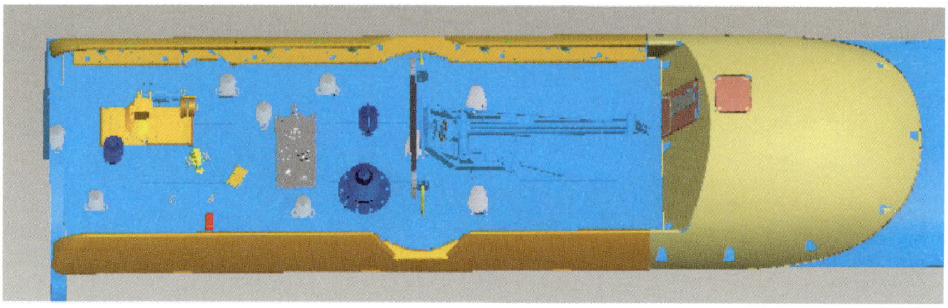

图 2-16　车顶导流罩

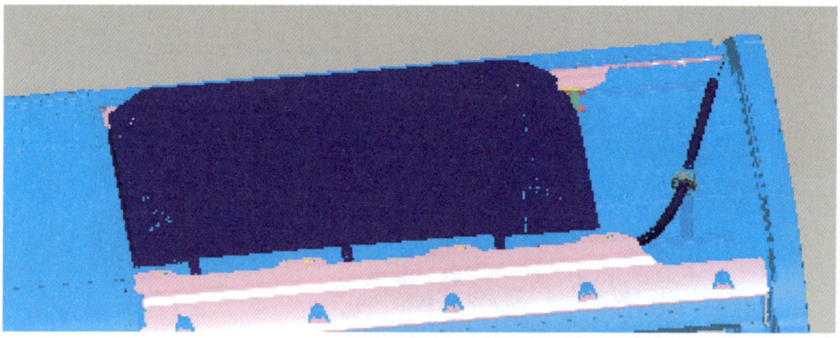

图 2-17　MUB 导流罩

第二节　车辆配置

一、CRH380BL 型动车组

该型动车组共 16 辆车，为动力分散式动车组，50%的轴为驱动轴。共 4 个牵引单元。其中：第一牵引单元由 01、02、03、04 车组成；第二牵引单元由 08、07、06、05 车组成；第三牵引单元由 09、10、11、12 车组成；第四牵引单元由 16、15、14、13 车组成(图 2-18)。其内部设备和车下设备见表 2-1～表 2-4。

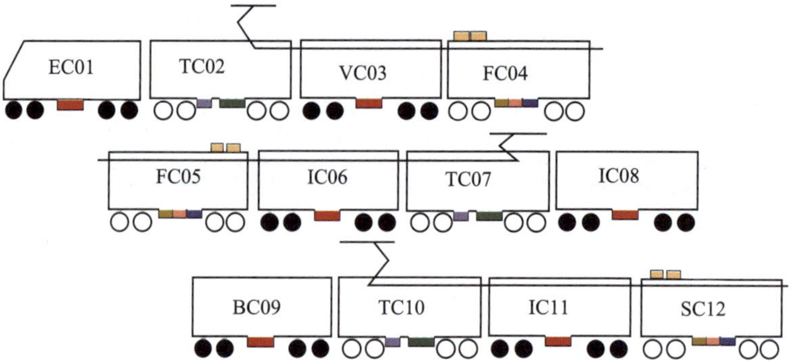

图 2-18　CRH380BL 型动车组示意图

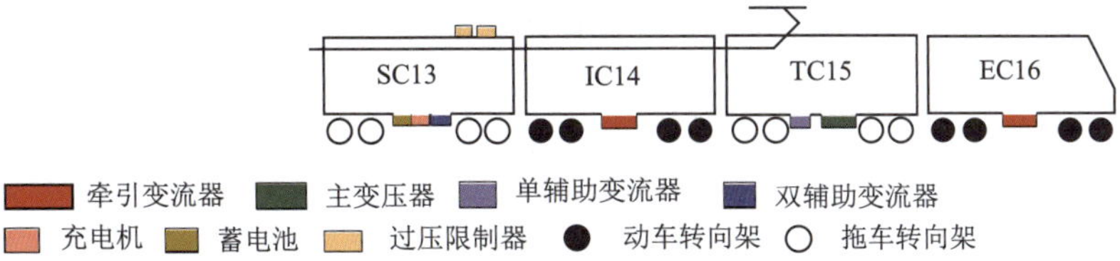

图 2-18　CRH380BL 型动车组示意图(续)

表 2-1　第一个牵引单元

车　号	01	02	03	04
内部设备	1. VIP 观光区 2. 客室，VIP 座席共 16 个座位 3. 一套定制卫生设施	1. 一等座席共 56 个座位 2. 两套标准卫生设施	1. 客室，VIP 座席共 24 个座位 2. 一套 VIP 卫生设施	1. 客室，一等座席共 55 个座位 2. 两套标准卫生设施
主要车下设备	1. 牵引电机 2. 牵引变流器和冷却单元 3. 制动控制单元 4. 车载电源电气箱	1. 辅助变流器箱 2. 变压器和冷却单元 3. 制动控制单元 4. 车载电源电气箱 5. 辅助空气压缩机	1. 牵引电机 2. 牵引变流器和冷却单元 3. 制动控制单元 4. 车载电源电气箱 5. 主空压机设备	1. 双辅助变流器单元 2. 蓄电池和充电机 3. 制动控制单元 4. 车载电源电气箱

表 2-2　第二个牵引单元

车　号	08	07	06	05
内部设备	1. 客室，二等座席共 80 个座位 2. 二套标准卫生设施	1. 客室，二等座席共 80 个座位 2. 二套标准卫生设施	1. 客室，二等座席共 80 个座位 2. 二套标准卫生设施	1. 客室，二等座席共 71 个座位 2. 一套标准卫生设施 3. 一套通用卫生设施(适合于残疾人乘客使用)(CRH380B 型车设厨房和乘务室)
主要车下设备	1. 牵引电机 2. 牵引变流器和冷却单元 3. 制动控制单元 4. 车载电源电气箱	1. 辅助变流器箱 2. 变压器和冷却单元 3. 制动控制单元 4. 车载电源电气箱 5. 辅助空气压缩机	1. 牵引电机 2. 牵引变流器和冷却单元 3. 制动控制单元 4. 车载电源电气箱 5. 主空压机设备	1. 双辅助变流器单元 2. 蓄电池和充电机 3. 制动控制单元 4. 车载电源电气箱

表 2-3　第三个牵引单元

车　号	09	10	11	12
内部设备	1. 客室，餐车座席共 38 个座位 2. 设厨房和乘务室	1. 客室，二等座席共 80 个座位 2. 二套标准卫生设施	1. 客室，二等座席共 80 个座位 2. 二套标准卫生设施	1. 客室，二等座席共 80 个座位 2. 二套标准卫生设施
主要车下设备	1. 牵引电机 2. 牵引变流器和冷却单元 3. 制动控制单元 4. 车载电源电气箱	1. 辅助变流器箱 2. 变压器和冷却单元 3. 制动控制单元 4. 车载电源电气箱 5. 辅助空气压缩机	1. 牵引电机 2. 牵引变流器和冷却单元 3. 制动控制单元 4. 车载电源电气箱 5. 主空压机设备	1. 双辅助变流器单元 2. 蓄电池和充电机 3. 制动控制单元 4. 车载电源电气箱

表 2-4　第四个牵引单元

车　号	16	15	14	13
内部设备	1. VIP 观光区 2. 客室，VIP 座席共 16 个座位 3. 一套定制卫生设施	1. 客室，二等座席共 80 个座位 2. 两套标准卫生设施	1. 客室，二等座席共 80 个座位 2. 两套标准卫生设施	1. 客室，二等座席共 80 个座位 2. 两套标准卫生设施
主要车下设备	1. 牵引电机 2. 牵引变流器和冷却单元 3. 制动控制单元 4. 车载电源电气箱	1. 辅助变流器箱 2. 变压器和冷却单元 3. 制动控制单元 4. 车载电源电气箱 5. 辅助空气压缩机	1. 牵引电机 2. 牵引变流器和冷却单元 3. 制动控制单元 4. 车载电源电气箱 5. 主空压机设备	1. 双辅助变流器单元 2. 蓄电池和充电机 3. 制动控制单无 4. 车载电源电气箱

二、CRH380B 型动车组

该型动车组共 8 辆车。共 2 个牵引单元。其中：第一牵引单元由 01、02、03、04 车组成；第二牵引单元由 08、07、06、05 车组成(图 2-19)。

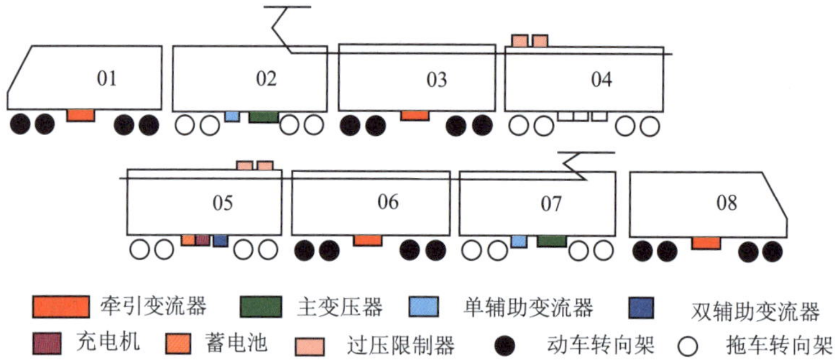

图 2-19　CRH380B 型动车组示意图

第三节　主要技术参数

CRH380B(L)型动车组技术参数介绍详见表 2-5。

表 2-5　CRH380B(L)型动车组技术参数

技术参数	CRH380B	CRH380BL
最高运营速度 (km/h)	380	380
编组形式	8	16
动、拖数量	4 动 4 拖	8 动 8 拖
轴重(t)	≤17	≤17
总定员(人)	490	1 004
一等车定员(人)	87	129
二等车定员(人)	360	791

续上表

技术参数	CRH380B	CRH380BL
观光区定员(人)	8	10
VIP 车定员(人)	无	24
VIP 包间定员(人)	4	12
餐车定员(人)	31	38
列车总长(m)	200.65	399.25
车宽(mm)	3 257	3 257
车高(mm)	3 890	3 890
新轮直径(mm)	920	920
全磨耗(mm)	830（动车） 860（拖车）	830（动车） 860（拖车）
牵引总功率(轮周额定)(kW)	9 200	18 400
电机功率(kW)	587	587
平直道上 0～200 km/h 的平均加速度(m/s^2)	≥0.4	≥0.4
350 km/h 时紧急制动距离(m)	≤6 500	≤6 500
380 km/h 时紧急制动距离(m)	≤8 500	≤8 500
地板面距轨面高度(整备状态)(mm)	1 260	1 260
连挂运行时通过最小曲线半径(m)	250	250
单车调车时通过最小曲线半径(m)	150	150
轮对内侧距(mm)	$1\ 353^{+2}_{0}$	$1\ 353^{+2}_{0}$
辅助供电方式	三相 AC 440 V/60 Hz	三相 AC 440 V/60 Hz

第四节　车钩、转向架

CRH380B(L)型动车组分别装有自动车钩、半自动车钩、半永久车钩三种车钩缓冲装置。其中，CRH380B 型动车组装有自动车钩(仅头车端部)和半永久车钩两种；CRH380BL 型动车组装有半自动车钩(仅头车端部)和半永久车钩两种。

一、自动车钩

CRH380B 型动车组在头车端部装有自动车钩，车钩位于司机室前端头罩内。

自动车钩由车钩头、解钩气缸、钩身、电动车钩头、卡环、导向杆、风管接头、接地系统等部件组成，具体结构如图 2-20 所示。

自动车钩的联杆设计为可伸缩式，车钩可气动伸出和缩回。制动管(BP)和主风缸管(MRP)的接头位于机械钩头正面。

电动车钩头分左、右两部分，均设保护端盖保护电气连挂器处于解编位置时不被污染，保护端盖能自动打开和关闭。每侧设一个保护接地电阻器。对中装置使独立式车钩保持在车辆的纵轴中心线。这可以防止车辆在运行时出现不必要的摆动。机械钩头装有加热器。加热器在外温降到约 5 ℃时启动，防止在低温下影响连挂。自动车钩缓冲装置传递压力和拉力，吸收车体纵向冲击力。

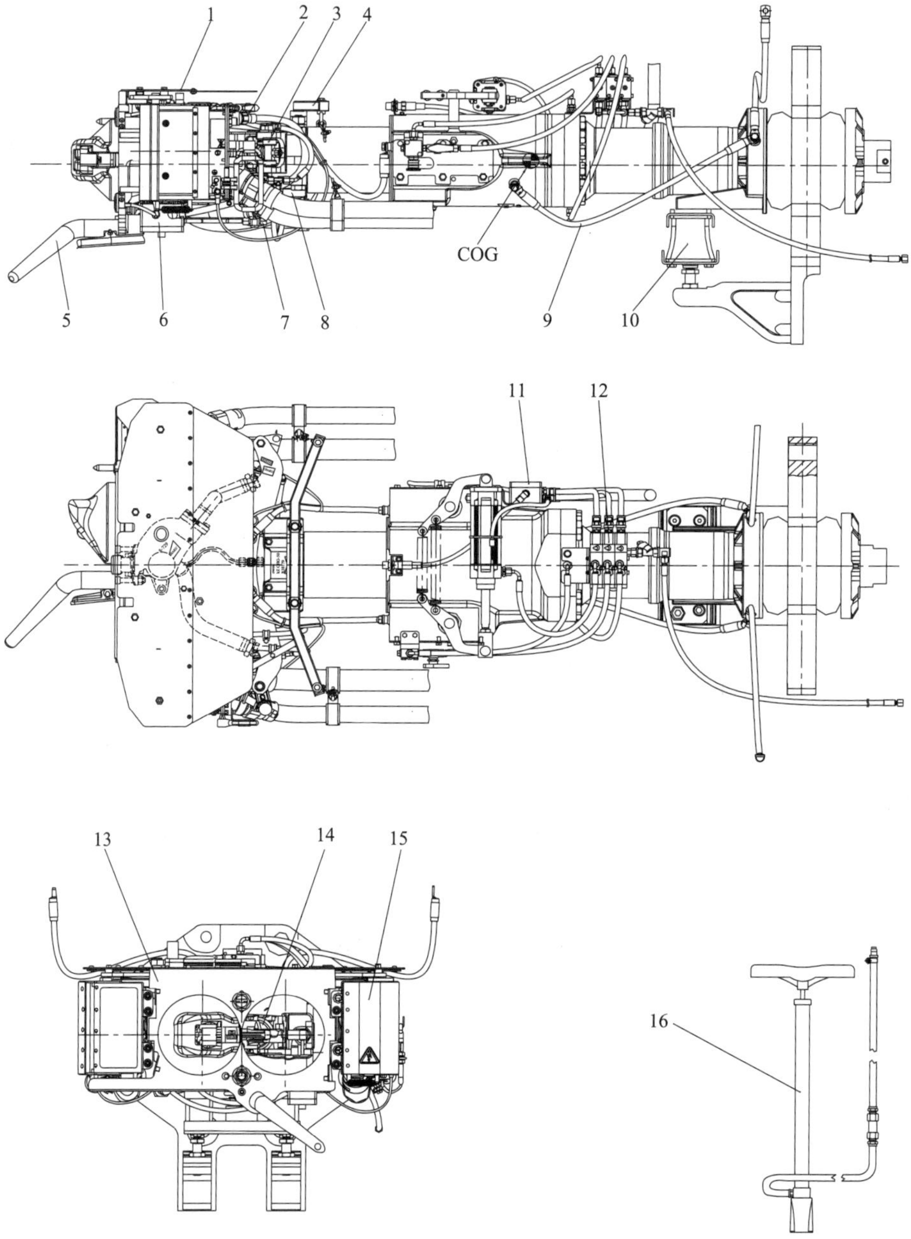

图 2-20　自动车钩结构

1—外盖；2—车钩头处的气动装置；3—电动车钩头操作装置；4—配件；5—导向杆；6—车钩头的电气组件；7—车钩头处的气动装置；8—卡环连接件；9—接地系统；10—支架；11—钩身的电气装置；12—钩身的气动装置；13—车钩头；14—解钩气缸；15—电动车钩头；16—脚踏充气泵

同种类型的自动车钩可在连挂速度 2 km/h 实现自动连挂，自动连挂过程中，所有电气连接(控制、总线等)和气动连接(BP 管和 MRP 管连接)都自动完成。

自动车钩与普通车钩连挂前必须伸出车钩，安装过渡车钩后方可连挂，连挂完毕后需手动连通风管接头。

自动车钩自动连挂过程时，有三个工作位置，分别为：连挂就绪、已连挂位置、解编位置。

1. 连挂就绪位置(图 2-21)

自动车钩处于连挂就绪位置时，连杆缩回并由棘轮托住放在靠近外锥边缘位置，钩板由弹簧拉紧，棘轮伸出到钩头套侧并与气门杆导管的掣子啮合。

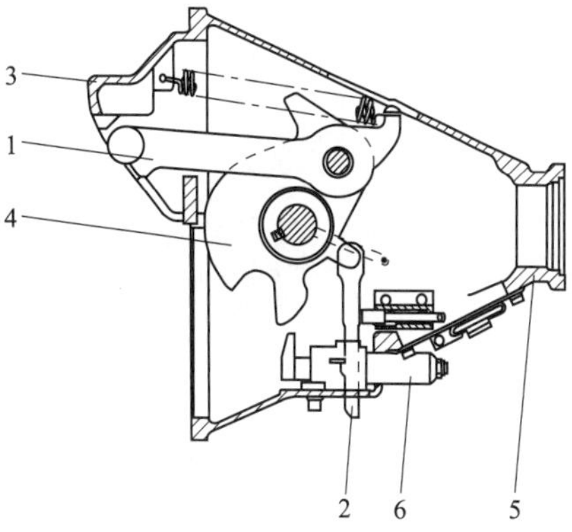

图 2-21　自动车钩连挂就绪位置
1—连杆；2—棘轮；3—外锥；4—钩板；
5—钩头套；6—气门杆导管

2. 已连挂位置(图 2-22)

自动车钩处于已连挂位置时，钩头面连接时，装有弹簧的气门杆被外锥向后压抵住棘轮，棘轮已被掣子释放。钩锁通过拉簧转向已连挂位置，直到连杆与钩板接合为止，这时钩板被压到钩头套内的挡块上。连挂后，钩锁形成平行四边形，保证受力均衡。钩锁仅承受拉伸载荷，载荷均匀地分布在两个连杆上。

3. 解编位置(图 2-23)

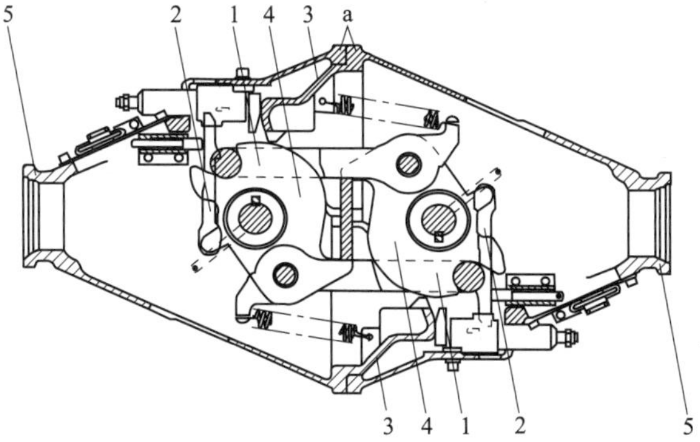

图 2-22　自动车钩已连挂位置
1—连杆；2—棘轮；3—外锥；4—钩板；5—钩头套；a—钩头面

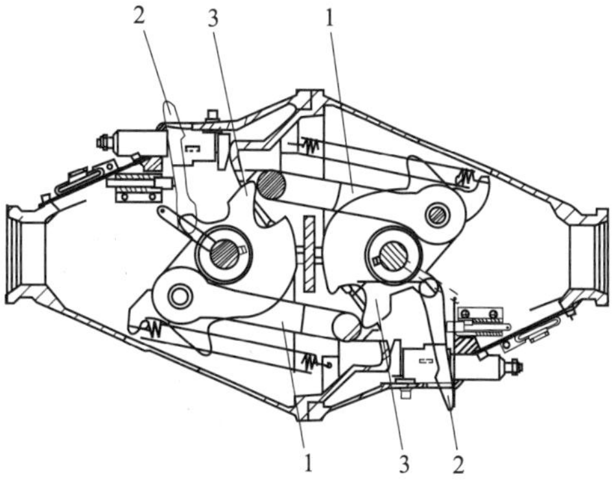

图 2-23　自动车钩解编位置
1—连杆；2—棘轮；3—钩板

自动车钩在解编过程中，装有弹簧的钩板转动直到连杆从钩板上释放为止，棘轮与气门杆接合后钩锁固定。两列重联动车组分开时，装有弹簧的气门杆和掣子向前移动并释放棘轮，钩锁随拉簧动作转动，直到棘轮与气门杆掣子接合，钩锁再次回到连挂就绪状态。

二、半自动车钩

CRH380BL 型动车组在头车端部装有半自动车钩(图 2-24)，车钩位于司机室前端头罩内。半自动车钩主要由车钩头、风管接头、钩身、连接卡环、接地线等零部件组成。

半自动车钩与普通车钩连挂前必须伸出车钩，安装过渡车钩后，连挂完成后需手动连通风管接头。半自动车钩手动解钩，车钩解开后，半自动车钩再次处于准备连挂状态，解钩完毕后，车钩必须手动缩回。

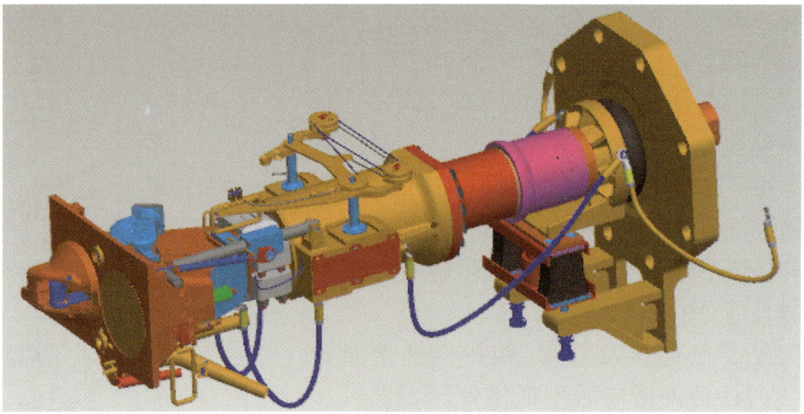

图 2-24　半自动车钩示意图

三、半永久车钩

CRH380B(L)型动车组的中间车之间、头车与中间车之间装有半永久车钩。半永久车钩是由两部分组成的联合体,其中一部分带有缓冲装置。两部分通过车钩卡环连接在一起,这种连接方式具有刚性好、无松脱、安全性高的优点。半永久车钩结构如图 2-25 所示,其技术参数详见表 2-6。

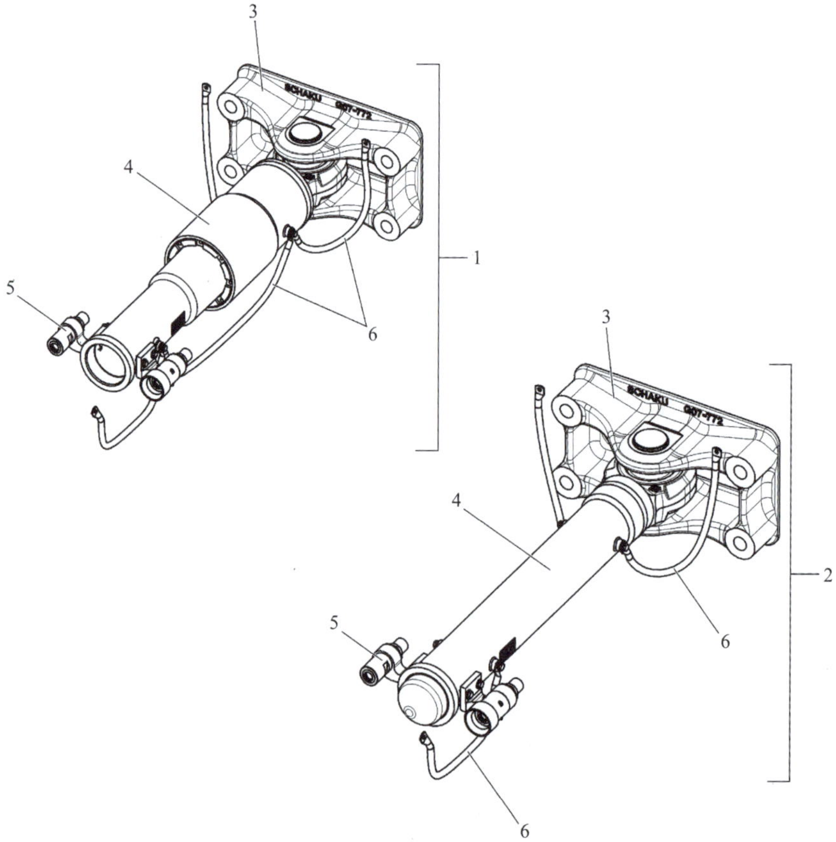

图 2-25　CRH380B(L)型动车组半永久车钩结构

1—1420 型半永久性车钩;2—1421 型半永久性车钩;3—轴承座;4—钩身;5—气管连接;6—接地线

半永久性车钩包括两种不同的型号分别为 1420、1421 型。车钩用易于分离的套筒连挂器连接，确保连接固定、不松弛和安全。半永久性车钩使连挂的列车可以通过垂直和水平曲线旋转运动。所有电气线路(电源、控制和总线线路)都通过单独的多接头电缆敷设至连挂车辆。动车组列车管和总风管连接集成在钩头正面，连挂完成后两辆车列车管和总风管接通，不设置装配阀。

1420 型半永久性车钩的钩身装有能量吸收装置，在超出规定分离力时(例如：出现重冲击和碰撞时)耗散能量。这一功能由用于缓冲的液气缓冲器和用于拖曳冲击的摩擦弹簧实现。

表 2-6　半永久车钩技术参数

名称	状态(指标)		数值
压缩强度			1 500 kN
车钩长度	从端面到枢轴		(1 131±5)mm
配有摩擦弹簧的车钩牵引杆	行程	牵引	约 23 mm
	断开力	静态(牵引时)	约 60 kN
	最大负载	静态(牵引时)	约 600 kN
配有缓冲装置的车钩牵引杆	行程	缓冲	约 62 mm
	最大负载	缓冲	约 800 kN
	断开力	静态(牵引时)	约 80 kN
车钩最大摆角	水平		约±20°
	垂直		约±7°

四、过渡车钩

CRH380B 型动车组加装一套统型过渡车钩和一个搬运小车。车钩由模块 3、模块 4 和相应连接附件组成，放置在 5 车(餐车)储物柜下部(设止动装置)。用四角钥匙打开餐车中的过渡车钩存储柜，开启搬运小车的限位装置，将小车拖出柜体，通过车厢的蹬车门和站台或通过车内外端门与客室走廊，将带有过渡车钩的小车送至车端，解开扎带，取出过渡车钩。

CRH380BL 型动车组加装 2 套统型过渡车钩和两个搬运小车。其中，每套统型过渡车钩包括 1 个模块 3、1 个模块 4 和相应连接附件。过渡车钩布置在 2 车和 15 车大件行李柜下部空间内，并放置固定过渡车钩的搬运小车，用于运输过渡车钩，并设止动装置。使用时，操作人员到大件行李柜将搬运小车的止动装置松开，取出装载过渡车钩的小车，在车内推动手推车，将过渡车钩送到头车端部，将过渡车钩搬运到车下。

1. 过渡车钩模块 1 为 880 mm 钩高的 10 型过渡钩模块(图 2-26)；模块 3 为 1 025 mm/1 000 mm钩高的 10 型过渡钩模块(图 2-27)；模块 4 为机车过渡钩模块(图 2-28)。

2. 过渡车钩的组合及连挂

CRH380B 型过渡车钩为“模块 1＋模块 4”的组合方式(图 2-29)，连挂时利用辅助挂钩把模块 1 挂在全自动车钩上，然后把机车过渡钩模块 4 扣在模块 1 上并插入连接销固定，扣合位置参见图 2-29 所示的对正标示。下压机车过渡车钩触发自动车钩进行连挂操作，打开机车、客车钩使机车、客车车钩和机车过渡车钩接触完成连挂。

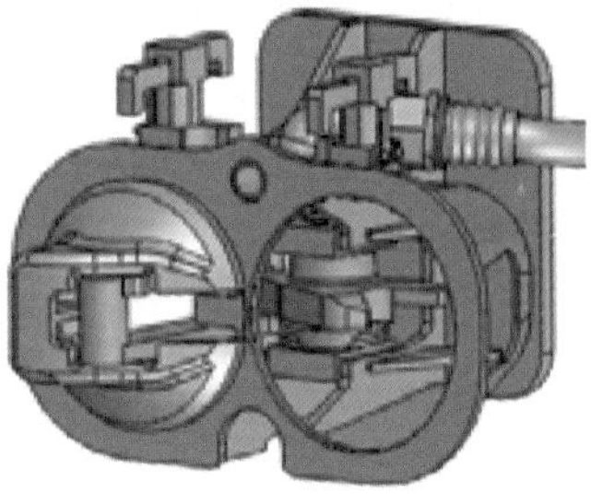

图 2-26 模块 1

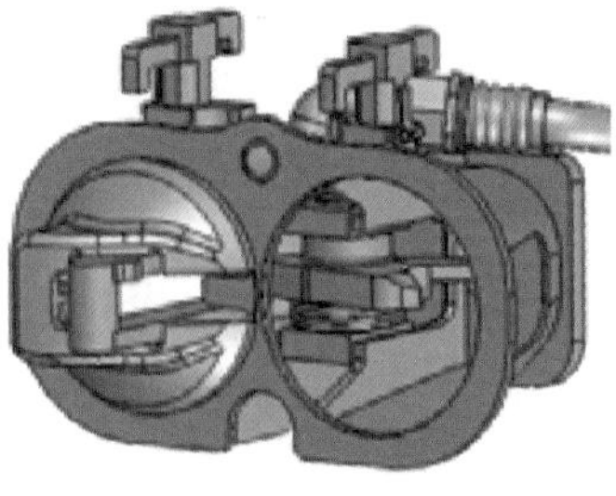

图 2-27 模块 3

图 2-28 模块 4

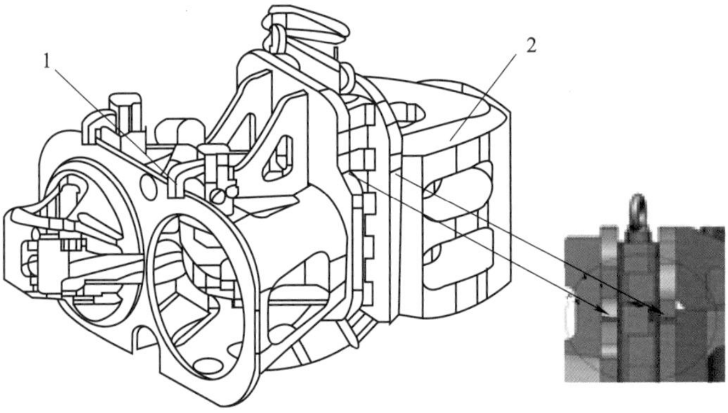

图 2-29 模块 1+模块 4 组合

1—模块 1(880 mm 钩高 10 型过渡车钩模块);2—模块 4(机车过渡车钩模块)

CRH380BL 型过渡车钩为“模块 3+模块 4”的组合方式(图 2-30)。连挂时利用辅助挂钩把 1 025 mm/1 000 mm 钩高 10 型过渡车钩模块 3 挂在全自动车钩上,然后把机车过渡车钩模块 4钩扣在模块 3 上并插入连接销固定,检查和全自动车钩无干涉现象后,下压机车过渡车钩,触发自动车钩进行连挂操作。打开机车客车钩,使机客车车钩和机车过渡车钩接触完成连挂。过渡车钩无自带的解钩装置,解钩时,必须使用机车 AAR 车钩的人工解钩装置。

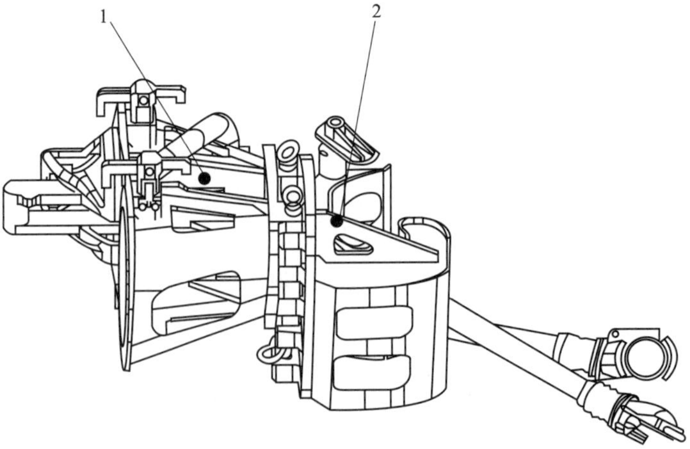

图 2-30 模块 3+模块 4 组合

1—模块 3(1 025 mm/1 000 mm 钩高 10 型过渡车钩模块);2—模块 4(机客车过渡车钩模块)

二、转 向 架

CRH380B(L)型动车组转向架均为模块化设计，主要结构基本相同。单独调节各车转向架的悬挂装置（增加或减少螺旋钢弹簧和空气弹簧的调整垫），使其与车辆的重量和重心相适应，达到最佳的运行性能，如图 2-31、图 2-32 所示。

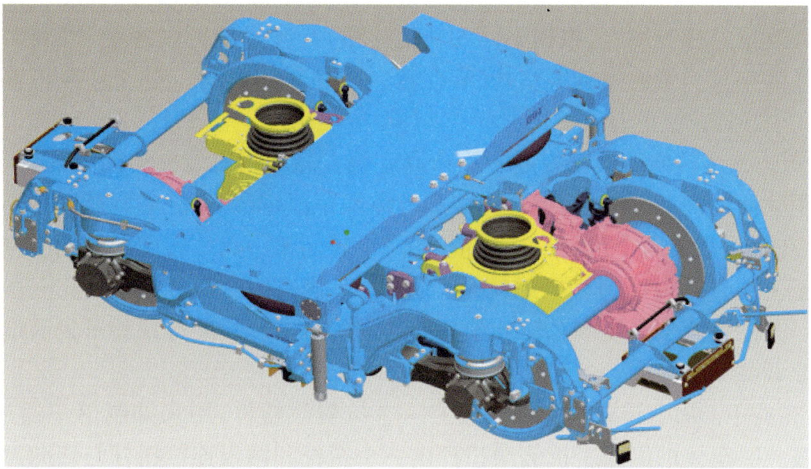

图 2-31　01、08 车(CRH380B 型)、16 车(CRH380BL 型)一位端动力转向架

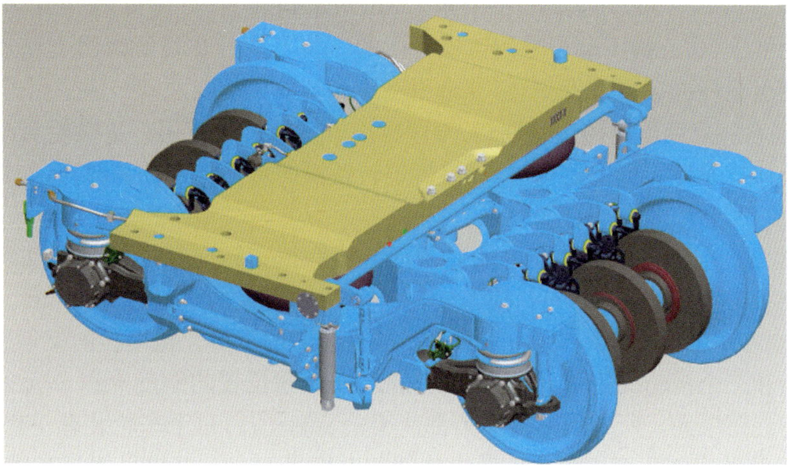

图 2-32　拖车转向架

动车转向架主要由轮对轴箱、一系悬挂、构架、二系悬挂、驱动装置、基础制动装置及附件等部件组成；拖车转向架主要由轮对轴箱、一系悬挂、构架、二系悬挂、基础制动装置及转向架附件等部件组成。

1. 转向架构架。为双 H 形设计，包括两个焊接箱型截面纵向梁，二者通过两个管状横梁相互连接。构架主要由钢板制成。01、16 车的转向架都配有天线梁。天线梁通过螺栓固定在转向架构架上。安装部件所需的所有安装座都焊接在转向架构架上，但不会对构架产生额外或过多的应力。由于安装设备不同，拖车转向架构架上没有用于安装牵引电机和齿轮箱的接口，动车和拖车转向架的构架不可互换。

2. 一系悬挂装置。采用双卷螺旋钢弹簧组加一系垂向减振器的悬挂方式。其减振作用可缓冲列车运行中作用在轴箱上的垂向力。在钢弹簧下安装叠层弹簧以缓冲、减少垂向振动；在螺旋钢弹簧组内装有止挡销，既可以防止弹簧被压死，又能在弹簧意外断裂时起支撑作用。

3. 二系悬挂装置。主要由空气弹簧和垂向减振器组成。二系悬挂装置安装在转向架构架和车体（摇枕）之间，空气弹簧的横向跨距为 1 900 mm。如果压缩空气供应失效，车体重量将落在空气弹簧紧急橡胶堆上，根据不同的轨道质量，必须降低行驶速度，以确保运行平稳性良好。摇枕作为空气弹簧的附加气室，安装在转向架和车体之间。空气悬挂装置采用两点式控制系统。

4. 高度阀。每个转向架上都安装有一个高度阀。高度阀安装在转向架摇枕上，通过其可调整地板面距轨面的高度，同时保持转向架和车体间距恒定（不管旅客载荷和载荷分布如何）。因此，其高度在每辆车的两个点处进行测量，即每个转向架一点。转向架的两个空气弹簧都由安装在转向架上的高度阀控制充风或排风。此外，车辆高度因车轮磨损（车轮修整后直径变化）而发生变化，通过调整高度阀和转向架构架之间的调节杆长度可调整车辆高度。每次车轮旋修后都需要调整车辆高度。

5. 抗侧滚扭杆。每个转向架上都安装有一个抗侧滚扭杆，用来抑制落车通过曲线，尤其是侧风风速较大时车体的侧滚。抗侧滚扭杆由一个扭杆和两根连接扭杆与转向架构架的连杆组成。此外，抗侧滚扭杆可确保车体的横向平稳性，以防止车体因列车通过曲线或侧风而倾侧过度。

6. 转向架连接。转向架通过采用铸钢材质的中心销和车体（摇枕）连接。中心销上部用螺栓固定在摇枕上，中心销下部与采用铸铁材质的压装了复合弹簧的牵引支座连接。安装了橡胶节点的牵引拉杆成 Z 形位置安装，在牵引支座和转向架构架之间传递牵引力和制动力。

7. 轴箱轴承。采用球墨铸铁的轴箱，与圆锥滚子轴承一起使用。更换轮对时无需拆卸轴承。轴箱为分体式设计。更换轮对时，只需拆解转臂箍即可。其他轴端部件，如轴承温度传感器、速度传感器，所有轮对上均有安装。

8. 制动装置。包括动力转向架的轮装制动装置和拖车转向架的轴装制动装置。动车转向架所用制动盘的直径为 750 mm。拖车转向架所用制动盘的直径为 640 mm。设计制动装置时，在方便空心车轴探伤的同时，一直致力于减少装置的重量。拖车转向架每条轮对安装三个轴装制动盘和三个制动夹钳单元，有些拖车轮对在中间位置的制动夹钳单元采用的是带停放制动功能的夹钳单元。所有动车转向架都使用轮装制动盘，每个车轮装有一套轮装制动盘。

9. 传动系统的安装。牵引电机安装在构架的电机吊架上。电机吊架具有横向运动特性。牵引电机安装有垂向安全挡，可防止牵引电机垂向坠落到轨道上。垂向安全挡安装在转向架构架横梁中心的安全挡座和牵引电机吊架之间。牵引电机和想之间安装有联轴节，使齿轮箱可以垂向运动。

10. 轮缘润滑装置。01、16（CRH380BL 型）、08、09（CRH380BL 型）车辆的一位端转向架上的外侧轮对都装有轮缘润滑装置。轮缘润滑装置的支架可以调节，从而可以调节润滑喷嘴的位置，使其与新的或磨损的轮缘相适应。润滑油箱位于车体上。

11. 撒砂装置。01、16（CRH380BL 型）、03、06、08、11（CRH380BL 型）、14（CRH380BL 型）车辆的动车转向架都安装有撒砂装置。砂箱安装在车体上，撒砂管带有电加热。

12. 转向架诊断装置。主要包括轴温传感器、横向加速度传感器和齿轮箱温度传感器。

轴温传感器安装在动车组转向架的轴箱体上，用于监测轴端轴承温度状态；横向加速度传感器安装在动车组转向架构架上，用于监测转向架稳定性；齿轮箱温度传感器安装在动车组转向架齿轮箱大齿轮和小齿轮轴承处，用于监测动车组运行中齿轮箱温度变化情况。

13. 天线组成。由天线及天线梁组成，每列动车组配有两套天线组成，每套天线组成安装在每个头车 1 位转向架上，每个转向架上配有 2 台天线设备。天线是动车组与地面应答器设备间安全数据传输的装置，是车载列控设备的重要组成部件。

第五节　车　　门

车门系统按照车体的安装位置分为客室侧门和客室内门，其中客室内门按用途分为内端门和外端门，客室内门按照驱动方式分为自动门和手动门。

CRH380B(L)型列车客室侧门使用塞拉门结构。当列车高速运行和进出隧道时，塞拉门要承受强大的空气压力波，所以门框及其固定装置、门扇和其固定装置必须具有很高的强度和刚度。考虑到车内气压波动对乘员舒适性的影响，车门必须具有很高的气密性能。

一、客室侧门(塞拉门)

主要由门框、门扇、驱动机构、设备安装架、门控单元等部件构成。

1. 门框。采用整体式门框，由铝型材和铸铝件拼焊而成。相对散装门框，安装快捷、简单，调试容易。

2. 门扇。采用内部充填发泡隔热材的结构。该结构具有更高的隔音隔热性能，采用了双层密封，使其具有一定的气密性能。

3. 驱动机构。采用直流电机驱动。能够精确控制开关门时间、开关门速度，在行程内开关速度可实现多段可调，耐低温能力强。

4. 设备安装架。该部件集成了锁闭系统和气动系统，构成门锁单元。

锁闭系统：主锁采用电动锁，解锁动作由电机实现。除主锁和隔离锁之外，上、下各设一个气动加压锁。可提高密封性能，增加系统可靠性。内外操作装置设置了紧急操作手柄。在内外操作装置和主锁间的传动装置上设有电磁离合器，使门锁系统在列车高速运行时，即使操作紧急手柄也无法打开车门的功能，也极大地提高了安全性能。

气动系统：为气动加压锁的供气单元，其压力表安装位置，设置在人目视高度，便于查看读数。

5. 传感器和门控单元 DCU 等元件构成的电气系统。

二、门控单元(DCU)

1. 每个客室侧门配有一个门控器。

2. DCU 由一个可编程逻辑器件以及控制门驱动电机、踏板电机的电机电源电路构成。DCU 包括一个 CAN 总线接口和一个 RS-232 服务接口。

3. 主 DCU 是为 MVB 总线连接卡准备的(西门子 PC104)。

每辆车有一个车门控制单元与车辆总线(MVB)相连，该门控单元再通过 CAN 总线与本车的其他门控单元连接。车门控制单元可以完成内外车门的全部控制功能。

三、内 端 门

内端门是指客室舱内部的隔离门，包括单扇滑动舱门和双扇滑动舱门。这两种舱门都为自动门，工作原理相同。如单扇内门：该门系统由数字装置控制 24 V 直流电机、齿轮机构、门扇速度和位置传感器、门扇关闭位置传感器组成。在探测到有乘客和位于门两侧的应急按钮被按压时，门两侧的遥控传感器将启动开门机构。

四、外 端 门

外端门是指在客室舱两端的隔离门，是两个对开式门扇的过道滑动门，按动作原理分为手动门和自动门。

外端门有两种：自动门和手动门。

外端门是防火门，按要求耐火不少于 15 min。该门的机械和电气部分均有特殊设计。电气部分在环境温度超过预定极限时，会自动切断总电源，防止产生误动作；机械部分具有自动关门功能；玻璃门扇的玻璃采用特种防火耐高温玻璃；门扇四周设有用特殊材料制成的遇火即膨胀的密封带，起到隔绝烟雾和火焰的作用。

手动外端门系统由门扇主装置，装有防火钢化玻璃、铝框架和硅密封的门扇，铝制拉门导轨等部件组成。手动门没有电气部分的部件。

复习思考题

1. CRH380B(L)型动车组车钩如何伸出？
2. CRH380B(L)型动车组转向架由哪些组成？
3. CRH380B(L)型动车组过渡车钩如何使用？

第三章　动车组司机室

CRH380B(L)型动车组司机室设计为单人驾驶模式，司机操纵台设置在中央位置，是动车组的主要操作设备。驾驶动车组所需的电子和电气、空气和机械设备设于司机室柜中。设备组件按功能分组安装。司机室间壁采用电控雾化玻璃面板。

第一节　司机室布局

CRH380B(L)型动车组司机室设计遵循 UIC 651 标准，符合现代人机工程学设计原理。主要包括司机操纵台(第一操作区)、右控制柜(第二操作区和故障面板区)、左控制柜(第三操作区)、脚踏区域、司机间壁、司机室遮阳帘、司机座椅、司机室空调。如图 3-1 所示。

图 3-1　司机室布局

与 CRH3 型动车组司机室比较：增加一个新的 DMI 显示屏，与原 DMI 形成冗余结构；在第五显示区右侧新增一个安装盒结构，用于安装“GFX-3A 正常”、“GFX-3A 故障”、“GFX-3A 预告”、“火警”4 个指示灯及速度表；前导流罩开关由新增加的门控制选择开关替换；原安装在第 5 显示区的“日夜转换”、“司机占用”、“手动过分相”3 个开关改在操纵台台面右侧区域。

第一操作区(主操纵台)在司机室前方居中布置，布置驾驶列车需要的设备和经常用到的元件；司机室主操作台及左、右柜的机械结构采用压型铝板件焊接、铆接及螺栓连接结构；主操作台、左柜和右柜的连接采用弹性连接，即不仅主操纵台与左右柜之间采用弹性橡胶减振器连接，而且与车体之间也采用弹性橡胶减振器连接；主操作台与车体之间通过 2 个支座连接。如图 3-2 所示。

图 3-2　司机室操纵台设备

第二节　司机操纵设备

司机室各操作设备包含车内设备、车外设备和辅助设备，其设备组成如图 3-3 所示。

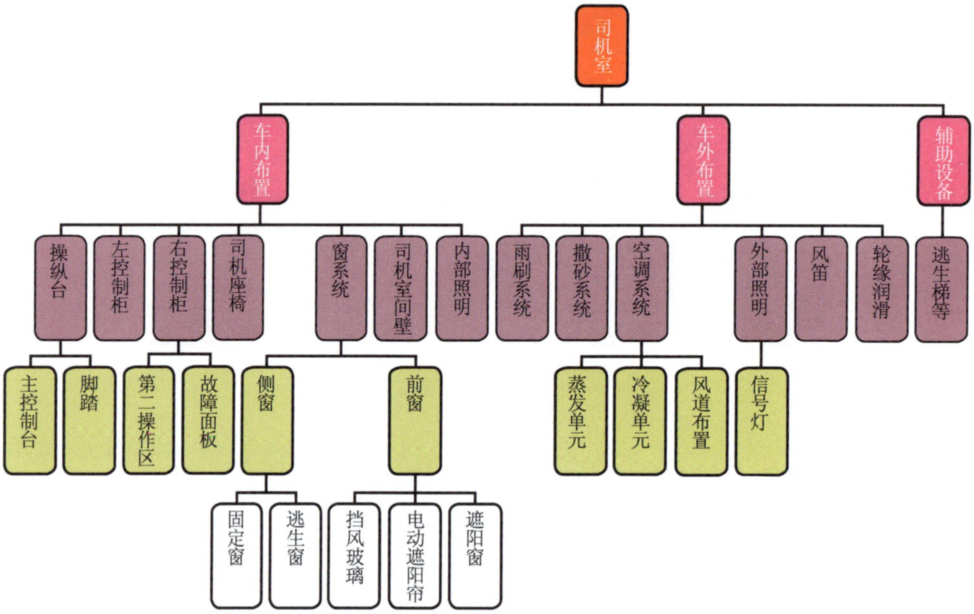

图 3-3　司机室设备组成

一、司机室设备分布

司机驾驶列车所需的电子、电气、空气和机械等设备按照操作区分别布置在司机操纵台、左控制柜和右控制柜中，通过它可以进行行车、通信、调节内部环境等控制活动。如图 3-4 和图 3-5 所示。其设备详见表 3-1。

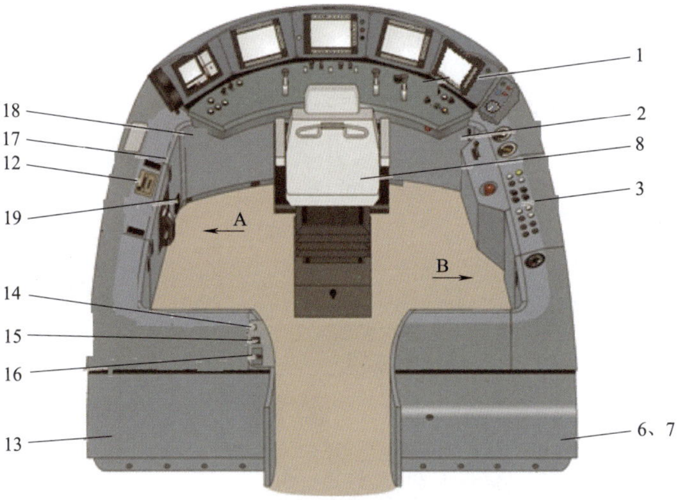

图 3-4　司机室操作区

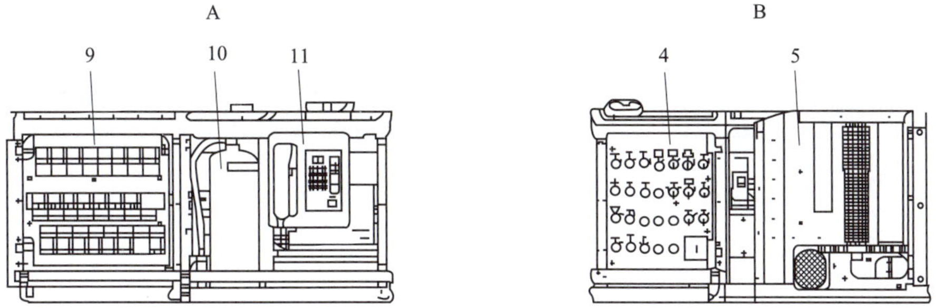

图 3-5　司机室左、右控制柜各主要设备

表 3-1　司机室主要设备

1	司机控制台	11	内部通信装置
2	旋球塞刮水系统，麦克风	12	CIR 中心用打印机
3	二级操作区	13	辅助座椅
4	故障开关控制台	14	MVB 服务插座
5	CCU1/2	15	总计 km 计数器
6	LSS 面板（休息区）	16	旋转开关“电压调节”有“更高”和“更深”两种设置
7	LSS 面板（休息区）	17	废物箱
8	司机座椅	18	手提灯
9	LSS 面板	19	杯托
10	灭火器		

二、司机操纵台（第一操作区）设备分布

司机操纵台位于司机正前方，布置一些司机驾驶列车过程中常用的控制和信息显示零部件，如图 3-6 所示。其设备名称及用途详见表 3-2。

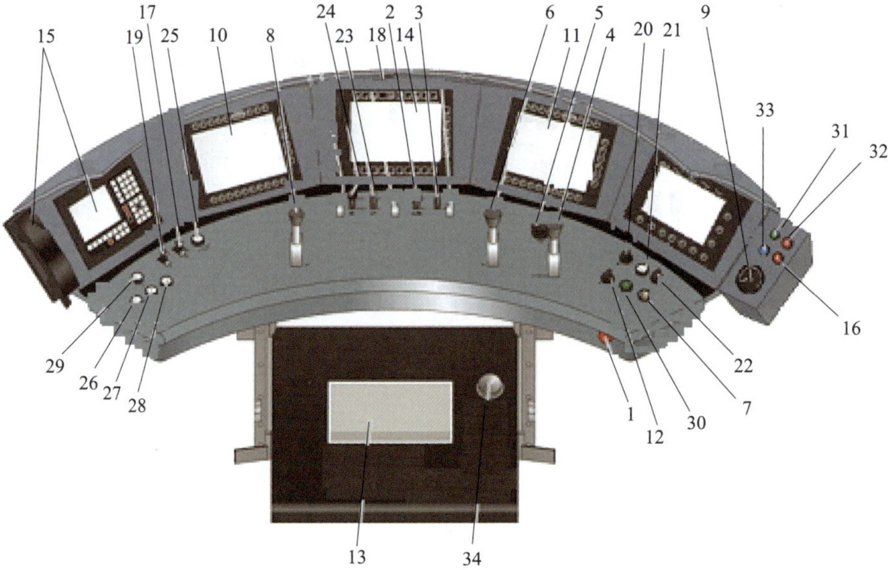

图 3-6　司机操作台设备

表 3-2　CRH380B(L)型动车组司机室操纵台设备名称及功用

位置	图标	名称	作用	备注
1		紧急断电	紧急断开主开关，降弓	
2	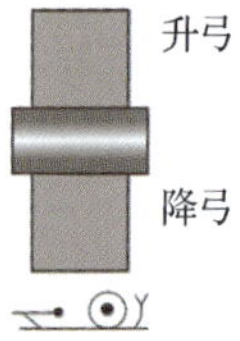	受电弓拨动开关	使列车中所有受电弓升起或降落	设置："升弓"、"降弓"、"降弓和撒砂"
3	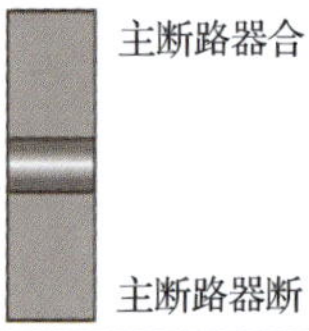	主断路器拨动开关	操作主开关设置："ON"、"合"、"OFF"、"断"	
4	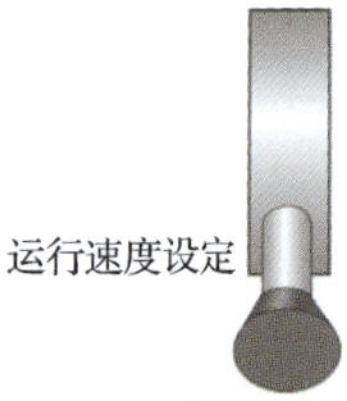	恒速手柄	在 0 和 v 最大之间设置列车运行速度	
5		行驶方向开关	确定行驶方向设置："F"前进、"0"无方向、"R"倒车。当钥匙开关处于"闭合"位置时，行驶方向开关才被启动	

续上表

位置	图标	名称	作用	备注
6	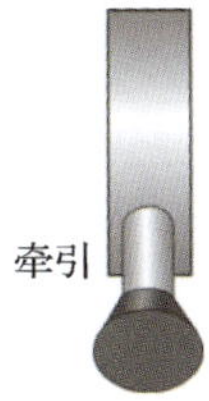	牵引手柄	使用电位计确定牵引力	“0”——牵引力已使用，辅助变流器未计时； “EN”——牵引力已使用，当列车静止时，牵引箱/牵引电机的风扇已启动； 辅助变流器计时“P0”至“P大”——模拟牵引力
7		钥匙开关	激活司机室设置：“ON”“开启”、“OFF”、“关闭”只有钥匙要关处于关闭的位置时，才可取出钥匙	
8	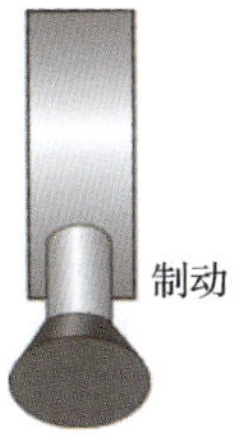	制动手柄	CRH380BL 型车激活制动设置： “OC”——超控旅客激活紧急制动； “REL”——运转位； “1A、1B、2、3、4、5、6、7、8”——行车制动(8 为最大行车制动挡)； “EB”——紧急制动	CRH380B 型车激活制动设置： “OC”——超控旅客激活紧急制动； “REL”——运转位； “1A、1B、2、3、4、5、6、7”——行车制动(7 为最大行车制动挡)； “EB”、“UB”——紧急制动
9		模拟式显示器	指示列车运行速度	
10		司机 HMI 左侧，用于车辆控制	用于控制和监测车辆，与右侧司机 HMI 互为冗余	
11		司机 HMI 右侧，用于车辆控制	用于控制和监测车辆，与左侧司机 HMI 互为冗余	
12		指示灯调节控制开关	用于调节指示灯的明暗度。 设置：“明”、“暗”	
13	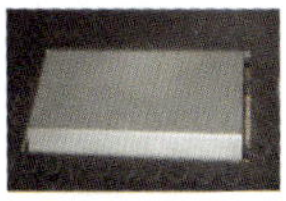	ASD 踏板	启动 ASD	
14		左 DMI 显示器系统	通告和操作与右互换冗余	
		右 DMI 显示器系统	通告和操作与左互换冗余	

续上表

位置	图标	名称	作用	备注
15	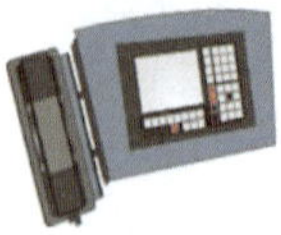	机车综合无线通信设备	司机通信的处理和显示	
16		火警指示灯	指示火警回路已触发	
17	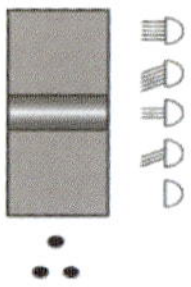	前照灯/信号/远照灯拨动开关	启动外部照明设备设置："远照灯"、"远照灯变暗"、"信号灯"（基本设置）、"信号灯变暗"、"OFF"、"关闭"	
18	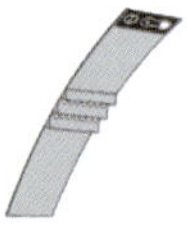	时刻表灯	为司机台上的时刻表照明设置："开启"、"关闭"、"变暗"	
19	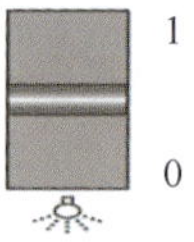	司机室照明设备拨动开关	启动司机室照明设备设置："1"开启、"0"关闭	
20	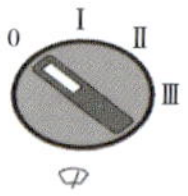	挡风玻璃刮水器旋转开关	启动挡风玻璃刮水器设置："0"、关闭、"Ⅰ"（停止位置）、"Ⅱ"（间歇刮水）、"Ⅲ"连续刮水	
21		白色清洗按钮	启动挡风玻璃刮水器的清洗装置	
22	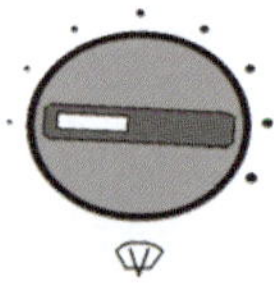	刮水器速度旋转开关	启动挡风玻璃刮水器的刮水速度（8种速度设置）	
23	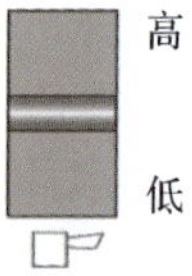	喇叭拨动开关	手动启动喇叭设置："高""低"	
24	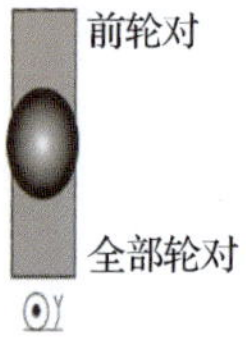	撒砂拨动开关	启动撒砂功能设置："前轮对"（行驶方向）"全部轮对	

续上表

位置	图标	名称	作用	备注
25		门侧选择（CRH380BL型）	确认开门的方向：“左侧开门”“右侧开门”	
	 前车钩罩打开	前车钩罩开 ASC 2 km/h（CRH380B型）	打开车钩罩，激活 ASC 连挂模式	
26	 左侧门释放	左侧门释放白色按钮点亮	释放列车左侧门	
27	 关门	关门白色按钮点亮	关上列车左右侧门	
28	 右侧门释放	右侧门释放白色按钮点亮	释放列车右侧门	
29	 开门	开门白色按钮点亮	开门	
30	手动过分相 	分相区间点亮蓝色按钮	用于手动通过分相	
31	工作 	GFX ON 点亮绿色按钮	GFX 准备运行指示	
32	故障 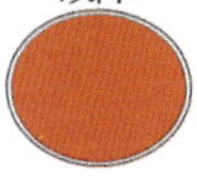	GFX 故障点亮红色按钮	GFX 系统故障指示	
33	预告 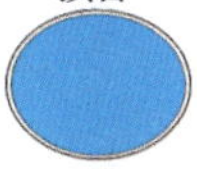	GFX 分相区间点亮蓝色按钮	指示一个分相区间信号（没有 ETCS）	
34		喇叭脚踏开关	同时脚踏激活两个喇叭	

三、警惕装置(ASD)

警惕装置(ASD)为安全行驶开关,由每个牵引单元实施,每个司机室都有一个 ASD。为了确保正常行车,在列车行驶期间,司机必须在 30 s 的时间间隔内或最迟在发出声音警告后启动 ASD 元件之一。由 ASD 控制元件、信号灯指示装置、声音指示装置、ASD 故障开关等设备组成,如图 3-7 所示。

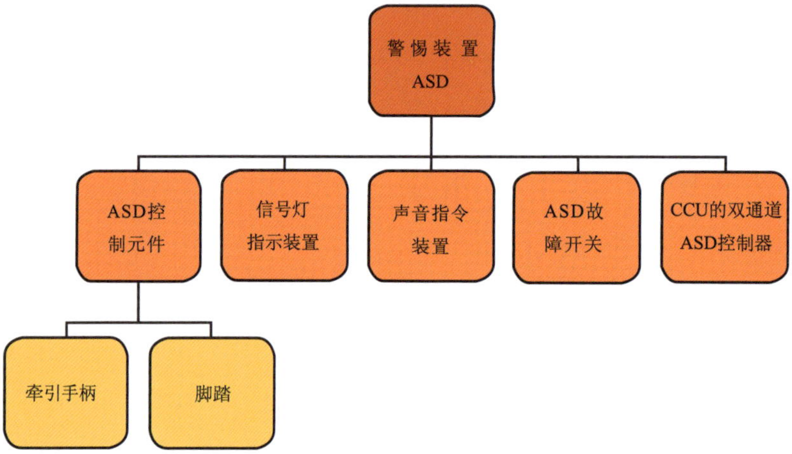

图 3-7　ASD 设备组成

第三节　设备柜及配电盘

一、司机室右控制柜(第二操作区和故障面板区)设备分布

(一)CRH380B(L)型动车组司机室右控制柜操作区,如图 3-8、图 3-9 所示。设备名称及用途详见表 3-3。

图 3-8　右控制柜操作区

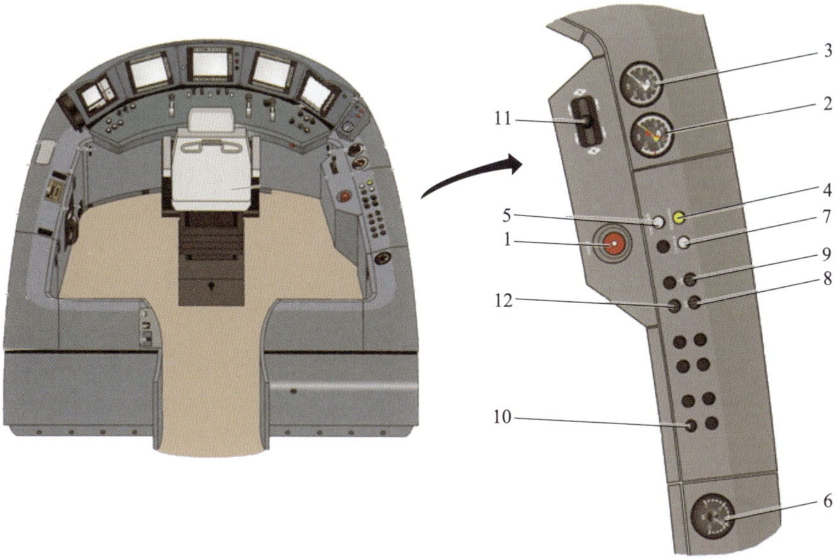

图 3-9　右控制柜(第二操作区)设备

表 3-3　CRH380B(L)型动车组司机室右控制柜(第二操作区)设备开关

位置	按钮/旋钮/指示器/部件	说　明	用　途
1	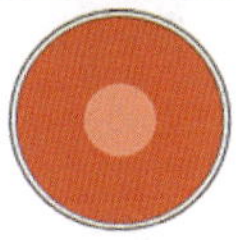 紧急停车	(紧急制动阀)红色操作按钮	1. 紧急制动阀直接向制动管道通风。 2. 紧急制动回路也在阀打开时通过电气接触打开
2		双压力计	显示主风缸管道(MRP,红色指针)和制动管道(BP,黄色指针)的压力
3		压力计	显示制动手柄(C02)的控制压力
4	 实施停放制动	(实施停放制动)黄色按钮点亮	1. 对整列车实施停放制动。 2. 制动实施全部制动时点亮按钮
5	 缓解停放制动	缓解停放制动、白色按钮点亮	对整列车实施缓解停放制动。在缓解全部制动时点亮按钮
6		蓄电池电压表	显示当前的蓄电池电压(110 V)

续上表

位置	按钮/旋钮/指示器/部件	说　明	用　途
7	 检测指示灯	(检测指示灯)按钮	启用司机室中定义的指示灯以供测试用
8	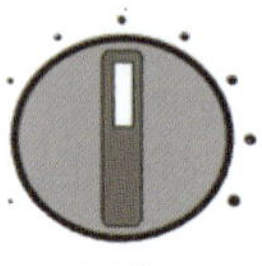 温度	(温度)旋转开关	改变司机室中空调系统的温度设定值(9个设定值)
9	 通风	(通风)旋转开关	为司机室中的风扇设定转速(7个设置值)
10		电池电压选择开关	开关设置:"近端电压"、"远端电压"
11	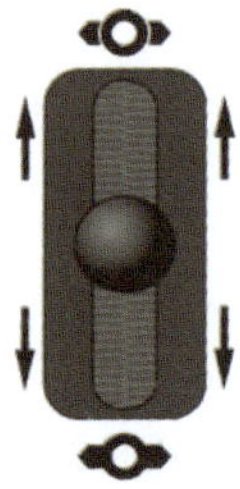	辅助制动手柄(C02)	1.电气直接控制制动失败时,制动可通过控制制动管道压力的制动手柄进行控制(备用模式)。设置: 缓解制动、闭塞位缓解制动; 空挡; 制动; 制动、闭塞位空挡。 2.缓解制动和制动闭塞位均设有凹槽。 3.缓解和制动位没有凹槽,表示,操纵杆从这些位返回至空挡位。 4.如果电空直接制动发生故障时才插入此操纵杆
12		备用开关	备用

(二)右控制柜(故障面板区)

CRH380BL型动车组司机室故障面板位于司机室右控制柜的面板后。故障面板区域布置了在维修期间或故障发生时主要需要的元件,如图3-10所示。CRH380B型动车组司机室故障面板与CRH380BL型相同,仅增加了EB/UB开关回路(43-S32)与EBL故障开关(43-S31),如图3-11所示。CRH380B(L)型动车组故障面板上分布的设备详见表3-4。

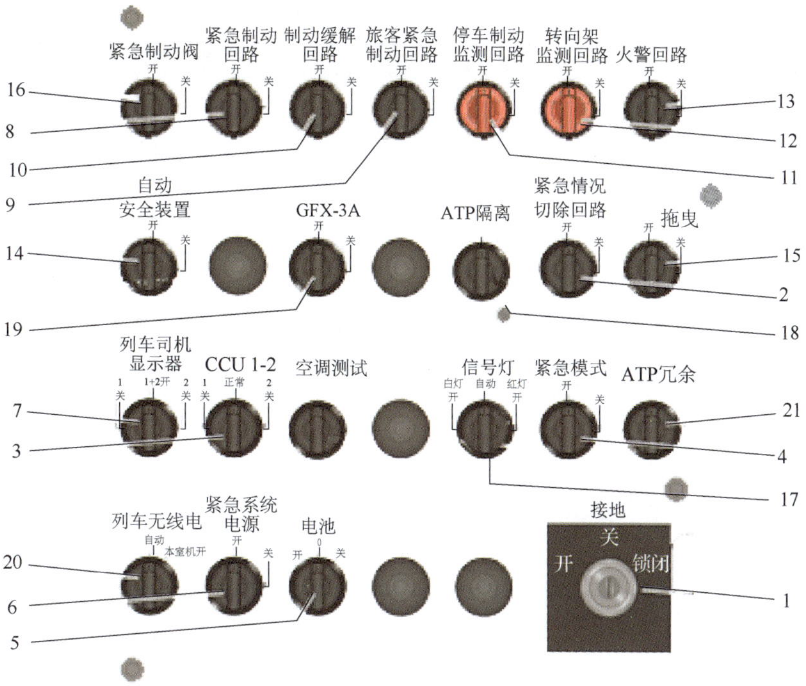

图 3-10　CRH380BL 型动车组故障面板设备

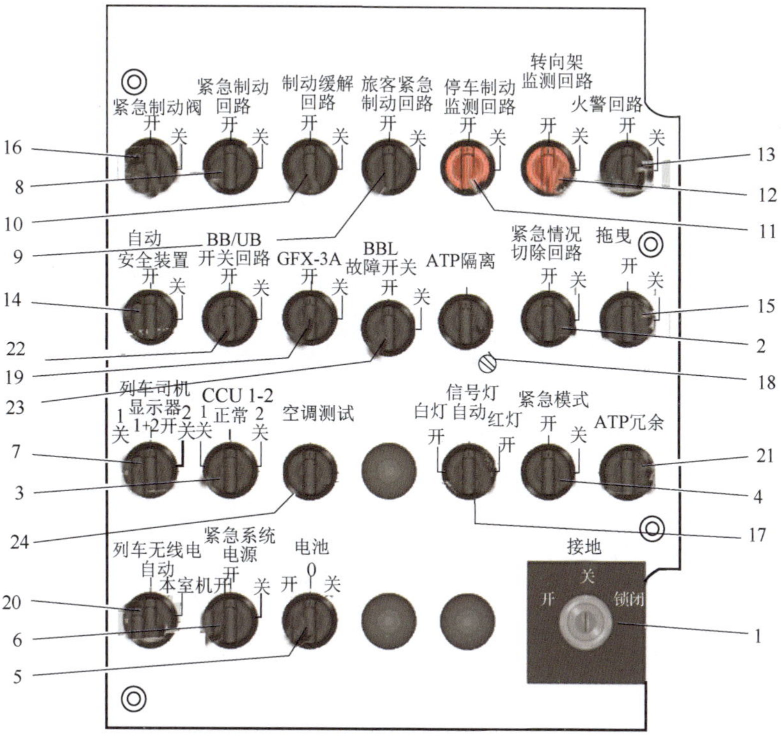

图 3-11　CRH380B 型动车组故障面板设备

表 3-4 CRH380B(L)型动车组司机室故障面板设备说明

位置	旋钮部件名称	说　明	用　途
1		(车辆接地 A 钥匙)钥匙开关	设定： “ON”：当列车所有的钥匙均处于此位置时，列车处于就绪状态。 “OFF”(至少一个司机室中)：CCU 将所有的主开关关闭并将所有的受电弓降低。 “LOCKED”(锁闭)(至少一个司机室中)：同“OFF”(关闭)功能相同，但是执行接地程序的钥匙可以从此位置取出
2	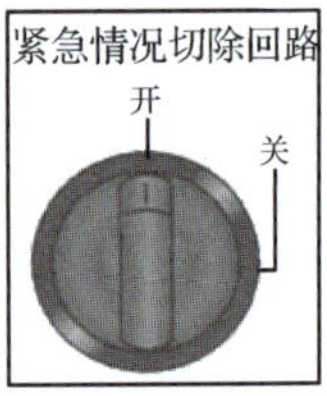	1(紧急情况切除回路)控制开关	用于紧急情况切除回路旁通(牵引装置 1/2 近端)
3	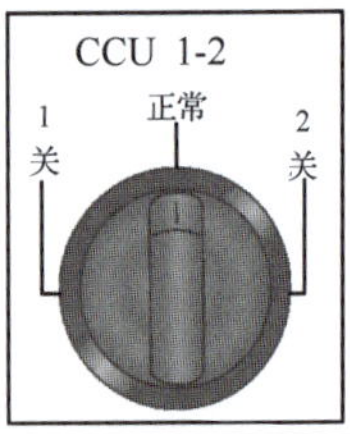	CCU 1-2 控制开关	禁用 CCU 1 或 CCU 2
4	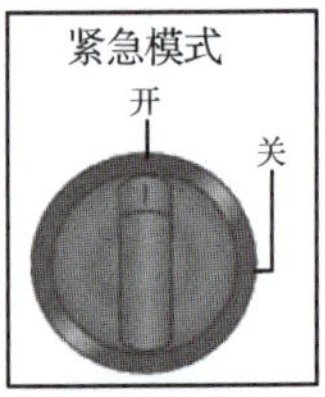	(紧急驱动模式开关)控制开关	启动紧急驱动模式
5	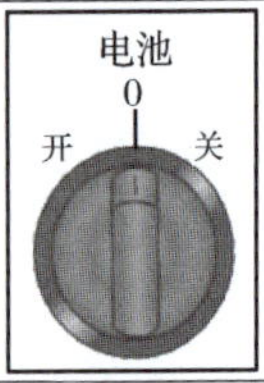	启动紧急模式控制开关	接通或切断整列车的主电池接触器
6	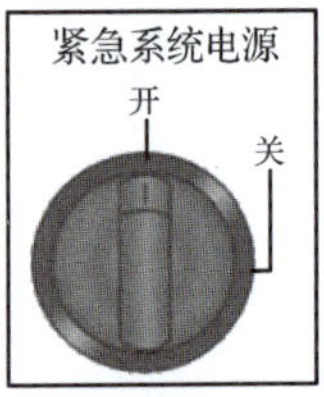	BD(使用直连电池的紧急系统)控制开关	当此开关启用后，紧急系统(紧急照明，列车无线电，固定对讲机站)均通过“BD”电池母线供电，即独立于主电池接触器
7	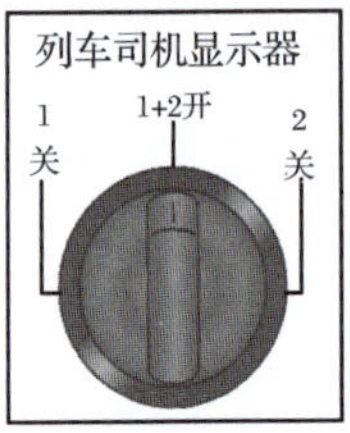	MMI(司机人机界面)控制开关	禁用左侧和右侧司机显示器

续上表

位置	旋钮部件名称	说　明	用　途
8	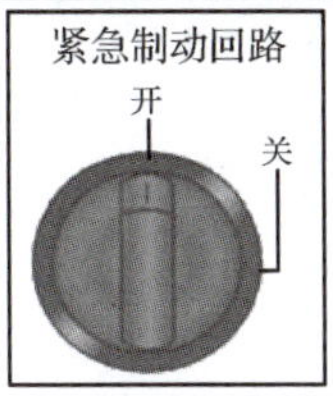	EBL 控制开关	用于紧急制动回路旁通
9	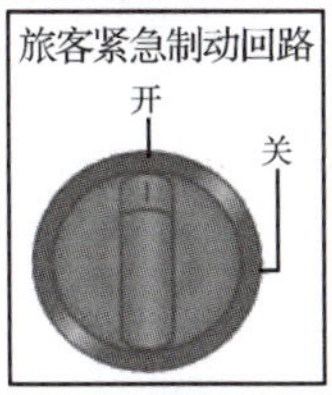	PEBL 控制开关	用于旅客紧急制动回路旁通
10	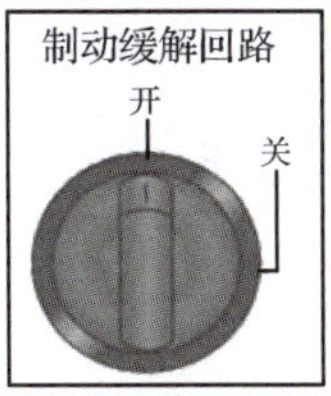	BRL 控制开关	用于旁通制动缓解回路
11	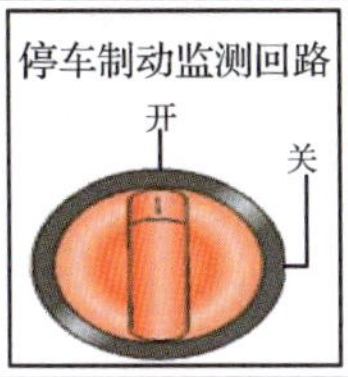	PBML 红色控制开关	用于停车制动监测回路旁通
12	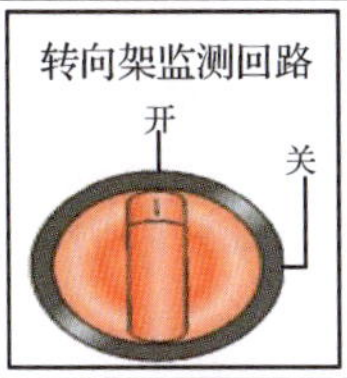	(转向架监测回路)红色控制开关	用于转向架监测回路旁通
13	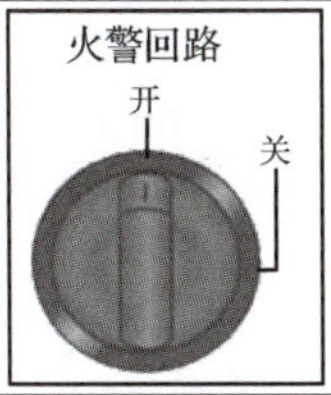	火警回路控制开关	用于火警回路旁通
14	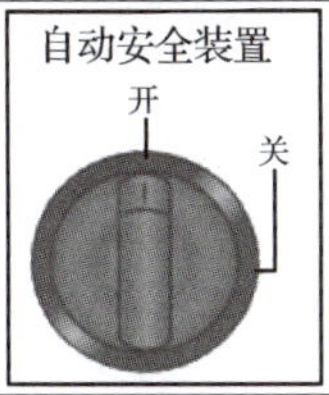	ASD(自动安全装置)控制开关	禁用 ASD 功能
15	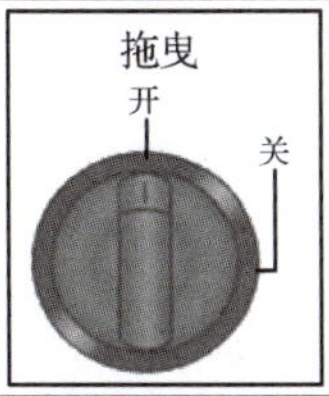	(拖曳)控制开关	如果主电池接触器切断,禁用拖曳功能

续上表

位置	旋钮部件名称	说　明	用　途
16	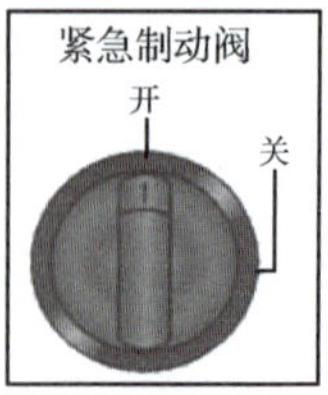	EB 紧急制动阀控制开关	禁用此车中的紧急制动
17	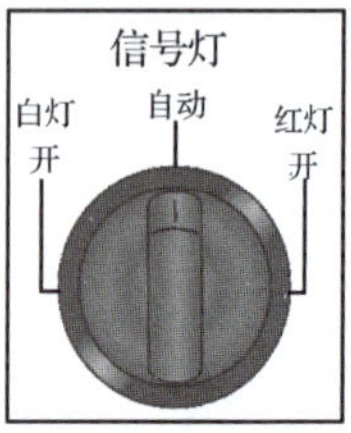	近前端或尾灯控制开关	将头灯从“AUTO”(自动)(即头灯由车辆控制系统控制)模式切换为“白灯开”或“红灯开”
18	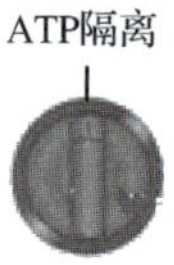	ATP 隔离开关	隔离 ATP
19	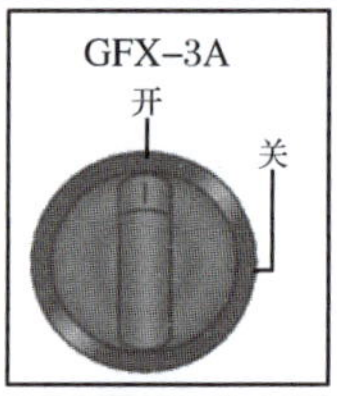	GFX-3A ON / OFF 控制开关	启用/禁用 GFX
20	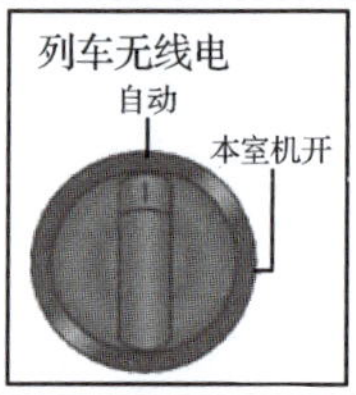	列车无线电控制开关	启用空司机室内的列车无线电装置
21	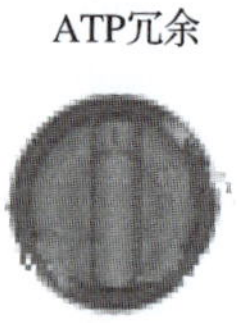	ATP 冗余开关	选择 ATP1 系、ATP2 系和 ATP 关
22	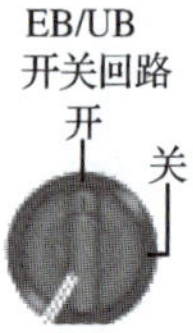	EB/UB 开关回路(=43-S32)	仅 CRH380B 型
23	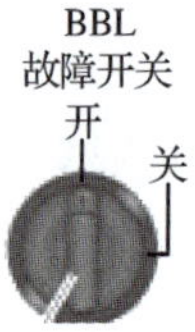	EBL 故障开关 (43-S31)	仅 CRH380B 型

续上表

位置	旋钮部件名称	说　明	用　途
24	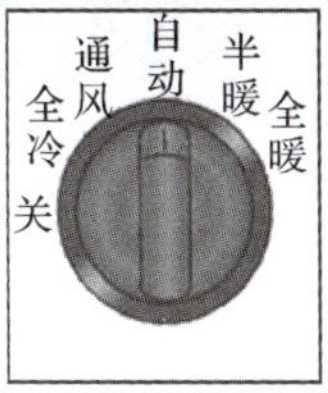	空调测试开关	自动、全冷、通风、半暖、全暖

二、司机室左控制柜(第三操作区)设备分布

CRH380B(L)型车左控制柜操作区布置一些司机驾驶过程不常使用或不使用的元件，例如，打印机、垃圾箱、灭火器、杯托等结构(图 3-12)。并且司机室左侧线路安全开关(LSS)面板(图 3-13)也安装在该位置。司机室左侧线路安全开关(LSS)面板设备见表 3-5。

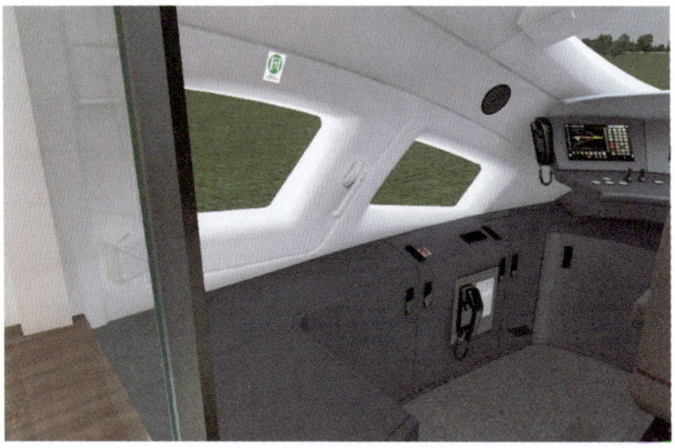

图 3-12　左控制柜

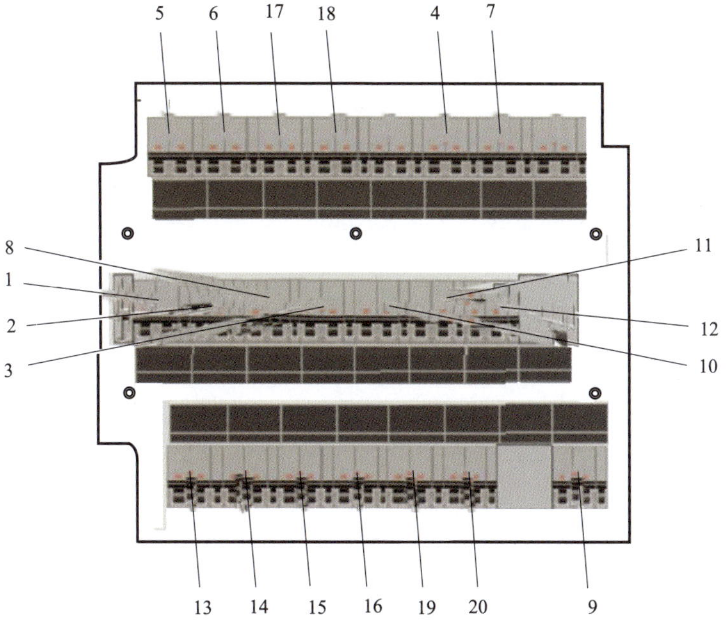

图 3-13　左控制柜线路安全开关(LSS)面板

表 3-5 司机室左侧线路安全开关(LSS)面板设备

位置	LSS 开关名称	电流[A]	母线段上的负荷 BD(直连电池)BN1/2(常规电池)
1	-21-F12:紧急控制断路器	4	BN1
2	-22-F43:主电路控制断路器	2	BN1
3	-22-F71:主电路紧急模式断路器	4	BN1
4	-28-F11:BCU1 控制电源断路器	10	BD
5	-28-F12:BCU2 控制电源断路器	10	BD
6	-28-F19:BEB 控制电源断路器	4	BN
7	-28-F28:停放制动控制断路器	4	BD
8	-42-F05:驾驶室显示屏电源控制断路器	2	BD
9	-42-F06:司机室显示屏 1、2 激活断路器	2	BN1
10	-43-F01:故障开关,紧急制动请求	2	BN1/BD
11	-43-F02:ETCS、EBL、火灾系统供电	2	BN1/BD
12	-43-F03:PBML、FAL、BML、BRL 环路供电开关	2	BN1/BD
13	-43-F04:PEBL 环路供电开关	2	BN1/BD
14	-43-F05:拖拽时电源供应开关	6	BN1/BD
15	-43-F06:ASD 环路系统供电	2	BN1/BD
16	-43-F08:EBL 环路供电开关	2	BN1/BD
17	-44-F11:ETCS/TCC1 控制断路器	6	BN1
18	-44-F13:ETCS 控制断路器	6	BN1
19	-48-F01:列车无线电断路器	10	BN1/BD
20	-48-F02:列车无线电断路器	10	BD

复习思考题

1. CRH380BL 型动车组司机室 ASD 装置的组成有哪些?
2. CRH380B 型动车组司机故障开关与 CRH380BL 型动车组相比,增加了哪些开关?

第四章　动车组牵引传动系统

本章主要介绍动车组牵引传动系统工作原理及主要组成部件：牵引变压器、变流器、牵引电机及限压电阻等电气设备结构、性能特点。

第一节　动车组牵引传动方式

CRH380B 型动车组整列为一个高压单元，由两个对称的牵引单元组成（每四辆车为一个牵引单元），牵引单元间由车顶高压线缆连接。CRH380BL 型动车组由两个独立的高压单元组成（前、后八辆分别为一个高压单元），每个高压单元由两个对称的牵引单元组成（每四辆车为一个牵引单元），牵引单元间由车顶高压线缆连接。如图 4-1 所示。

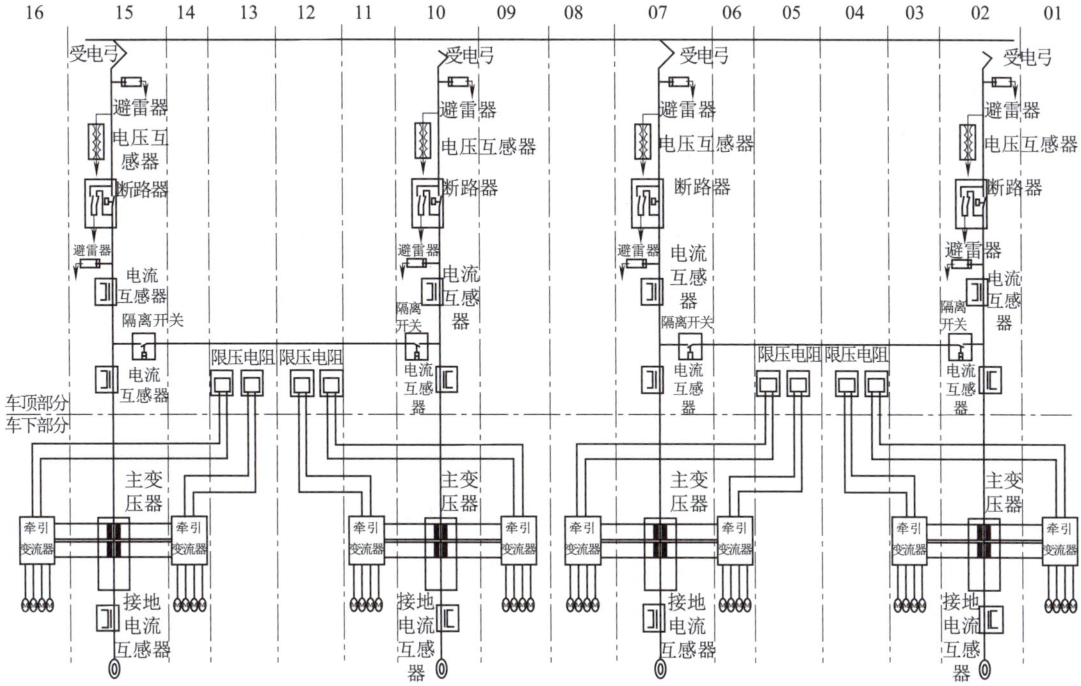

图 4-1　CRH380BL 型动车组高压单元

CRH380B 型和 CRH380BL 型动车组高压供电系统组成、工作原理基本相同：接触网高压电经受电弓进入动车组，经主断路器（MCB）等高压部件，一路直接进入本牵引单元、另一路经隔离开关（RLDS）、车顶高压电缆进入另一牵引单元。

CRH380B 型动车组牵引传动系统采用 4 动 4 拖的动力配置，01、03、06、08 车为动车，02、04、05、07 车为拖车，全列由 2 个牵引单元组成，每个牵引单元由 1 台变压器、两台变流器和 2 个动车的 8 台牵引电机组成，全车共计 16 台牵引电动机；CRH380BL 型动车组牵引传动系统采用8动8拖的动力配置,01、03、06、08、09、11、14、16车为动车,02、04、05、07、10、12、13、15车为拖车,全列由四个牵引单元组成,每个牵引单元由一台变压器、两台变流器和2个动车的8台牵引电机组成,全车共计32台牵引电动机。

第二节 牵引系统构成及工作原理

一、原理及基本组成

CRH380B型动车组整列为一个高压单元,由两个对称的牵引单元组成(每四辆车为一个牵引单元,如图4-2所示),牵引单元间由车顶高压线缆连接。

CRH380BL型动车组由两个独立的高压单元组成(前、后八辆分别为一个高压单元),每个高压单元由两个对称的牵引单元组成(每四辆车为一个牵引单元),牵引单元间由车顶高压线缆连接。

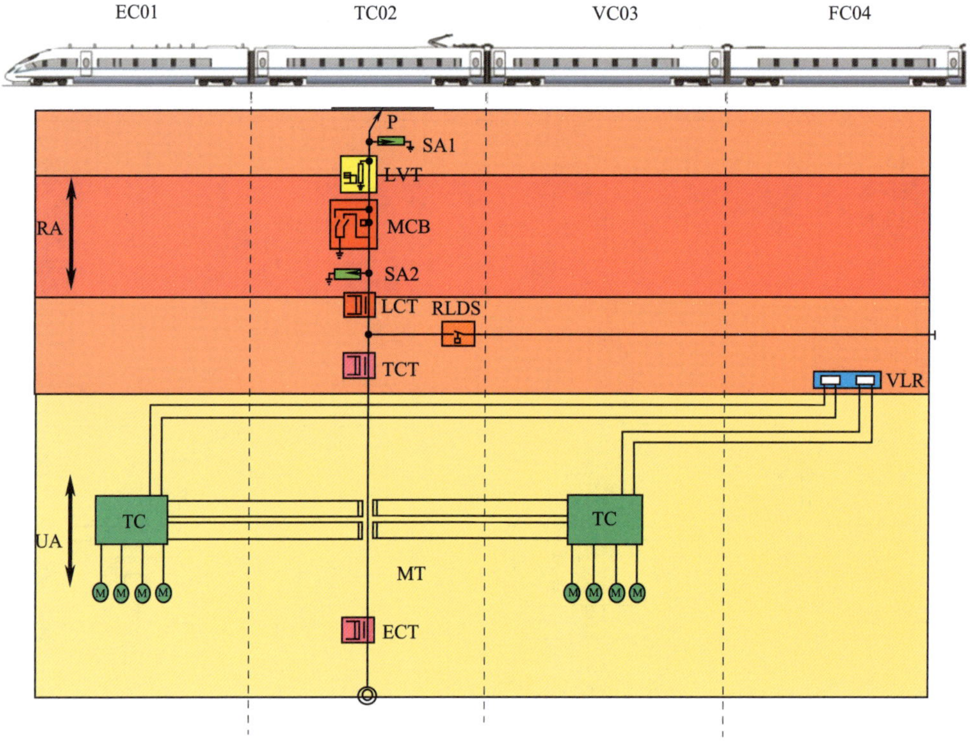

图4-2 牵引单元

ECT—接地回流互感器;RA—车顶区域;M—牵引电机;RLDS—隔离开关;LCT—线电流互感器;SA1,SA2—电涌放电器;LVT—线电压互感器;TC—牵引变流器;MCB—主断路器/接地开关;TCT—牵引单元电流互感器;MT—主变压器;UA—地板下区域;P—受电弓;VLR—过电压限压电阻器

CRH380B(L)型动车组高压供电系统组成、工作原理基本相同。接触网高压电经受电弓进入动车组,经主断路器(MCB)等高压部件,一路直接进入本牵引单元,接连接到牵引变压器的原边绕组,另一路经隔离开关(RLDS)、车顶高压电缆进入另一牵引单元。

牵引单元主要由主变压器、牵引变流器和牵引电机等组成。动车组高压设备安装在变压器车 02、07、10(CRH380BL 型)、15(CRH380BL 型)车顶上，每个变压器车安装一架受电弓，正常运行时，每个高压单元仅升起一架受电弓，另一架受电弓备用，处于折叠状态。本高压单元高压部件或牵引单元发生故障时，可将故障受电弓或牵引单元隔离，不影响另一个动力单元。

牵引变流器连接到主变压器次边牵引绕组上，通过预充电单元(在接通期间)给两个并联整流模块供电，其作用是将单相输入电压转变为 DC 链路的直流电压，实现主电路和 DC 链路之间的能量转换，DC 链路含有电容器、谐波电路、接地故障检测和保护模块，DC 链路电压经脉冲逆变器变换成三相变频脉冲电压，电压振幅和频率可以设定，给三相异步牵引电机供电。

牵引电机相对于列车方向横向安装在动力转向架上，通过四个固定点固定到转向架的电机支撑上，采用由轴向、径向都具有柔性的联轴器以及齿轮传动装置将牵引电机的驱动力矩传递到轮对。

二、牵引设备组成

1. CX-PG 型受电弓

CRH380B(L)型动车组安装 CX-PG 型受电弓，如图 4-3 所示，主要由底架、下臂、上臂、下拉杆、上拉杆、平衡系统、弓头、自动降弓装置、APIM 装置、减振器、绝缘子和柔性联轴节组成。

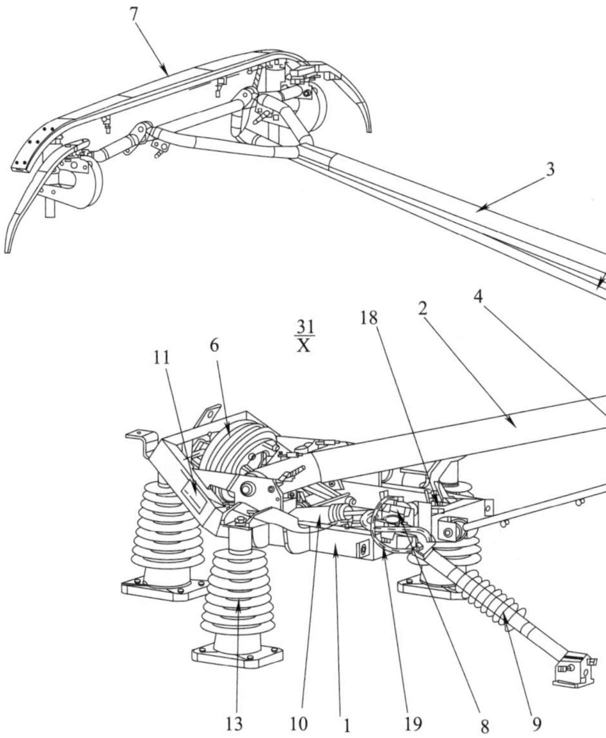

图 4-3　CX-PG 型受电弓

1—底架；2—下臂；3—上臂；4—下拉杆；5—上拉杆；6—平衡系统；7—弓头；8—自动降弓装置；9—APIM 装置；10—减振器；11—铭牌；13—绝缘子；31—柔性联轴节

该型受电弓由气囊组成的气动平衡系统控制，气囊的压力空气由气动控制单元提供。在压力空气作用下气囊产生扭矩，通过凸轮及弹性连接轴作用在下臂的铰链处，从而使受电弓根据设定速度升弓。

气动控制单元如图 4-4 所示，该控制单元有以下功能：受电弓升弓命令，受电弓升弓速度控制，受电弓降弓速度控制，在额定静力下控制气囊内压力，过滤气动控制单元的压力空气，在维护过程中命令受电弓升弓，提供受电弓升降弓信息。通过气动控制单元调整压缩空气的压力，在该压力作用下不断改变受电弓的升弓高度，使弓头和接触线之间保持一定的接触力。

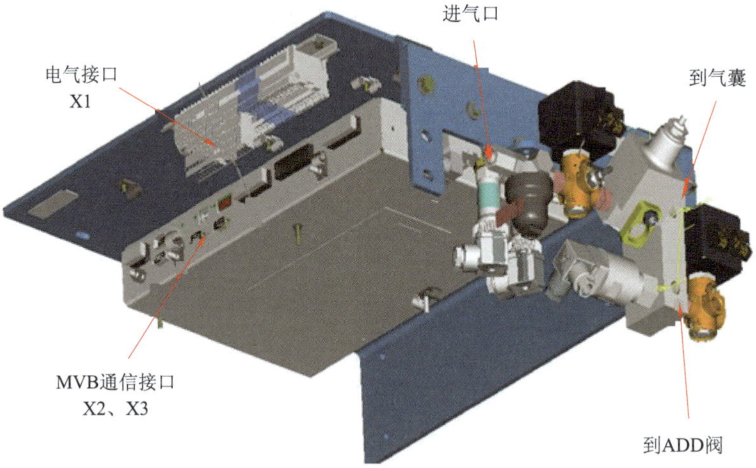

图 4-4 CX-PG 型受电弓气动控制单元

如果压力空气供应中断或者低压电源供应发生故障，受电弓会自动降弓，随着气囊内的压力空气排空后，在自动降弓装置和重力的作用下实现自动降弓。

2. 主断路器

动车组在变压器车车顶设置一台主断路器，主要由高压接头、真空开关管、触头压力机构、脱动机构、控制装置和动作气缸组成，如图 4-5 所示。主断路器采用电空控制方式，实现动车组高压系统与接触网接通、断开控制，动车组供电系统过流、短路等故障保护。

图 4-5 主断路器

真空主断路器将受电弓接受的 AC 25 kV 供电与车顶电缆连接，主断路器中集成了接地绝缘和电流互感器用于测量动车组的电流，从电流互感器出来的信号通过中央控制单元进行评估，而从变压器出来的信号通过中央控制单元和牵引控制单元进行评估。带有接地绝缘的真空断路器将受电弓和其牵引单元主变压器原边绕组连接起来，同时通过车顶电缆与另一个牵引单元主变压器原边绕组连接起来。

主断路器为单极真空主断路器，内置有弹簧式压缩空气作动器以及真空电弧放电室，主断路器通过电磁阀线圈得电，压缩空气进入压力缸推动气缸内活塞，活塞推动作动器动触头动作，与静触头接触，主触点闭合，同时吸持电磁线圈得电保证接触压力，当吸持电磁线圈失电时，在复位弹簧的作用下，头触头与静触头断开。正常情况下，主断路器作动器所需的压缩空气由动车组主风管提供；当主风管压力不足时，动车组将启动辅助空气压缩机提供压缩空气，主断路合闸过程如图 4-6 所示。

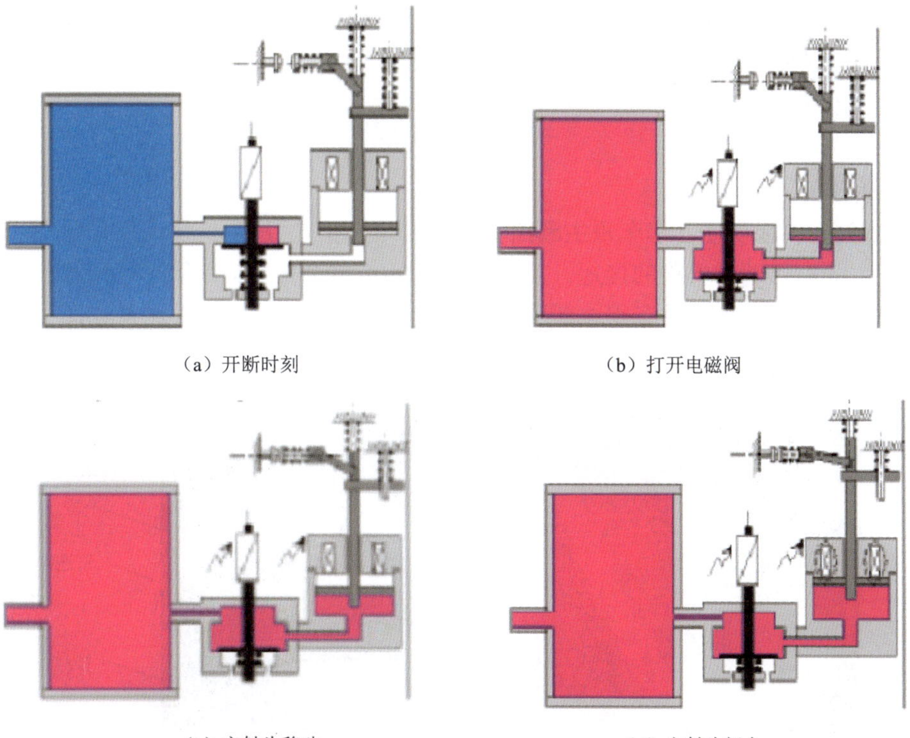

（a）开断时刻　　（b）打开电磁阀

（c）主触头移动　　（d）主触头闭合

图 4-6　主断路合闸过程

3. 隔离开关

隔离开关为单极开关，安装在变压器车车顶，如图 4-7 所示。正常情况下，隔离开关处于闭合状态；发生故障时，隔离开关打开，将车顶高压电路断开。

隔离开关采用电空控制，正常情况下，隔离开关驱动机构所需的压缩空气由动车组主风管提供；当主风管压力不足时，动车组将启动辅助空气压缩机提供压缩空气。

为了确保动车组在故障时的运行能力，借助车顶隔离开关将相关的动力单元在电气上断开。动车组牵引是交流传动方式。由牵引变流器驱动三相异步牵引电机，变流器由四象限斩波器（4QC）、DC 中间连接和一个脉宽调制（PWM）逆变器组成。四象限斩波器（4QC）确保稳定的供电系统并且允许再生制动能量反馈到接触网供电系统。

图 4-7　隔离开关

4. 接地开关

接地开关安装在变压器车车顶主断路器旁边的底座上，通过手柄手动操作，带有安全连锁钥匙，用于主断路器两侧电路的接地。正常情况下处于打开位置，闭合时将闸刀转入刀夹内，使主断路器两端触点接通，动车组主断路器两侧电路均接地。接地开关结构如图 4-8 所示。

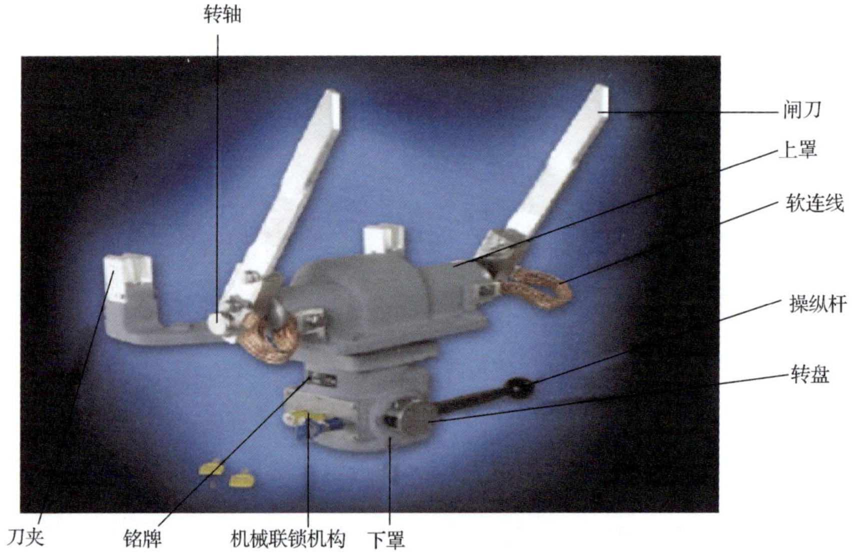

图 4-8　接地开关结构示意图

5. 避雷器

避雷器安装在车顶受电弓安装区域，用于保护动车组及电气系统，如图 4-9 所示。接触网过压保护避雷器防止过电压通过接触网进入动车组(如闪电过压)。变压器过压保护避雷器用于保护主变压器，防止主断路器闭合时主变压器过压，变压器避雷器技术参数见表 5-6。

图 4-9　避雷器结构图

1—合复合材料外壳;2—有气体分流器的凸缘;3—压缩弹簧;4—线性金属氧化晶体管;5—间板;6—放孔

6. 互感器

(1)电压互感器

如图 4-10 所示,电压互感器原边绕组与受电弓相连接,位于受电弓与主断路器之间,用于测量、监视接触网线电压。

图 4-10　电压互感器

(2)电流互感器

每辆变压器车安装有 3 个直通式电流互感器,分别为线电流互感器(LCT)、主变压器电流互感器(TCT)、主变压器回流互感器(ECT),如图 4-11 所示。

线电流互感器安装在车顶,用于检测每个高压单元的电流;主变压器电流互感器安装在车顶,用于检测每个主变压器输入端电流;主变压器回流互感器安装在主变压器框架中,用于检测每个主变压器的回流电流。通过同一高压单元中线电流互感器、两个主变压器电流互感器的检测值间的比较,可以判断动车组高压系统是否存在接地故障。通过每个主变压器电流互感器、主变压器回流互感器的检测值间的比较,可以判断主变压器是否存在接地故障。

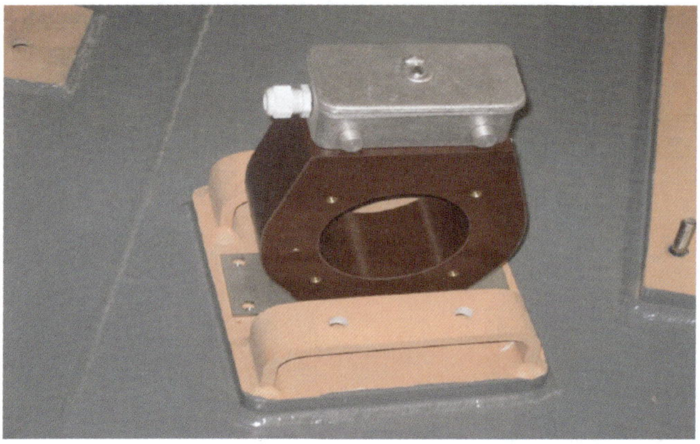

图 4-11 线电流互感器

7. 车顶电缆

如图 4-12 所示，动车组两个牵引单元的高压系统通过车顶高压电缆相互连接。车辆间高压电缆连接通过位于车端的支撑绝缘子和跨接电缆实现。

图 4-12 跨接电缆的基本结构

8. 运行电流回流/接地

动车组接地分为保护性接地、电磁兼容接地、运行接地。运行接地(运行电流回流)以及保护接地(列车车体接地)分别保护在线路短路的情况下车体不接触电压，以下电压等级的设备必须接地：直流大于 50 V；交流大于 24 V。

(1)电磁兼容接地

电磁兼容接地主要是电缆屏蔽层接地，电缆屏蔽层两端接地，不论对电场还是对磁场都能起到屏蔽作用。

(2)运行接地

用来把高压电网电流反馈到轨道上，轨道的作用是充当电流回馈变电所的导体。

(3)保护性接地

所有可能接触且故障时可能带有高电压的导电部件，必须与车体(车体某部件)直接连接或通过接地线连接，包括电气设备附近可接触导电部件，如厨房设备、金属柜、天线等。

(4)接地装置布置

以 CRH380B 型动车组为例，整列电动车组的保护性接地装置安装在牵引单元中 04、05 车两台转向架的四个轴头上，运行接地装置安装在 02、07 车转向架两个轴头上，每个接地装置通过电缆连接到变压器的汇流排上。

9. 主变压器

(1)主变压器箱体安装在动车组的02、07、10(CRH380BL型)、15(CRH380BL型)拖车的地板车下,主要由油箱、储油柜、铁芯绕组、变压器、油冷却系统、监视保护装置等部件组成,如图4-13所示。

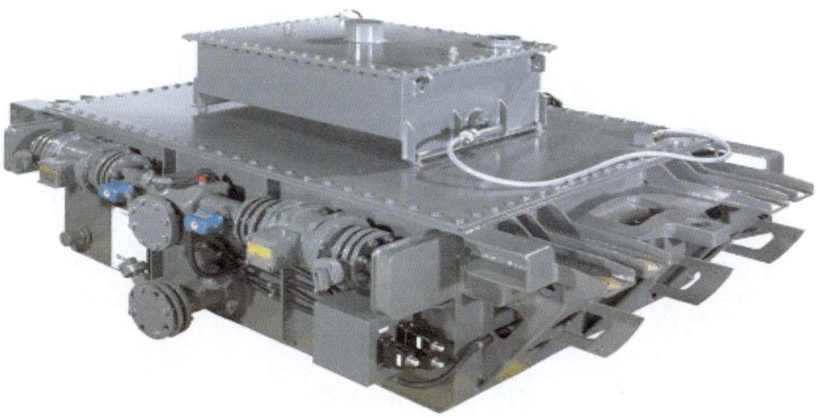

图4-13　主变压器及冷却单元

(2)冷却系统

牵引变压器冷却采用了油循环风冷却方式,冷却单元、冷却系统循环路径如图4-14所示。冷却系统主要由油冷却器、电动油泵、冷风机等部件组成。电动冷风机从车辆侧面吸入冷却风,经防护网、空气过滤器送往油冷却器,热交换后的空气从进气风道对面的排气风道排出,绝缘油在油冷却器冷却后被送往变压器。油在流经绕组表面和铁芯侧面时吸收热量,吸收热量后的油经集成在冷却回路中的冷却泵再次送往油冷却器进行热交换。

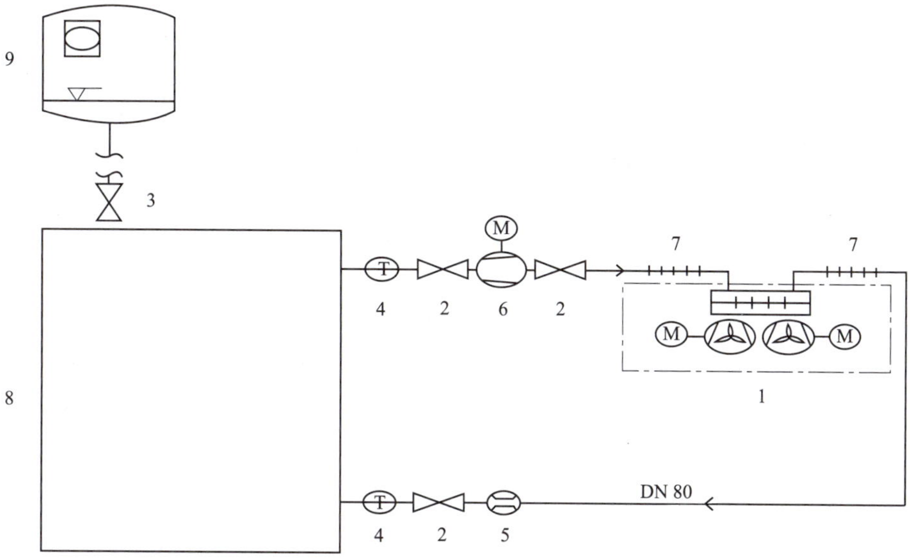

图4-14　冷却单元、冷却系统循环路径示意图

1—冷却设备;2—法兰叶;3—密封套管;4—Pt100;5—流量计;6—冷却油泵;7—补偿器;8—主变压器;9—膨胀油箱

10. 牵引变流器

牵引变流器安装在01、03、06、08、09(CRH380BL型)、11(CRH380BL型)、14(CRH380BL型)、16(CRH380BL型)车下牵引设备箱中，采用结构紧凑，易于运用和检修的模块化结构，如图4-15所示。牵引变流器由2个四象限斩波器(4QC)、带谐振电路的中间电压电路、1个制动斩波器以及1个脉冲宽度调制逆变器(PWMI)组成，模块具有互换性，其输入线路接触器由牵引控制单元TCU控制。

图4-15 牵引变流器结构

11. 牵引电机及冷却通风机

牵引电机为4极三相异步电机，主要由定子、转子、轴承和端盖组成，如图4-16所示。每辆动车组装有4个牵引电机，具有结构坚固、重量轻、噪声低、设计紧凑等特征。

牵引电机采用弹性波纹管连接的开路循环通风系统强迫冷却，冷却风经机座上方凸缘通路进入，之后流过定子冷却风道和转子铁芯上的冷却风孔，经传动端端盖上的出风口排出。在牵引电机上装有温度监测元件和速度监控元件，必须使用监控系统以保证电机不超过最大速度，最大电压和最大电流值，以预防电机过热、确保行车安全。

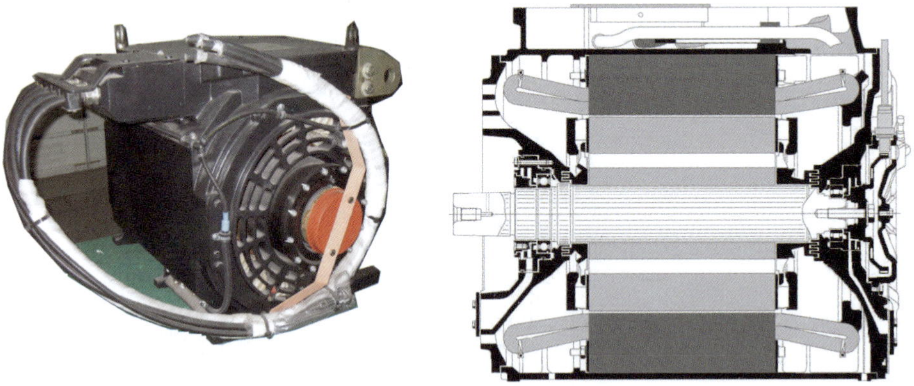

图4-16 牵引电机结构及剖面图

(1)定子

电机定子由机座、定子铁芯和定子线圈等部件组成。

电机机座采用高质量的球墨铸铁制造，结构紧凑合理，机座内轴向冷却风道的散热筋，赋予机座非常高的强度和刚性，具有极高的抗振质量。

定子铁芯由绝缘冷轧硅钢板叠压，采用绝缘拉杆固定，使定子铁芯成为一个圆形壳体。

定子绕组为双层成型绕组，采用专用的涨形机制造，成型后嵌进定子槽中。为了得到足够的机械强度、良好的电气性能与优良的热稳定性，定子绕组用端箍固定，带绕组的定子铁芯整体经真空压力浸漆（VPI）、旋转烘培后热套进机座中，组成定子单元。

整个电机的绕组绝缘为200级耐电晕绝缘系统。

（2）转子

转子为鼠笼结构，由转轴、铁芯、鼠笼绕组等部件组成。

转轴由高强度的锻造合金钢制成。绝缘冷轧硅钢板叠压组成的转子铁芯及压板热套安装到转轴上。铜导条插入铁芯槽内，在传动端和非传动端分别与铜合金端环铜焊在一起，形成鼠笼绕组。每端转子压板有一个圆形槽，将平衡块放置并紧固以保证转子动平衡。

（3）轴承、端盖

铝合金端盖装入定子机座的两侧，支撑转子。

两端轴承分别压入钢质轴承盖内，并在端盖内用螺栓固定。转子在传动端由深沟球轴承、非传动端由圆柱滚子轴承支撑。轴承用润滑脂润滑，可通过锥形注油嘴添加润滑脂，在传动端端盖、非传动端端盖底部集油孔内收集用过的润滑脂。

（4）牵引电机冷却通风机

每个牵引电机冷却通风机同时给同一转向架的2个牵引电机提供规定数量的冷却空气。牵引电机的冷却通风机安装在动车组转向架附近的车体下，牵引电机通风机如图4-17所示。

图4-17　牵引电机通风机

12. 过电压限制电阻

动车组装有4个、8（CRH380BL型）个相互独立的过压限制电阻器单元，每一组过压限制电阻器单元组成一个功率单元。每两个过压限制电阻器分别被安装在04、05（其中CRH380BL型动车组在04、05、12、13）车顶上设备箱中，如图4-18所示。

当电制动所产生的能量不能被弓网吸收时，过压限制电阻器会及时地将这些能量转换成热能，外罩上设有用于空气吸入的栅格。

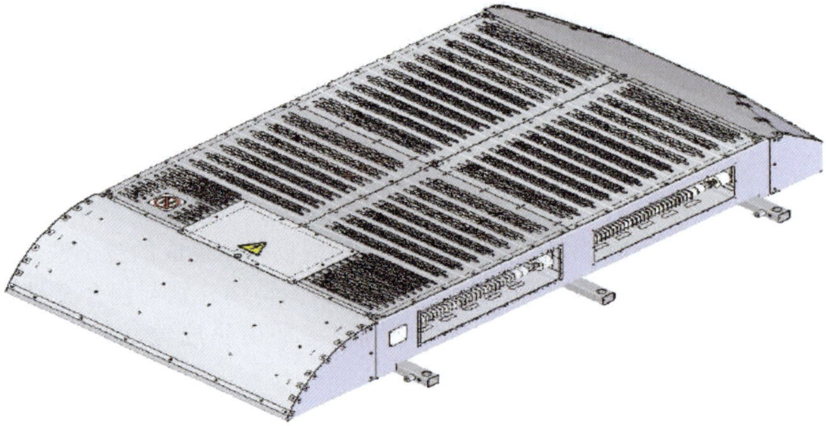

图 4-18 过压限制电阻单元

第三节 辅助供电系统

一、辅助供电设备组成

CRH380B(L)型动车组的辅助供电系统主要由单辅助变流器、双辅助变流器、充电机、蓄电池、AC 440 V/AC 230 V 变压器、DC 110 V/AC 230 V 逆变器、DC 110 V/DC 24 V 变换器组成。

在 02、07、10(CRH380BL 型)、15(CRH380BL 型)车设有单辅助变流器，在 04、05、12(CRH380BL 型)、13(CRH380BL 型)车上设有双辅助变流器，与 MVB 相连接，如图 4-19 所示。辅助变流器用于提供 3×AC 440 V/60 Hz 电压(动车组也可以通过外接插座得到 3×AC 400 V/50 Hz 电源)。

充电机安装在 04、05、12(CRH380BL 型)、13(CRH380BL 型)车上，充电机控制单元与 MVB 相连。充电机将 3×AC 440 V/60 Hz 电变换为 DC 110 V 负载所需的供电电压和蓄电池充电电压。

在 15(CRH380BL 型)、10(CRH380BL 型)、07 和 02 变压器车上配备有一个单辅助变流器单元。他们与头车 16(CRH380BL 型)、01 以及中间车 09(CRH380BL 型)、08 的牵引变流器中间电路相连，在中间车 13(CRH380BL 型)、12(CRH380BL 型)、05 和 04 分别配备了一个双辅助变流器。他们分别与中间车 14(CRH380BL 型)、11(CRH380BL 型)、06 和 03 内牵引变流器的中间电路相连，在双辅助变流器和单辅助变流器的输入端都与一根电缆相连接，这样可以实现在从一个继续有效的牵引变流器同时给辅助变流器供电。

CRH380BL 型动车组每节动车上都配备一台牵引变流器，电能输入模块连接在牵引变流器的中间电路。在供电失效的情况下可以通过牵引变流器中间电路将牵引电机发出的电继续供给车载电源系统。在 25 kV 供电的分相区，列车速度达到 70 km/h 以上时可以实现上述功能。

CRH380BL 型动车组设有 4 组高倍率蓄电池(CRH380B 型为 2 组)，每组容量为 2×163 A·h。地面三相 AC380 V/50 Hz 电源也可以为车上辅助负载供电。

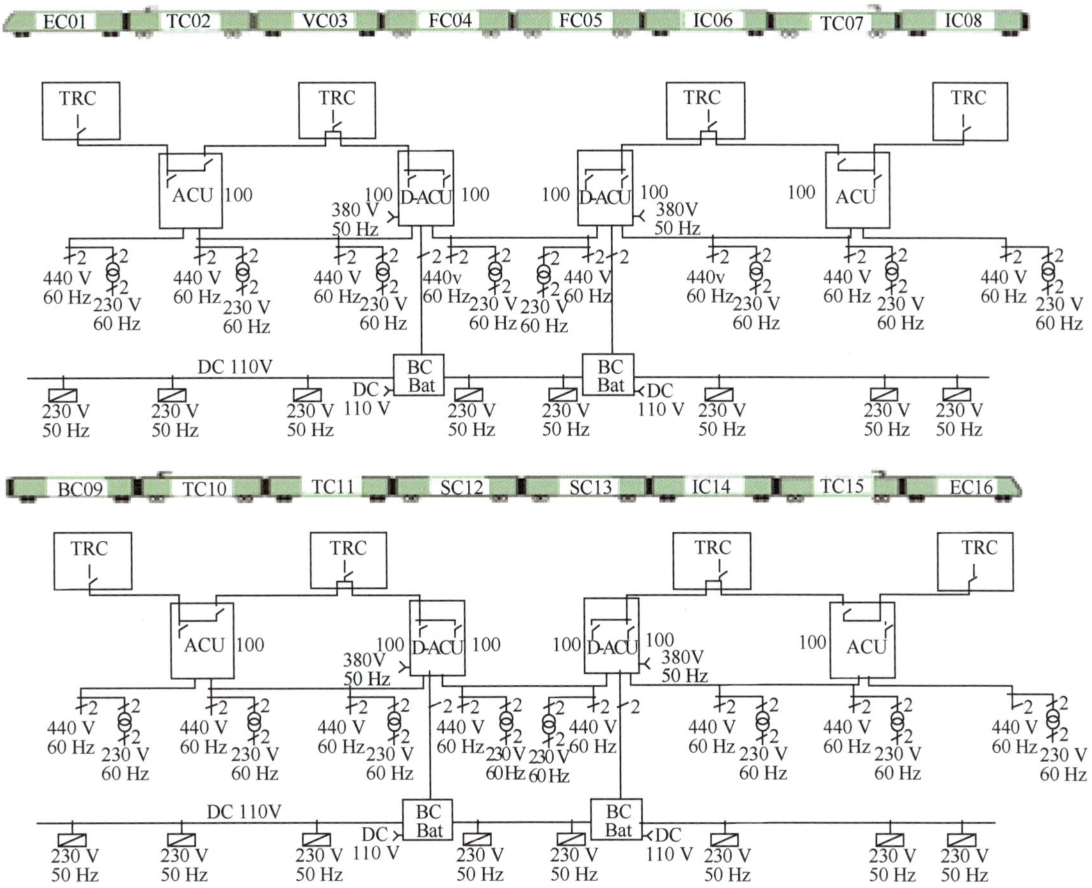

TRC　牵引变流器
ACU　辅助变流器
D-ACU　双辅助变流器
BC　电池充电机
Bat　蓄电池

图 4-19　辅助供电设备组成

二、辅助设备供电方式

CRH380B(L)型动车组的辅助供电系统采用母线供电方式，CRH380BL 型的 01～08 车与09～16 车分为两个独立的辅助供电系统，两个辅助供电系统之间的中、低压母线互不贯通。

辅助供电制式分为以下 5 种：AC 三相 440 V/60 Hz AC 单相 230 V/60 Hz、AC 单相 230 V/50 Hz、DC 110 V、DC 24 V。

辅助电源为列车辅助设备如冷却风机、空调装置、照明、网络控制系统、制动装置、旅客信息、列车无线电等设备提供电能。正常情况下，所有的辅助变流器都向母线输出同相位三相 440 V/60 Hz 电源，实现联网供电。

三、辅助供电设备工作原理

辅助变流器的脉宽调制逆变器采用最先进的 IGBT 技术，脉宽调制逆变器采用 PWM 工作原理。辅助变流器由其中央控制系统控制和诊断，同时脉宽调制逆变器的控制系统也对其有辅助作用，控制系统除配备诊断端口和服务端口外，还有车辆总线接口(MVB)。

辅助变流器直接连接到牵引变流器的中间电路上，电压为 DC 3 000 V。如果满足接通条件，DC 输入电压经由滤波电容器、主接触器和预充电接触器以及阻塞线供给 PWMI 模块。脉冲调宽逆变器模块(PWMI)接通并启动。如果脉冲调宽逆变器的输出电压处于规定范围内，则输出接触器关闭。单辅助变流器的控制器则向机车控制器发出信息，表明 3AC 输出已经准备好。AC 440 V 输出则经由主变压器、EMC 滤波器以及脉冲调宽逆变器模块后的输出熔丝进行供电。

当一个辅助变流器单元或一个牵引变流器故障时，车载交流供电网络必须能由其余的辅助变流器单元连续供电。当双辅助变流器单元中的一个辅助变流器单元故障时，另外一个辅助变流器单元应能够继续工作。当一个辅助变流器单元或一个牵引变流器单元故障时，不会减少必须的供电。当两个辅助变流器单元故障或一个双辅助变流器单元故障时，只有与旅客舒适性相关的与之对应的 8 辆车部分的负载需减少(空调或部分取暖)。可以不用减少的继续给辅助牵引、主空气压缩、电池充电供电。

此外，当辅助变流器单元故障，例如由于接触限电压故障或因为所有主断路器断开，电池的充电模式结束。充电的电池这时向电池总线供电。

复习思考题

1. CRH380BL 型动车组由几个牵引单元组成？每个牵引单元的组成有哪些？
2. CRH380BL 型动车组车顶高压设备由哪些组成？
3. 简述 CRH380BL 型动车组辅助变流器的布置。

第五章　动车组制动系统

制动系统的性能保障着列车的运行安全。目前，列车运行速度不断提高，对制动性能提出了更高要求。其性能好坏直接影响运行安全。本章主要论述了制动系统的组成、结构、设备组成、功用、控制、作用原理等知识，对司机合理操纵动车组提高技能起到理论基础保障。

第一节　制动系统组成

CRH380B(L)型采用微机控制的直通电空制动系统，备用制动装置采用间接作用的空气分配阀。制动包括以下几部分：控制元件和产生制动力的部件组成，制动力由摩擦制动和电制动产生。电制动和摩擦制动的作用由制动控制单元(BCU)、牵引控制单元(TCU)和列车中央控制系统(CCU)调节。供风系统包括两套主风源和两套辅助风源。

一、制动系统包括

1. 压缩空气系统(图 5-1)

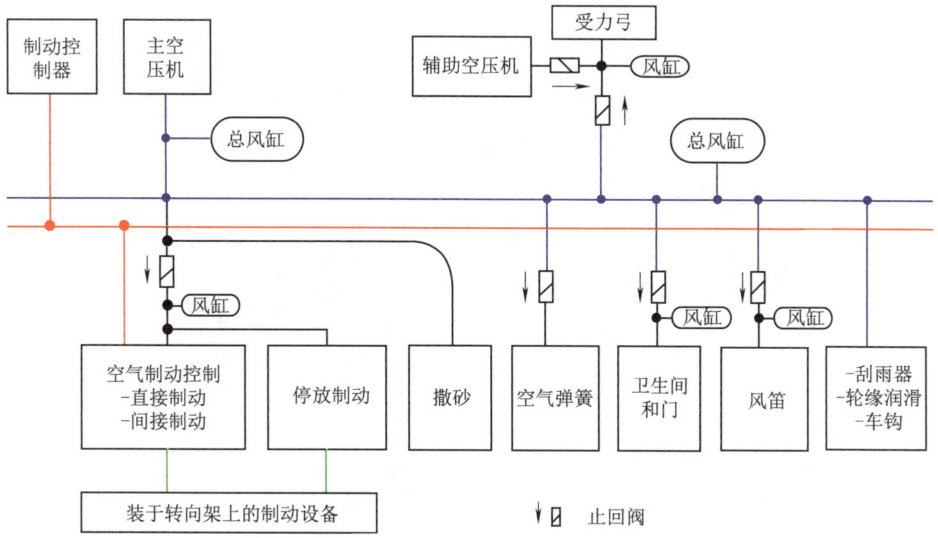

图 5-1　压缩空气系统

(1)主供风装置

CRH380B 型动车组安装有 2 个供风装置，分别位于 03、06 车的地板下方；CRH380BL 型列车安装有 4 个供风装置，分别位于 03、06、11、14 车的地板下方。每个供风装置包括一个 SL22 型的螺旋式主空压机。空压机电机由车载电源的 3 AC 440 V/60 Hz 母线供电。该空压机与一个双塔型空气干燥器和一个带防冻设备的冷凝物收集器相连。

供风装置的空气送至总风(MRP)管,该管通过软管与临车相连。总风管为各车提供压缩空气,还给每个容量 125 L 的总风缸充风。03、06、11(CRH380BL 型)、14(CRH380BL 型)车每车装有两个总风缸。总风管提供的压缩空气最高压力为 1 000 kPa(工作压力范围 850~1 000 kPa)。主空压机的电源由电网通过车载变流器提供。

空压机管理 03、06、11(CRH380BL 型)、14(CRH380BL 型)车中 4 个主空压机中的 2 个(CRH380B 型为 2 个主空压机中的 1 个)作为首选主空压机。如果首选的 2 个空压机不能使用,就由另 2 个可用空压机代替首选空压机。如果 2 个首选空压机的运行时间在一小时内超过 50%,还可用另两个可用空压机代替。如果总风管压力平均值低于 850 kPa 时,激活空压机,如果总风管压力平均值低于 830 kPa 时,则启动全部空压机。

以 CRH380BL 型动车组为例,在 16 辆编组的动车组内,为避免电源供电中断,4 台空压机要依次接通电源。如果 16 辆编组动车组电源的可用性在最高时下降,则激活受影响的 16 辆动车组中的 2 台空压机。当列车实施制动且总风管压力低于 700 kPa,那么列车中的可用空压机全部运转,缩短总风管增加到 1 000 kPa 所需的时间。

在司机的 HMI 显示器上,可显示头车 01、08、16(CRH380BL 型)车的列车管压力以及 01、08、16(CRH380BL 型)车的总风管压力。

列车管实际压力显示范围为高于 388~700 kPa 的压力范围。为了有更好的可读性,列车管压力刻度分成上下两部分。当列车管压力大于 50 kPa 时,压力显示为下部分,在较低压力时显示为空。

位于辅助操作台的“列车管和总风管”双针压力表,也可监控列车管和总风管压力。

主空压机可通过在司机 HMI 上的“制动关闭状态”显示页面(图 5-2)进行控制。操作软键“空压机切断”,切除动车组内的全部主空压机;操作软键“空压机接通”,释放动车组内的全部主空压机。

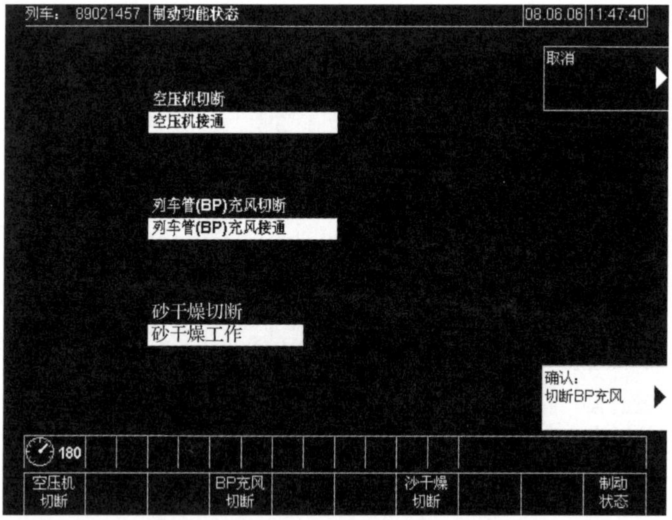

图 5-2 HMI 上的“制动关闭状态”显示页面

(2)辅助供风装置(图 5-3、图 5-4)

在受电弓附近 02、07、10(CRH380BL 型)、15(CRH380BL 型)车地板下方安装有 LP115 型辅助空压机。辅助空气压缩机为一缸活塞式压缩机,主要由压缩机、直流电机、干式空气滤清器组成，压缩机由直流 110 V 电机驱动。

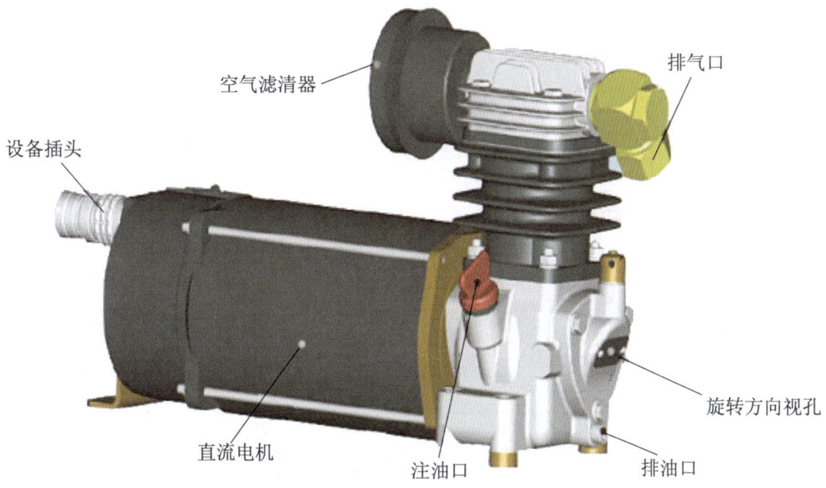

图 5-3　辅助空压机结构示意图

在总风缸欠压或无风时，受电弓、主断路器和车顶隔离开关所需压缩空气将由辅助空气压缩机提供，辅助空压机通过 CCU 激活，由 02、07、10(CRH380BL 型)、15(CRH380BL 型)车中的制动控制模块进行控制。辅助空气压缩机供风系统示意图如图 5-4 所示。

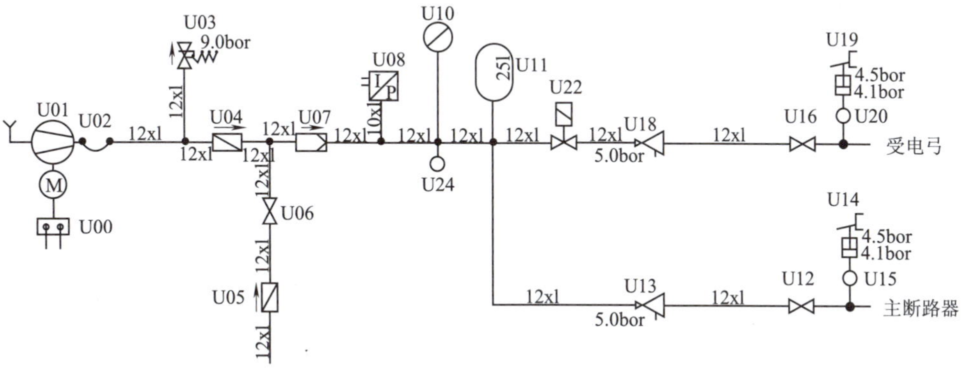

图 5-4　辅助空压机供风示意图

2. 空气制动系统

直通空气制动由电子制动控制系统控制。间接空气制动是由列车管(BP)控制，它能在整车范围内传送空气制动信号。空气制动面板和制动控制单元组合成单一制动控制模块并形成制动控制单元。一车只有一个制动控制模块。在拖车轮对上，每个轴安装有三个轴装制动盘；在驱动轮上，每个轴安装有两个轮装制动盘。

空气制动装置执行以下功能。

(1)常用制动。

(2)紧急制动。

(3)旅客紧急制动。

(4)停放制动。该弹簧负荷制动由司机或列车控制系统通过独立的列车管进行激活和控制，使用各拖车轴上的弹簧负荷制动。

备用制动，通过辅助制动手柄(C02)来实现列车的制动和缓解。

3. 制动控制装置(BCU)

每辆头车各设有两个相互冗余的制动控制单元(BCU)(图 5-5),其他车各设有一个制动控制单元(BCU)。制动控制单元用于实现制动装置的控制和诊断,包括防滑控制功能。

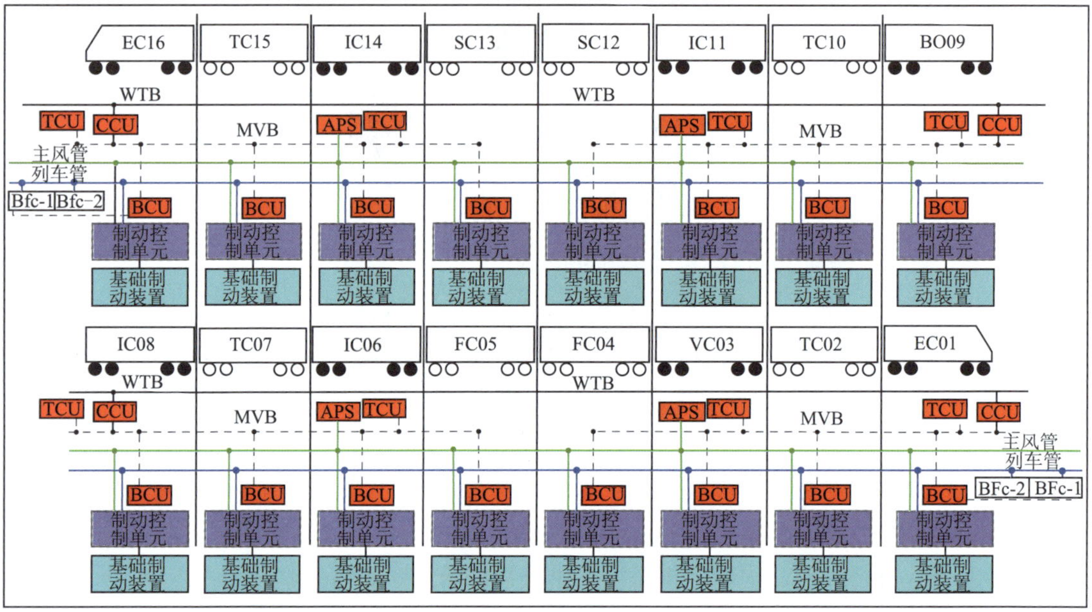

图 5-5 制动控制装置(BCU)

4. 空气干燥装置

为满足动车组制动系统压缩空气湿度要求,CRH380B(L)型动车组供风系统安装了双罐式空气干燥器,该空气干燥器主要有以下几部分组成:两台带有整体式分离器的干燥塔;一个支架带有再生空气节流器;用于干燥塔的单向阀;用来控制空气的预控阀;带消音器的双活塞阀;控制循环的阀门磁铁等。双罐式空气干燥器组成及工作制式如图 5-6 所示。

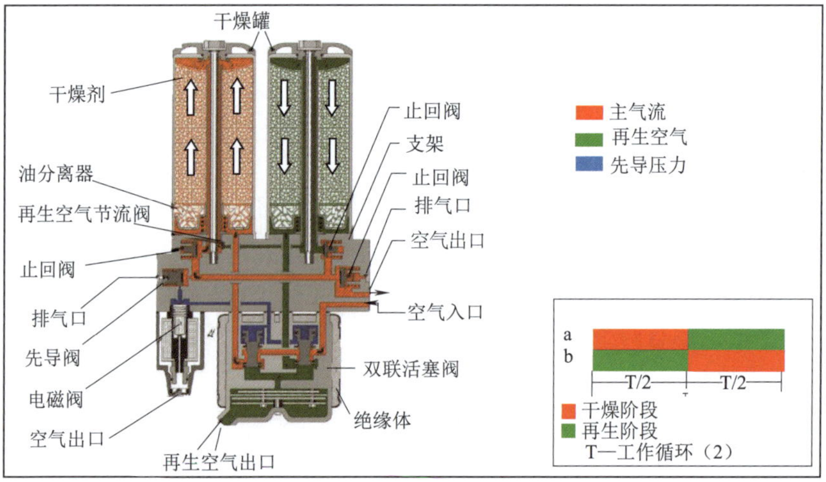

图 5-6 双罐式空气干燥器组成及工作制式

双罐式空气干燥器同时运行两个工序,即干燥工序和再生工序。当一个风缸中主气流被干燥时,另一风缸中的干燥剂则再生。

5．基础制动装置

动车组基础制动装置都是利用杠杆原理，把空气制动部分的制动缸活塞推力，经过夹钳单元杠杆的作用扩大适当倍数后较为一致地传到各制动闸片上，使闸片压紧制动盘，从而达到制动的目的。

CRH380B(L)型动车组基础制动装置包括制动盘、夹钳单元及制动闸片。

(1)制动盘

CRH380B(L)型动车组均采用盘形制动装置，动车每个轮对安装两个轮盘，拖车每个轮对安装三个轴盘。

动车组轮装制动盘和轴装制动盘均为铸钢制造，轮装制动盘直径为 750 mm，每副轮盘(两片)用 12 根螺栓分别连接在车轮辐板的两侧。轮装制动盘采用模块化设计、重量轻、易于拆装。轴装制动盘的直径为 640 mm，制动盘由摩擦环、盘毂和连接装置组成，摩擦环与盘毂之间也是通过 12 条螺栓连接；轴盘上具有用于通风的散热筋结构，不仅可在非制动状态节省 60%的能量，还使制动盘上存在的过热点更少。轮装制动盘和轴装制动盘安装如图 5-7 所示。

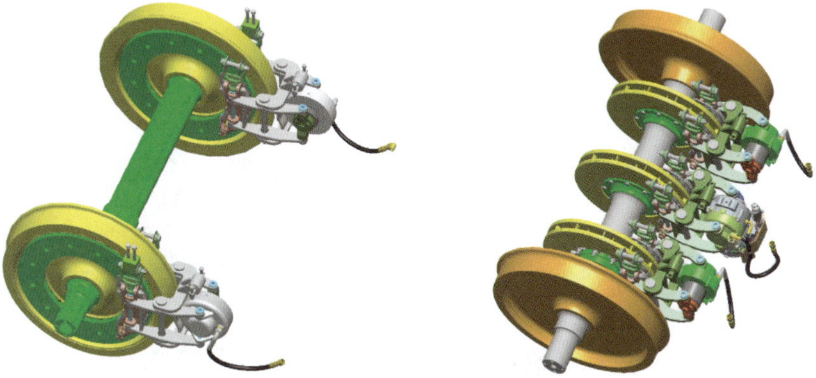

图 5-7　轮装制动盘和轴装制动盘安装图

(2)夹钳单元

CRH380B(L)型动车组的制动夹钳单元采用模块化结构，通过关节轴承与构架相连，轮装制动盘和轴装制动盘夹钳单元如图 5-8 所示。所有制动夹钳单元都有内置的自动闸调器。停放制动车辆的夹钳单元带有弹簧驱动的停放制动装置，如图 5-9 所示。

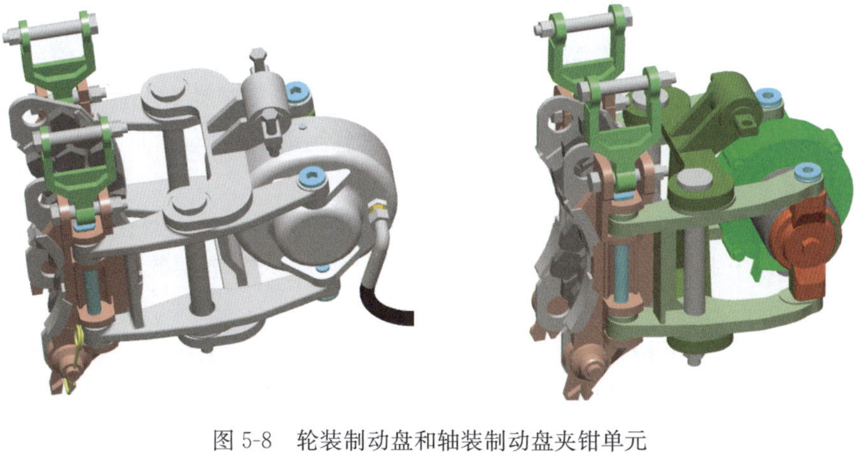

图 5-8　轮装制动盘和轴装制动盘夹钳单元

图 5-9　带有停放制动装置的轴装制动盘夹钳单元

CRH380B(L)型动车组 ISOBAR 型闸片，结构如图 5-10 所示，采用烧结粉末冶金材料制成，其组成结构为闸片钢背(弧形导轨)、三角支架、摩擦块和卡簧。闸片元件通过静态力的平均分配使每个摩擦块粒子和制动盘之间达到一个平衡的表面压力，从而保证每个摩擦块粒子有均匀的摩擦痕迹，制动盘表面也有均匀的磨耗。

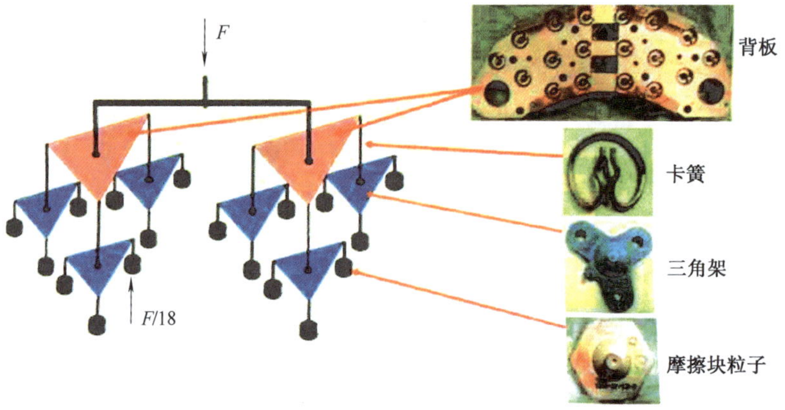

图 5-10　ISOBAR 型闸片结构示意图

6. 车轮防滑控制功能

CRH380B(L)型动车组车轮防滑控制装置包含在制动控制单元内，制动控制单元监测每个车轴的速度，可根据轮轨之间的黏着情况激活防滑阀来减小制动缸的压力。微软处理器控制包括故障诊断和故障指示，以便维护和操作。在紧急制动期间，车轮防滑设备正常运行。

7. 运行稳定性监测

CRH380B(L)型动车组每个转向架安有横向加速传感器，该传感器探测横向加速度，并转化为电子信号反馈至 BCU，该信号反映车辆运行的稳定性，及转向架的振动幅度。

8. 撒砂功能

制动控制单元(BCU)除执行防滑、轴不旋转和运行稳定性监测外，还执行撒砂等辅助功能。来自主风缸管路的压缩空气通过截断球阀送至撒砂模块，经过两个减压阀后，通过速度控制电磁阀流入砂箱底部的撒砂装置。

执行撒砂操作时，砂粒由空气流带动，经撒砂管进入撒砂喷嘴，进而完成撒砂动作。为了使砂粒保持干燥，另一个电磁阀负责控制用于干燥砂粒的空气流。

为了优化砂的配量，动车组高速运行时撒砂装置的空气压力要比低速时的大。这由 BCU 根据动车组运行速度激活对应的电磁阀来控制。

第二节　电气制动控制系统

CRH380B(L)型动车组装配有一个电制动系统（ED 制动）。该制动系统用于常用和紧急制动。制动系统（ED 制动）由 01、03、06、08、09（CRH380BL 型）、11（CRH380BL 型）、14（CRH380BL 型）、16（CRH380BL 型）车的牵引系统提供，并由 BCU 进行连续控制，制动能量将返回至接触网上。

在分相区内，接触网无电，车辆的主断路器断开，因此，在分相区内牵引和车载电源不能从接触线供电。在分相区内不能对列车进行再生制动，所以在这种情况下，只能使用空气制动。

若电制动受限或不足，将利用辅助电空制动（EP 制动），以便达到所需的制动效果。常用制动时，优先使用电制动系统（接近无磨损）。因此，在正常常用制动条件下，优先采用动车中的电制动（ED 制动）。当 ED 制动系统故障或 ED 制动达到极限时，EP 制动将提供援助，以执行停车制动。低速时，该混合模式可使空气停车制动平稳取代电制动。

在右侧司机的 MMI 的“E”行的显示页面“制动状态”上显示电制动机的状态。

第三节　空气制动控制系统

一、间接和直接空气制动

1. 间接空气制动

间接空气制动由列车管控制，并在直接制动机发生故障时提供间接制动和备用方式功能，用于拖拽目的。根据负载的信号从空气悬挂系统送至制动控制模块。在列车分离时，施加紧急制动，如图 5-11 所示。

通过“制动手柄”在正常运行时实现列车的制动操作。经由 CAN 总线系统传输的电气信号提供给 01、08、16（CRH380BL 型）车内的 BCU。制动指令信号经由 MVB 传输到每辆车，用于操作直通电空制动。列车管中的压力保持在常用制动的正常缓解压力之上，并仅在紧急制动时才下降。

通过“制动手柄”（位置“EB”）或其他紧急停车设备施加紧急制动时，列车内的全部紧急制动阀通电，列车管排风。

间接制动机与直通制动机系统一起通过 BCU 激活，列车在直通制动系统故障时仍可停车。间接制动设计为一次缓解制动，列车管中增加很小的压力就可缓解。

2. 直接空气制动

负载相关的直通空气制动机用于常用和紧急制动。根据从空气悬挂系统的负载信号输送到制动控制模块。以微机为基础的制动控制单元（BCU）执行局部制动控制功能。它用于接收和解释制动指令信号，以及其他列车网络信号，以控制电空直通制动系统。如图 5-12 所示。

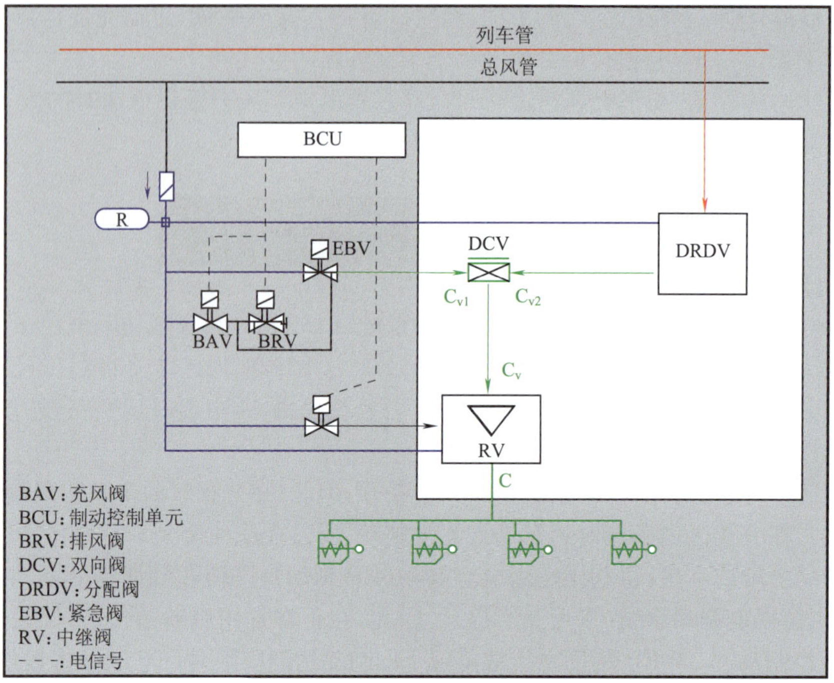

图 5-11　间接空气制动

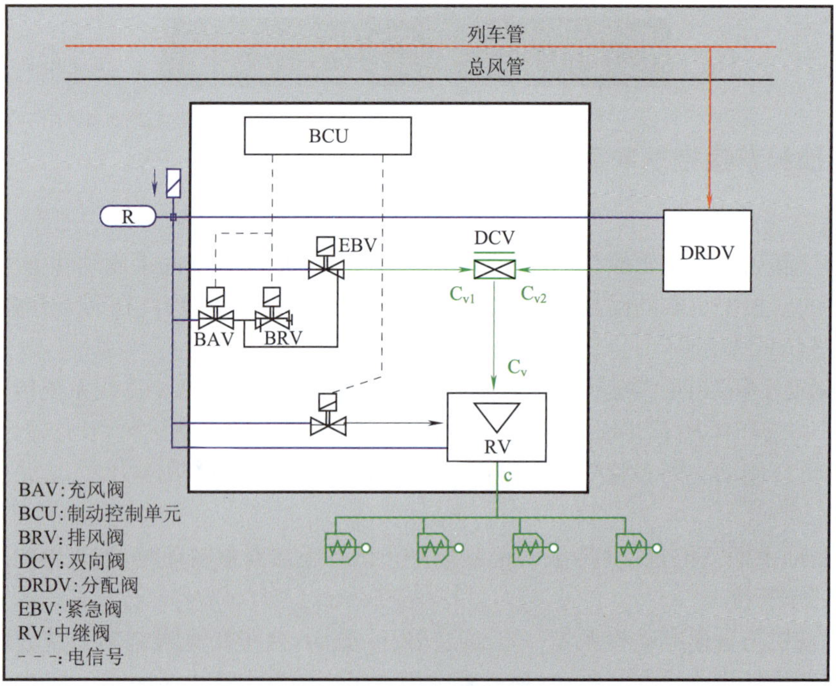

图 5-12　直接空气制动

微机控制逻辑包括故障分析和故障显示,以帮助维修和操作。在紧急制动实施时,电气紧急制动回路将打开。在紧急制动期间,需要最大制动力,因而没有制动缸压力的连续调整。在速度高于 200 km/h 时施加低减速度压力,在速度低于 200 km/h 时施加高减速度压力。

3. 旅客紧急制动

操作紧急制动拉盒打开旅客紧急制动回路。这时在司机室产生一个声光报警并且 BCU 实施一次紧急制动，但是如有需要给司机忽略实施制动的机会(如选择停车的更加合适的位置)。只要紧急制动拉盒手柄保持在旅客紧急制动激活位置，光信号就保持激活。用方钥匙顺时针旋转紧急制动拉盒的控制轴，可以使紧急制动拉盒手柄推回到其开始位置。

4. 停放制动

CRH380B(L)型动车组受电弓车每个拖轴都装有停放制动缸，停放制动的弹簧承载机构可以保证动车组列车安全的停放在坡道上。

在弹簧承载制动缸里，停放制动通过弹簧力实施，无需任何空气压力。缓解停放制动，需压缩空气供给来抵消机械弹簧力。

为了确保停放制动能够紧急缓解，在设有停放制动的转向架两侧装有手动缓解拉绳。

当空气制动和弹簧承载的停放制动同时作用时，空气制动产生的制动缸压力通过双向止回阀向弹簧承载机构加压，这就使得弹簧承载制动缓解到与空气制动实施的同等程度，可以防止夹钳单元过载造成机械结构损坏。

每辆车停放制动状态可以通过压力传感器检测并显示在司机室 HMI 屏上。另外，在列车运行期间，如果停放制动施加，BCU 会断开“停放制动监视环路”实施紧急制动，以防止受影响的制动盘受到损坏。

5. 备用制动

CRH380B(L)型动车组的备用制动系统为自动式空气制动系统，在电空控制的直通式制动无法使用时启用。

备用制动启用后，可通过控制制动管的空气压力，来实现列车的制动和缓解；制动管的空气压力变化，可由动车组自身的备用制动控制阀或救援/回送机车控制。备用制动系统启用后，司机制动控制手柄的制动控制被切断，电制动也无法使用。

备用制动系统的分配阀为直接缓解型。因此，必须保证制动机完全缓解，即列车管在实施制动后再次实施制动前保持正常缓解压力(600 kPa)，不能逐渐缓解制动和再次实施制动。

辅助制动手柄具有下列挡位。

(1)完全缓解。

(2)缓解。

(3)空挡。

(4)制动。

(5)全制动。

空挡、全缓解和全制动挡位设计有凹口。缓解和制动挡位没有凹口，这就是说操纵杆从这些挡位缓解后，操纵杆返回到空挡。在辅助制动手柄的全缓解挡位，列车管中的压力保持在 600 kPa 的调整常用制动压力。

在辅助制动手柄的制动设定中，列车管中的压力根据工作的时间长度下降。在操纵杆的缓解挡位中，列车管中的压力增加。在全制动挡位中，制动管中的压力用尽。在辅助制动手柄的空挡中，列车管中的压力没有影响，制动阀泄漏引起的除外。

辅助制动手柄具有非常有限的排风容量。为了减少增加制动压力的时间，间接制动系统装有一个中继阀。当司机使用辅助制动手柄实施制动时，控制管通过辅助制动手柄中的排气口排风。压力表显示指示压力，并指示司机要实施制动的确切的列车管压力。

根据工作的持续时间,控制管中的指示压力下降。中继阀按照指示压力降低列车管中的压力。

第四节 制动方式分类

一、通过制动手柄的常用制动

1. 原理

通过“制动手柄”的常用制动用于无速度自动控制(ASC)的列车运行期间的列车制动。对于常用制动,制动力的设定值与“制动手柄”的偏移成比例,但是设定值也可由 ASC 规定。

制动操作主要通过“制动手柄”执行。制动挡取决于手柄的位置(位置决定控制模式)。制动手柄电子检测位置。用于紧急制动的位置 EB 直接开通列车管,并执行电紧急制动控制。

制动手柄的制动力设定值和 ASC 规定的设定值通过列车控制系统读入,并在制动管理范围内分给可获取的 ED 制动和 EP 制动。制动管理系统确保在制动过程中不会因过高的制动力而超出摩擦系数,确保列车摩擦制动器的载荷均匀(最优化磨损,防止空气制动出现热过载情况)。

2. 操作

使用“制动手柄”控制所有常用制动挡和紧急制动。

(1)“OC”:忽略旅客激活紧急制动及其他紧急制动。

(2)“REL”:缓解挡。

(3)“1A、1B、2、3、4、5、6、7、8”:常用制动(CRH380BL 型);“1A、1B、2、3、4、5、6、7”:常用制动(CRH380B 型)。

(4)“8”挡:最大的常用制动挡(CRH380BL 型);“7”挡:最大的常用制动挡(CRH380B 型)。

(5)“EB”:紧急制动(CRH380BL 型);“EB、UB” 紧急制动(CRH380B 型)。

“OC”位置未被闭锁,当制动手柄释放时,将自动恢复至“REL”位置。“1A”和“1B” 位置未被闭锁,从而可连续微调常用制动设置点。

二、常用制动的子模式

1. 在手动制动时,根据操作“制动手柄”可选择下列三种常用制动的子模式:

(1)正常制动

列车制动管理通电后自动激活正常制动。如果“制动手柄”没在常用制动挡,速度>25 km/h时,自动激活正常制动。

(2)比例制动

比例制动用来达到全部车轴上相同的黏着系数。同时并按与请求的制动指令相同比例请求电制动和电空制动。每辆车几乎同时制动。

这种方法在不良的黏着条件下改善了制动性能。速度低于 25 km/h 时,正常方式自动变成比例方式。速度>25 km/h 时,通过短按“制动手柄”上的按钮就可激活比例方式。

(3)雪天制动

使用雪天制动可以改进由于雪和冰引起的不良黏着系数。雪天制动通过产生的小摩擦制动力清扫制动盘上的冰。

在速度低于 40 km/h 时，只要长按“制动手柄”上的按钮，就可激活雪天制动。

2. 在制动子模式中，按下列顺序使用不同的制动：

(1)使用动轴的电制动机，直至其全部能力。

(2)拖车轴采用电空制动。

(3)当制动指令设定值进一步升高时，将在动轴施加额外的电空制动力。

三、紧急制动

1. 紧急制动特性

(1)通过动车组制动管(BP)完全排风，在所有转向架上施加最大的制动力。

(2)空气制动和电制动同时作用于紧急制动。

(3)如果触发了紧急制动，牵引力将被封锁。同时车轮防滑保护系统激活。

2. 紧急制动触发方式

(1)CRH380BL 型动车组紧急制动(EB)触发方式：

①在司机室启动紧急制动蘑菇头；

②在司机室将制动手柄置于紧急制动“EB”位；

③列车自动保护系统(ATP)或自动安全装置 ASD 触发紧急制动；

④列车运行时，停放制动施加，停放制动监控环路断开触发紧急制动；

⑤转向架运行稳定性监控或轴端轴承温度监控触发最大常用制动无效时，断开转向架监控环路触发紧急制动。

(2)CRH380B 型动车组紧急制动触发方式

CRH380BL 型动车组与 CRH380B 型动车组制动系统有所区别，CRH380B 型动车组增加了紧急制动 EB 和紧急制动 UB 功能，并能够根据实际运行情况实现紧急制动 EB 和紧急制动 UB 的转换。

①紧急制动 EB

CRH380B 型动车组紧急制动 EB 环路的结构与 CRH380BL 型动车组紧急制动环路相同，但其触发方式仅三种，分别为制动手柄 EB 位、自动安全装置 ASD 及列车运行时，停放制动施加，停放制动监控环路断开触发紧急制动。CRH380B 型动车组紧急制动 EB 环路如图 5-13所示。

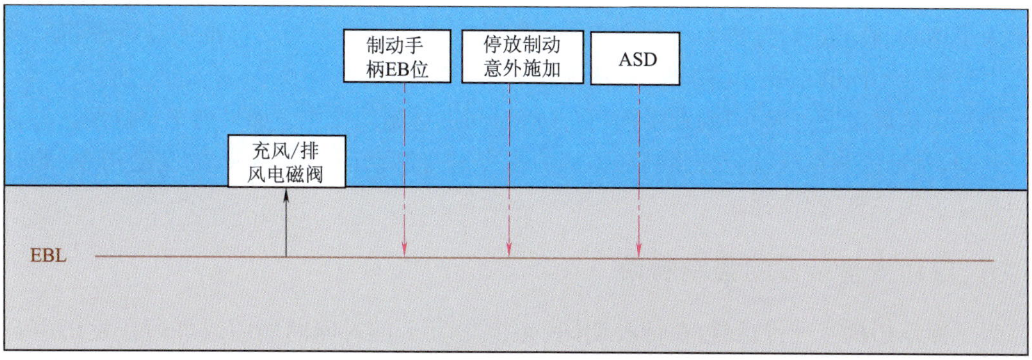

图 5-13　CRH380B 型动车组紧急制动 EB 环路示意图

②紧急制动 UB

CRH380B 型动车组紧急制动 UB 环路触发方式为紧急制动蘑菇头、制动手柄置于紧急制动"UB"位、列车自动保护系统(ATP)及转向架监控环路。

③紧急制动 EB 和紧急制动 UB 的转换

当动车组制动控制单元(BCU)检测到紧急制动 EB 减速度低于目标值时,将自动触发紧急制动 UB 并生成故障信息。当备用制动、紧急驱动模式激活时,紧急制动 EB 将自动转为紧急制动 UB。

通过 CRH380B 型动车组司机室故障面板上的 EB/UB 转换开关实现紧急制动 EB 向紧急制动 UB 的转换。CRH380B 型动车组与其他动车组紧急制动差别如图 5-14 所示。

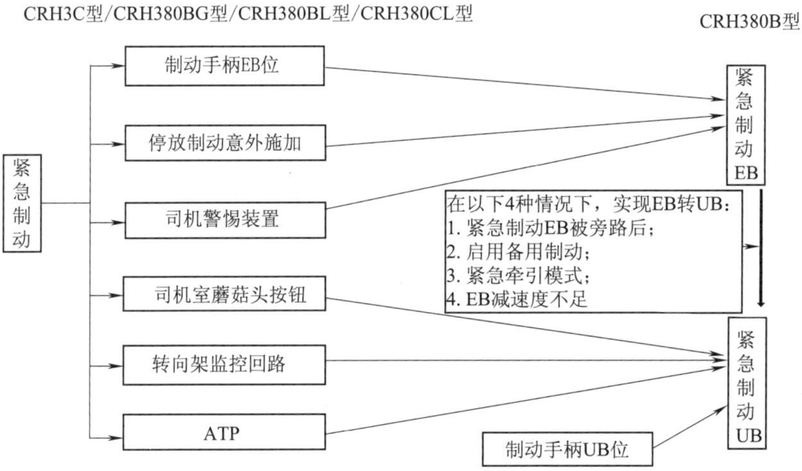

图 5-14　CRH380B 型动车组紧急制动差别示意图

四、速度自动控制(ASC)制动

ASC 为牵引和制动装置生成设定值,从而使动车组能够达到规定的设定速度并保持在该速度。

使用 ASC 来执行制动操作可通过 0.5 m/s^2 的平均减速度实现。标准减速度在两种情况下会改变:在达到设定速度之前 ASC 持续减少制动力。这意味着以平缓的方式达到设定速度。使用制动调节会加强或减弱制动带来的显著的速度改变。

为了达到制动效应,标准制动管理控制电制动和空气制动系统。标准制动管理将所需的执行力分配给不同的系统,电制动具有优先权。

列车司机可以通过操作"制动手柄"在任何时间进行制动操作。如果列车司机用这种方法进行制动,制动控制系统就会按照制动手柄的指令进行制动而忽略 ASC 的制动指令,此时列车会自动退出 ASC 的控制。

五、自动安全装置的强制制动

为了保证司机可进行运营,在行驶期间,必须在 30 s 的时间间隔内或最迟在发出声音警告后,启动 ASD 其中一个控制元件。若未正确操作,ASD 将以紧急制动的方式实施强制制动。

自动安全装置由每个牵引单元实现，因此，每个司机室分配有一个自动安全装置。ASD由以下元件组成：

1. ASD 控制元件。

2. 集成在“牵引手柄”的手控按钮。

3. 位于司机台下方脚踏处的脚控“ASD 踏板”。

4. HMI 上的状态标记。

5. 声音信号装置。

6. 二级操作区下司机室右侧挡板后，故障开关操纵台上的 ASD 故障开关“自动安全装置”。

7. 每个 CCU 上的双通道 ASD 控制器，包括 ASD 回路中断。

每个 CCU 都具有双通道 ASD 功能。如果一个 CCU 出现故障，将自动切换至另一个工作 CCU，车辆仍具有完善的 ASD 功能，由 ASD 功能控制的两个控制装置的输出并行存在于 ASD 回路上。

复习思考题

1. CRH380B(L)型动车组空气制动的功能有哪些？

2. CRH380B(L)型动车组主空气压缩机如何切断及恢复？

3. CRH380B(L)型动车组常用制动的模式有哪些？

第六章　动车组信息网络

为实现车载数据通信的国际标准化，国际电工技术委员会 IEC 于 1999 年通过了一项列车通信网络专用标准 TCN（IEC 61375-1）。该标准将列车通信网络分为列车级通信网络 WTB（铰接式列车总线）和车辆级通信网络 MVB（多功能车辆总线）。

第一节　信息及网络系统

一、通信与网络原理

CRH380B(L)型动车组列车通信和控制网络以及子系统和传统电路技术形成了列车总体网络控制系统。列车控制网络 TCN 包括列车级通信网络 WTB（铰接式列车总线）和车辆级通信网络 MVB（多功能车辆总线），这两个系统都采用了双路冗余线路传输。

列车级通信网络 WTB 用于经常连挂和解编的重联车辆，具有可变的拓扑结构。多功能车辆总线 MVB 用于每辆车或一个牵引单元内设备之间的数据通信，具有固定的拓扑结构。

为了提高可用性，使用一个主链结构实现车辆总线 MVB 的拓扑结构，MVB 分支段通过中继器连接至主链上。该结构的优点在于如果车内一个 MVB 分支段出现故障，不会对本牵引单元其他车的通信产生影响。CRH380B(L)型动车组网络拓扑结构如图 6-1 所示。

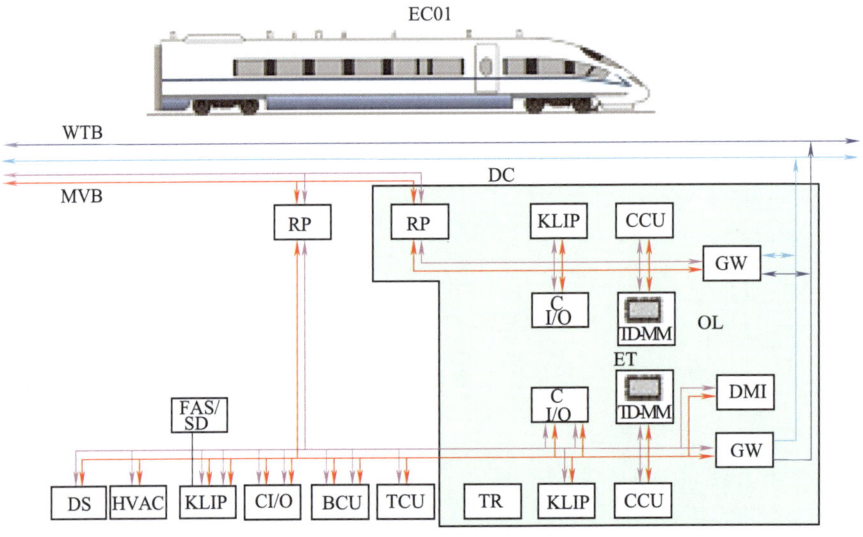

图 6-1　CRH380B(L)型动车组网络拓扑结构示意图（头车）

二、列车通信网络的构成与功能

CRH380B(L)型网络控制系统设备包括：中央控制单元、人机接口显示屏、牵引控制单元、制动控制单元、辅助控制单元、输入/输出模块及温度采集单元、中继器等，如图 6-2 所示。

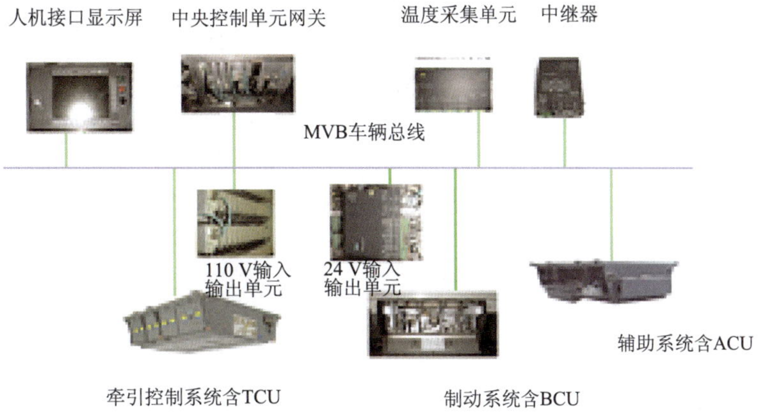

图 6-2　动车组网络系统设备示意图(局部)

(一)中央控制单元(CCU)

1. CCU 的组成

CRH380B(L)型动车组每个牵引单元内有两个 CCU，其中一个 CCU 以主控 CCU 方式工作，另一个以从控 CCU 方式工作。中央控制单元(CCU)由 MVB32 板卡、各控制板卡及网关板卡等元件组成，如图 6-3 所示。

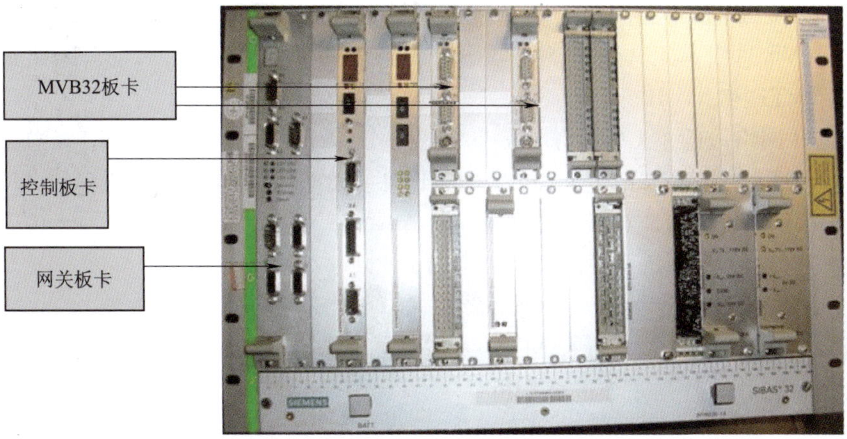

图 6-3　动车组中央控制单元 CCU

(1)网关：每个牵引单元有两个网关，但只有加载在主 CCU 上的网关参与 WTB 和 MVB 通信，从 CCU 上的网关不工作。网关负责从列车总线(WTB)到车辆总线(MVB)的处理数据的信号编辑和信息数据发送，反过来也一样。此外，网关还进行列车命名工作，包括“TCN 命名”和“逻辑命名”，以及提供确定出来的配置。

(2)CPU 模块：它由一个中央处理单元构成，配置了一个 586CPU，通过两个基座插头与 SIBAS 系统连接。在插头 X1 上 SIBAS 总线接口被引了出来，在插头 X2 上是外围信号和 CAN 接口。

(3)输入/输出模块(IOM)：输入/输出模块用于中央处理单元和 SIBAS32 的所有输入/输

出模块的接口，其通过数据总线和地址总线与中央处理单元相连接，此模块可以实现 23 个外部模拟信号和 2 个内部模拟信号的模拟/数字转换。

(4)MVB 模块：它是一个与 TCN 标准一致的通信记录的子处理单元。除了微处理器和一个 MVB 控制器之外，在模块上还有不同的存储器和外围元件。

(5)输入/输出模块(IOA)：此输入/输出模块用于处理不同的模拟和数字/二进制信号。

(6)变流器 110 V 二进制输入模块：用于 110 V 电压信号输入。

(7)接触器驱动 110 V 二进制输出模块：用于≤110 V 电压信号的输出。

(8)抗干扰 110 V 滤波器模块：该模块可在高干扰电压下保护 SIBAS32 控制装置，消除短时间的电压波动影响。

(9)电源启动模块：该模块用于一、二次电源低电压监控和控制系统的接通和断开，一次电源通过模块前面插头连接，并提供了 20 A 和 10 A 两种电源接线。在 CCU 启动过程中，接通电源的瞬间启动电流较大，但时间很短。该模块允许出现瞬间的过流，但对正常工作后产生的过流，模块将作为不稳定的电源供应，并切断电源。

(10)一次电流监控模块：该模块作为变压器保护系统安装在 SIBAS32 的控制装置中，其运行模式通过软件进行设置。

(11)变流器模块：为 SIBAS 机箱提供电源。

2. CCU 的功能

在占用司机室里的主 CCU 为列车主控 CCU，除了主控 CCU 的功能外，它还接管整个车组更高级的控制。主 CCU 负责本牵引单元的车辆控制，从列车总线(WTB)读取指令和信息，并向列车总线(WTB)和外围发送控制信号和反馈信息。CCU 通过收集分布式输入/输出设备和连接到 MVB 总线上的其他设备信号，进行逻辑判断后发布指令，对动车组实施控制。

(1)管理 WTB 和 MVB

每个 MVB 网络段的主 CCU 均形成一个网关；配备 WTB 技术的 CRH3 型总是采用相邻 MVB 网络段重联的方式运行；主 CCU 是 MVB 总线管理器；主 CCU 对总线参与者及 MVB 通道 A 及通道 B 进行通信监控及诊断。

(2)控制列车及本车 MVB 总线

主 CCU 向车组发出命令(牵引/制动命令、门释放、空调开/关、主电路接通/断开等)，在本 MVB 内发送控制命令，采集所有 MVB 参与者的状态信息并通过 MVB 进行分析，采集车组所有 MVB 状态并为整列车组进行分析。

(3)控制主电路部件动作

主 CCU 采集在整个动车组范围内有效的关于主电路的司机指令，并通过列车总线 WTB 发送；每个车辆总线 MVB 采集列车主 CCU 的指令及主电路部件的通电状态；根据各个主电路部件的开关指令及通电状态诊断主电路部件。

(4)处理牵引控制单元(TCU)、制动控制单元(BCU)、辅助变流器单元(ACU)、门控单元(DCU)与空调控制(HVAC)单元的指令。

(5)控制信号灯与室内照明。

(6)实现车辆诊断功能。

(7)控制自动安全装置。

(8)可视化显示通过 WTB 传输的状态数据实现。

除此之外，主 CCU 还具有以下作用：

设定牵引控制单元牵引点设置；变压器保护；控制车载电源；前端连接和前端活动阀门的控制；监控安全回路、火警系统和转向架的诊断情况；通过分散的输入/输出站（SIBAS-KLIP，MVB-Compact I/O）对数字和模拟输入和输出进行控制；停放制动控制；通过所属网关连接到列车总线（WTB），确定和检测动车组和重联车组的配置。

从 CCU 与主 CCU 运行相同的程序，其不能对过程主动进行控制。从 CCU 可以监控主 CCU 工作状态，并在主 CCU 发生故障时随时接替主 CCU 的工作。主、从 CCU 都有对高压设备进行主动保护功能。所有由 CCU 监控部件的故障状态都储存在 CCU 中并传送至动车组的显示界面。

2. 人机接口显示屏

人机接口显示屏是动车组的信息显示和输入设备，也是动车组的中央诊断系统。人机界面 HMI 位于司机室和乘务员室，主要承担的任务有：动车组的人机操作接口；为动车组和牵引单元提供诊断系统；通过发出声音信号，通知司机有关列车控制方面的特殊信息。

3. 牵引控制单元

牵引控制单元主要由中央控制单元、信号处理器、信号输入/输出模块、MVB 通信模块和电源模块等组成。信号处理器实现所有实时牵引控制功能，以减轻中央控制单元的数据处理任务。

4. 制动控制单元

每辆头车各设有两个相互冗余的制动控制单元，其他拖车各有两个制动控制单元，中间动车各有一个制动控制单元。制动控制单元用于实现制动装置的控制和诊断，包括防滑控制等功能。

5. 辅助控制单元

CRH380B(L)型动车组拖车上的辅助变流器控制单元与 MVB 相连。辅助变流器用于提供三相 AC 440 V/60 Hz 电压，也可以通过外接插座得到三相 AC 400 V/50 Hz 电源。

6. 输入/输出模块及温度采集单元

（1）分布式输入/输出设备 KLIP 站

KLIP 站是由许多不同模块组成的数字分布式输入、输出设备。通过车辆总线（MVB）与 CCU 进行通信，可以将被监控设备的状态信息传输给 CCU，或执行 CCU 的指令。如图 6-4 所示。

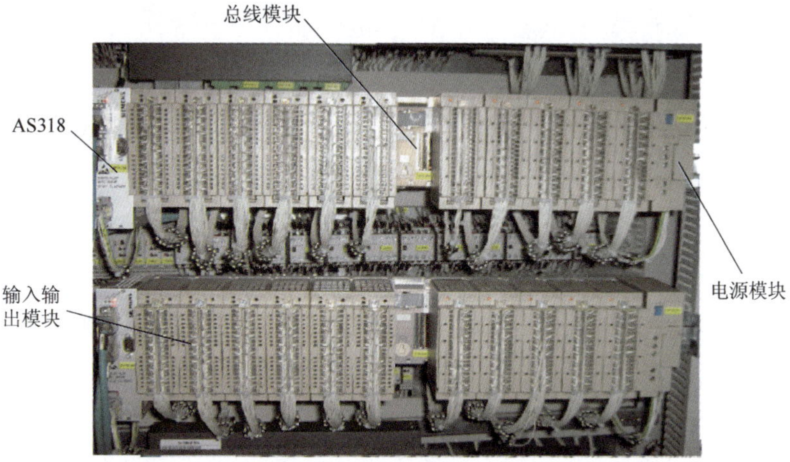

图 6-4　分布式输入/输出设备 KLIP 站

（2）紧凑式 I/O 模块

MVB-Compact I/O 是许多固定的输入和输出通道的集成装置，用于接收司机室发出的专门信号，例如，来自按钮、开关、指示器、断路器、编码插头和主控制器。如图 6-5 所示。

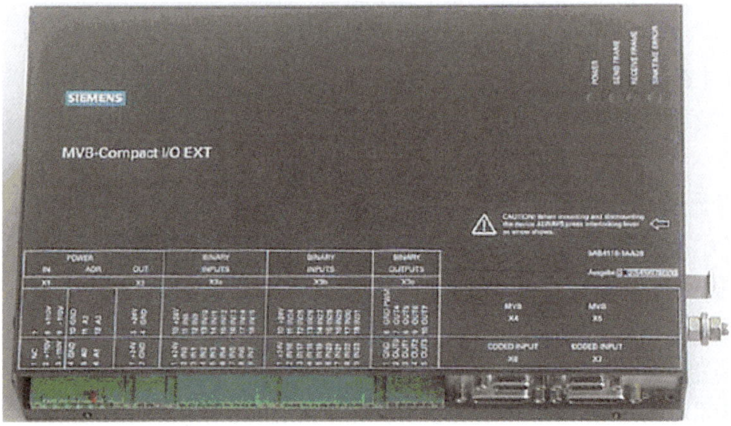

图 6-5 紧凑式 I/O 模块

（3）紧凑式 Pt100

紧凑式 Pt100 是许多固定的输入和输出通道的集成装置，具有对模拟量进行输入/输出的功能，主要用于接收来自温度传感器的信号，例如轴温报警、牵引电机轴承温度、齿轮箱大小齿轮温度等信号，通过检测值限定列车运行速度。如图 6-6 所示。

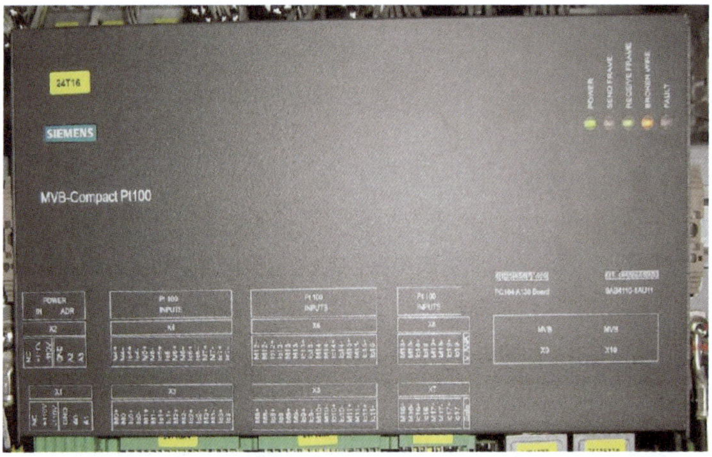

图 6-6 紧凑式 Pt100

（4）中继器

中继器是连接网络线路的一种装置，主要功能是通过对数据信号的重新发送或者转发，来扩大网络传输的距离。它的作用是放大信号，补偿信号衰减，支持远距离通信。如图 6-7 所示。

7. 其他

CRH380B(L)型动车组网络控制系统设备还包括充电机控制单元、车门控制单元、HAVC 控制单元、PIS 系统、火警控制单元。

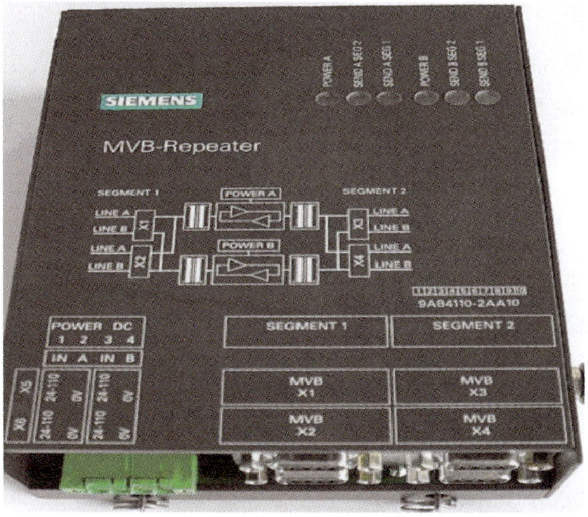

图 6-7 中继器

三、安全环路

为进一步提高动车组运行的安全性和可靠性，设计了以“故障导向安全”为原则的安全环路，它将影响动车组安全运行的各种不安全因素串入到安全环路中，使动车组在特殊情况下能够安全停车。

1. 安全环路结构

安全环路由环路中断器(LIA)、环路控制线(LCL)、环路状态线(LSL)及环路状态继电器(LP)组成。动车组安全环路结构如图 6-8 所示。

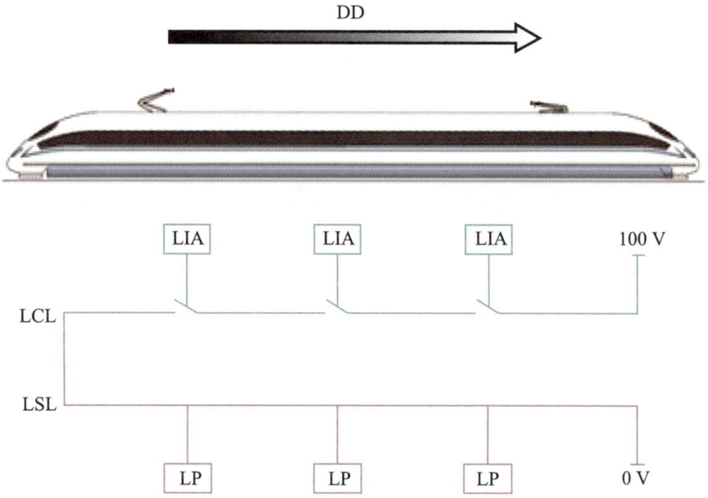

图 6-8 安全环路结构示意图

2. 安全环路作用原理

当动车组蓄电池电源打开，110 V 电源向列车环路控制线供电，列车环路控制通过布置于整列车直到尾部端车的监控接触元件(环路中断器)实现，环路控制线的信息传递到尾部端车环路状态线中，该控制线按顺序将信息传递到整列车，并由环路状态评估元件(环路状态继电器)执行一个实际环路状态探测。

在环路断电时环路控制线及状态线也会失电,环路状态继电器失电,各车的环路状态继电器响应控制线及状态线的变化,对列车或单车执行对应操作。

3. 动车组安全环路简介

(1)紧急制动环路

紧急制动环路的任务是将动车组运行途中不安全因素诱发的紧急制动请求传递给列车内各制动部件,各制动组件通过评估紧急制动环路状况,触发紧急制动动作,为动车组提供最大制动力,确保动车组能够安全停车。

(2)转向架监控环路

转向架监控环路监测轴端轴承的温度以及动车组所有转向架的运行平稳性(运行平稳性监测),当限值被超出且紧急制动未生效时,可断开转向架监测回路,进而通过串联在紧急制动环路中的转向架监控环路状态继电器触发紧急制动停车。

(3)停放制动监控环路

停放制动监控环路负责监控停放制动的施加状态,在列车行驶过程中如果错误施加了停放制动,司机室 HMI 屏会发出声音信号,同时停放制动状态继电器还会通过中断的紧急制动回路触发紧急制动停车,此举可确保停放制动盘不会被过度磨损或过热。

(4)制动缓解环路

制动缓解环路负责监控空气制动的施加状态,在列车行驶过程中如果错误施加了空气制动,可通过封锁牵引的方式确保制动盘不会被过度磨损或过热。

(5)火灾报警环路

当动车组出现火灾时,火警环路将发出火警信号。如果通过环路报告了火警信息,司机室中将出现视讯信号。

(6)旅客紧急制动环路

旅客通过客室旅客紧急制动手柄断开旅客紧急制动环路,进而向司机室发出旅客紧急制动请求,并使头车的制动控制单元(中央制动管理)输出最大常用制动。

第二节 终端装置

CRH380B(L)型网络控制终端装置主要包括:牵引控制单元、制动控制单元、辅助控制单元、人机接口显示屏,其他还包括充电机控制单元、车门控制单元、HAVC 控制单元、PIS 系统、火警控制单元。各设备之间通过加载在主 CCU 上的网关参与 WTB 和 MVB 通信。指令的收集和反馈通过凑式 I/O 模块中的固定输入和输出通道,接收司机室发出的专门信号,例如,来自按钮、开关、指示器、断路器、编码插头和主控制器。

终端装置的各设备是网络设备的组成部分,通过网络控制能够实现对全列车的牵引控制、制动控制、高压系统控制、辅助系统控制及空调控制等控制功能。

一、终端装置主要设备组成

1. 牵引控制单元

牵引控制单元主要由中央控制单元、信号处理器、信号输入/输出模块、MVB 通信模块和电源模块等组成。信号处理器实现所有实时牵引控制功能,以减轻中央控制单元的数据处理任务。如图 6-9 所示。

图 6-9　牵引控制单元

在网络终端上,牵引控制单元处理和完成以下指令和功能。

(1)TCU 上电/断电控制。

(2)牵引力设定值处理。

(3)切除 TCU。

(4)牵引指令生成。

(5)隔离 TCU 的主断释放接触器。

(6)牵引封锁。

(7)TCU 产生的分主断。

(8)4QS 封锁。

(9)运行方向确定。

(10)TCU 工作状态反馈。

2. 制动控制单元

每辆头车各设有两个相互冗余的制动控制单元,其他拖车各有两个制动控制单元,03、06、11(CRH380BL 型)、14(CRH380BL 型)车各有一个制动控制单元。制动控制单元用于实现制动装置的控制和诊断,包括防滑控制功能。如图 6-10 所示。

在网络终端上,制动控制单元处理和完成以下指令和功能。

(1)紧急制动指令。

(2)辅助压缩机供风请求。

(3)常用全制动指令。

(4)报告主压缩机供电状态。

3. 辅助控制单元

辅助变流器控制单元与 MVB 相连。辅助变流器用于提供 3×AC 440 V/60 Hz 电压,可以通过外接插座得到 3×AC 400 V/50 Hz 电源。如图 6-11 所示。

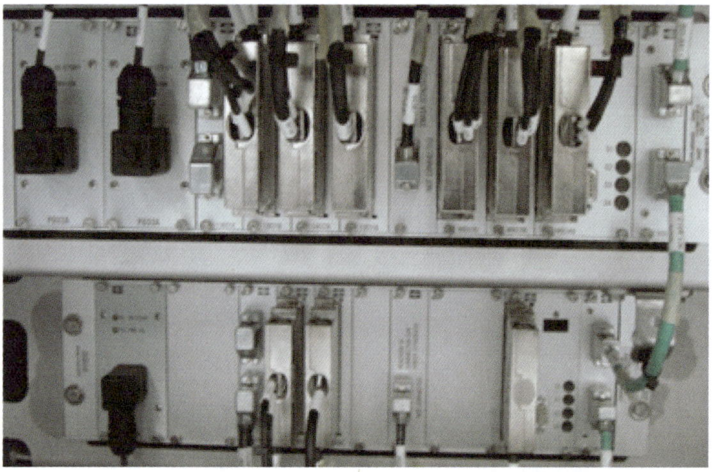

图 6-10　制动控制单元

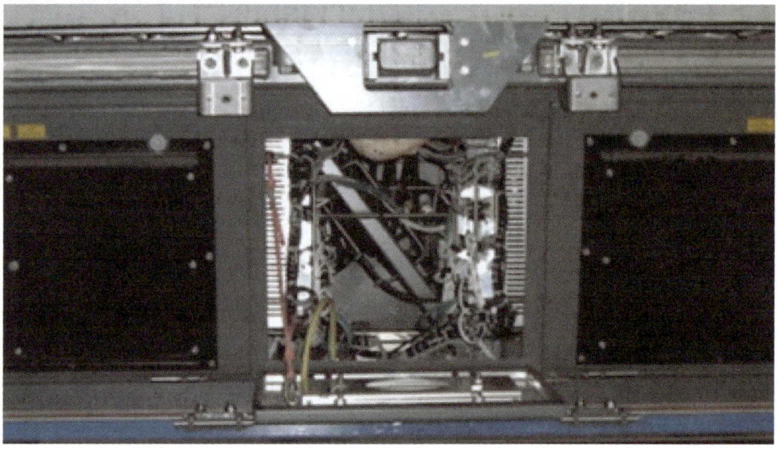

图 6-11　辅助控制单元

在网络终端上，辅助控制单元处理和完成以下指令和功能。

(1)充电机控制。

(2)ACU 控制。

(3)DC 负载上电顺序控制。

(4)AC 冗余供电控制。

(5)DC 供电线路监测。

(6)AC 负载管理(上电顺序/断电)。

(7)外部供电。

(8)AC 供电线路监测。

4. 人机接口 HMI

人机接口 HMI 作为动车组和重联列车的信息显示和输入设备。提供动车组和重联列车的中央诊断系统；向司机发送有关控制事件的音频信号。如图 6-12 所示。

图 6-12　人机接口 HMI

二、终端装置其他设备

1. 充电机控制单元

充电机安装在 BC04 和 FC05 上，充电机控制单元与 MVB 相连。充电机将 3×AC 440 V/60 Hz电压变换为 DC 110 V 负载所需的供电电压和蓄电池充电电压。如图 6-13 所示。

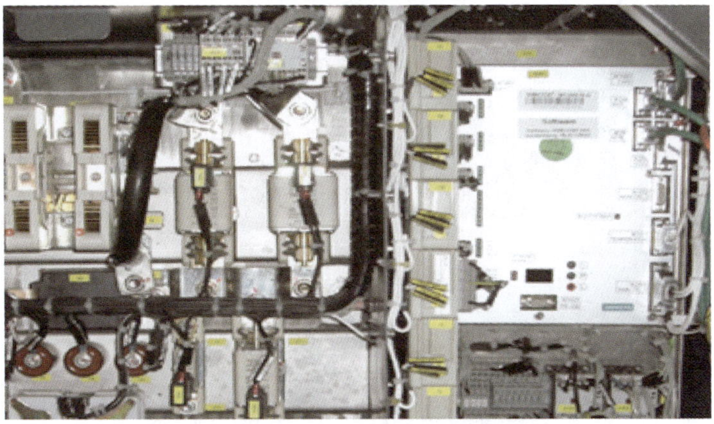

图 6-13　充电机控制单元

2. 车门控制单元

每辆车有一个车门控制单元与车辆总线(MVB)相连，该门控单元再通过 CAN 总线与本车的其他门控单元连接。车门控制单元可以完成内、外车门的全部控制功能。如图 6-14 所示。

3. HAVC 控制单元(空调控制单元)

在每辆车上，HVAC 的控制单元与 MVB 相连，用于实现中央控制和诊断。空调系统的基本功能通过司机 HMI 和餐车的列车员 HMI 进行操作。如图 6-15 所示。

4. PIS-STC(旅客信息系统的中央控制器)

旅客信息系统用于实现旅客视听信息、列车员通信和旅客娱乐等功能。旅客信息系统的中央控制器(PIS-STC)与 MVB 连接。如图 6-16 所示。

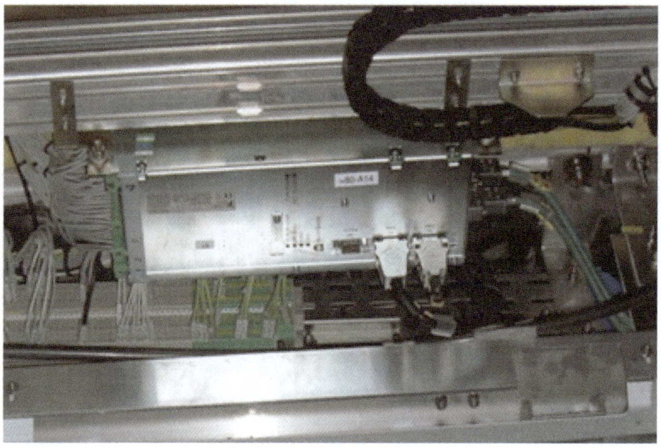

图 6-14 车门控制单元

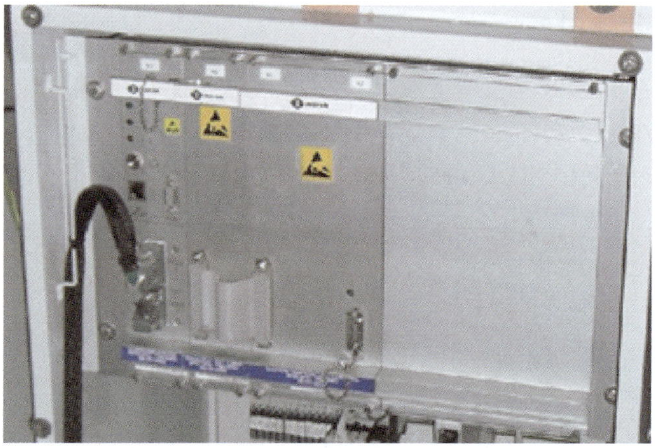

图 6-15 空调控制单元

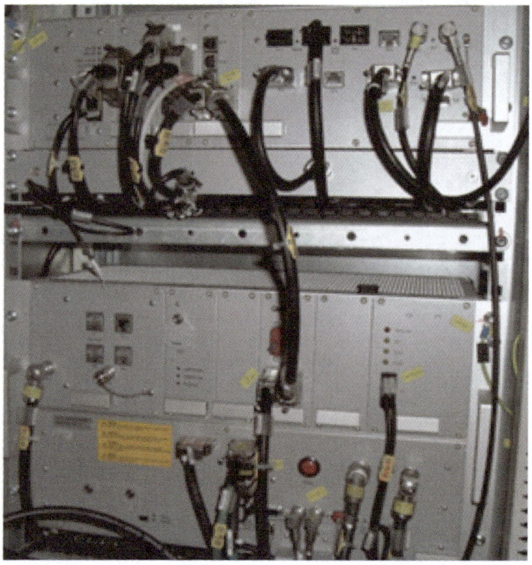

图 6-16 旅客信息系统的中央控制器

5. 火警控制单元

火灾报警系统是一个带有烟雾探测器和火灾报警中心的自动控制系统，通过 KLIP 站连接到列车通信控制系统。如图 6-17 所示。

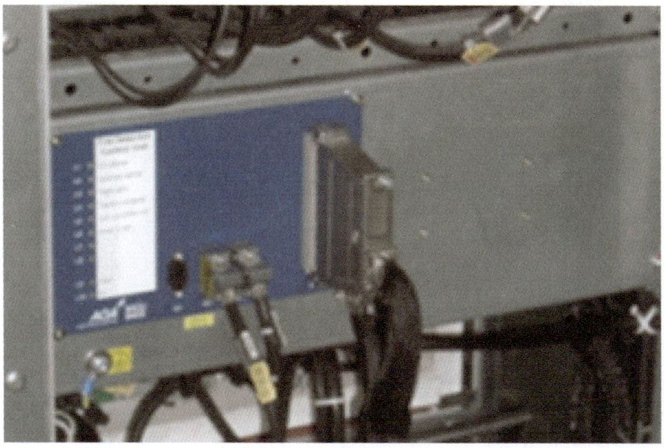

图 6-17　火警控制单元

三、人机界面 HMI

每个司机室的司机操纵台均有左、右两个 HMI 显示屏，每个显示屏按照司机室是否被占用具备以下功能。

1. 司机操作台左侧 HMI 显示屏

操纵端司机室：

(1)司机 HMI 功能，例如语言选择和故障显示；

(2)控制和监测除制动系统之外的车辆系统；

(3)显示冗余司机操纵台右侧 HMI 的控制和监测功能。

非操纵端司机室：

显示冗余乘务员 HMI 的控制和监测功能。

2. 司机操纵台右侧 HMI 显示屏

操纵端司机室：

(1)司机 HMI 功能，如语言选择和故障显示；

(2)控制和监测制动系统；

(3)显示冗余司机操作台左侧 HMI 的控制和监测功能；

(4)乘务员室装有一个乘务员 HMI，可提供车辆技术并开展如内部照明和空调等操作。

非操纵端司机室：

显示冗余乘务员 HMI 的控制和监测功能。

司机 HMI 显示屏结构如图 6-18 所示，各按钮功能见表 6-1。司机操纵台上的左、右两个司机 HMI 显示屏结构布局相同。按照功能区分为：

(1)显示屏区域；

(2)硬件操作区；

(3)光标和输入硬件区；

(4)键盘软件(10 位)区域。

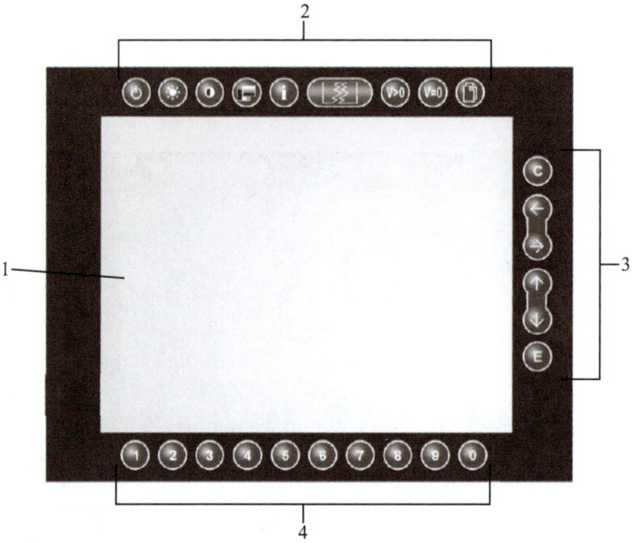

图 6-18 HMI 显示屏

表 6-1 硬件按钮功能

硬 键	名 称	功 能
	HMI 显示器开关按钮	在屏幕背光开和关之间切换。该操作仅适用于相同的显示器
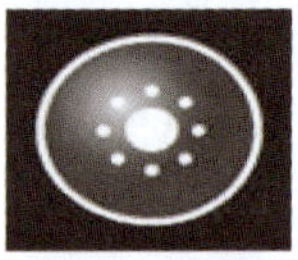	亮度对话框按钮	调节背光亮度
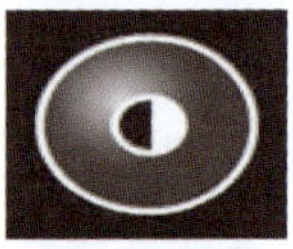	日、夜切换按钮	在日/夜设计模式间切换，对于司机室两个 HMI 均适用
	语言选择按钮	更改显示器语言，对于司机室两个 HMI 均适用
	信息按钮盒	1. 访问由工厂维修人员输入的特定车辆信息。 2. 查看司机室 HMI 和乘务员室 HMI 上的操作信息和描述
	故障总揽按钮	访问故障总揽，将选择栏设置为最新未确认故障
	行驶期间(v>0)校正按钮	列车行驶期间，显示器校正(查看帮助文本)

续上表

硬　键	名　称	功　能
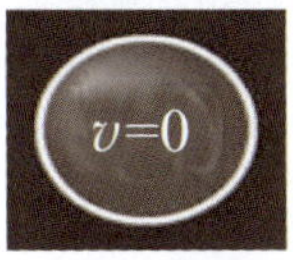	停止($v=0$) 查询按钮	列车停止时,显示器查询(查看帮助文本)
	显示器切换	切换至其他司机 HMI 上的显示功能(例如,从右司机 HMI 上访问左司机 HMI 的屏幕)
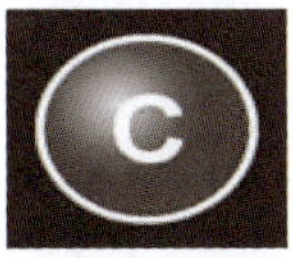	修正值	1. 终止输入。 2. 返回至上一层显示屏
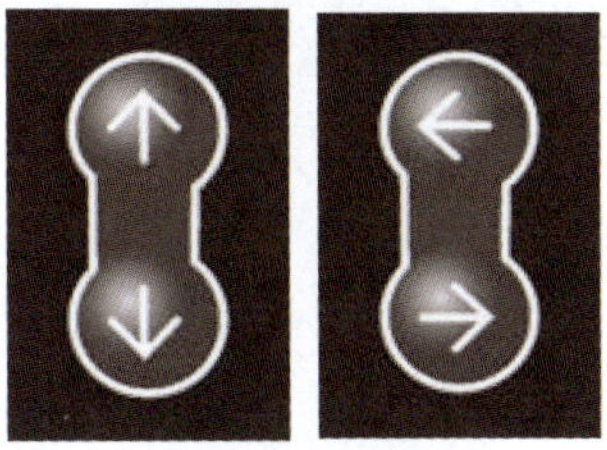	光标硬键	1. 在同页中上、下逐行切换光标所在行,需要时,可适当滚动浏览。 2. 在屏幕中将光标向左/右/上/下移动一位,在该屏幕中,列车可操作组件以逐车矩阵(如光开关矩阵)的形式显示,也可进行多次(数字)输入
	输入	输入或确认输入
 ……	键盘软键	使用键盘软键可以访问显示屏,显示屏内容与各屏幕上的软键含义相同。相应的含义将在软键上方区域出现

五、CRH380B(L)型动车组 HMI 屏幕画面布局(图 6-19)

1. 列车运行状态栏

(1)列车运行状态显示栏显示指示灯和故障指示器的信息。除乘务员冗余模式外,所有的司机显示屏中都会显示指示灯信息。

(2)在乘务员冗余模式下,乘务员显示屏仅显示“乘务员显示器”和“司机门释放”指示灯的信息,状态屏幕仅显示(司机室更换)指示灯。

(3)故障指示器显示的包括车辆编号和子系统代码信息,作为短消息显示在状态栏(三个功能键的宽度)的最右边的字段显示,同时发出声信号。

2. 功能键栏:功能键栏将显示所有当前可操作的功能键。

3. 显示屏幕元器件,显示屏幕中包括:可操作元件和不可操作元件。操作者可以先选择后改变可操作件,例如,空调控制的操作元件(开、关)或牵引控制元件(受电弓的升降、接通或切断主断路器)。

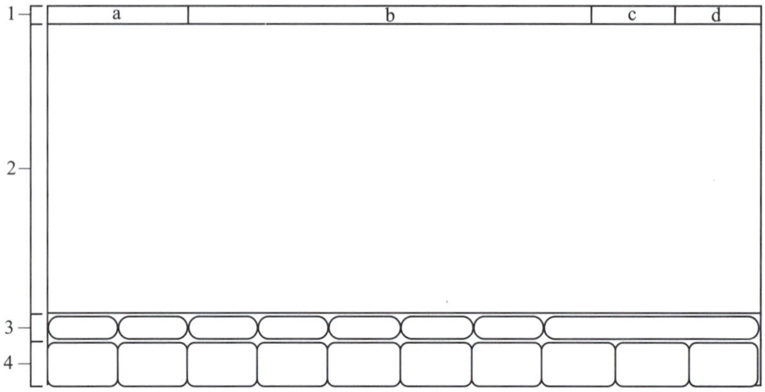

图 6-19 HMI 布局

1—标题栏(1a—列车编号;1b—屏幕标题;1c—日期;1d—时间);2—显示区;3—状态栏;4—功能键栏

4. 这些元件可以通过光标硬键来选择。选定的元件、字符段将会突出显示和(或)闪烁,可以通过软键来改变和操作这些元件。

六、CRH380B(L)型动车组 HMI 显示不可控元件

1. 不可操作元件

(1)列车部件的状态(例如外乘客门关闭、打开)。

(2)列车相关读数(例如接触网电压)。

(3)运行顺序(例如远程数据传输运行中的"数据传输运行"指示符)。

(4)不可操作元件的信息通过所附符号或文字在屏幕中说明。

(5)各种可操作和不可操作元件及其含义显示在屏幕(硬键)中。

2. 工作中的显示屏

(1)可操作项目的显示界面,如图 6-20、图 6-21 所示。

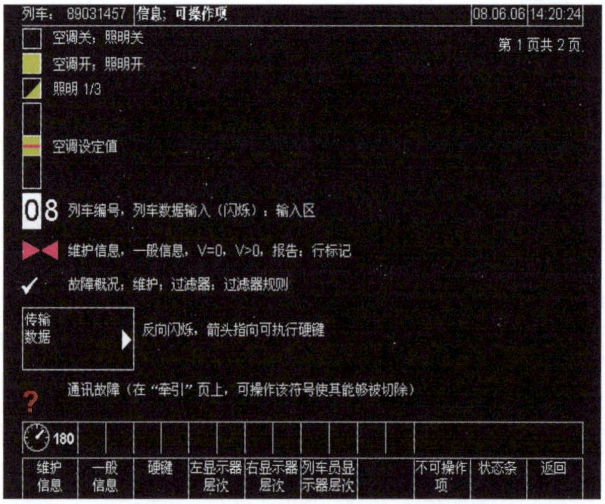

图 6-20 HMI 可操作项目的显示界面 1

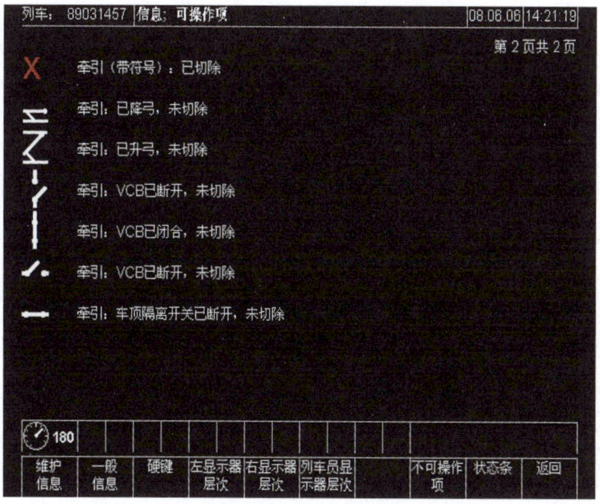

图 6-21　HMI 可操作项目的显示界面 2

(2)不可操作项的显示界面，如图 6-22～图 6-28 所示。

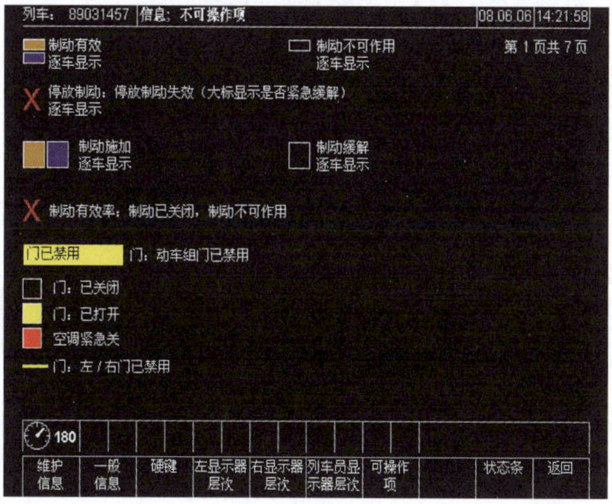

图 6-22　HMI 不可操作项的显示界面 1

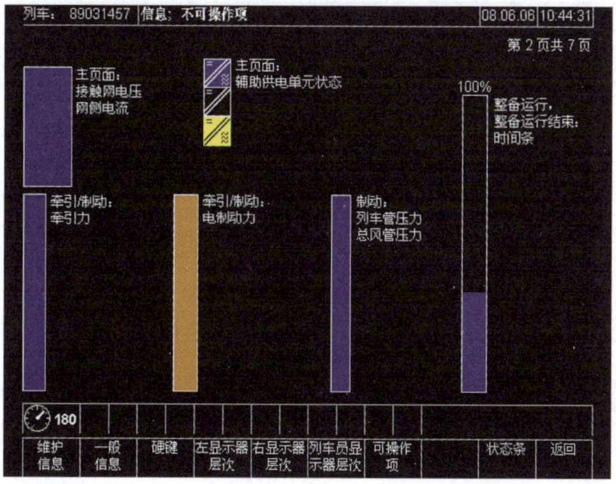

图 6-23　HMI 不可操作项的显示界面 2

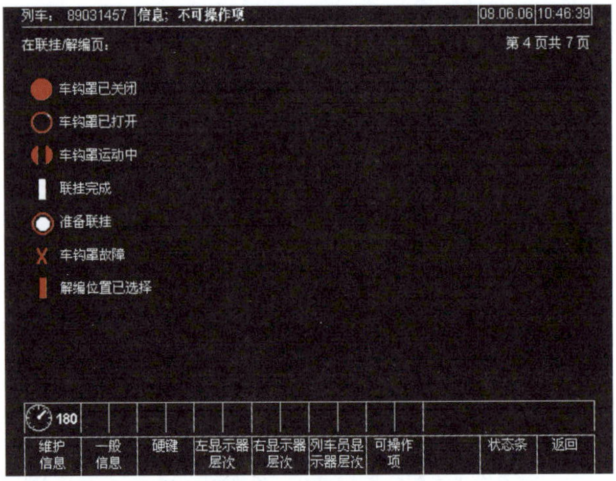

图 6-24 HMI 不可操作项的显示界面 3

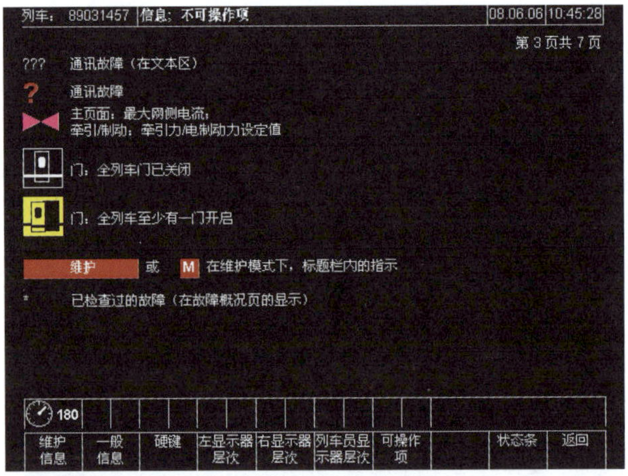

图 6-25 HMI 不可操作项的显示界面 4

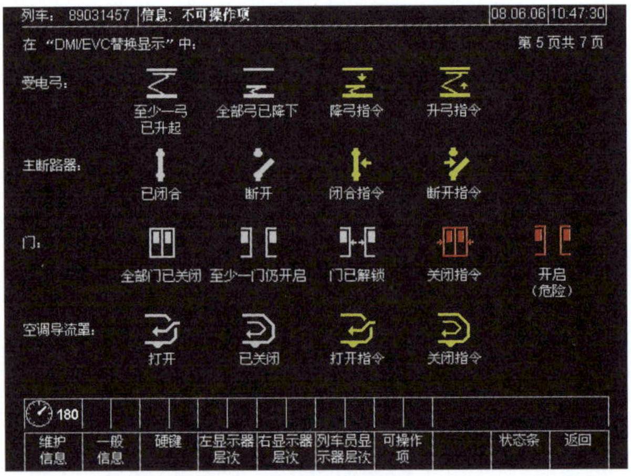

图 6-26 HMI 不可操作项的显示界面 5

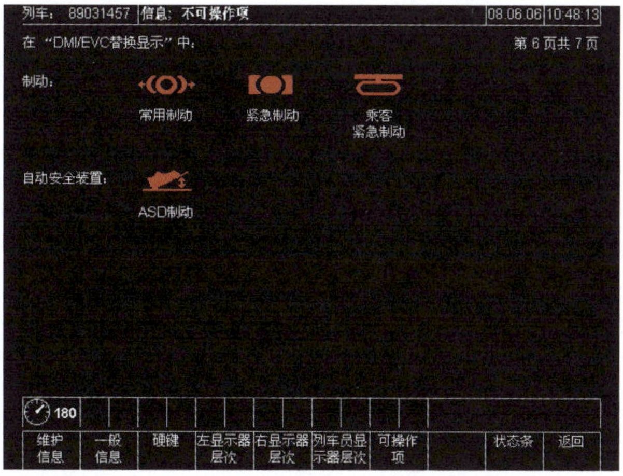

图 6-27　HMI 不可操作项的显示界面 6

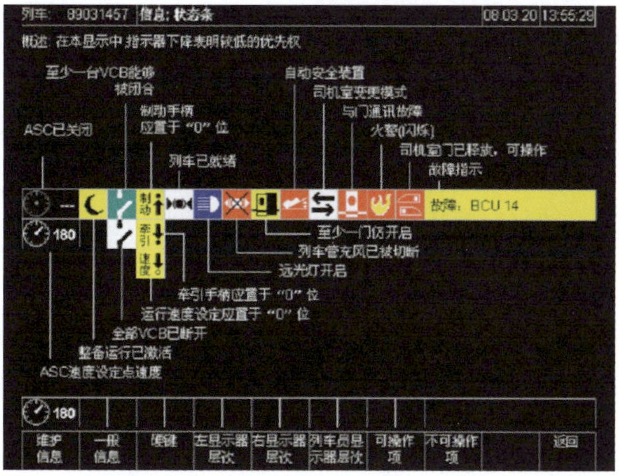

图 6-28　HMI 不可操作项的显示界面 7

七、人机界面中的故障管理

HMI 显示的是重要的车辆系统的功能限制。故障管理的操作方法适用于动车组所有的 5 个显示器(4 个司机的 HMI,1 个乘务员的 HMI)。

出现未定故障时,分为两种状态:

(1)当前未定故障自发生后,还未经司机或乘务员处理。

(2)确认故障消息显示故障尚未修复,处于待定状态。通过选择相应的补救性消息确认故障。

注:故障总览中不会显示已排除(复位)的故障。

当前的故障显示在每个屏幕画面状态行右侧的黄色字段形成“故障指示图标”,该图标具有两种未定故障状态:

(1)此字段将闪烁显示车号以及最近未确认故障的操作码。

(2)如几种未确认的故障同时存在,则只显示最近故障。

选择“故障总览按钮”键将按故障发生的顺序显示故障消息。最近发生的故障消息将列在首位。每种故障，除车号和操作码外，还显示发生的日期和时间和短报告。已确认的故障均在消息行的开始标有“ * ”标记。单个故障则可使用光标选择。当前选择的故障均带白色边缘。当选定(故障总览)画面后，光标将自动置于第一个未确认的消息前。使用“删除标记”功能键可将所有故障消息的确认标记删除。

使用“报告”软键可调出每种未定故障的故障说明。使用(故障总览)功能键，用户可以返回故障总览画面，用 “返回”功能键，用户可以选择最后选定的 HMI 画面。

(3)当前未定故障的 HMI(人机界面)操作

对于当前的未确认故障，可直接选择两种帮助文本，即在行驶($v>0$)或静止($v=0$)时，使用“行驶期间”或“停止”硬键查看帮助文本。此故障通过选择帮助文本屏幕画面来确认。还可使用(故障总览)硬键选择故障总览页面。这样就可以选择当前的未确认故障并及时顺序启动修复措施。更多有关未确认故障的详尽信息，可操作“报告”软键。

注意：针对不同的列车的运动状态($v=0$，$v>0$)同一故障相应的补救措施也不同，因此必须选择正确画面。

八、HMI 上的位置和独立状态诊断信息

当前所有司机人机界面上相关的故障消息可通过操作硬键选择显示在故障总览页面中。每条故障消息均显示车号，子系统的名称以及短故障文本和故障发生时间。最近的故障显示在列表的顶部，按时间顺序以此向下排列。已确认故障(即你已访问的此故障的帮助文本)标有“ * ”。已解决的故障(清除的)则从此列表中除去。

注意：某些修正措施画面允许直接启动切换操作及进入其他画面。这些软键均突出显示为黄色。

九、声音输出

HMI 将发出声音信号以将 HMI 上发生的重大变化通知给您。这些信号分为三种声音文件：

(1)“咚—叮”声，每次故障发生时将发生此声音。

(2)“叮”声，此声音将每隔 30 s 产生一次，直到所有的故障信号全部确认。

(3)“昂”声，当状态栏发生重大变化时，将发出该声音(指示灯)。

十、手动启动远程数据传输

无论列车处于行驶还是静止状态，所有已由动车组中央诊断系统自动记录以及乘务员手动记录的维修事件可提前通过远程数据传输报告给永久监测站。

1. 通过功能键选择所需传输的相应数据(诊断数据或记录数据或操作数据)。

2. 通过功能键 “触发远程数据传输”启动数据传输。

GSM 移动无线系统用于进行远程数据传输。传输信息包括每个诊断事件的故障诊断识别码，发生事件的车代码，以及故障发生和消失的时间。

十一、左右 HMI 主页面显示

CRH380B(L)型动车组左侧 HMI 主页面为牵引信息，如图 6-29、图 6-30 所示；右侧 HMI 主页面为制动信息，如图 6-31、图 6-32 所示。

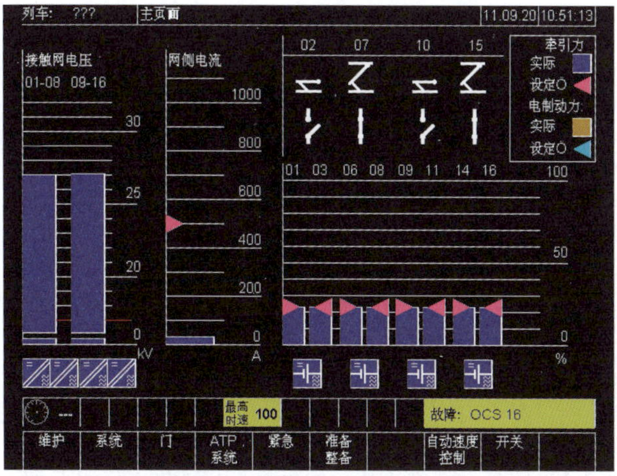

图 6-29　CRH380BL 型动车组左侧 HMI 屏牵引主页面

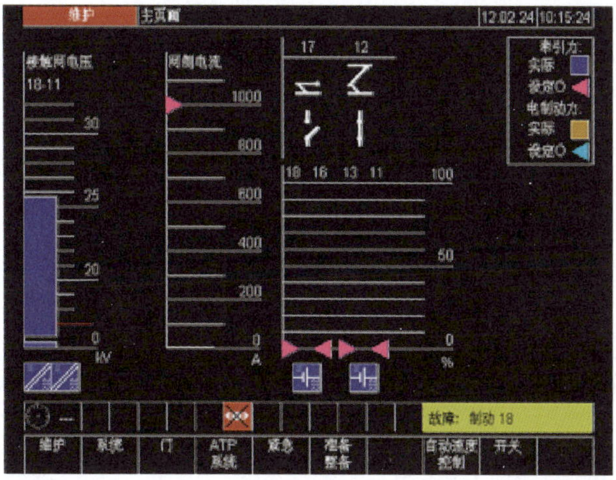

图 6-30　CRH380B 型动车组左侧 HMI 屏牵引主页面

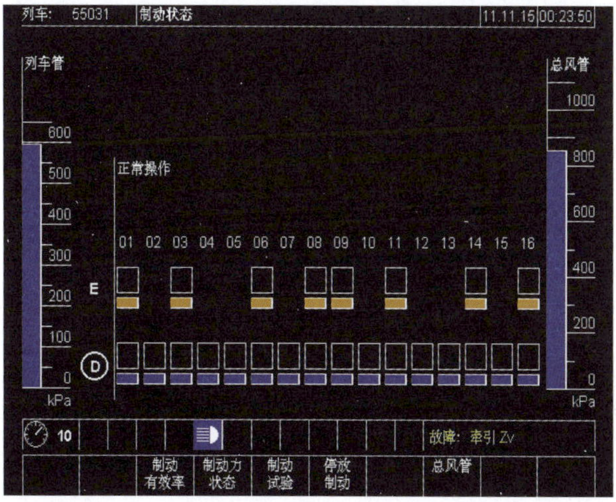

图 6-31　CRH380BL 型车右侧 HMI 屏制动主页面

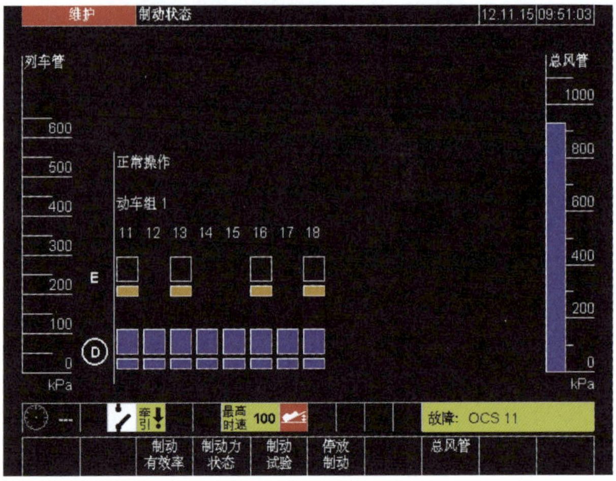

图 6-32　CRH380B 型车右侧 HMI 屏制动主页面

1. 左侧 HMI 显示页面

左侧 HMI 页面分级显示如图 6-33 所示。

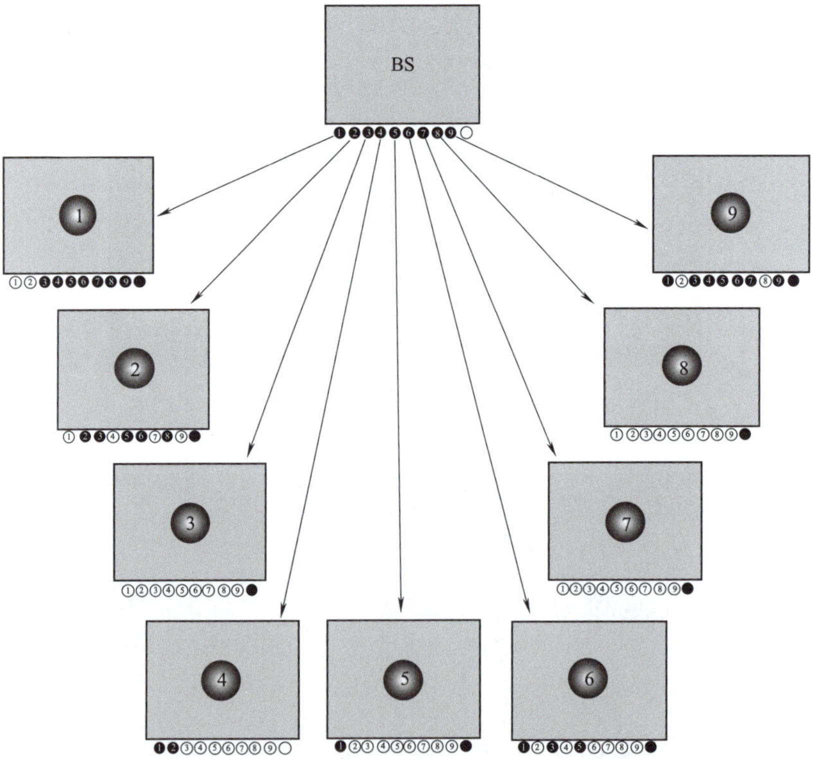

图 6-33　左侧 HMI 页面分级示意图

BS 牵引主页面:按键 1"维护"页面;按键 2"系统"页面;按键 3"门"页面;按键 4"ATP 系统"页面;按键 5"紧急"页面;按键 6"准备/整备"页面;按键 7"牵引制动"页面;按键 8"自动速度控制"页面;按键 9"开关"页面。

2. 右侧 HMI 显示页面

右侧 HMI 页面分级显示如图 6-34 所示。

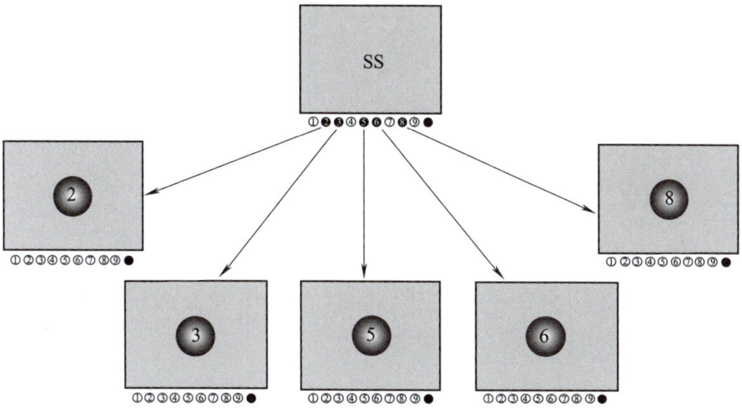

图 6-34　右侧 HMI 页面分级示意图

SS 制动主页面：按键 2“制动有效率”页面；按键 3“制动力状态”页面；按键 5“制动试验”页面；按键 6“停放制动”页面；按键 8“总风管”页面。

复习思考题

1. CRH380B(L)型动车组网络采用什么结构？
2. CRH380B(L)型动车组车辆总线(MVB)由哪些设备组成？
3. CRH380B(L)型动车组 HMI 显示不可控元件、不可操作元件有哪些？

第七章　动车组辅助设备

本章主要对动车组的车门集控系统、空调装置、车内报警装置和旅客信息系统等主要辅助设备进行了介绍，使动车组司机掌握的知识更加全面。

第一节　车门集控系统

一、车门集控系统组成

CRH3C 型动车组的车门集控系统由门控制单元（EDCU）、继电器、端子盒、直流电机、传感器和电缆组成。

门控制单元（DCU）是一以微处理器为基础的可编程直流电机驱动器，用于门系统的操作控制。电机控制的逻辑电路部分包含一个 32 位的数字信号控制器，此控制器内带闪存和 RAM。连同控制软件，对电机进行控制驱动。门控制参数通过 USB 接口保存到铁电存储器中。

车门内部控制面板上设置开关门按钮、紧急操作开关、紧急操作手柄、蜂鸣器、专用钥匙锁、司机操作钥匙开关（仅头车有）等部件。

二、门控系统功能

CRH3C 型动车组门控系统主要功能有：控制车门开关、车门动作过程及驱动机构状态监控制、故障诊断、门系统与车辆 MVB 通信、车门安全闭锁控制（根据速度）、维护与故障诊断、关门声报警器激活等。

车门门控功能由中央控制单元（CCU）实施，在执行此功能时，CCU 对所有侧门进行集中控制，不会对某个侧门单独进行控制，所有侧门均通过各自门控单元单独进行控制。控制过程中，CCU 会接收到来自每辆主门控单元的信号，执行高级别门控功能，并将相关指令返回至各主门控单元。

三、车门的操作

车门的基本操作包括正常情况的开关门操作和故障情况下的紧急操作等。

1. 开门

（1）动车组速度小于 5 km/h，通过开门按钮打开（在开门使能允许条件下，通过内、外部控制面板开门按钮均可打开）；

（2）通过司机室集控开门按钮打开。

2. 关门

（1）通过内部关门按钮操作；

(2)通过司机操纵台集中关门;

(3)由动车组速度信号关门(动车组速度大于 5 km/h,所有未关闭门将自动关闭);

(4)使用门控单元上的关门按钮。

3. 紧急操作

(1)通过内部紧急操作拉手开门(动车组速度小于 10 km/h,可经通过其打开);

(2)通过外部紧急操作拉手开门(动车组静止状态下)。

四、车门控制开关的操作方法

车门控制开关设置在司机操纵台左手边,具体操作方法如下:

(1)按下“左侧门释放”按钮,可释放列车左侧的外门。释放后,接收到反馈“列车左侧车门释放”信号时此按钮点亮。释放后,乘客即可将该侧门打开。

(2)按下“右侧门释放”按钮,可释放列车右侧的车门。释放后,接收到反馈“列车右侧车门释放”信号后时此按钮点亮。释放后,乘客即可将该侧门打开。

(3)在左侧或右侧门已释放状态下,按下“开门”按钮,将打开左侧或右侧所有外侧车门。

(4)按下“关门”按钮,可将已经打开的列车左侧或右侧门关闭,使这些门不能打开,关门按钮没有左右侧之分。车门关闭后按下“左侧门释放”或“右侧门释放”按钮,相应一侧车门将被重新激活。

五、车门信息显示

除了通过点亮按钮的反馈信号,HMI 的“门”页面上还显示列车车门的状态。门控系统显示页面,如图 7-1 所示。

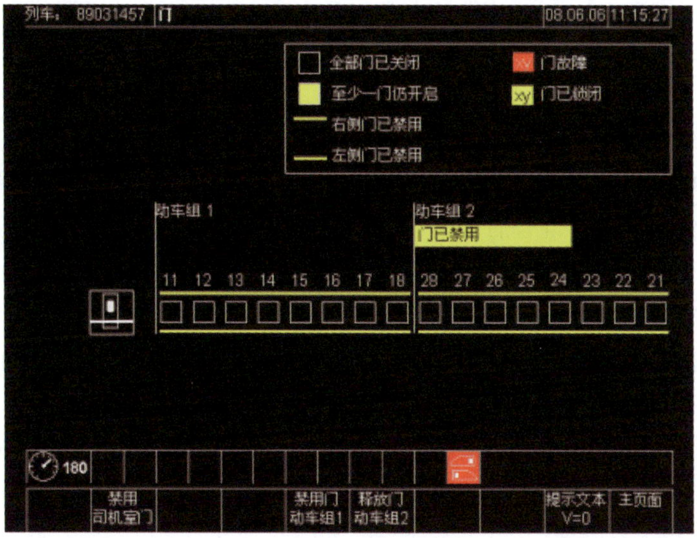

图 7-1　门控系统显示页面

在“门”显示页面中,可以看见当前列车每个车门的关闭状态以及每个门的锁定状态和故障。还可在此页面中执行各种不同的车门相关控制操作。

第二节 空调装置

一、司机室空调装置

新鲜空气是通过主空调系统的混合气体箱供应，并且完全独立于客室的新风和回风供应。新鲜空气通过客室主风道附件的单独的风道供给到司机室的空调中。然后新鲜空气同司机室(天花板上的格栅)的返回空气混合，根据温度设置进行空气调节，然后通过不同位置的风道吹入室内(地板区、前窗、司机控制台上的可调节喷嘴、天花板)。

如司机室的空调系统功能失效，则客室的主空调系统将取而代之，以确保司机室内有空调系统工作。EC01 车和 EC08 车配有相同的空调系统。正常运行模式下，司机室中的空调系统独立于主客室空调系统运行。

司机室中的空调系统为分体式空调，即压缩单元(冷却单元)位于车底板下，而空调单元位于司机室后休息室的天花板区域。所有的装置均是通过冷却管路进行连接的。

使用副操纵台操作区域中的开关来进行控制，如图 7-2 所示。

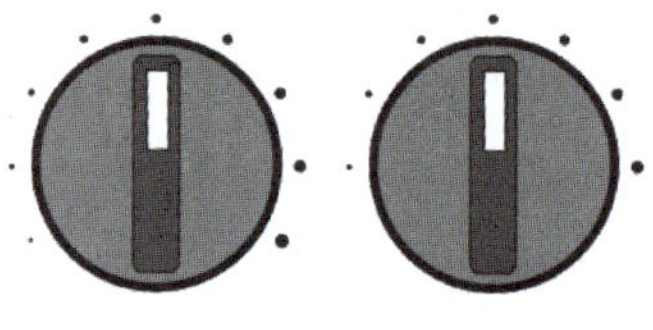

图 7-2 温度、通风控制旋转开关

(1)使用旋转开关改变空调系统的温度设定点“温度”。

(2)使用旋转开关“通风”改变风扇速度。

二、车厢空调装置

(一)系统工作原理

HVAC 系统用于 CRH3C 型动车组客室的空调系统，采用新型环保制冷剂，实现通风、制热和制冷功能。

新鲜空气从外部通过两个各位于车体两侧的新鲜空气格栅吸入，回风主要从紧靠空调机组后方的车顶回风格栅吸入，回风和新鲜空气在两个混合箱中混合，两混合箱都位于新鲜空气格栅和空调机组侧面之间。混合后的空气经两侧进入车体两侧，并在经过蒸发器盘管和加热器框在机组内进行处理，通过制冷剂冷却的或通过电阻器加热。

经过处理的空气通过送风管道系统向待调节的车厢内送风。为保证客室正常气压，确保乘客乘坐的舒适性，与新鲜空气量相同的空气通过位于车底架的废排单元和与车厢相连的废排风道系统排到车外。

采暖通风空调系统的温度调节由位于走廊电气柜中并单成一个箱体的电子控制器完成。该控制器读取分布在新鲜空气、回风、送风以及地板高度废气中的温度传感器的数值，以评估客室内的温度，来决定不同部件的运行。另外，系统配备有两个仅安装在端车车体两侧的压力波传感器。每列车共安装有四个传感器。这些传感器激活废排单元和新鲜空气格栅内风门的开/关信号，以防止乘客受压力波的影响，如在进入隧道时。

1. 制冷系统结构及原理

制冷系统结构原理如图 7-3 所示。

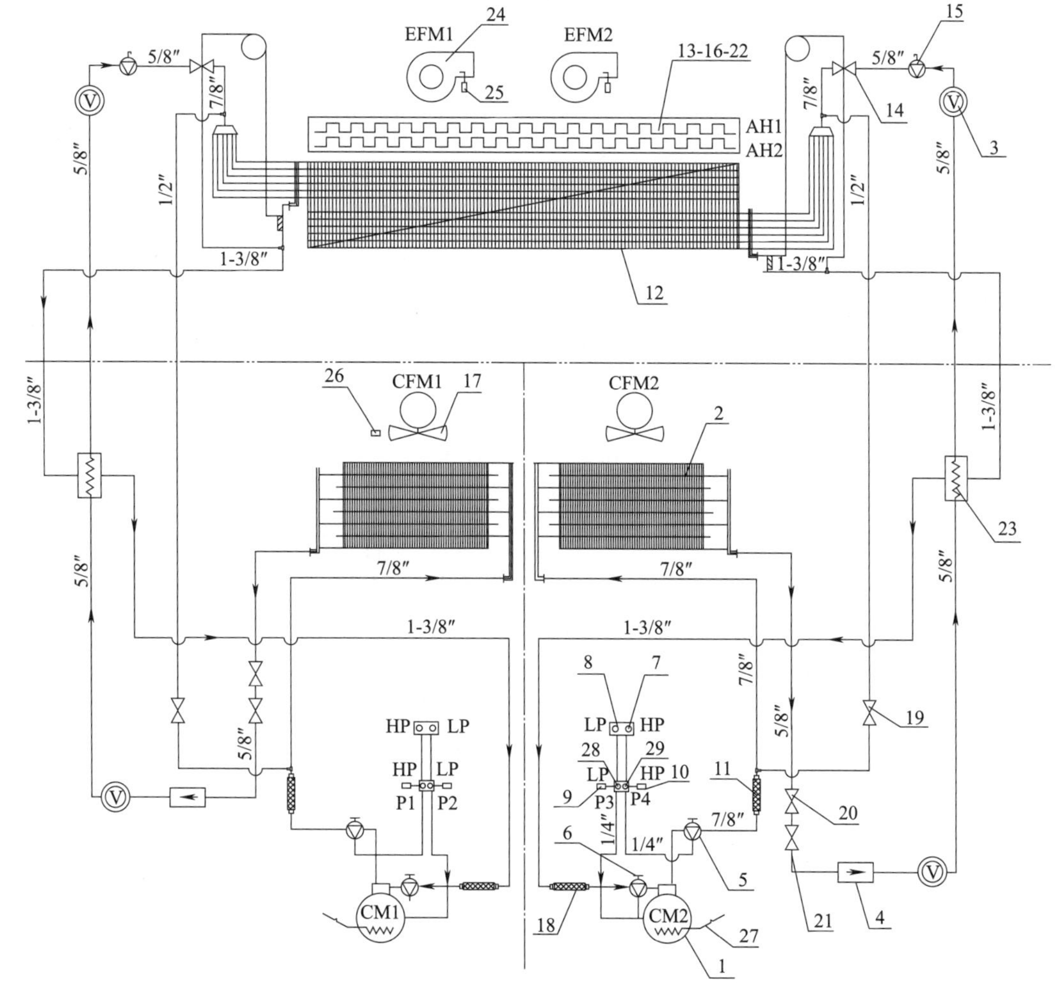

图 7-3　采暖空调通风系统制冷部分结构原理图

1—压缩机；2—冷凝器；3—视镜与水分指示器；4—脱水过滤器；5—7/8”检修阀；6—1-3/8”检修阀；7—高压压力传感器；8—低压压力传感器；9—低压触发开关；10—高压触发开关；11—供液管路减振器；12—蒸发器；13—加热器构架；14—膨胀阀；15—流量控制阀；16—安全温控器(自动复位)；17—冷凝风机；18—吸气管路减振器；19—旁通电磁阀；20—放气阀(3/8”)；21—安全制冷阀；22—安全温控器(手动复位)；23—热交换器；24—蒸发风机；25—气压开关；26—结冰探测器开关；27—曲轴箱加热器；28—低压检修阀；29—高压检修阀

(1)制冷循环原理

系统采用氢碳氟化合物制冷剂，不含氯离子，具有零臭氧损耗要求。制冷剂从冷凝器(2)开始，经放气阀(20)并从安全制冷阀(21)向脱水器过滤器(4)和视镜/水分指示器(3)运行。放气阀可以作为执行制冷剂环路脱水和充注的辅助阀。配备安全制冷阀是为了避免环路中可能出现的过压。视镜/水分指示器便于确认系统中循环的制冷剂的水分含量，此外还可窥视制冷剂充注不足或者液体管路中可能的阻塞。此类情况可以通过观察视镜后制冷剂中是否存在泡沫来推断。经过视镜/水分指示器后，制冷剂继续循环到流量控制阀(15)。该电磁阀由微处理器触发，以控制通过蒸发器盘管的制冷剂流量。液路电磁阀的液体输出量通过热力膨胀阀(14)向相应的蒸发器(12)输送。

膨胀阀通过蒸发器(12)上分配器的细管来分配制冷剂。这些细管可确保制冷剂在蒸发器中均匀分配。蒸发器是一种用连接铝片的铜管制成的热交换器。由膨胀阀进入换热器的制冷剂的流量调节，导致制冷剂压力迅速降低，伴随蒸发，从而冷却铜管和铝片并通过它们冷却其周围的空气。两台蒸发风机(24)将这些空气通过风道系统吹入客室。冷的制冷剂气体通过吸气管路以低压送出蒸发器，然后经热交换器(23)输送到压缩机(1)。

热交换器用于在来自系统高压侧冷凝器的液体制冷剂和来自系统低压侧蒸发器的制冷剂蒸汽之间传递热量。压缩机吸气和排气管路已配备减振器(分别为 11 和 18)，这是为了降低沿硬管道系统传递的噪声和振动。高压检修阀(29)和低压检修阀(28)便于连接仪表，以校验空调机组的工作压力，同时这些检修阀也用于执行清洗、抽真空和环路中的制冷剂充注等维护操作。

在制冷循环的压缩过程中两个压力触发开关(9、10)和两个压力传感器(7、8)共同作用。压力开关是在制冷剂压力降到低于最低值(低压)或者超过最高值(高压)时动作的安全装置。这种运行方式可确保压缩机和系统均工作在安全极限范围内。经触发后，开关即开启(断流)。当压力回到适当限度内时，开关即关闭(接通)。各开关的开启和关闭状态反馈到微处理器后，微处理器即可执行程序控制的动作。压力传感器监控吸气和排气压力，并形成与相应压力成比例的模拟信号。当吸气压力低于参考值或者当高压超过参考值时，温度控制器即可在达到断流极限前执行限制制冷。

旁通电磁阀(19)位于系统高压与低压区之间，它将压缩机中出来的热气体注入热膨胀阀和蒸发器盘管之间的管路，从而使压缩机容量与蒸发器实际负荷相适应。制冷剂作为高温高压气体离开压缩机(1)，并通过配备有减振器(11)的排气管路被送往冷凝器(2)。该换热器的构造类似于蒸发器，而其内部的过程与蒸发器中发生的过程恰恰相反：气体以远远高于该处空气的温度达到换热器，热量通过换热器管道内循环的空气散失，并由冷凝风机(17)吹走。

当气体温度降低，即冷凝并变成制冷剂液体，然后从冷凝器流向脱水过滤器，从而开始新的制冷循环。

(2)空调机组结构图

制冷环路中从膨胀阀出口到压缩机吸气阀之间的部分叫做低压侧，而压缩机排气阀与膨胀阀入口之间的部分叫做高压侧。单元式空调机组被设计用于车顶安装，该装置包括两个相同的独立制冷环路。一个与空调机组相连的管道系统将处理过的空气沿车厢分配。

空调机组的形状和尺寸适合安装在车厢顶部。其框架备有四个吊点，用于在拆卸或安装过程中起吊空调机组。如图 7-4 所示。

空调机组具有为方便检查和维护任务而设计的适当的检修盖。新鲜空气和来自车厢的回风在混合箱混合后，经过该装置的蒸发器部分的两侧入口进入空调机组。该混合气体经处理后通过与空调机组相连的风道被推入客室。

2. 空调机组的工作原理

制冷剂汽化时会从周围的空气中吸收热量。其设计就是要实现制冷剂通过冷凝器部分的环境空气冷凝。蒸发器部分的主要功能是将处理过的空气排入车厢中。经处理过的空气由回风和新鲜空气混合而成。在制冷模式下，经处理的空气由两台离心式风扇从蒸发上方吸入。制冷剂的蒸发使空气在经过铝片时其中的热量被吸收，所以，当空气被推入车厢时已经冷却。

在制热模式下，处理过的空气(回风＋新鲜空气)通过安排在蒸发器后方的加热器框架，从而对吹入车厢的空气加热。HVAC 系统组件与列车系统的电气连接是通过连接器实现的，这

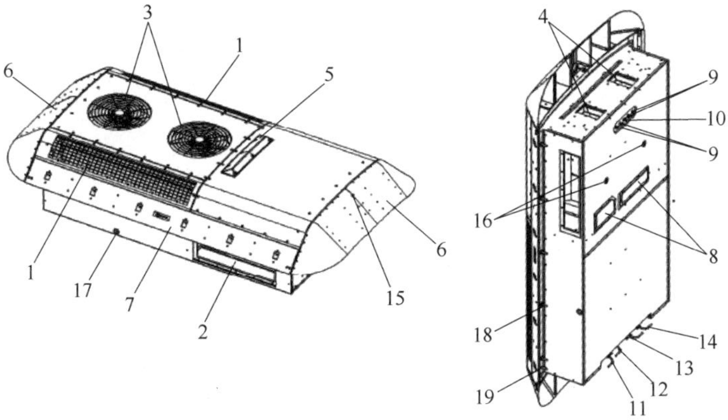

图 7-4　空调机组结构图

1—冷凝器进气口；2—回风与新鲜空气进气口；3—冷凝器空气出口；4—送风；5—上整流罩；6—前整流罩；7—侧整流罩；8—空气过滤器盖；9、10—气动连接器；11～14—连接器；15—安装孔；16—蒸发器排水管；17—冷凝器排水管；18—圆柱头螺钉；19—定位销

样便于组件本身以及任何元件的安装和拆卸，所以，在将来有较大的改动时，HVAC 系统可以从车厢上拆卸和拔出，以便在合适的环境中执行此类任务。车厢内电气柜中的控制面板里内置的电子控制器由微处理器控制，它可以对车厢和驾驶室系统独立执行以下功能：调节温度、控制操作模式和诊断。端车的控制面板集成了驾驶室 HVAC 系统电子控制器。而且，该控制面板提供有 PC 机连接器，并有针对这一特定应用的专门软件，这便于发现和诊断 HVAC 系统的故障，检查故障情况，并在可能时采取行动。温度传感器安装在再循环气流、新鲜气流、送风气流中，以及车厢和邻近区域内，这是为了实现对车内温度的不同调节功能。

根据车厢类型不同，总制热容量在各空调单元、消声器管和门厅及邻近区域的风扇加热器之间分配。在 EC 和 BC 型车厢中，空气分配管内部也安装有附加加热装置。各车厢中的 HVAC 系统还安装有废排单元、混合箱和风道系统。HVAC 系统的设计是为了克服高速列车行驶过程中产生的压力波。这一基本保护系统的基础是装配在新鲜空气入口和排气出口的可快速触发气动风门。这些风门将由 HVAC 电子控制器根据来自端车（EC-01、EC-08）中压力波保护系统的信号同时触发。HVAC 系统的电机和压缩机以 440 V/60 Hz 的三相交流电源运行，而控制环路需 DC 110 V 电源。

3. 空调系统的补充说明

（1）车下电源箱内：空调压缩机的接触器、风机接触器在电源箱内；司机室空调的接触器都在机组上。

（2）空调机组加氟应在空压机运转条件进行，单纯靠外界压力加氟比较慢。司机室空调机组可以在受电弓升起的条件下加注，客室空调必须接外接电源使压缩机工作才能完成加氟工作。

（3）通过台加热器在车门旁边，具有三级保护功能：其一是 65～90℃（指表面温度），当温度达到 90℃时自动断开，温度降到 65℃自动复位。其二在回路有熔断器，温度达到熔断融化温度后保护，起到绝对安全的目的。其三外温 35℃加热器自动断开。

（4）关于空调滤网问题：司机室空调滤网每台机组三个，1 个新风滤网，2 个回风滤网，总计 6 个。客室空调只有新风滤网。

回风从回风口进入混合箱,回风口位于端门旁边,其中在混合箱上也有部分回风进入,通过回风口的风要经过混合箱的风门,进入后与新风混合经过蒸发器或加热器达到制冷或制热的目的。废排风主要通过废排风道完成,废排风主要作用是给电器柜内的电器元件冷却,废排风经过电器柜下方的进风口进入,经上方的废排风道排除。另一部分通过厕所上方的废排风道排除,起到净化厕所内部空气的作用,第三部分通过车门旁边的废排风道排除。

第三节 车内报警装置

一、火灾报警装置

安装在底架下的设备(牵引变流器、辅助变流器装置)配有线性热探测器。感烟器检测烟和温度,此外感烟器还监测线性热探测器。来自于火警探测器的信号将由位于每辆车中的PIS机柜中的火警探测控制单元(FDCU)进行评估,每辆车的火警探测系统均独立于安装在其他车中的火警/烟系统运行。

火警回路为独立于列车控制并在动车组中发出着火信号。所有车的FDCU触点在火警期间将火警回路中断。为确保火警回路在FDCU故障的情况下不再自行闭合,火警将通过接触器电路切换至自保持模式。

CRH3C型动车组在下列设备中配有探测器:1. 牵引变流器;2. 辅助变流器单元;3. 卫生设施;4. 司机室;5. 电气柜;6. PIS机柜。

多标准烟感器(烟雾和温度)可用作火警探测器尽快探测出火焰。安装在底架下的设备(牵引变流器、辅助变流器装置)除配备探测器外,还配有线性热探测器。感烟器检测烟和温度。此外,感烟器还监测线性热探测器。

来自于火警探测器的信号将由位于每辆车中的PIS机柜中的火警探测控制单元(FDCU)进行评估。每辆车的火警探测系统均与安装在其他车中的火警/烟系统一样独立运行。

火警回路为一条独立于动车组发出着火信号的列车控制报警线路。为确保火警回路在FDCY破坏的情况下不再自行闭合,火警将通过接触器电路切换至自锁模式。

在出现火警的情况下,声音和视觉报警信号先发送给司机室中的司机并会出现以下响应:

1. 火警装置探测出的火灾情况会在司机和乘务员HMI上得以显示,并且会生成音响报警信号。通过在HMI上选择诊断信息,司机可辨别受火灾影响的相应列车以及该列车中的受影响区域。呼叫乘务员并通知其受影响列车以及该列车中的受影响区域。如果列车控制装置受到干扰,则HMI可能出现故障。就不再显示受影响的车辆和那辆车内受影响的区域,但仍有音响报警信号。受影响的车辆仅可通过点亮车辆内的火灾警报信号器确定。

2. 详细的故障消息将显示在有人司机室以及乘务员室的人机界面上,以告知探测发生火灾的车以及受火灾影响的部件。

3. 报警信号发给乘务员室的乘务员。

4. 列车组声音报警信号以及受火灾影响的车中的可见报警信号。

5. 受火灾影响的车内的空调系统自动切断(非风扇停止运转)。

6. 自动接通列车内的应急灯电源。

7. 借助启动的火警线路,电气柜的通风将停止。

在火警系统出现故障或火警系统无电力供应的情况下,详细相关信息将显示在有人驾驶司机室的人机界面上以及乘客室中，以指示哪辆车发生了故障。

二、自动安全装置(ASD)报警

在动车组行驶期间(速度≥5 km/h)，必须在 30 s 的时间间隔内或最迟在发出蜂鸣器报警和显示屏弹出警报信息 3 s 内启动 ASD 中的一个控制元件(警惕装置)。若未正确操作 ASD，CCU 会以紧急制动的方式施加强制制动。

列车运行时，在约 30 s 的时间间隔内或最晚在声讯报警输出前必须激活和释放 ASD 的一个控制元件(司机脚踏，牵引制动手柄按钮)。在静态运行期间(v<5 km/h)，ASD 控制元件不需工作。

如果在运行期间控制元件被误操作，下面所述的两个操作顺序起作用：

1. 无控制元件激活

如果无控制元件激活，发生下列操作顺序：约 30 s 之后，在 HMI 上报出异常检测信息；约 32.5 s 之后，在 HMI 上报出异常检测信息，提示司机即将触发最大常用强制动，并导致牵引封锁；大约 35 s 之后，触发最大常用制动；大约 40 s 之后，触发紧急制动。

2. 持续激活一个或几个控制元件

如果持续激活一个或几个控制元件，发生下列操作顺序：约 30 s 之后，在 HMI 上报出异常检测信息；约 32.5 s 之后，在 HMI 上报出异常检测信息，提示司机即将触发最大常用制动，并导致牵引封锁；大约 35 s 之后，触发最大常用制动；大约 40 s 之后，触发紧急制动。

第四节　旅客信息系统

旅客信息系统(Passenger Information System)简称 PIS，主要目的是通过比较全面的声音和视觉信息使旅客在旅途中及时准确地掌握旅途相关信息，引导旅客顺利地抵达目的地，同时使旅客在旅途中更安全、更舒适。旅客信息系统实现了站点显示、自动语音报站、列车广播、背景音乐和音乐/电视的播放等功能。如图 7-5 所示。

一、旅客信息系统的功能

旅客信息系统从功能可分为：可视旅客信息系统、列车内部通信和旅客听觉信息系统、公共通信系统、旅客音频和视频娱乐系统。如图 7-6 所示。

可视旅客信息系统由客室中的可显示图形的内部列车信息显示器以及靠近车门外侧的外部列车信息显示器组成。这些信息均由近端车辆计算机通过串行总线提供的。启动完成后，可视乘客信息系统将独立运行，由 GPS 和区域数据支持，包括行驶路线、位置和速度等。

列车内部通信和旅客听觉信息系统中，每辆车及每个司机室中均配有一个内部通信单元，客室、餐车区域、入口区以及卫生设施中均安装了顶部扬声器。该系统按功能可以分为：广播和内部通信功能；扩展的广播功能；优先级比较。

公共通信系统设备由每个 TC02、IC03、IC06 和 TC07 车中的 GSM 中继器系统组成。借助轨道沿线足够的磁场强度，这些系统可提供车辆内移动公共通信的接收条件。

旅客音频和视频娱乐系统主要作用是使客舱内的乘客更加舒适，在旅途中为相应客舱内的旅客提供音频和视频娱乐。

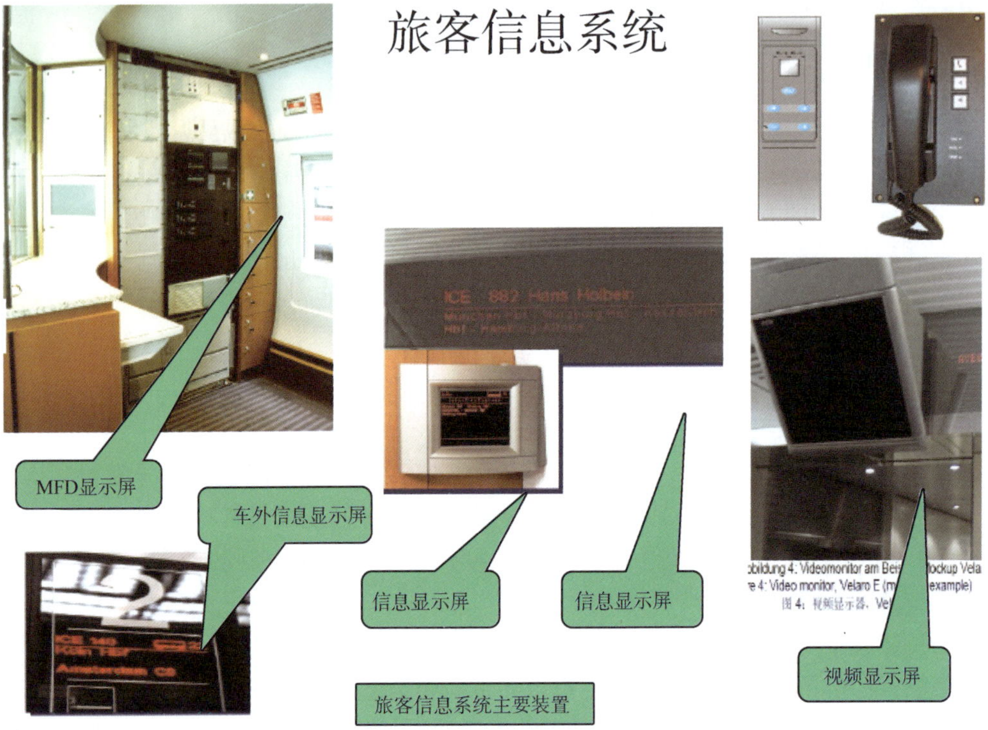

图 7-5 旅客信息系统

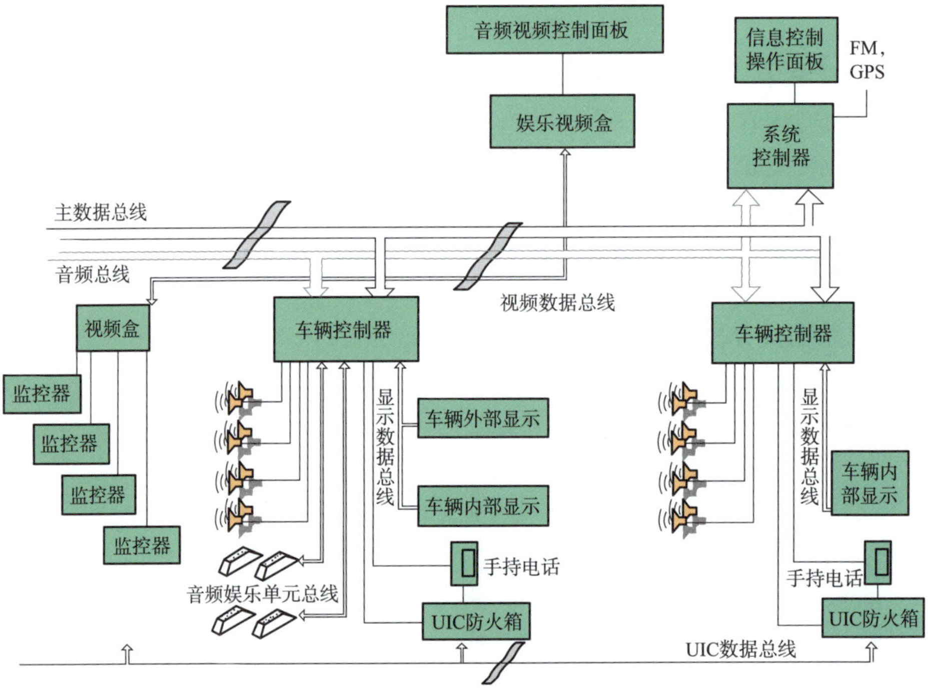

图 7-6 旅客信息系统的配置结构图

二、旅客信息系统组成

1. 主要组件包括：STC（系统控制器），CCT（车辆控制器），ISOP（信息系统操作面板），主数据总线结构。

2. 音频娱乐系统：AEU（娱乐音频单元），扬声器。

3. 音频通信系统：UIC 数据总线，Handsets（送话机），UICfirebox（UIC 防火箱）。

4. 可视化信息系统：ESD（外侧显示器），ICD（内侧显示器），显示数据总线。

5. 视频娱乐系统：AVP（音频视频控制面板），VER（娱乐视频盒），VDR（视频盒），监视器，视频数据总线。

其中，DVA——数字化声音广播；PCMCIA——PCMCIA 标准；RDS——广播数据系统；GPS——全球定位系统；MVB——多功能车辆总线。

（一）音频系统

音频系统主要由 AEU、HAS 和 SLS 组成，均具备基本的广播和内部通信功能，可以播放背景音乐、公共广播、自动化数字广播和前期定义的广播等。基本功能如下：

1. 基本广播（内部通信单元→所有扬声器，司机→所有扬声器）

广播前，先发出在广播列车所有车中均能听到的声音信号。广播在扬声器系统中具有最高的优先级。广播期间，扬声器所有其他音频功能将被断开。

2. 基本通信

内部通信单元→司机：通过内部通信单元，司机的电话连接同司机对讲机站实现连接。

司机→内部通信单元：司机发出的停车信号通过广播系统在整列车上播放。列车乘务员在得知司机欲与其对话后，通过列车安装的内部通信单元同司机进行连接。

内部通信单元→内部通信单元：内部通信单元之间的主叫是通过内部通信单元上的数字键实现的。此功能必须在同 CCT 连接后才能实现，即如果 CCT 出现故障后，则不能开展此功能。

3. 扩展的广播功能

扩展的广播功能是在车可选择以及等级可选择的广播体制下执行的。此类广播可使用内部通信单元中的数字键启用。

动车组具备此扩展的广播功能，并且此功能适用于乘务员室中的内部通信单元的广播。

旅客信息系统配有存储器，借助此存储器，预定的广播可回放两遍。

自动启动的存储消息的广播→所有扬声器：通过所有扬声器向乘客播放广播[启用自动广播系统后（通过 PIS-HMI），自动广播借助 GPS 坐标定位在进入下一站前的几公里前开始广播]。

手动启动的存储消息的广播→所有扬声器：通过所有扬声器向乘客广播[乘务员通过 PIS-HMI（人机界面）从预定/存储的通知中选择通知并通过扬声器系统输出]。

4. 广播声音优先级别

广播声音设置可根据列车的车速自动调节。广播声音优先级别见表 7-1。

表 7-1　广播声音优先级别

优先级	功　能
1	内部通信单元发出的动车组范围内的广播 司机发出的动车组范围内的广播
2	可选择的广播

续上表

优先级	功　能
3	手动启动的存储消息的广播 自动启动广播
4	所有扬声器系统可用的其他类型的音频功能(例如音乐)

5. 内部通信单元

(1)内部通信单元组成如图 7-7 所示。

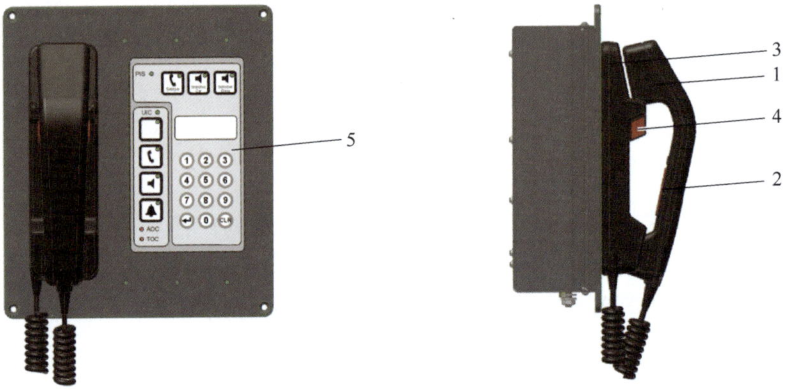

图 7-7　内部通信单元

1—听筒;2—带通话按钮;3—电话托架(带锁定装置);
4—挂钩开关(红色开关),通过听筒中的磁铁起作用;5—控制盘

(2)控制盘如图 7-8 所示。按键用途见表 7-2。

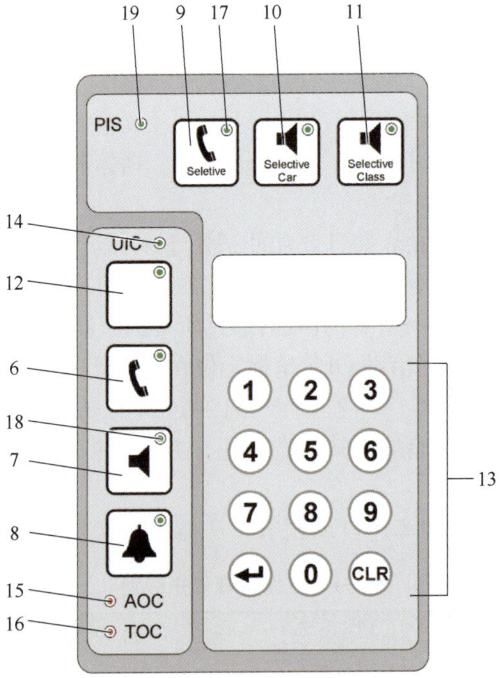

图 7-8　控制盘

表 7-2　内部通信单元部件功用表

位　　置	按钮/指示灯	用　　途
6		UIC 功能键“基本通话(同司机)”
7		UIC 功能键“基本 PA”
8		UIC 功能键“停车信号”
9		PIS 功能键“选择性通话”
10		“每辆车上可选择的 PA”的 PIS 功能键
11		“每辆车上可选择的 PA”的 PIS 功能键
12		无功能(备用)
13		数字键，带 CLEAR(清除)和 ENTER(输入)键用于选择性通话
14		绿色发光二极管：“UIC 总线状态”，如果内部通信单元通 UIC 总线连接并可操作则该灯点亮
15		红色发光二极管：“扬声器占用”，指示基本 PA(最高优先级的 PA 功能)启用且因此 PA 系统被占用
16		红色发光二极管：“电话占用”
17	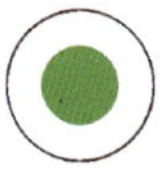	PIS 功能键(9)～(11)中的绿色发光二极管，指示 PIS 功能键相关功能启用。这些指示灯是通过 PIS 系统启用的

续上表

位　　置	按钮/指示灯	用　　途
18		UIC 功能键(6)～(8)中的绿色发光二极管，指示 UIC 功能键相关功能启用
19		绿色发光二极管“PIS 状态”，如果内部通信单元通 PIS 总线连接并且 PIS 软件正在运行则点亮

（二）可视化信息系统

可视化信息系统由客室中的可显示图形的单色发光二极管(内部列车信息显示器)以及靠近车门外侧的显示屏(外部列车信息显示器)组成。这些信息均是由车厢控制器(CCT)通过串行总线提供的。系统在初始化阶段过后独立运行，并由 GPS 和数据段支持(行驶路线，速度)。

1. 内部列车信息显示器(ICD)

内部列车信息显示器向列车乘客提供与旅行有关的信息。提供包括有关车厢号、发车站、外部温度、行车速度、下一站等信息。车厢内部显示器还显示预定的文字内容。车厢内部显示器是一个图形发光二极管显示器，是专门为安装在列车内部端墙上而设计的。显示的文字为红色。文字用中英文交替显示。

显示器位于每辆车客室的两端并根据距离、车门打开信号、GPS 定位点按表 7-3 显示的顺序自动提供信息。

表 7-3　信息显示顺序

显示器	含　　义	描　　述
	欢迎文字	在中间的文字行内，显示终到站。在底部的文字行内显示“欢迎”。文字行是静止的并不滚动
	线路信息	在中间文字行从右至左水平滚动显示线路上的中间站。在底部文字行内显示终到站
	外部温度信息	文字静止并不滚动
	速度信息	在显示速度信息时，为了显示列车的实际速度，显示器每 3 s 更新 1 次。文字静止并不滚动
	前方车站信息	在中间的文字行显示“前方车站”。在底部文字行内显示终到站。文字静止并不滚动
	出口侧信息	文字静止并不滚动

续上表

显示器	含　义	描　述
	再见文字	在中间的文字行显示终到站。在底部文字行显示“再见”文字静止并不滚动

内部显示器在上面的一行显示路线号码，时间与车厢号码。当火车到站时，显示动态“欢迎”信息；当火车从火车站离开，显示在途中的信息；在列车运行途中，显示当前运行的速度；当火车即将要到站，显示将要到站的名称以及出口；当火车到达终点站，显示动态“再见”信息。

内部显示器安装在列车内部端墙上，在玻璃后面。所有外部数据及开关插头都可通过其背面进入，组成包括一个机盒，两个端盖和一块透明的防护有机玻璃。

2. 外部列车信息显示器(ESD)

外部显示器是一个图形发光二极管显示器，位于窗格玻璃的后面。显示器可以显示静态和翻滚文本。显示器的功能是向站内的旅客提供有关列车车次、车厢号和行车路线的信息。如图 7-9 所示。

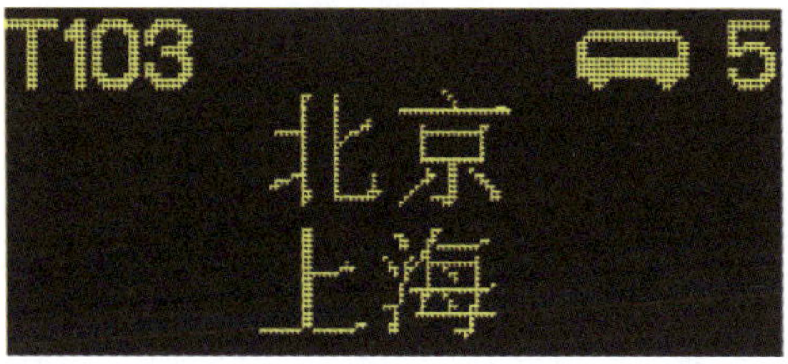

图 7-9　外部列车信息显示器

显示的内容是根据列车当前的位置确定的。驶出车站后，则外部列车信息显示器将不再显示。在列车距离目的指定距离时，外部列车信息显示器将再次启动并显示路线号码、车厢号码、起始车站、路经车站、终点站。

外部显示器被制作在一个铝制机盒内，顶部与底部均有 8 个凹孔用以将其安装在列车上，所有的外部连接器都从底部左侧进入。它包括一个可根据外界光照强度调整显示文字明亮度的光传感器。

复习思考题

1. 车门集控系统由哪些设备组成？
2. 门控系统有哪些功能？
3. 自动安全装置(ASD)的报警条件是什么？
4. 旅客信息系统有哪些分类？
5. 内部通信单元由哪些部件组成？

第八章　列车运行控制系统

第一节　列控系统概述

列车运行控制系统(Train Control System)是以技术手段对列车运行方向、运行间隔和运行速度进行控制,使列车能够安全运行并且提高运行效率的系统,在我国铁路领域中,目前主要采用列车超速防护系统 ATP。列车运行控制系统是随着列车技术的发展以及列车与地面信息传输系统发展而发展的轨道交通信号系统,将先进的控制技术、通信技术、计算机技术与铁路信号技术融为一体的行车指挥、控制、管理自动化系统,是保证行车安全、提高运输效率的核心。

一、列车运行控制系统概述

(一)高速铁路采用列控系统的必要性

传统的行车方式是司机按照地面信号驾驶列车,要正确识别、理解信号并及时正确执行,行车安全由司机保证。铁路沿线设置的闭塞分区长 1.5～2 km,当列车运行速度超过 200 km/h时,司机每 20 s 就须辨认一次信号,辨识信号的频率和数量增加会使司机疲劳,识别信号的错误概率会显著增加,为防止司机失误影响行车安全,将区间通过信号从简单的“红灯停、绿灯行”转变为速度信号是高速铁路必须采取的措施。为此,需要使车载信号设备把地面传送上来的信号命令直接转变为对列车制动系统的控制,指令由高可靠、高安全的智能设备来保证列车安全运行,实现人控到机控的转变。

(二)我国列控系统的发展概况

20 世纪 80 年代末期,我国相继在京广线郑武段、京哈线京秦段引进了法国的 UM71 轨道电路和 TVM300 列控系统;在京哈线秦沈段引进了法国的 UM2000 轨道电路和 TVM430 列控系统,在京九线、广深线试验和小范围使用了国内研究开发的 LCF 模式曲线超防系统和 LSK 分级速度控制系统。

2003 年,为进一步适应铁路跨越式发展战略,满足日益增长的铁路运输需求,参照欧洲列车控制系统(ETCS),结合我国国情,原铁道部制定了《中国列车运行控制系统(CTCS)技术规范总则(暂行)》和相应 CTCS 技术条件,以保证我国铁路运输安全,满足长交路运营的需求,适应提速战略的实施。CTCS 就是中国列车运行控制系统(Chinese Train Control System)的英文缩写。

2004 年底,在我国铁路既有线第六次提速 200～250 km/h 时采用 CTCS-2 级列控系统,在动车组列车上装备 CTCS-2 级列控车载设备,在提速至 200～250 km/h 线路区段进行 CTCS-2 级列控地面设备改造。

2006 年 7 月,采用关键设备和技术引进、主要设备自主研发、既有设备结合改造的模式,主要依靠国内技术力量、借助国外先进经验进行系统集成的 CTCS-2 级列控系统通过原铁道部技术审查。

2007 年，原铁道部在总结近年来既有线提速和高速铁路 CTCS-2 级列控系统建设和运用经验的基础上，颁布了《既有线 CTCS-2 列车运行控制系统技术规范（暂行）》和《高速铁路 CTCS-2 级列控系统配置及运用技术原则（暂行）》等文件，用于指导 200～250 km/h 高速铁路的 CTCS-2 级列车运行控制系统和作为 300～350 km/h 高速铁路的后备模式的 CTCS-2 级列车运行控制系统的工程设计、施工，设备研发、生产，运行试验、运用及维护。

2008 年，CTCS-3 级列控系统标准规范由原铁道部科学技术司及运输局联合颁布。

（三）列控系统的分类

1. 根据系统功能分类

（1）列车自动防护系统（ATP）。ATP 可对列车运行速度进行实时监督，当列车运行速度超过最大允许速度时，自动控制列车实施常用制动或紧急制动，使列车停在显示禁止信号的信号机或停车标前方。

（2）铁路列车运行自动控制系统（ATC）。ATC 可根据行车指挥命令、线路参数、列车参数等实时监督列车运行速度，通过控制列车多级常用制动，自动降低列车运行速度，保证行车安全。是比列车超速防护系统高一级的列车自动控制系统，它可替代司机的部分操作。

2. 按人—机设备优先等级分类

（1）设备优先的列控系统。设备优先的列控系统在列车速度高于目标速度后立即进行制动控制，当列车速度低于目标速度后自动缓解，不必司机干预。日本新干线 ATC 采用设备优先控制的方式。

（2）人控优先的列控系统。人控优先的方式只有在列车速度超过安全运行所允许的速度，设备才自动介入实施制动，列车正常运行时设备不干预司机操作。法国 TVM300/430 以及德国的 LZB 系统即采用司机控制优先的方式。

3. 按控制模式划分

（1）阶梯控制方式。

阶梯控制方式，在一个闭塞分区内只控制一个速度等级。在一个闭塞分区中只按照一种速度判断列车是否超速。阶梯控制方式又可分为：出口检查方式（滞后式控制）及入口检查方式（提前式控制）两种。

图 8-1 中出口检查方式要求司机在闭塞分区内将列车运行降低到目标速度，ATP 车载设备在闭塞分区出口检查列车运行。如果司机按照允许速度操纵列车，ATP 设备不干预司机正常操作，当司机违章操作或列车运行超过允许速度时，列控设备将自动实施制动。属于滞后控制模式，列车制动后需要走行一段距离才能减速（或停车），因此，在禁止信号后方需要设置一段防护区段实现过走防护。

图 8-1 中入口检查方式就是列车在闭塞分区入口处接收到允许速度后立即依此速度进行检查，没有目标速度指示，一旦列车速度超过允许速度，则列控设备自动实施制动使列车运行降低到目标速度以下。入口检查方式中本区段的入口速度就是本区段的允许速度。较滞后式控制方式可有效提高间隔能力。

（2）速度—距离模式曲线控制方式

速度—距离模式曲线控制是根据目标速度、线路参数、列车参数、制动性能等确定的反映列车允许速度与目标距离间关系的曲线，速度－距离模式曲线反映了列车在各点允许运行的速度值。列控系统根据速度距离模式曲线实时给出列车当前的允许速度，当列车超过当前允许速度时，设备自动实施常用制动或紧急制动，保证列车能在停车地点前停车。

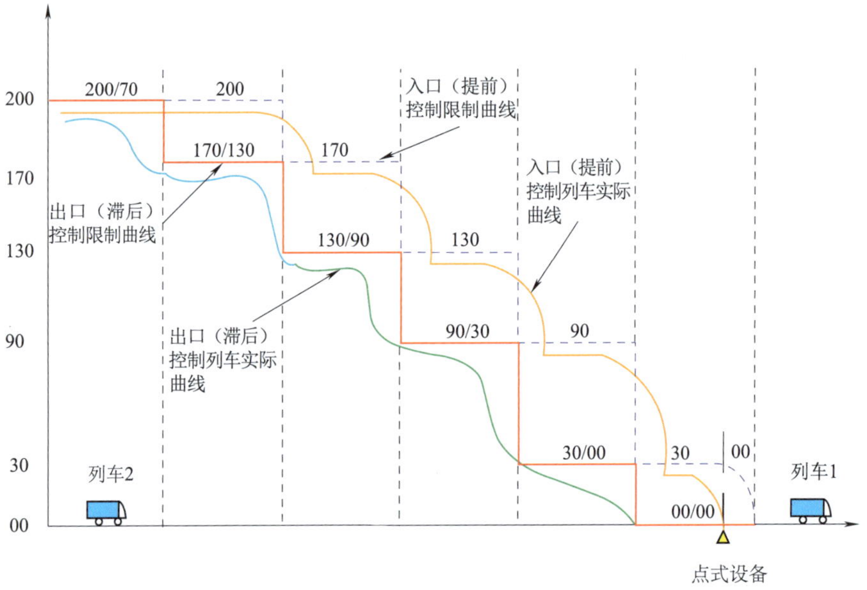

图 8-1 阶梯控制曲线

4. 按照地—车信息传输方式划分

(1)点式列控系统

点式列控系统是一种点式传递信息，用车载计算机进行信息处理，最后达到列车超速防护目的的系统。它采用高信息容量的地面应答器、地面轨道环线或其他感应设备进行地面对车载设备的信息传输，其主要功能是实现列车超速防护。

(2)连续式列控系统

鉴于点式列控系统的主要缺点是信息传递的不连续性，有时会对列车的精确定位或高效运行造成影响，西方工业国家的铁路信号公司相继研制开发了采用连续交叉轨道交叉环线、音频轨道电路、GSM-R、漏泄交叉环线、无线或波导管等方式作为信息传输通道的连续式列控系统，实现了连续信息传递。

(3)点连式列控系统

我国的列控系统采用点连式列车运行控制系统，点式应答器作为线路数据的输入，连续轨道电路信息作为列车前方轨道空闲数量的传输媒介。这种方式有效利用了轨道线路和点式设备，典型的应用就是目前 CTCS-2 级的控制方式，如图 8-2 所示。

在点连式列控系统中，轨道电路作为连续信息传输的通道，分别采用低频信息代表列车运行前方闭塞区段的空闲数目，在每个区段或间隔几个区段设置的应答器向列车传送线路参数信息，车载 ATP 设备将接收到的点式应答器数据与轨道电路接收的连续信息进行综合计算，则计算出列车目标点的目标距离和限制速度，实时比较列车的实际速度和限制速度，实现对列车的安全控制。

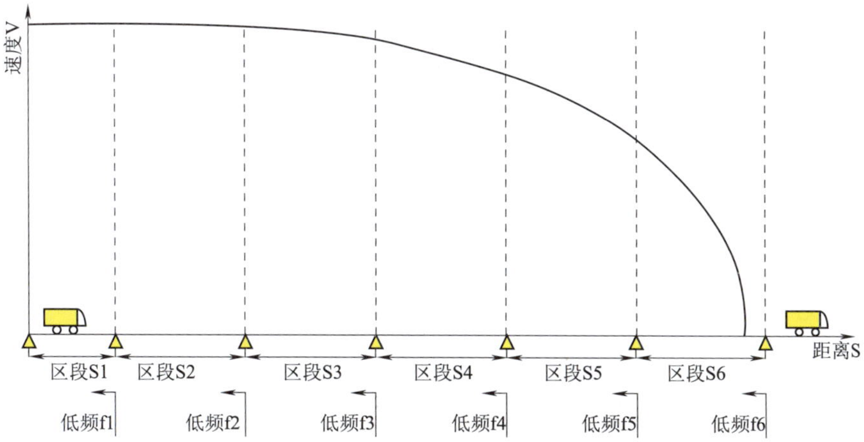

图 8-2　点连式列控系统的控制原理

二、列车运行控制系统的功能和组成

(一)列车运行控制系统的功能

列车运行控制系统的基本功能是在不干扰机车乘务员正常驾驶的前提下有效地保证列车运行安全。功能包括以下几方面。

1. 安全防护

在任何情况下防止列车无行车许可运行。防止列车超速运行:包括防止列车超过进路允许速度;防止列车超过线路结构规定的速度;防止列车超过机车车辆构造速度;防止列车超过临时限速及紧急限速;防止列车超过铁路有关运行设备的限速。

防止列车溜逸。测速环节应保证,一定范围内的车轮滑行和空转不影响 ATP 的功能,并具有轮径修正能力。

2. 检测功能

具有开机自检和动态检查功能。

具有关键数据和关键动作的记录功能及监测接口。

3. 可靠性和安全性

按照信号故障导向安全原则进行系统设计,采用冗余结构,满足电磁兼容性相关标准。

4. 人机界面

能够为机车乘务员提供必要的开关、按钮、显示和有关数据输入装置。

能够以字符、数字及图形等方式显示列车运行速度、允许速度、目标速度和目标距离。

能够实时给出列车超速、制动、允许缓解等表示以及设备故障状态的报警。

具有标准的列车数据输入界面,可根据运营和安全控制要求对输入数据进行有效性检查。

(二)列车运行控制系统的组成

CTCS 体系结构:分为铁路运输管理层、CTCS 网络传输层、地面设备层、车载设备层配置。此标准适用于各种铁路区段及客运列车。CTCS 体系的构建原则是以地面设备为基础,车载与地面设备统一设计。

铁路运输管理系统是行车指挥中心,以 CTCS 为行车安全保障基础,通过通信网络实现对列车运行的控制和管理。网络传输层分布在系统的各个层面,通过有线和无线通信方式实现数据传输。

CTCS 网络传输层分布在系统的各个层面,通过有线和无线通信方式实现数据传输。

地面设备层主要包括列控中心、轨道电路和点式设备、接口单元、无线通信模块等。地面设备根据行车命令、列车进路、列车运行状况和设备状态,通过安全逻辑运算,产生控车命令并传送给列控车载设备,实现对运行列车的控制。

车载设备层是对列车进行操纵和控制的主体,具有多种控制模式,并能够适应轨道电路、点式传输和无线传输方式。车载设备层主要包括车载安全计算机、连续信息接收模块、点式信息接收模块、无线通信模块、测速模块、人机界面和记录单元等。

第二节 CTCS 系统分级与组成

一、CTCS 系统分级

CTCS 根据功能要求和配置划分应用等级,分为 0～4 级。

CTCS-0 级的控制模式是由通用机车信号＋列车监控装置组成,它在既有地面信号设备的基础上,采取大储存的方式把线路数据全部储存在车载设备中,靠逻辑推断地址调取所需的线路数据,结合列车性能计算给出目标距离式制动曲线。适用于列车最高运行速度为 160 km/h及以下,一般自动闭塞设计仍按固定闭塞方式进行,采用四显示自动闭塞,信号显示具有分级速度控制的概念,其目标距离式制动曲线可作为参考。

CTCS-1 级由主体机车信号＋加强型运行监控装置组成,面向 160 km/h 及以下的区段,在既有设备基础上强化改造,达到机车信号主体化要求,增加点式设备,实现列车运行安全监控功能。利用轨道电路完成列车占用检测及完整性检查,连续向列车传送控制信息。控制模式为目标距离模式,采取大储存的方式把线路数据全部储存在车载设备中,靠逻辑推断地址调取所需的线路数据,结合列车性能计算给出目标距离式制动曲线。

CTCS-2 级是基于轨道电路和点式信息设备传输信息的列车运行控制系统,面向提速干线和高速新线,适用于各种限速区段,地面可不设通过信号机。采取目标距离控制模式,目标距离控制模式根据目标距离、目标速度及列车本身的性能确定列车制动曲线,不设定每个闭塞分区速度等级,采用一次制动方式。CTCS-2 级采取闭塞方式称为准移动闭塞方式,其追踪运行间隔要比固定闭塞小一些。

CTCS-3 级是基于无线通信(GSM-R)的列车运行控制系统。轨道电路完成列车占用检测及完整性检查,点式信息设备提供列车用于测距修正的定位基准信息。无线通信系统实现地—车间连续、双向的信息传输,行车许可由地面列控中心产生,通过无线通信系统传送到车上。与 CTCS-2 级一样采取目标距离控制模式和准移动闭塞方式。由于其实现了地—车间连续、双向的信息传输,所以功能更丰富些,实时性更强些。

CTCS-4 级是完全基于无线通信(GSM-R)的列车运行控制系统。由地面无线闭塞中心(RBC)和车载设备完成列车占用检测及完整性检查,点式信息设备提供列车用于测距修正的定位基准信息。采取目标距离控制模式,列车按移动闭塞或虚拟闭塞方式运行。虚拟闭塞是准移动闭塞的一种特殊方式,它不设轨道占用检查设备,采取无线定位方式来实现列车定位和占用轨道的检查功能,闭塞分区是以计算机技术虚拟设定的。其追踪运行间隔要比准移动闭塞更小一些。

CTCS列控系统等级比较见表8-1。

表8-1　CTCS列控系统等级比较表

CTCS等级	CTCS-0级	CTCS-1级	CTCS-2级	CTCS-3级	CTCS-4级
控制模式	目标距离	目标距离	目标距离	目标距离	目标距离
制动方式	一次连续	一次连续	一次连续	一次连续	一次连续
闭塞方式	固定闭塞或准移动闭塞	准移动闭塞	准移动闭塞	准移动闭塞	移动闭塞或虚拟闭塞
地面设备组成	轨道电路	轨道电路、应答器及LEU	车站列控中心、轨道电路、应答器及LEU	车站列控中心、GSM-R地面设备、轨道电路、应答器及LEU、无线闭塞中心	车站列控中心、GSM-R地面设备、无线闭塞中心
车载设备组成	通用机车信号、运行监控记录装置	主体机车信号、应答器信息接收模块、加强型运行监控记录装置	ATP（含机车信号、应答器信息接收功能）、LKJ	GSM-R接收模块、ATP	GSM-R接收模块、ATP
地对车信息传输	多信息轨道电路	多信息轨道电路+应答器	多信息轨道电路+应答器；或数字轨道电路	无线通信双向信息传输	无线通信双向信息传输
轨道占用检查	轨道电路	轨道电路	轨道电路	轨道电路	无线定位、应答器校正
列车运行间隔	大于L	设为对照值L	L	L	小于L
线路数据来源	储存于车载数据库	储存于车载数据库	应答器提供	无线通信提供	无线通信提供

分析CTCS的应用等级划分，发现有以下两个特点：

1. 各应用等级均采用目标距离控制模式，采取连续一次制动方式。这是由于我国的列控系统的应用起步晚，起点高，因此一步就瞄准了比较先进的控制模式。在我国阶梯式和曲线式分级速度控制都用过，取得了经验，好在并未形成规模，CTCS推荐采用目标距离控制模式是适宜的，符合国际列控系统的发展趋势。由于列控系统的控制模式是其主要特征和性能之一，控制模式决定了闭塞方式和列车运行间隔，从而决定了运输能力，所以说除移动闭塞外，各应用等级的主要功能几乎是一样的。

2. 各应用等级是根据设备配置来划分的，其主要差别在于地对车信息传输的方式和线路数据的来源。

二、高速铁路列控系统构成

为了保证列车安全运行，并以分级形式满足不同线路运输需求，我国高速铁路列控系统根据不同线路速度等级，采用CTCS-2级和CTCS-3级列控系统（京津城际采用CTCS-3D列控系统）。

(一)CTCS-2 级列控系统的构成及工作原理

CTCS-2 级列控系统由轨道电路实现列车占用检测及完整性检查。并连续向列车传输控制信息。包括行车许可、空闲闭塞分区数量和道岔限速等。由应答器传输点式信息,包括线路长度、线路坡度、线路固定限速、列车定位、列车进路、临时限速信息等。CTCS-2 级采用连续速度—距离模式曲线控制。

车站列控中心与 CTC 或 TDC 站机连接获取临时限速命令,与车站联锁连接获取列车进路信息。按照行车计划选择合适时机将临时限速信息和进路信息发送到 IEU 和有源应答器,向列车发送。

列车运行过程中车载 ATP 设备不断检测列车运行速度,接收轨道电路低频信息,根据空闲闭塞分区数量确定目标距离,结合地面提供的列控动态信息(包括运行许可、进路信息等)、线路静态信息、临时限速信息及有关动车组数据,计算生成速度—距离模式曲线,通过 DMI 显示列车运行速度、允许速度、目标速度和目标距离等,控制列车运行。

调度中心通过 CTC 或 TDCS 网络向车站列控中心发送临时限速命令,车站列控中心接收到临时限速命令后返回确认。当网络中断后,调度中心应授权在 CTC 或 TDCS 站机上完成临时限速命令设置操作。CTC 或 TDCS 既有功能不变。

CTCS-2 列控系统有两个子系统,即车载子系统和地面子系统如图 8-3 所示。

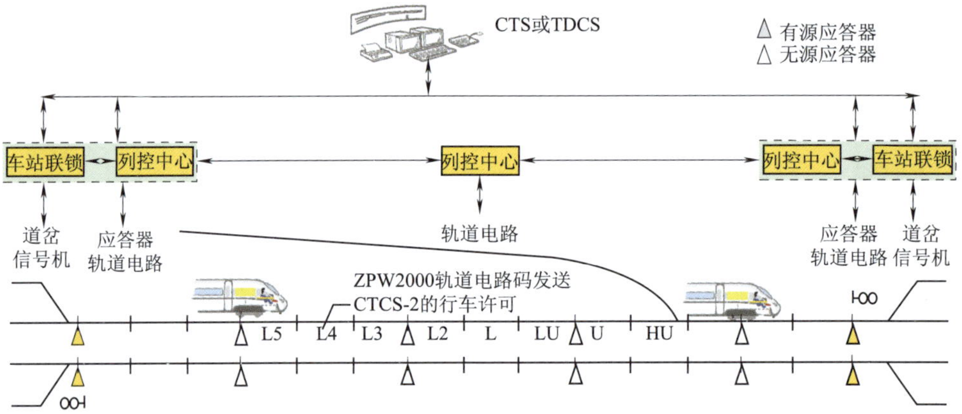

图 8-3　CTCS-2 列控系统结构图

1. 地面设备

地面设备由 ZPW-2000(UM)系列轨道电路、车站电码化、应答器和车站列控中心(包括地面电子单元 LEU)等设备组成。车站列控中心具备与车站联锁系统、TDCS/CTC、微机监测等系统的接口。

2. 车载设备

车载设备由车载安全计算机(VC)、轨道电路信息接收单元(TCR)、应答器信息接收单元(BTM)、制动接口单元(TIU)、记录单元(DRU)、人机界面(DMI)、速度传感器、轨道电路信息接收天线、应答器信息接收天线等部件组成,如图 8-4 所示。

(1)车载安全计算机是 ATP 的核心。VC 基于两个处理器的实时比较达到 SⅡ.4 级,为了提高系统可用性采用了三个处理器。该原则基于两个不同应用处理器同时执行应用软件,并采用故障安全检测器对这些处理器的输出进行比较。如果输出相同,检测器给出相关输出。

若存在任何差异，检测器将输出设置为限制状态。

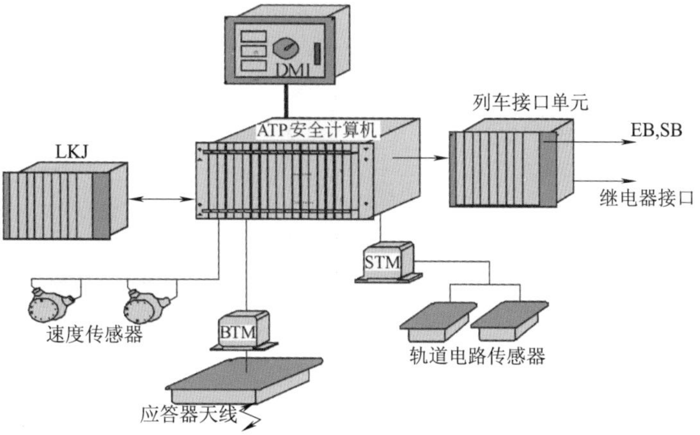

图 8-4　CTCS-2 车载设备系统结构

(2)轨道电路信息接收单元用于接收 ZPW-2000A 系列轨道电路及 4 信息、8 信息、18 信息等传统移频轨道电路的信息，并及时将地面轨道电路信息传输给 VC 和 LKJ 监控装置。

(3)应答器信息接收单元通过 BTM 天线，接收、解调地面应答器的报文信息，并在校核后将正确的信息传输给 VC。应答器具有提供精确定位功能。

(4)各不同型号的动车组与各不同型号的 ATP 车载设备均采用统一的制动接口单元。

(5)ATP 车载设备配备了记录单元(内部记录器)，主要用于设备状态和故障信息以及各种事件(包括司机对 ATP 设备的操作、轨道电路信息、ATP 与机车的信息交换等)的记录。维修人员可通过专用电脑或 IC 卡等进行数据下载。

(6)人机界面是配置了扬声器和各种按键的 10 英寸 LED 液晶显示器，安装在驾驶台上，作用是通过按键、声音、文字和图像实现司机与 ATP 车上装置的信息交互。

(7)ATP 车载设备的测速系统要求配置两套速度传感器。速度传感器需安装于不同的轴端，可以为车载设备提供速度通道，供 VC 了解列车速度和辅助确定列车距离位置。

(8)轨道电路信息接收天线利用电磁感应接收流经钢轨的信号电流，传送到设置在 ATP 主机柜的 TCR，TCR 对该信号进行选择和解调。

(9)应答器信息接收天线接收地面应答器所发出的高频无线电信号，并通过专用的电缆将该信号传递给设置在 ATP 的 BTM。

3. 人机界面

人机界面是为动车组司机提供的信息显示、数据输入及操作装置。

(1)能够以字符、数字及图形等方式显示列车运行速度、允许速度、目标速度和目标距离。

(2)能够实时给出列车超速、制动、允许缓解等表示以及设备故障的报警。

(3)输入装置配置必要的开关、按钮和有关数据输入装置。

(4)具有标准的列车数据输入界面，可根据运营和安全控制要求对输入数据有效性进行检查。

(二)CTCS-3 级列控系统概述

CTCS-3 级列控系统包括地面设备和车载设备，如图 8-5 所示。

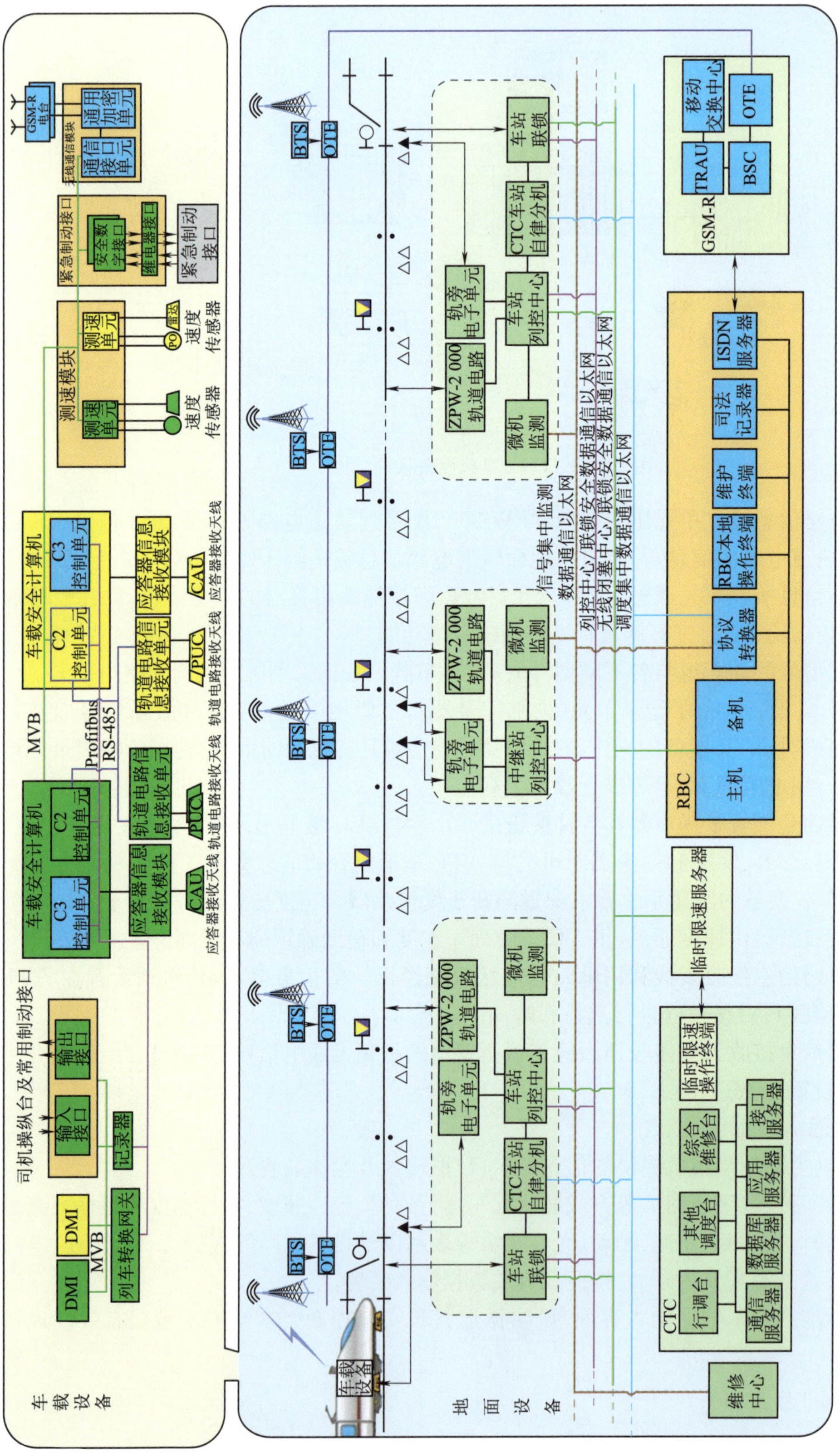

图 8-5 CTCS-3 级列控系统总体结构示意图

BSC—基站控制器；BTS—基站；DMI—人机界面；OTE—光传输设备；RBC—无线闭塞中心；TRAU—码型转换和速度适配单元；

地面设备由 RBC、TCC、ZPW-2000(UM)系列轨道电路、应答器(含 LEU)、GSM-R 通信接口设备等组成;

车载设备由车载安全计算机(VC)、GSM-R 无线通信单元(RTU)、轨道电路信息接收单元(TCR)、应答器信息接收模块(BTM)、记录单元(JRU/DRU)、人机界面(DMI)、列车接口单元(TIU)等组成。

RBC 根据轨道电路、联锁进路等信息生成行车许可,并通过 GSM-R 无线通信系统将行车许可、线路参数、临时限速传输给 CTCS-3 级车载设备;同时通过 GSM-R 无线通信系统接收车载设备发送的位置和列车数据等信息。

TCC 接收轨道电路的信息,并通过联锁系统传送给 RBC;同时,TCC 具有轨道电路编码、应答器报文储存和调用、站间安全信息传输、临时限速功能,满足后备系统需要。

应答器向车载设备传输定位和等级转换等信息;同时,向车载设备传送线路参数和临时限速等信息,满足后备系统需要。应答器传输的信息与无线传输的信息的相关内容含义保持一致。

车载安全计算机根据地面设备提供的行车许可、线路参数、临时限速等信息和动车组参数,按照目标距离连续速度控制模式生成动态速度曲线,监控列车安全运行。

CTCS-3 级列控系统的基本功能:

1. CTCS-3 级列控系统向司机提供安全驾驶列车的必要信息。

2. CTCS-3 级列控系统能监控列车及调车运行。

3. 受 RBC 控制的列车,只有得到 RBC 的授权才能在该 RBC 控制区域内运行。

4. CTCS-3 级列控系统满足运营速度 350 km/h 及以上、最小追踪间隔 3 min 的要求。

5. CTCS-3 级列控系统满足跨线运行的要求。

6. CTCS-3 级列控系统应具有轨道占用检查功能。

7. CTCS-3 级列控系统采用固定自动闭塞,以目标距离连续速度控制模式监控列车运行。

8. CTCS-3 级车载设备具备设备制动优先和司机制动优先两种控制方式。

9. CTCS-3 级车载设备具有常用制动和紧急制动监控列车速度的功能。

10. CTCS-3 级设备具有设置临时限速,并向车载设备发送临时限速信息的功能。

11. CTCS-3 级列控车载设备具备 CTCS-2 级功能。

CTCS-3 级列控系统的特点:

1. CTCS-3 级列控系统是基于无线通信的列车运行控制系统。

2. CTCS-3 级列控系统采用固定自动闭塞,以目标距离连续速度控制模式监控列车运行。

3. CTCS-3 级列控系统中列车占用检查由轨道电路完成。

4. CTCS-3 级车载设备应具备设备制动优先和司机制动优先两种控制方式。

5. CTCS-3 级列控系统中行车许可及线路描述信息等通过连续的无线通信传送给车载设备。

6. CTCS-3 级列控系统中临时限速通过连续的无线通信传送给车载设备。

7. CTCS-2 级作为 CTCS-3 级列控系统的后备系统。

三、列控地面设备组成及功能

列控地面设备由无线闭塞中心、临时限速服务器、ZPW-2000(UM)系列轨道电路、列控中心和应答器、GSM-R 接口设备等组成,如图 8-6 所示。

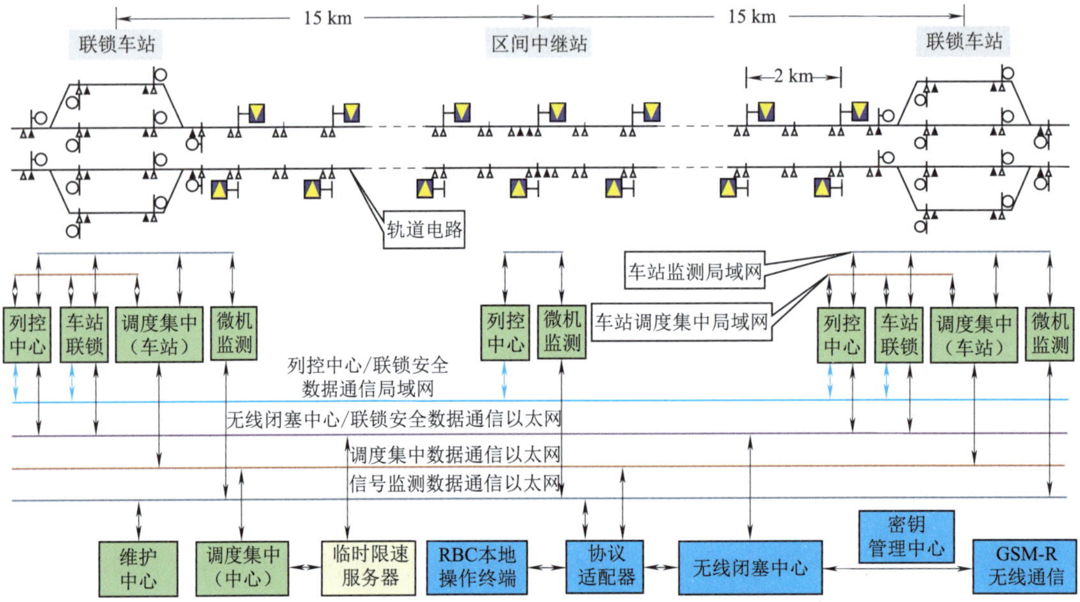

图 8-6　CTCS-3 级地面设备结构示意图

1. 列控中心(TCC)

列控中心(TCC)用于列车控制、产生进路命令、速度等信息设备的总称。其功能为：

(1)根据其管辖范围内务列车位置(轨道占用情况)、联锁进路以及线路临时限速状态等信息，对轨道电路发送编码信息，对车站有源应答器发送进路参数信息，向列车提供其所需的行车许可。

(2)列控中心适用于高速铁路中的联锁车站、中继站或无岔站，也可使用在与 CTCS-2 级高速铁路相衔接的 CTCS-0 级车站。

(3)根据车站类型，分为车站列控中心、中继站列控中心、无岔站列控中心。

(4)列控中心与车站联锁、ZPW-2000 轨道电路、临时限速服务器、相邻列控中心、地面电子单元(IEU)、集中监测和 CTC 车站自律分机配置通信接口。

2. 无线闭塞中心(RBC)

使用无线通信手段的地面列车间隔控制系统。RBC 是 CTCS-3 级列控系统的核心地面设备，是基于信号故障——安全原则设计的控制系统。RBC 根据地面子系统或来自外部地面系统的信息，如列车位置信息、轨道占用信息、联锁进路状态等实时计算产生列车行车许可，通过 GSM-R 无线通信系统发送给车载 ATP 设备，保证其管辖内列车的高速安全运行。如图 8-7所示。

(1)RBC 的作用

根据轨道电路、联锁进路、列车占用情况等信息生成行车许可，并通过 GSM-R 无线通信系统将行车许可、线路参数、临时限速传输给所管辖列车的车载设备；使列车在 RBC 的管辖范围内的线路上安全运行。同时通过 GSM-R 无线通信系统接收车载设备发送的位置和列车数据等信息。

RBC 设备采用硬件安全比较冗余结构，包括：无线闭塞单元(RBU)、协议适配器(VIA)、RBC 维护终端、司法记录器(JRU)、ISDN 服务器、操作控制终端和交换机等设备组成。

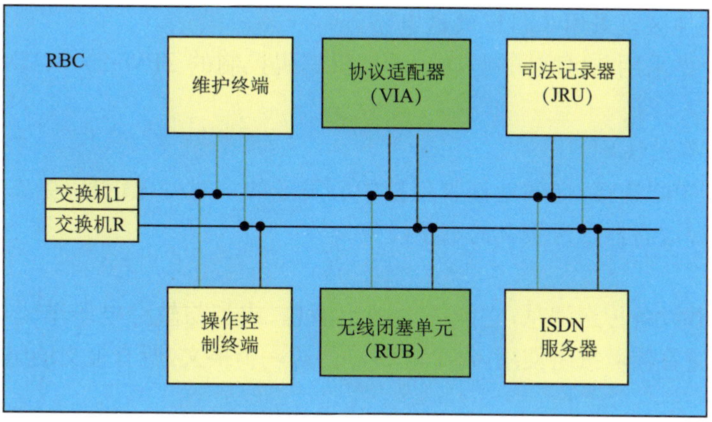

图 8-7　RBC 示意图

(2)RBC 配置原则

RBC 配置原则重点考虑三大重要因素:控制能力,接口能力及维护适应性。RBC 及其他关键设备采用冗余配置。

每台 RBC 的控制能力包括:

①同时登录的列车数量;

②同时设定的进路数量;

③同时激活的临时限速数量;

④同时激活的紧急区域数量;

⑤同时激活的调车区域数量。

考虑其限制条件、运行调试和维修维护的便利,RBC 主机集中设置。

(3)RBC 的功能

RBC 是 C3 级列控系统的核心设备,满足 C3 级列控系统总体列车控制的要求。根据车载子系统、地面子系统和其他系统、地面外部系统提供的列车状态、轨道占用、临时限速命令、联锁进路状态、灾害防护等信息,产生针对所控列车的行车许可及线路描述、临时限速等控制信息,通过 GSM-R 无线通信系统传输给车载子系统。

3. 临时限速服务器

用于列控中心、无线闭塞中心限速设置的调度命令称为列控限速调度命令(数据格式)。高速铁路列控限速调度命令由临时限速服务器管理。临时限速服务器设置于靠近调度中心的车站,分别向 TCC 和 RBC 传递临时限速命令。TCC 根据进路状态、区间运行方向及临时限速指令等信息生成用户报文并编码生成应答器报文,经 LEU 传输至有源应答器;RBC 根据行车许可、临时限速指令等信息生成相应的无线消息,经 GSM-R 传输给车载设备。

4. 轨道电路

实现列车占用检测及列车完整性检查,并为 CTCS-3 级后备系统提供前方空闲间隔信息。

(1)区间轨道电路

区间采用计算机编码控制的 ZPW-2000(UM)系列无绝缘轨道电路。轨道电路的正常码序为:L5-L4-L3-L2-L-LU-U-HU。

(2)站内轨道电路

复杂大站:正线及股道采用与区间同制式的、计算机编码控制的 ZPW-2000(UM)系列有绝缘轨道电路，其他区段采用 25 Hz 轨道电路。

一般车站：全站采用与区间同制式的、计算机编码控制的 ZPW-2000(UM)系列有绝缘轨道电路。

5. 轨旁电子单元(LEU)

LEU 与列控中心连接，周期地接收列控中心发送的实时变化信息，生成应答器所要传输报文并连续向有源应答器发送报文的电子设备。

6. 应答器

由地面向车载设备传送消息，它能提供固定消息、或当与轨旁电子单元(LEU)连接时能提供可变消息。应答器可按组使用，每个应答器传送一个报文，所有报文的组合构成应答器组的消息。

向车载设备传输定位和等级转换等信息；同时向车载设备传送线路参数和临时限速等信息，满足后备系统需要。应答器传输的信息与无线传输信息的相关内容含义保持一致。

四、列控车载设备组成及功能

1. CTCS-300T 列控车载设备系统构成

CRH380B(L)型动车组安装 CTCS-300T 型列控车载设备。CTCS-300T 车载设备硬件采用分布式结构设计，各模块功能相对独立，通过总线(MVB 总线、Profibus 总线)连接起来组成完整的车载系统。这种分布式结构可以将模块分散放置，充分利用动车车头内有限的空间，安装方式更加灵活。每个模块都单独封装在金属盒内，可以提高电磁屏蔽性能，降低各模块之间工作时的电磁干扰。

车载设备系统框图如图 8-8 所示。

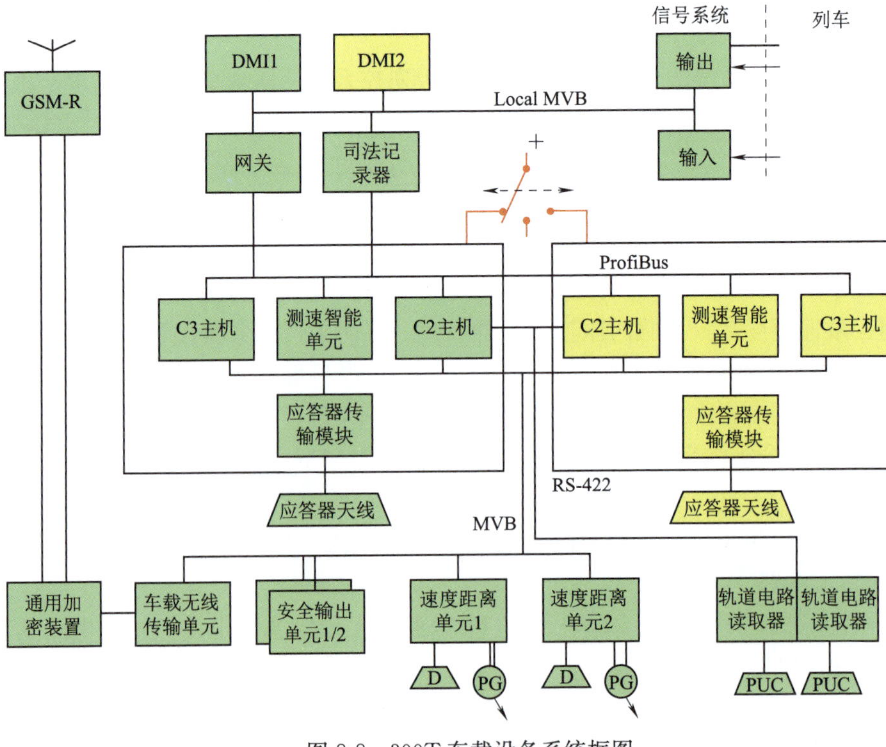

图 8-8　300T 车载设备系统框图

2. 设备组件

(1)VCU 计算控制单元

VCU 单元是用于执行安全软件的实时平台。软件应被下载到 VCU 单元中,且设置 SDA 地址。如图 8-9 所示。

ATPCU 是 CTCS-3 核心计算控制单元,当工作在 CTCS-3 等级时,它接收 RBC 传送的线路描述及行车许可并结合地面应答器确定的列车位置计算模式控制曲线(含静态 MRSP 曲线及动态 MA 曲线),根据模式曲线监控列车的实际速度和位置,在列车超速时进行相关干预。当工作在 CTCS-2 等级时,它负责向 C2CU 提供访问列车接口、制动接口、测距单元及 DMI 资源的通道,并监管 C2CU 的工作状态。

SDP 软件负责速度和距离数据的处理,以及车载系统单元和设备通信的平台主控器处理。

TSG 列车总线转换网关,用于连接车载设备 Profibus 总线和车辆 MVB 总线。主要是用于 DMI 数据与 ATPCU 和 C2CU 之间数据交互。

C2CU 是 CTCS-2 主机控制核心单元,接收 BTM 传来的数据,结合 TCR 传来的数据和当前列车速度计算速度曲线,监控列车运行。C2CU 软件为 CTCS-2 单元,负责 CTCS-2 等级自动列车防护功能,在 CTCS-2 等级运行过程中监督静态速度、动态速度和目标限制,并在超出限制时发出制动命令。

ATPCU、SDP、TSG、C2CU 模块外观相同,通过内部不同的软件来实现相应的功能。如图 8-10 所示。

图 8-9　VCSU 组成图

图 8-10　ATPCU、SDP、TSG、C2CU 模块

(2)SDU 测速测距单元

测速测距单元(SDU)包括 SDU1 和 SDU2,它们属于热备关系,各连接一个轮轴速度传感器和一个多普勒雷达并为其提供电源。列车运行时,SDU 接收速度传感器和雷达采集的脉冲信号,并将脉冲信号转换成数字数据通过 MVB 总线发送给 SDP 进行运算处理,如图 8-11 所示。

(3)STU-V 安全无线传输系统单元

STU-V 是安全无线传输系统,STU-V 负责对车载设备与地面之间传送的无线数据进行加密和安全传输,由一个 COMC 和一个 GCD 组成,其中 COMC 负责数据的安全传输,GCD 负责数据的加密/解密,如图 8-12 所示。

图 8-11 SDU 测速测距单元

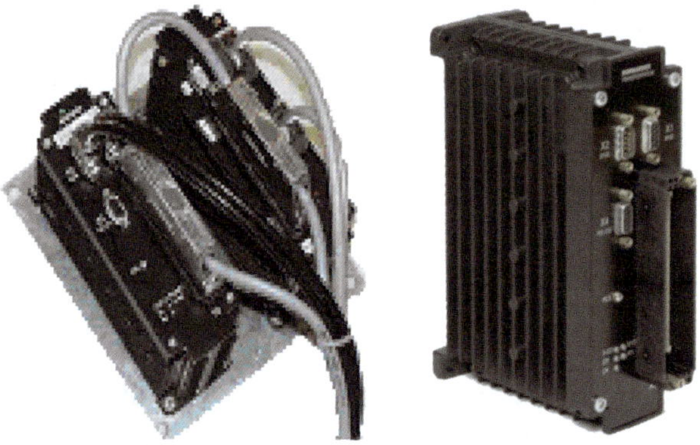

图 8-12 STU-V 安全无线传输系统单元

(4)VDX 安全数字输入/输出单元

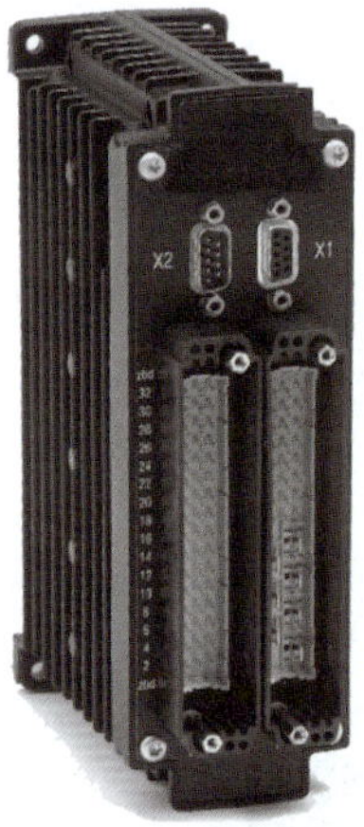

图 8-13 VDX 安全数字输入/输出单元

VDX 单元是安全数字输入/输出单元(VDX),为故障—安全单元,包括 VDX1 和 VDX2,用于输出紧急制动并采集制动反馈。VDX1 和 VDX2 采用互为采集的方式进行工作,即 VDX1 的输出由 VDX2 回采,VDX2 的输出由 VDX1 回采,只有输出和回采都正确,才判断 VDX 工作正常,在判断 VDX 异常时,系统无条件输出紧急制动,如图 8-13 所示。

(5)BTM 应答器传输模块单元

BTM 单元即应答器传输模块,是应答器传输处理器,主要功能是通过应答器天线(CAU)实现对应答器信息的接收,并将接收到的 1 023 位应答器报文进行校验解码,转换为 830 位的有效消息后发送给 CTCS-3 主机单元(ATPCU)及 CTCS-2 主机单元(C2CU)。

工作方式:电磁感应式信号调制方式 FSK 接收载波频率4. 234 MHz ±200 kHz。

移频 282. 24 kHz,速率 564. 48 kbit/s,功率载频 27. 095 MHz±5 kHz。

BTM 软件应被下载到单元中,并设置 SDA 地址。BTM 软件负责系统运行过程中的应答器检测和应答器数据处理功能。

(6)GSM-R 电台

GSM-R 电台是无线传输模块,处理无线通信。车载电台的主要功能是注册 GSM-R 网络并通过该网络使得车载设备与地面 RBC 之间建立通信会晤,以实现车载设备与 RBC 之间的数据交互。车载电台包括两个移动终端(MT),两个 MT 在上电后均注册到 GSM-R 网络且在运行中一般只有一个 MT 与 RBC 建立连接,只有在进行 RBC 移交时,处于空闲工作状态下的另一个 MT 呼叫并与下一个 RBC(接收 RBC)建立连接,当列车(最小安全末端)越过 RBC 切换边界后,原来工作的那个 MT 与它连接的 RBC(移交 RBC)断开连接,此后处于空闲工作状态以备进行下一次 RBC 移交处理,如图 8-14 所示。

图 8-14　GSM-R 电台主机

（7）DMI 人机界面

DMI 即 ATP 显示器。DMI 主要用于向司机显示车载设备的控制信息及警示信息并为司机操作提供人机接口。控制信息及警示信息包括：速度信息、距离信息、工作状态信息、线路条件信息、司机干预提示信息及设备故障报警信息。司机操作包括：列车数据输入或确认、等级或模式选择、上下行载频选择、信息或警惕确认及缓解制动。

DMI 软件负责监督司机在 DMI 触摸屏上的操作。

（8）JRU 司法记录单元

JRU 单元即司法记录单元，用于记录 CTCS-3 和 CTCS-2 列车运行中，车载设备采集的原始信息和车载设备输出的控制信息。

JRU 主要用于记录车载设备运行过程中的司法数据，以便进行故障分析及事故责任界定。记录数据包括：车载设备采集的列车接口信息、制动反馈信息、司机对 ATP 的操作信息、接收到的 RBC 消息、收到的地面应答器数据、轨道电路信息，向外输出的切牵引、制动、过分相、DMI 警示信息以及车载设备的工作状态、日期时间等。车载 JRU 记录数据可以进行下载分析。如图 8-15 所示。

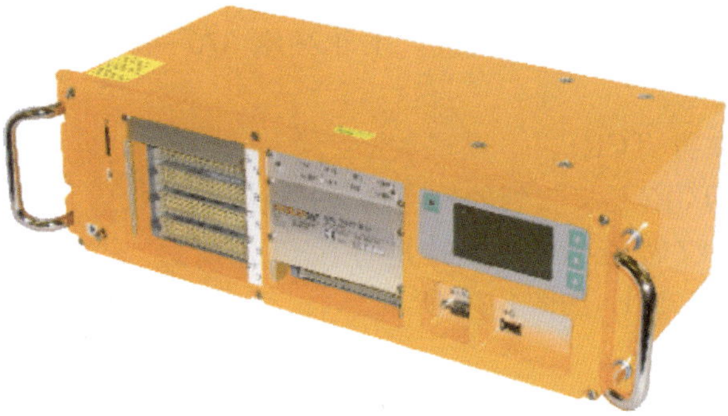

图 8-15　JRU 司法记录单元

（9）MOBAD 单元

MOBAD 单元是状态电池地址单元，它为锂电池，其可以安装于 VCU 单元上以保持在单元的闪存中存储的数据，MOBAD 安装在每个 VCU 单元的终端 X5。

（10）速度传感器

速度传感器是安装于车轴上的转速脉冲传感器，如图 8-16 所示。

图 8-16 速度传感器

(11)多普勒雷达

多普勒雷达即测速雷达，当目标向雷达天线靠近时，反射信号频率将高于发射频率；反之，当目标远离天线而去时，反射信号频率将低于发射频率。如此即可借由频率的改变数值，计算出目标与雷达的相对速度。测速雷达校正轮轴速度传感器的测速(如发生空转、滑行时)，以提高测速测距系统的精度，如图 8-17 所示。

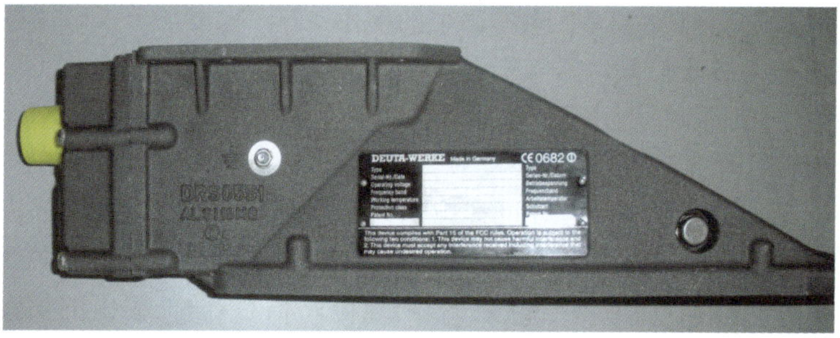

图 8-17 多普勒雷达

(12)GSM-R 天线

GSM-R 天线为无线接收和发送天线。工作频率 870～960 MHz，如图 8-18 所示。

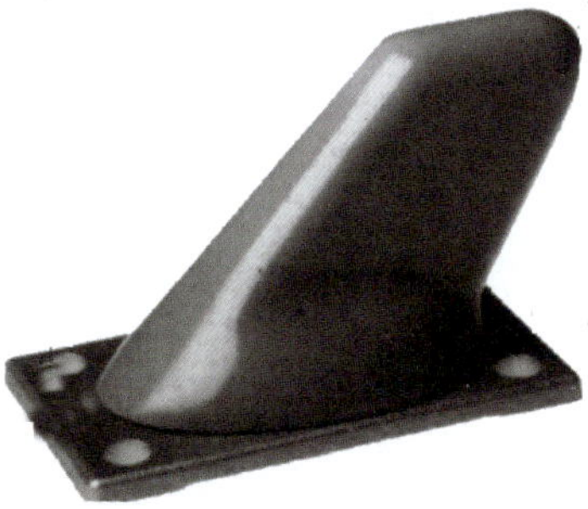

图 8-18 GSM-R 天线

(13)轨道电路读取器(TCR)

轨道电路读取器(TCR)是接收到的轨道电路并进行信息解调的单元。用于接收轨道电路信息，并将该信息通过 RS422 接口传送给主机 C2CU，如图 8-19 所示。

(14)TCR 接收线圈

TCR 接收线圈是轨道电路读取器的接收天线。用于感应轨道电路信息。静态条件下，TCR 接收线圈底部与轨面距离为(210±10)mm，线圈中心与轨面中心偏移小于 5 mm，如图 8-20 所示。

(15)AG 继电器

AG 继电器用于紧急制动命令 1、紧急制动命令 2、冗余制动、紧急制动反馈、牵引切除和常用制动反馈。

(16)SBG 继电器

SBG 继电器是双极继电器，用于系统切除冗余制动和紧急制动的输出。

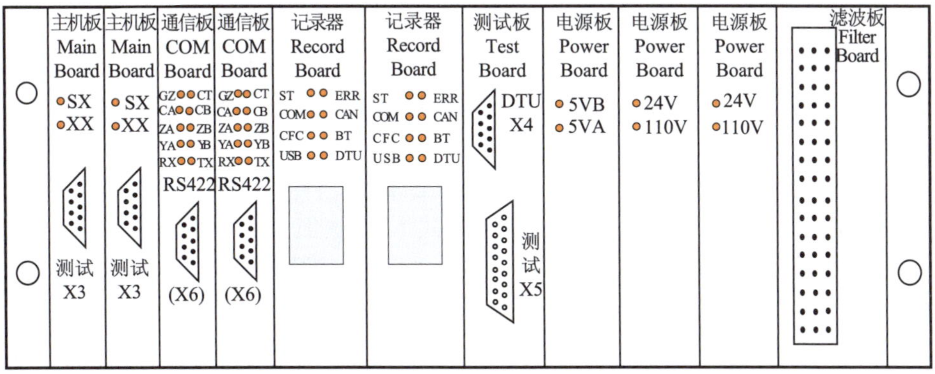

图 8-19 轨道电路读取器

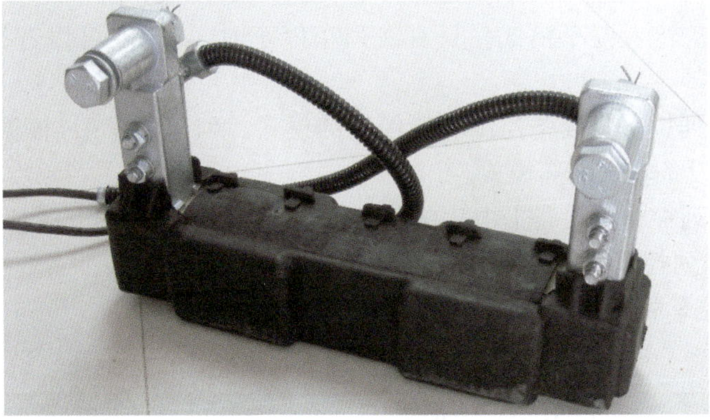

图 8-20 TCR 接收线圈

(17)MVB 电缆

MVB 电缆是车载系统单元间的接口电缆。

(18)空气开关

空气开关是车载系统单元和设备的车辆电源开关。

(19)列控隔离开关

列控隔离开关是隔离列控车载设备制动输出和控制输出的开关。隔离开关用于将 ATP 的制动输出旁路掉,它有两个挡位,“正常”(或 1)位选择 ATP 控车,“隔离”(或 2)位旁路 ATP 的制动输出。隔离开关处于“隔离”(或 2)位时,ATP 输出的制动被旁路,这时可以移动列车。

(20)冗余开关

冗余开关是 CTCS3-300T 列控车载设备选择采用 A 系或者 B 系的开关。它有 3 个挡位,“1”位用于选择 A 系工作,“2”位用于选择 B 系工作,“0”位用于将两系都断电。冗余开关处于“0”位时,ATP 无条件输出制动,这时不能移动列车。

第三节 车载 ATP 工作模式

一、CTCS-2 级列控车载设备的工作模式

CTCS-2 级列控车载设备的控车模式有完全监控、部分监控、引导、目视行车、调车、隔离

和待机等七种模式,CTCS-2 级列控车载设备模式之间的转换见表 8-2。

1. 完全监控模式是列车的正常运行模式。列控车载设备根据控车数据自动生成目标距离模式曲线,司机依据人机界面显示的列车运行速度、允许速度、目标速度和目标距离等信息控制列车运行。

2. 部分监控模式是列控车载设备接收到轨道电路允许行车信息,而缺少应答器提供的线路数据或限速数据时使用的模式。在部分监控模式下,限速值为 45 km/h。

3. 引导模式是在进站或出站建立引导进路后,列控车载设备按照最高限速 40 km/h 控车的模式。

4. 目视行车模式是司机控车的固定限速模式,限速值为 40 km/h。列控车载设备显示停车信号停车后,司机按规定操作转入目视行车模式。

5. 调车模式是动车组进行调车作业的固定限速模式,限速值为 40 km/h。司机按压专用按钮使列控车载设备转入调车模式。只有在列车停车时,司机才可以选择进入或退出调车模式。

6. 隔离模式是列控车载设备控制功能停用的模式。列车停车后,根据规定,人工操作隔离装置使列控车载设备转入隔离模式。

7. 待机模式是列控车载设备上电后的默认模式。列控车载设备自检后,自动处于待机模式。在待机模式下,列控车载设备正常接收轨道电路及应答器信息。

CTCS-2 级列控车载设备七种模式之间的转换见表 8-2。

表 8-2 CTCS-2 级列控车载设备七种模式之间的转换

当前模式＼转换模式	待机模式	部分监控模式	完全监控模式	引导模式	目视行车模式	调车模式	隔离模式
待机模式	—	人工/停车	—	—	人工/停车	人工/停车	人工/停车
部分监控模式	人工/停车	—	自动	自动	人工/停车	人工/停车	人工/停车
完全监控模式	人工/停车	自动	—	人工	人工/停车	人工/停车	人工/停车
引导模式	人工/停车	自动	自动	—	人工/停车	人工/停车	人工/停车
目视行车模式	人工/停车	自动	自动	自动	—	人工/停车	人工/停车
调车模式	人工/停车	—	—	—	—	—	人工/停车
隔离模式	人工/停车	—	—	—	—	—	—

二、CTCS-3 级列控车载设备工作模式

CTCS-3 级列控车载设备有九种控车模式(含 CTCS-2 等级下专用两种),模式转换表见表 8-3、表 8-4。

1. 完全监控模式是列车的正常运行模式。列控车载设备根据控车数据自动生成目标距离模式曲线,司机依据人机界面显示的列车运行速度、允许速度、目标速度和目标距离等信息控制列车运行。

2. 引导模式是在进站或出站建立引导进路后,列控车载设备按照最高限速 40 km/h 控车的模式。

3. 目视行车模式是司机控车的固定限速模式,限速值为 40 km/h。列控车载设备显示停车信号或位置不确定时,在停车状态下司机按规定操作转入目视行车模式。

4. 调车模式是动车组进行调车作业的固定限速模式，限速值为 40 km/h。司机按压专用按钮使列控车载设备转入调车模式。只有在列车停车时，司机才可以选择进入或退出调车模式。CTCS-3 级控车时，只能在车站内转入调车模式。

5. 休眠模式是非本务端车载设备不监控列车运行，但仍执行列车定位、记录等级转换等功能的模式。

6. 隔离模式是列控车载设备控制功能停用的模式。列车停车后，根据规定，司机操作隔离装置使列控车载设备转入隔离模式。

7. 待机模式是列控车载设备上电后的默认模式。列控车载设备自检和外部设备测试后，自动处于待机模式。在待机模式下，列控车载设备正常接收轨道电路及应答器信息。

8. CTCS-3 级列控车载设备按 CTCS-2 级控车时的部分监控模式，是列控车载设备接收到轨道电路允许行车信息，而缺少应答器提供的线路数据或限速数据时使用的模式。在部分监控模式下，限速值为 45 km/h。

9. 机车信号模式是装备 CTCS-3 级列控车载设备的动车组在 CTCS-0/CTCS-1 级区段运行时使用的模式。经司机操作后，列控车载设备转为最高限速 80 km/h 控车模式。在机车信号模式下，按地面信号显示运行。

表 8-3　CTCS-3 级列控车载设备按 CTCS-3 级控车时七种模式之间的转换

当前模式＼转换模式	待机模式	完全监控模式	引导模式	目视行车模式	调车模式	休眠模式	隔离模式
待机模式	—	—	人工/停车	人工/停车	人工/停车	人工/停车	人工/停车
完全监控模式	人工/停车	—	人工	人工/停车	人工/停车	—	人工/停车
引导模式	人工/停车	自动	—	人工/停车	人工/停车	—	人工/停车
目视行车模式	人工/停车	自动	人工	—	人工/停车	—	人工/停车
调车模式	人工/停车	—	—	—	—	—	人工/停车
休眠模式	人工/停车	—	—	—	—	—	人工/停车
隔离模式	人工/停车	—	—	—	—	—	—

表 8-4　CTCS-3 级列控车载设备按 CTCS-2 级控车时九种模式之间的转换

当前模式＼转换模式	待机模式	部分监控模式	完全监控模式	引导模式	目视行车模式	调车模式	休眠模式	隔离模式	机车信号模式
待机模式	—	人工/停车	—	—	人工/停车	人工/停车	人工/停车	人工/停车	人工/停车
部分监控模式	人工/停车	—	自动	自动	人工/停车	人工/停车	—	人工/停车	人工/停车
完全监控模式	人工/停车	自动	—	人工	人工/停车	人工/停车	—	人工/停车	人工/停车
引导模式	人工/停车	自动	自动	—	人工/停车	人工/停车	—	人工/停车	人工/停车
目视行车模式	人工/停车	自动	自动	自动	—	人工/停车	—	人工/停车	人工/停车
调车模式	人工/停车	—	—	—	—	—	—	人工/停车	—
休眠模式	人工/停车	—	—	—	—	—	—	人工/停车	—
隔离模式	人工/停车	—	—	—	—	—	—	—	—
机车信号模式	人工/停车	—	—	—	—	—	—	人工/停车	—

第四节　列控车载设备 DMI 显示与运行操作

本节以 7.4.5 版本的 300T 型 ATP 为例介绍，由于设备升级变化较快，具体细节按照现场实际设备版本及变化为准。

一、显示区域分布

DMI 显示屏的显示分辨率为 640×480。主界面分为六个主显示区，如图 8-21 所示。

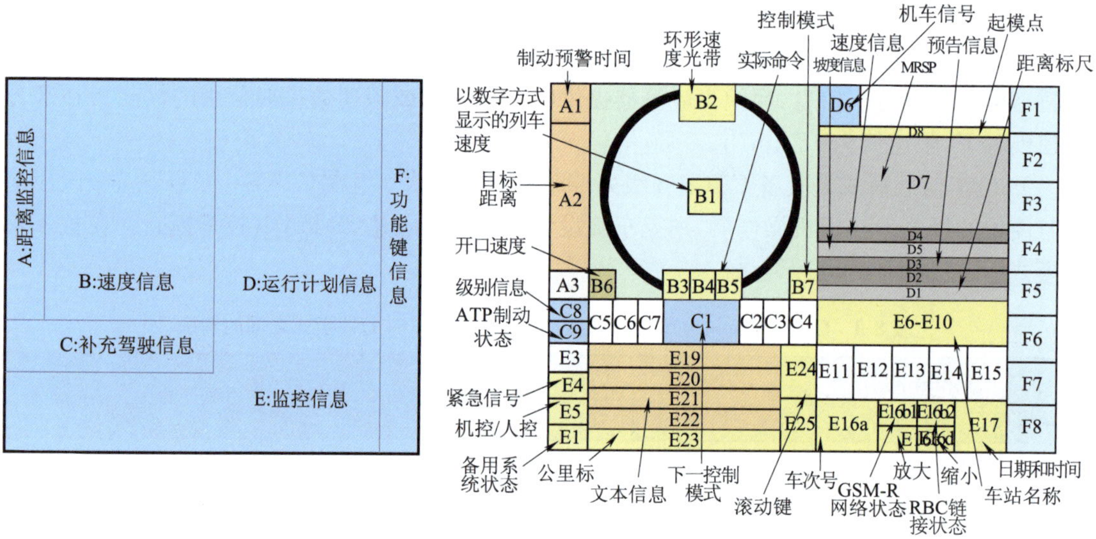

图 8-21　DMI 显示区域分区图

1. A 区：距离监控信息

(1)A1 区：制动预警时间(FS 模式下显示)

制动预警时间在 A1 区中心以正方形图标显示。正方形图标的大小取决于距触发制动的预期时间。一旦距触发制动的预期时间低于设定时间值(8 s)，方块图标开始变大直至最大尺寸(54×54)。

(2)A2 区：目标距离(FS 模式下显示)

使用两种方法表示目标距离：柱状光带表示法和数字表示法。柱状光带颜色总为白色，光带正上方为数字表示区。柱状光带的左侧为坐标系刻度，该坐标系采用对数坐标。

0～100 m 采用线性坐标，最大显示范围是 1 000 m。当目标距离大于 1 000 m 时，光带上方用数字显示实际目标距离，柱状光带的高度保持不变，数字显示的精度为10 m；当目标距离小于 1 000 m 时，柱状光带逐渐缩短，数字显示的精度为 1 m。

2. B 区：速度信息

(1)B1 区与 B2 区：速度表盘

列车速度采用双备份显示。一种方式是速度表，表盘的刻度为 0～450 km/h；另一种方式是数字，在速度表的中间区显示列车速度值。

B1 区与 B2 区是速度显示的主要区域，其图形方式主要表现为速度指针与环形速度光带，数字方式则显示在速度指针中心(B1 区)；环形速度表的具体表示方式如图 8-22 所示，其中 A

表示目标速度，B 表示允许速度，C 表示 SBI(最大常用制动速度)或 EBI(紧急制动速度)速度。

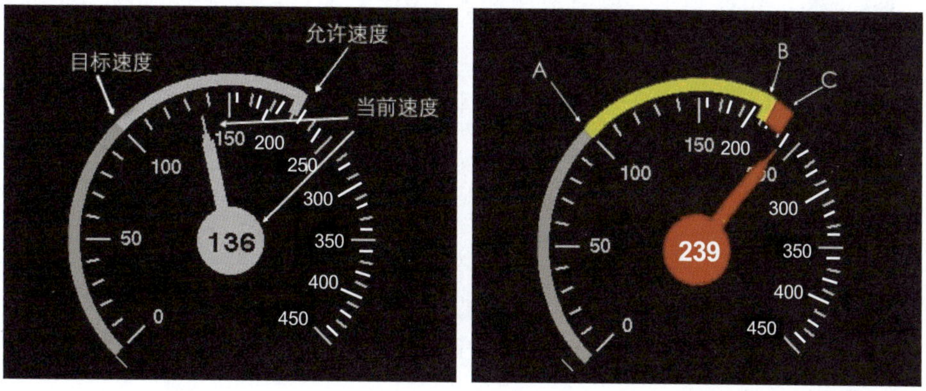

图 8-22　环形速度表示意图

当列控车载设备处于部分监控模式、目视行车模式、调车模式和机车信号模式时，显示允许速度，允许速度显示在 B2 区，以灰色短线显示(图 8-23)。当速度超过该允许速度后，显示常用制动速度或紧急制动速度。

图 8-23　非完全监控模式(“引导”除外)下的速度显示

当处于 C3 控车下的引导模式时，显示方式与完全监控模式相同。

(2)B3/4/5 区：命令图标

命令图标按从左到右的顺序显示在 B3/4/5 区域内。当要求司机执行一个动作时，用黄色图标显示，并带有黄色闪烁边框，执行了该动作后，显示为灰色。图标含义见表 8-5。

表 8-5　B3/4/5 区命令图标显示含义

序号	图标	颜色	含　义	序号	图标	颜色	含　义
1		灰色	桥梁	4		灰色	临时限速区
2		灰色	车站	5		灰色	分相区
3		灰色	隧道				

(3)B7 区：模式信息

B7 区模式信息详见表 8-6。

表 8-6　B7 区模式信息

序号	模　式	显示文本	序号	模　式	显示文本
1	完全监控模式	完全	6	待机模式	待机
2	部分监控模式	部分	7	隔离模式	隔离
3	目视行车模式	目视	8	机车信号模式	机信
4	引导模式	引导	9	休眠模式	休眠
5	调车模式	调车			

3. C 区：补充驾驶信息

C 区显示的主要内容为补充驾驶信息，包括九个分区。

(1)C1 区：下一控制模式

在 C1 区以带黄色闪动边框的模式文本，显示要确认的各种模式，闪烁频率为 1Hz，以便司机确认下一有效模式。当司机进行确认，并且列控车载设备接受后，该图标从 C1 区消失，成为 B7 中显示的新的有效控制模式。

(2)C8 区：CTCS 等级

以文字的方式显示列控车载设备的运行等级，详见表 8-7。

表 8-7　C8 区显示文本含义

C8 区显示文本	含　义
CTCS-2	CTCS-2 级
CTCS-3	CTCS-3 级

(3)C9 区：列控车载设备制动状态

以图标的方式显示列控车载设备制动状态，DMI 根据列控车载设备的制动状态显示图标。如果列控车载设备处于非制动非允许缓解状态，则该区域不显示任何图标。详见表 8-8。

表 8-8　C9 区显示图标含义

序号	图　标	含　义	序号	图　标	含　义
1		一级常用制动(C2 输出)	6		一级常用制动(C3 输出)
2		四级常用制动(C2 输出)	7		四级常用制动(C3 输出)
3		最大常用制动(C2 输出)	8		最大常用制动(C3 输出)
4		紧急制动(C2 输出)	9		紧急制动(C3 输出)
5		允许缓解(C2 输出)	10		允许缓解(C3 输出)

4. D 区：运行计划信息

D 区显示的主要内容为运行计划信息，包括 8 个分区。D1 区：距离标尺；D2/D3 区：预告信息；D4 区：速度变化信息；D5 区：坡度信息；D6 区：机车信号；D7 区：最限制速度曲线；D8 区：起模点信息。D 区的显示示意图如图 8-24 所示。

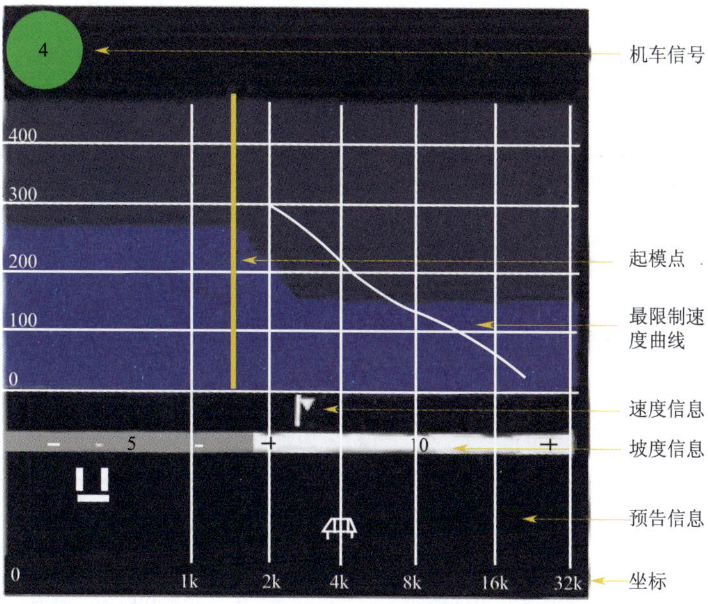

图 8-24　D 区显示示意图

(1)D1 区:距离标尺

D1 区用于显示距离坐标。坐标系的原点位于 D1 区的左下角,始终以列车当前所在位置为参考原点,即列车始终位于坐标系的原点。

坐标系的横坐标为距离(单位为 km),采用以 10 为底的对数坐标(0～1 km 为线性坐标,1 km取在整个横坐标的 1/3 处),标尺上刻度分别为 0、1k、2k、4k、8k、16k 和 32k;纵坐标为速度坐标,单位为 km/h,坐标刻度为 0、100、200、300、400、500。字体颜色为白色。最大距离坐标值能够进行 8 km、16 km 和 32 km 三级切换。

(2)D2/D3 区:预告信息

D2/D3 区用于显示预告信息。为了最大限度避免图标重叠,将预告信息分两栏显示,两个时间相邻的图标不能放在同一栏内。预告图标要显示在计划区相对应的位置,当列车通过预告位置后,移除预告图标。预告图标不能改变颜色,图标的左侧对应该信息的位置,内容详见表 8-9。

表 8-9　D2/D3 区的显示图标

序号	图　标	颜色	含　义	序号	图　标	颜色	含　义
1		灰色	桥梁	4		灰色	临时限速区
2		灰色	车站	5		灰色	分相区
3		灰色	隧道				

(3)D4 区:速度变化信息

D4 区使用符号显示速度变化信息,符号左侧处在速度发生变化的位置,内容详见表 8-10。

表 8-10　D4 区域显示图标

序号	图　标	尺寸,颜色	含　义	序号	图　标	尺寸,颜色	含　义
1		灰色	加速	3		灰色	减速(目标为 0)
2		灰色	减速				

(4)D5 区:坡度信息

坡度信息由一系列不同坡度的长方形组成,长方形具有标准高度,其宽度取决于到列车前端的距离和坡度延伸的长度。坡度为下坡道时,长方形显示为暗灰色,数字为灰色;坡度为上坡道时,长方形显示为灰色,数字为暗灰色。

如果长方形的长度大于指定长度,将坡度是千分之几标在长方形的中央位置。并在长方形的两端标出坡度的走向,“+”表示上坡,“−”表示下坡。若坡度为 0,只显示“0”,不显示“+”“−”符号。

(5)D6 区:机车信号

当列车运行在 CTCS-2 级和 CTCS-3 级时,D6 区用于显示机车信号。机车信号的显示标准符合相应规定显示方法。机车信号的具体定义和显示图标的对应关系见表 8-11。

表 8-11　机车信号图标

序号	图　标	含　义	备　注	序号	图　标	含　义	备　注
1		L5		5		L	
2		L4		6		LU	
3		L3		7		LU2	
4		L2		8		U	

续上表

序号	图　标	含　义	备　注	序号	图　标	含　义	备　注
9		U2		13		HB	以 1 Hz 的频率闪动
10		U2S	以 1 Hz 的频率闪动	14		HU	
11		UU		15		H	
12		UUS	以 1 Hz 的频率闪动	16		25.7 Hz、27.9 Hz、国产移频、无码	

(6)D7 区：最限制速度曲线(MRSP)

D7 区显示列车前方最远 32 km 范围内的最限制速度曲线(显示距离能够进行 8 km、16 km和 32 km 三级切换)。MRSP 信息以图表的形式显示，横轴为距离标尺，纵轴为速度标尺。MRSP 的第一个起模点到目标点显示斜线，后面的变速点均以台阶方式显示。

(7)D8 区：起模点信息

D8 区显示起模点信息，只显示动态速度递减的起始点，不涉及速度递增的情况。起模点用一个黄色的垂直光标在 D8 和 D7 的中间显示。

5. E 区：监控信息

E 区显示的主要内容为监控信息，包括 25 个分区。其显示示意图如图 8-25 所示。

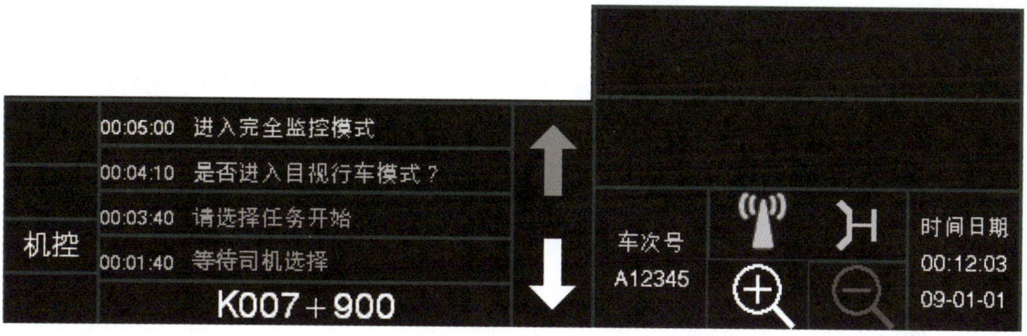

图 8-25　监控信息

(1)E1 区：备用系统状态

当 C3 控车时，显示 C2 系统的状态；当 C2 主控时，显示 C3 系统的状态。显示的状态包括正常和故障两种状态。

(2)E4 区:紧急信号

当车载设备收到紧急信号后,显示带有闪烁边框的紧急信号图标,并伴有声音发出。当超出紧急信号条件时,该图标不再显示,内容详见表 8-12。

(3)E5 区:机控/人控表示

在机控优先的情况下,显示“机控”;在人控优先的情况下,显示“人控”,内容详见表 8-13。

表 8-12　E4 区显示图标含义

序号	图　标	含　义
1		紧急消息
2		没有无线通信

表 8-13　E5 区显示图标含义

序号	图　标	含　义
1		机控优先
2		人控优先

(4)E6-E10 区:车站名称

E6-E10 区,显示车站名称。车站名称以汉字方式显示,最多显示 6 个汉字,汉字采用 GB 18030编码方式。

(5)E16 区

①E16a 区:车次号

区域的上面显示文本“车次号”,下面显示实际的车次号。

②E16b 区:GSM-R 网络状态和与 RBC 连接状态

a. E16b1 区:显示 GSM-R 的网络状态。当有 GSM-R 网络时,显示网络图标,没有 GSM-R 网络时,则不显示网络图标,内容详见表 8-14。

b. E16b2 区:显示 RBC 的连接状态。

表示与 RBC 未连接、正在连接或已经连接的状态,内容详见表 8-15。

表 8-14　E16b 区显示信息

序号	图　标	含　义
1		有 GSM-R 网络

③E16c/E16d 区:缩放键图标

E16c/E16d 区:计划区缩放键图标。E16c 区显示放大键图标,E16d 区显示缩小键图标,内容详见表 8-16。

表 8-15　E16b2 区显示信息

序号	图　标	含　义
1		未连接
2		正在连接
3		已经连接

表 8-16　E16c/E16d 区显示信息

序号	图　标	含　义
1		放大(不可用)
2		放大(可用)
3		缩小(不可用)
4		缩小(可用)

(6)E17 区：日期和时间

在此区域分三行显示：

第一行显示文本“时间日期”；

第二行显示时间，显示格式是“小时：分：秒”，如 11：20：23；

第三行显示日期，显示格式是“年-月-日”，如 07-11-13。

(7)E19-E22 区：文本信息

最多能显示 4 行文本，可滚动显示信息，所显示信息的最前端有时间标记(小时：分钟：秒)，应避免显示信息的长度超过 1 行的情况。

文本信息按时间先后顺序分类显示，最新信息显示在 E19 处，白色显示，伴有声音提示。有新文本出现后，原来的文本变为灰色。

对于需要司机确认的信息，显示带有闪烁的黄色边框。司机进行确认后，文本变为灰色，黄色边框消失。

根据主机的要求，选择保留或删除文本。DMI 保留最近至少 50 条文本信息。

(8)E23 区：公里标

在 E23 区的中心位置显示公里标。显示格式为“K$x+y$”，其中字母“K”后显示公里数，“+”后显示米数。x 单位为 km，y 单位为 m。

二、按键布局

DMI 共有 19 个按键，2 块键盘。右侧键盘为 8 个可扩展功能键，屏幕正下方 11 个按键为固定功能键。如图 8-26 所示。

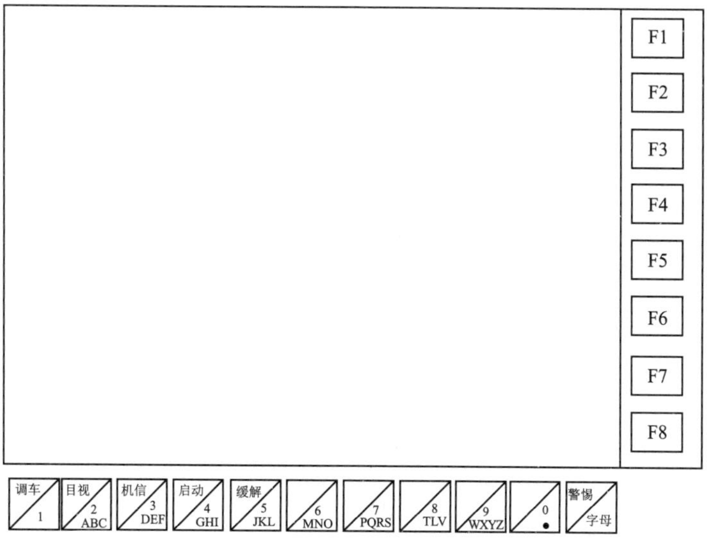

图 8-26　DMI 功能键布置图

1. 可扩展功能键详细说明(图 8-27)

【数据】(F1)：按该键后，显示数据子菜单，在此菜单下可以查看文本信息或进入下一级菜单修改司机号、车次号、列车数据等信息。

【模式】(F2)：允许司机手动选择列控车载设备的控制模式，可选择的模式包括：目视行车模式、调车模式和机车信号模式。

- 功能键
  - 数据(F1)
    - 司机号（F1）
      - 确定（F6）
      - 删除（F7）
      - 取消（F8）
    - 车次号（F2）
      - 确定（F6）
      - 删除（F7）
      - 取消（F8）
    - 列车数据（F3）
      - 确定（F6）
      - 删除（F7）
      - 取消（F8）
    - 向上（F4）
    - 向下（F5）
    - 返回（F8）
  - 模式（F2）
    - 调车（F1）
      - 确定（F6）
      - 取消（F8）
    - 目视（F2）
      - 确定（F6）
      - 取消（F8）
    - 机信（F3）
      - 确定（F6）
      - 取消（F8）
    - 返回（F8）
  - 载频（F3）
    - 上行（F1）
      - 确定（F6）
      - 取消（F8）
    - 下行（F2）
      - 确定（F6）
      - 取消（F8）
    - 返回（F8）
  - 等级（F4）
    - CTCS-3(F1)
      - 确定（F6）
      - 取消（F8）
    - CTCS-2(F2)
      - 确定（F6）
      - 取消（F8）
    - 返回（F8）
  - 其他（F5）
    - 制动测试（F1）
    - 音量（F2）
      - 大（F1）
      - 小（F2）
      - 返回（F8）
    - 亮度（F3）
      - 亮（F1）
      - 暗（F2）
      - 返回（F8）
    - 返回（F8）
  - 启动（F6）
    - 确定（F6）
    - 取消（F8）
  - 缓解（F7）
    - 确定（F6）
    - 取消（F8）
  - 警惕（F8）

图 8-27 功能键结构图

【载频】(F3):用于选择列车上、下行载频。

【等级】(F4):用于司机切换列车运行的 CTCS-3 和 CTCS-2 等级。

【其他】(F5):用于执行特殊操作的按钮。如制动测试、调节 DMI 屏幕亮度、调节音量等。

【启动】(F6):用于开车时从待机状态转入正常运行状态。

【缓解】(F7):在人控优先的状态下,如果列车触发了常用制动,当列车运行速度低于允许缓解速度后,列控车载设备允许司机缓解制动。当 DMI 上给出允许缓解的提示后,司机按下**【缓解】**键,列控车载设备结束制动。在机控或人控优先的状态下,如果列车触发了紧急制动,当列车停车后,列控车载设备允许司机缓解制动。当 DMI 上给出允许缓解的提示后,司机按下**【缓解】**键,列控车载设备结束制动。

【警惕】(F8):当列控车载设备处于目视行车模式、引导模式(CTCS-2 级,且无目标距离曲线时)或机车信号模式(当收到限制码)时,司机在 60 s 或者 300 m(机车信号模式下为 200 m)内按**【警惕】**键,否则列控车载设备输出紧急制动使列车停车。此键还用于响应列控车载设备发送给司机的需要确认的消息。当有多个信息需要确认时,将需要确认的信息放入等待确认列表,由司机逐个进行确认。

2. 固定功能键

固定功能键在平时执行的是按键上角标注的功能，在输入状态下，各按键成为数字、字母输入键，每个按键代表的数字、字母为按键下角标注的字符。在输入状态下，【警惕/字母】键用于切换数字和字母及特殊符号。如图 8-28 所示。

固定功能键中，数字“8”和“9”对应的按键在非输入状态和完全监控模式下，用于放大和缩小计划区的显示。

本节介绍的所用按键，分为可用和不可用两类。在可扩展功能键区，以按键图标底色区分按键是否可用。若底色与 DMI 背景色相同，表示按键可用。若底色为灰色，表示按键不可用例如图 8-28 中红色框中所示，其中【数据】、【模式】、【载频】和【其他】所对应的可扩展功能按键的【F1】、【F2】、【F3】和【F5】可以按下进行相应的操作，而【等级】、【启动】、【缓解】和【警惕】相对应的【F4】、【F6】、【F7】和【F8】为不可用状态，司机按下按键后 DMI 不会有任何提示，也不会进行与其相应的操作。

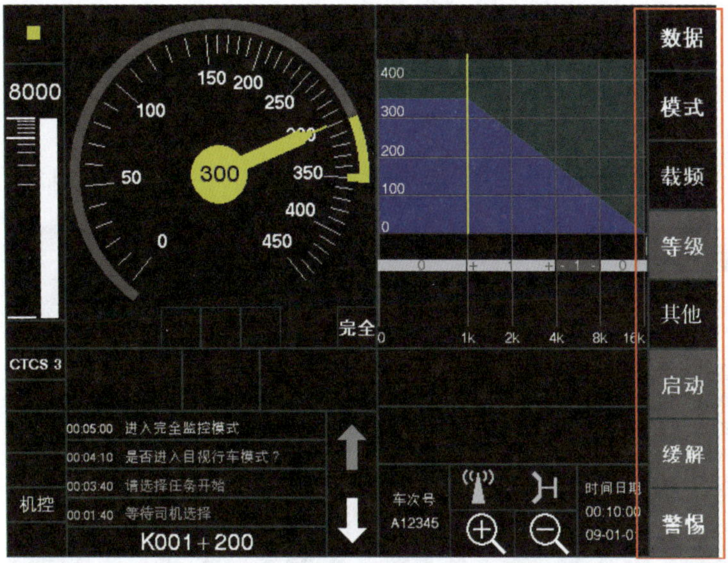

图 8-28　功能键的可用与不可用状态

三、特殊说明

1. 打开/关闭驾驶台

在 CTCS-2 或 CTCS-3 级下，如果 DMI 主机收到车载安全计算机关闭显示屏数据命令时，DMI 会关闭屏幕显示，呈黑屏状态。

2. 按键动态屏蔽

上电任务启动过程或运行在 CTCS-3 级下时，车载安全计算机将发送按键可用性信息，DMI 根据该信息实现按键动态屏蔽功能。

按键分为可用和不可用两类。在可扩展功能键区，以按键图标底色区分按键是否可用。若底色与 DMI 背景色相同，表示按键可用。若底色为灰色，表示按键不可用。可用的按键按下时，按键有效，并发出按键音。不可用按键按下时，按键无效，只发出按键音。

若某可扩展功能键不可用时，对应的固定功能键也不可用。

3. 过分相区显示

过分相区过程中,DMI 上只显示图标,列车通过分相区的过程如图 8-29 所示。图中位置(1)(2)(3)分别代表列车收到分相区显示信息、进入分相区和离开分相区时的示意位置;在这 3 个位置点 DMI 屏幕上图标显示区域将发生相应变化,具体描述详见以下内容。

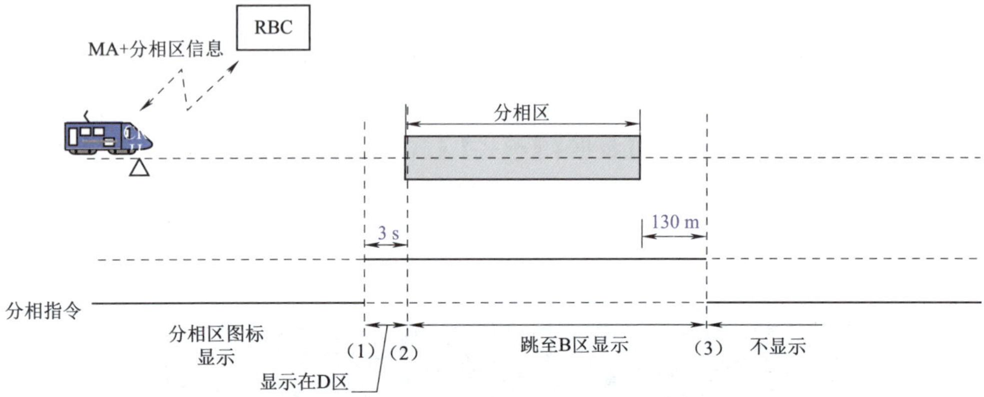

图 8-29 列车通过分相区阶段图例

DMI 收到分相区显示信息。分相区图标开始在进行显示,如图 8-30 所示。

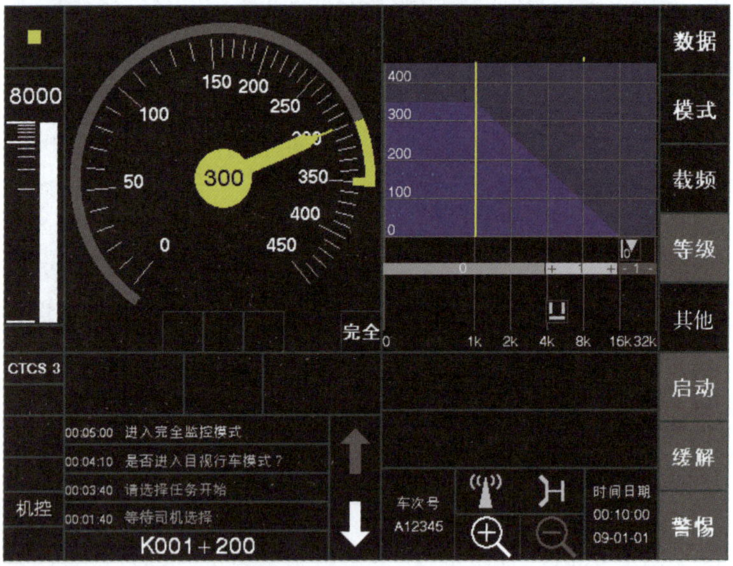

图 8-30 阶段(1)时分相显示

列车进入分相区。图标由 D 区跳转至 B3/4/5 区显示,在 D 区不显示(见图 8-31)。过分相区后,分相区图标消失,如图 8-32 所示。

对于通过桥梁、车站、隧道及临时限速区,其显示过程类似于过分相。

4. 列车超速显示

当列车速度超过或等于紧急制动速度时,会触发列车紧急制动。DMI 速度指针、制动预警区会变成红色,并显示紧急制动图标。具体显示示意图如图 8-33(该图中紧急制动速度为 350 km/h)所示。

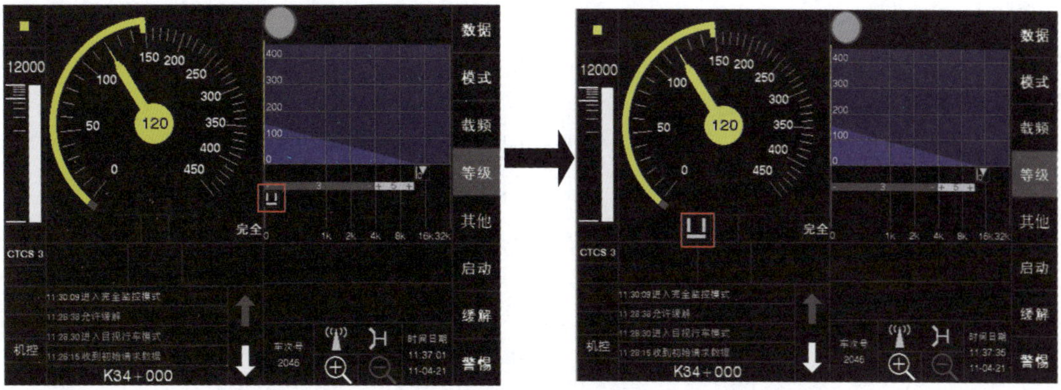

图 8-31　阶段(2)时分相显示

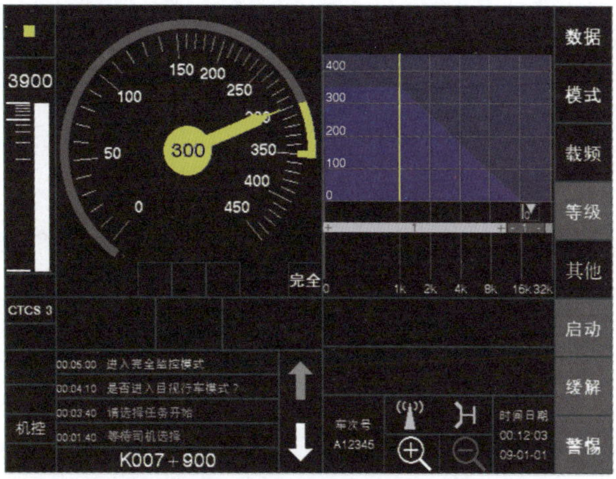

图 8-32　阶段(3)时无分相显示

图 8-33　列车超速显示

5．自动过分相

(1)自动过分相控制原理

CTCS-3 级列控系统自动过分相概述如图 8-34 所示。分相区信息包括：至分相点距离、分相区长度等。CTCS-3 级控车时：牵引供电分相区信息与列车行车许可(MA)一起由 RBC 提供给列车。牵引供电分相区信息与线路数据一起由应答器提供给列车。车载设备接收到分相点信息后，实时监督列车运行速度和位置，并进行如下操作：

①当列车前端距分相区还有 10 s 走行距离时，车载设备向司机发出提示；

②当列车前端距分相区还有 3 s 走行距离时，车载设备向动车组发送过分相指令；

③当列车前端越过分相区后，车载设备取消原触发动车组相关过分相的操作。

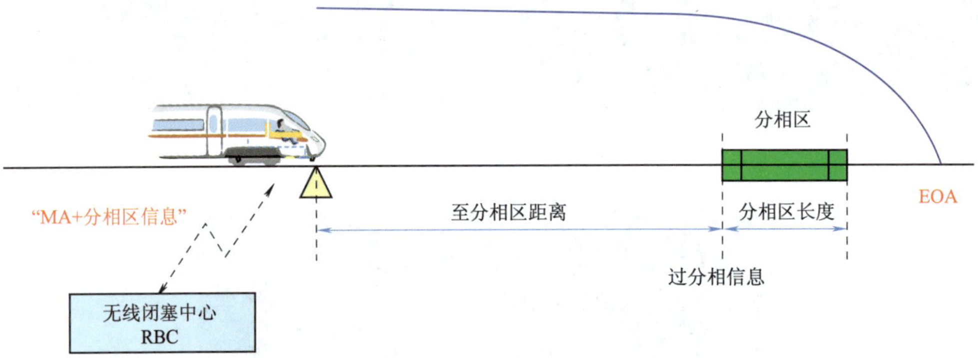

图 8-34　CTCS-3 级列控自动过分相场景图

注：由于 RBC 为列车生成的行车许可中存在分相区，所以 RBC 向车载设备发送 MA 时，也发送分相信息，包括：至分相点距离、分相区长度等。

(2)过分相流程

列车按 CTCS-3 级列控系统控制运行时，CTCS-3 级车载设备将向动车组发送并保持屏蔽"磁钢"信息指令。列车前端距分相区还有 10 s 走行距离时，车载设备向司机发送出提示；列车前端距分相区还有 3 s 走行距离时，车载设备向动车组发过分相指令；当列车前端越过分相区 200 m 后，车载设备取消原触发动车组相关过分相的操作；当列车转为非 CTCS-3 级列控系统运行时，CTCS-3 级车载设备将停止向动车组发送屏蔽"磁钢"信息指令。

①车向牵引供电分相区方向运行。如图 8-35 所示。

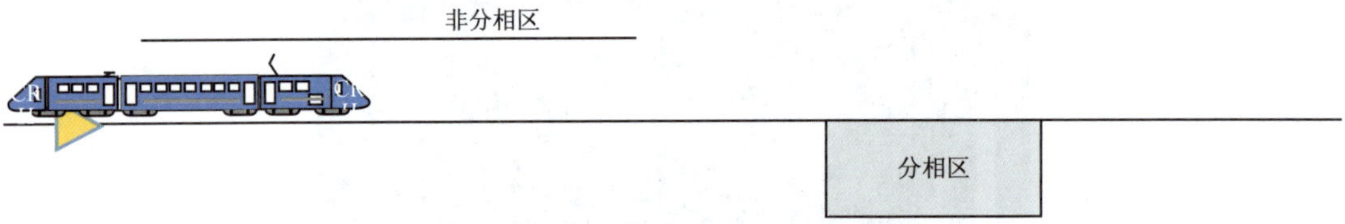

图 8-35　列车向牵引供电分相区方向运行(1)

②列车向牵引供电分相区方向运行，当 RBC 向列车发送的行车许可延伸到分相区所在区段时，发送的信息除行车许可外还包括前方分相区信息。如图 8-36 所示。

③列车向牵引供电分相区方向运行，车载设备实时测算列车距分相区距离，当列车前端距分相区还有 10 s 走行距离时，车载设备通过 DMI 自动向司机发出前方过分相区的提示。如图 8-37 所示。

④列车向牵引供电分相区方向运行，车载设备实时测算列车距分相区距离，当列车前端距分相区还有 3 s 走行距离时，车载设备向动车组发送指令触发动车组相关过分相操作。车载设备向动车组发出过分相指令后，动车组根据其实际使用受电弓的情况，开始进入过分相区的相关操作。如图 8-38 所示。

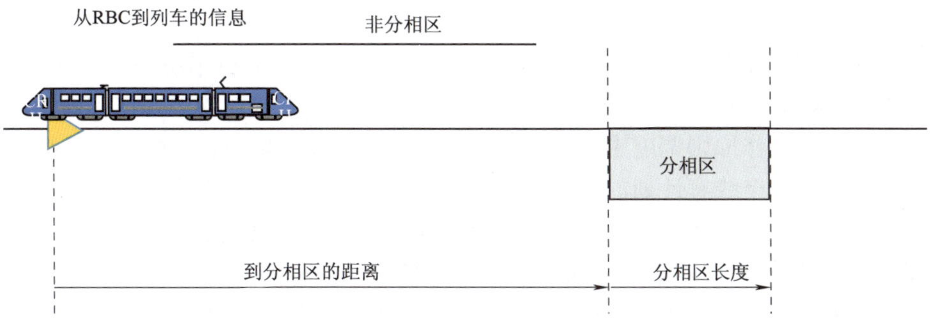

图 8-36　列车向牵引供电分相区方向运行(2)

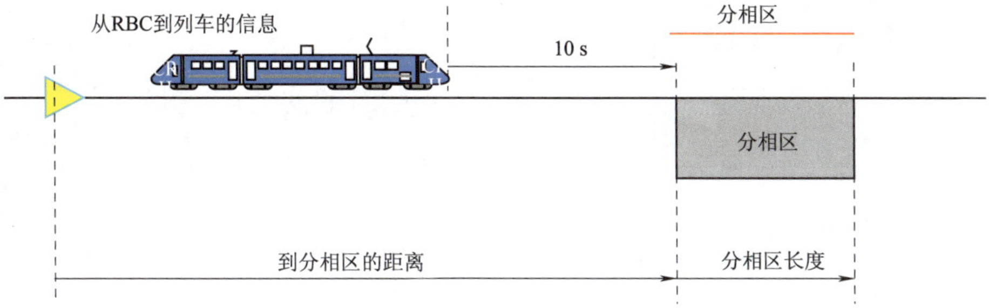

图 8-37　列车向牵引供电分相区方向运行(3)

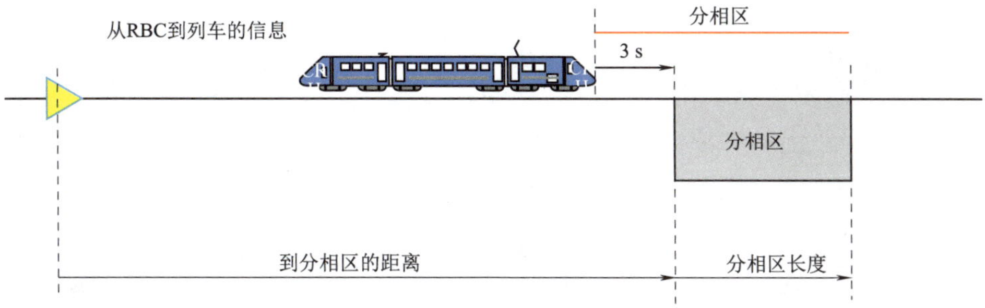

图 8-38　列车向牵引供电分相区方向运行(4)

⑤当列车前端驶出分相区后，车载设备向动车组发送指令触发动车组过分相操作。动车组根据车载设备发送的指令，开始进行驶出分相区的相关操作。如图 8-39 所示。

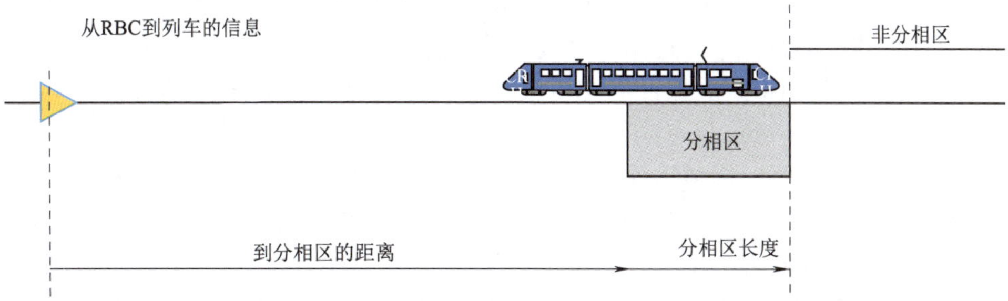

图 8-39　列车向牵引供电分相区方向运行(5)

6. 临时限速

临时限速描述了在调度中心设置、下达和取消临时限速命令的工作过程如图 8-40 所示临时限速的设置、取消均在调度中心进行，车站一般不进行临时限速的相关操作。设置与取消临时限速采用相同的操作原则调度中心设置专用临时限速操作终端(放置在 CTC 维护台)，施工调度员通过该终端对全线有计划的限速进行拟定，经行车调度员通过 CTC 行调台确认，形成临时限速调度命令并储存在调度中心临时限速服务器中。临时限速服务器不断检查其存储的临时限速命令计划，即将到达执行时间的限速命令将通过临时限速操作终端提示给施工调度员进行激活。施工调度员确认并择机激活，经信号安全数据通信网分别下达给 RBC 和 TCC，RBC 和 TCC 分别处理执行。

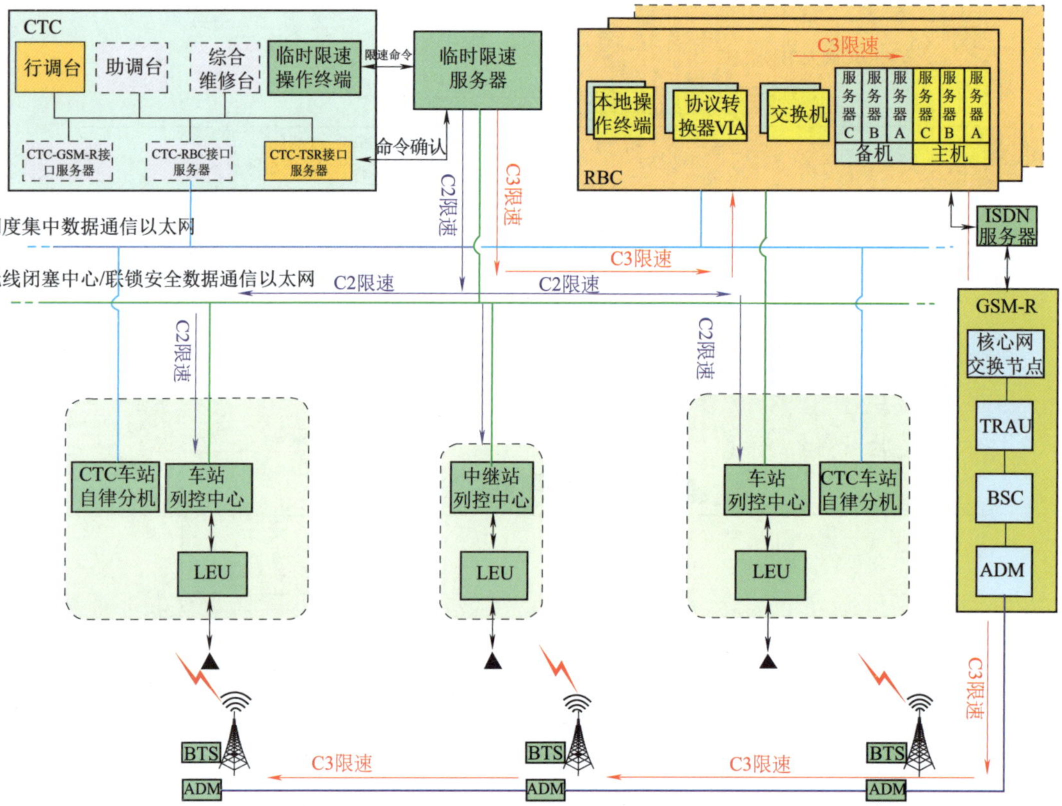

图 8-40 临时限速设备构成及信息流程示意图

CTCS-3 级和 CTCS-2 级采用统一的临时限速设置原则，限速命令、管辖范围应保持一致。临时限速管辖范围应从本站进站信号机开始至前方站出站口或中继站第二个应答器组再增加一个制动距离，制动距离应保证列车由最高运行速度常用制动至 45 km/h 的要求，且终点应与闭塞分区分界点一致。

调度中心设置专用临时限速操作终端(放置在 CTC 维护台)，施工调度员通过该终端对全线有计划的限速进行拟定，经行车调度员通过 CTC 行调台确认，形成临时限速调度命令并储存在调度中心临时限速服务器中。

临时限速服务器不断检查其存储的临时限速命令计划，即将到达执行时间的限速命令将通过临时限速操作终端提示给施工调度员进行激活。施工调度员确认并择机激活，经信号安全全数据通信网分别下达给 RBC 和 TCC，RBC 和 TCC 分别处理执行。CTCS-3 级和 CTCS-2 级采用统一的临时限速设置原则，限速命令、管辖范围应保持一致。临时限速管辖范围应从本站进站信号机开始至前方站出站口或中继站第二个应答器组再增加一个制动距离，制动距离应保证列车由最高运行速度常用制动至 45 km/h 的要求，且终点应与闭塞分区分界点一致。如图 8-41 所示。

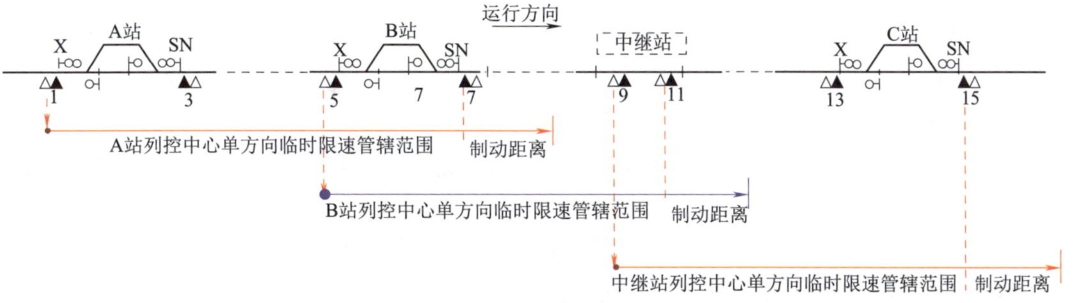

图 8-41 临时限速管辖范围示意图(一)

各限速管辖范围内，可分别设置一处临时限速，当两相邻临时限速区段管辖范围的重叠区域设置临时限速，两相邻限速区段只设置一处临时限速。如图 8-42 所示。

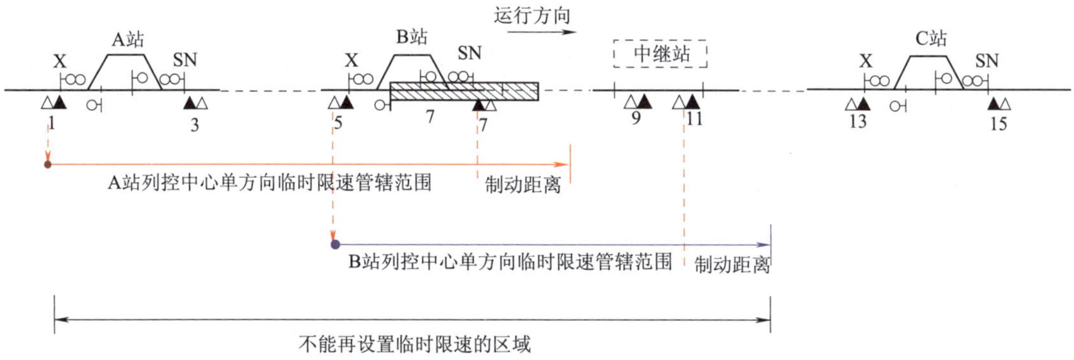

图 8-42 临时限速管辖范围示意图(二)

区间临时限速区域以轨道区段(约 1 000 m)为基本单元，站内正线临时限速以接车进路或发车进路为基本单元，车站侧线限速以咽喉区、到发线为基本单元。限速等级设 45 km/h、80 km/h、120 km/h、160 km/h、200 km/h、250 km/h 六挡。车站侧线限速等级设 45 km/h 一挡，18 号(不含)以上道岔区段限速在上述六挡。

第五节 CTCS-3 级列控系统运营场景

一、CTCS-3 级列控系统运营场景

运营场景是对运营中系统工作方式的简要描述。

CTCS-3 级列控系统主要运营场景包括注册与启动、注销、进出动车段、等级转换、行车许可、RBC 切换、自动过分相、重联与摘解、临时限速、降级情况、灾害防护、调车作业、人工解锁

进路和特殊进路十四个场景。

1. 注册与启动

注册与启动描述停在车站股道或线路上的列车，从车载设备上电、司机开启驾驶台、具备发车条件至列车启动时信号系统的工作过程。

主要步骤包括：

(1)设备上电：车载设备上电并自检后进入待机模式。

(2)列车唤醒：司机打开驾驶台，人机界面(DMI)提示司机输入司机号。

(3)列车注册：在 CTCS-3 级区段，车载设备建立与无线闭塞中心(RBC)的通信会话，并将相关信息注册到 RBC。

(4)列车数据输入：司机输入列车数据，车载设备将列车数据传送给 RBC，并要求 RBC 回执。

(5)准备发车：司机按压车载设备开始工作按钮，车载设备投入正常工作。

(6)列车启动：司机按"启动"键，车载设备向 RBC 申请行车许可。

2. 注销

注销描述了列车停车后，从注销列车信息至关闭车载设备电源的工作过程。

主要步骤包括：

(1)列车注销：司机关闭控制台，车载设备终止与 RBC 的通信，RBC 注销列车的注册信息。

(2)关闭电源：关闭电源后，车载设备只保存 CTCS-3 级/CTCS-2 级的工作等级信息和连接 RBC 所需的信息。

3. 进出动车段

进出动车段描述了在动车组进入和驶出动车段时信号系统的工作方式和流程，如图 8-43 所示。

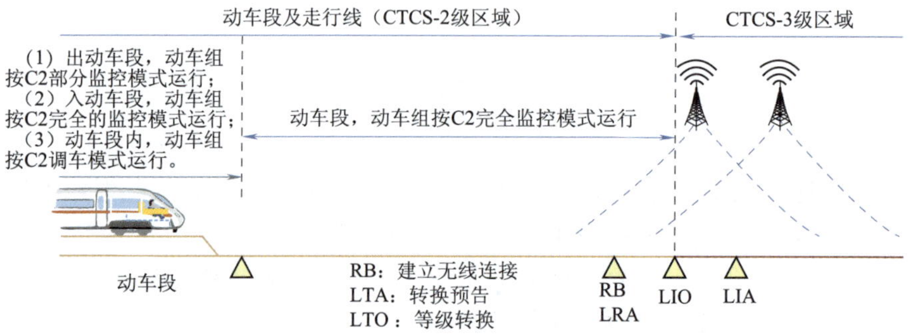

图 8-43 进出动车段示意图

动车组将在 CTCS-2 级系统工作状态下进入或驶出动车段：

(1)出动车段：在动车段内按 CTCS-2 级的部分监控模式运行，通过出站口的应答器组并得到相应的信息后，在联络线按 CTCS-2 级的完全监控模式运行，模式转换自动进行；

(2)入动车段：在联络线按 CTCS-2 级的完全监控模式运行；

(3)动车段内：在动车段内按 CTCS-2 级调车模式运行。

当采用列车进路方式进出动车段时，动车段相关接发车股道装设 ZPW-2000 电码化轨道电路，进段口设置由动车段 TCC 控制的有源应答器。

4. 等级转换

等级转换描述了列车在 CTCS-3 级区段和 CTCS-2 级区段边界，列控系统应遵守的原则和车载设备等级转换过程。

等级转换考虑了 CTCS-2 级→CTCS-3 级、CTCS-3 级→CTCS-2 级的转换过程，如图 8-44 和图 8-45 所示。正常情况下等级转换将在 CTCS-3 级系统控制下，在固定地点进行转换。

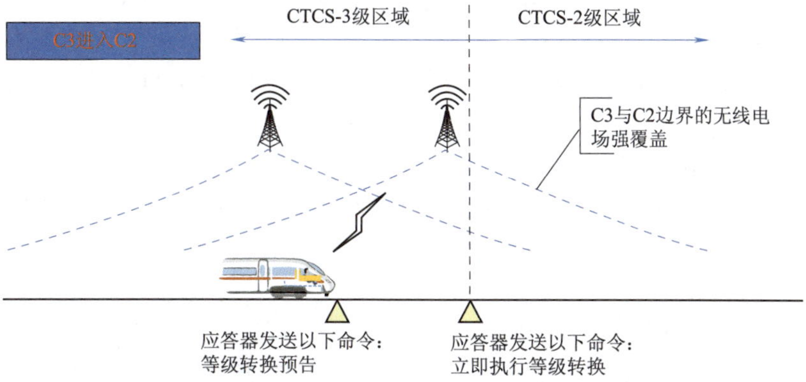

图 8-44 C3 进入 C2 示意图

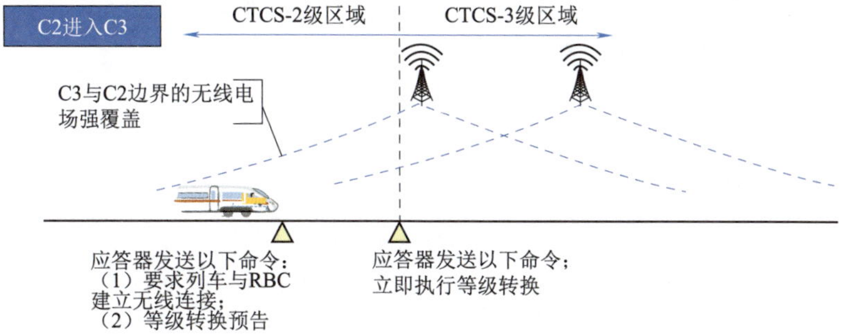

图 8-45 C2 进入 C3 示意图

正常的级间转换在转换区域自动进行；特殊情况下，停车后由司机进行级间转换。

级间转换区域内的转换命令由 RBC/应答器提供，在转换点设置应答器组、在转换点前方适当距离设置预告应答器组。

5. 行车许可

行车许可描述了在 CTCS-3 级区域，在运营条件正常的情况下，列车获得行车许可，监控列车运行的过程如图 8-46 所示。

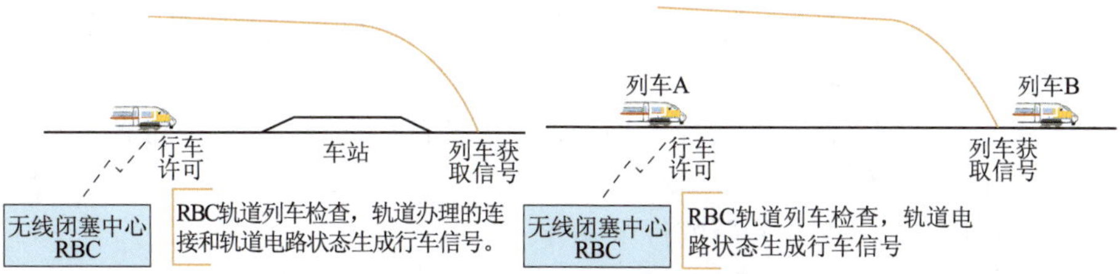

图 8-46 列车获取列车许可示意图

描述运营条件正常的情况下列车获得行车许可，监控列车运行的过程。

发车进路、接车进路和通过进路：调度集中(CTC)办理列车进路，联锁根据进路信息和轨道电路状态向 RBC 发送信号授权(SA)，RBC 根据信号授权和列车位置生成行车许可(MA)，并将行车许可发送给车载设备。

站间运行：联锁根据轨道电路状态向 RBC 发送信号授权(SA)，RBC 根据信号授权和列车位置生成行车许可(MA)，并将行车许可发送给车载设备。

(1)行车许可(MA)

行车许可(MA)是列车安全运行的行车凭证。一个行车许可(MA)可以包括多个连续的锁闭进路。

(2)缩短行车许可(SMA)

缩短行车许可(SMA)强制列车以接收到的停车位置作为新的行车许可终点(EOA)，列车将根据当前位置，决定是否触发常用制动或紧急制动，如果列车已经越过该位置，将立即触发紧急制动。

(3)无条件紧急停车消息(UEM)

无条件紧急停车消息(UEM)要求列车立即制动停车，列车接收到该消息后，将实施紧急制动。

(4)有条件紧急停车消息(CEM)

有条件紧急停车消息(CEM)要求列车在指定位置前停车，车载设备将评估列车当前位置和新的指定位置间的关系，重新计算制动曲线。

6. RBC 切换

RBC 切换描述了在不同 RBC 边界处，实现列车在两个 RBC 间行车许可控制的安全切换过程如图 8-47 所示。

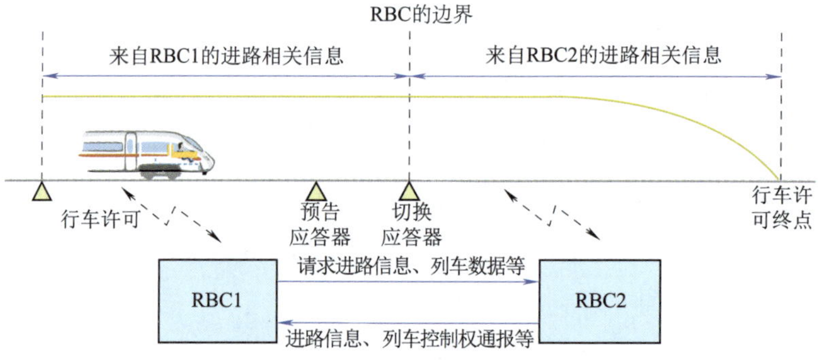

图 8-47 RBC 切换示意图

在 RBC 边界前方及边界点设置预告应答器和切换应答器。

(1)RBC1 从 RBC2 获得进路信息，生成延伸到 RBC2 管辖范围的行车许可；

(2)另一个 GSM-R 车载移动电台与 RBC2 建立通信；

(3)列车通过预告应答器和切换应答器，RBC 切换自动完成，列车受到 RBC2 的控制，车载设备终止与 RBC1 的通信；

(4)车载设备从 RBC2 接收到新的行车许可。

7. 自动过分相

自动过分相描述了列控车载设备根据地面设备提供的分相区信息，在适当位置给动车组过分相装置发送指令，实现自动过分相，如图 8-48 所示。

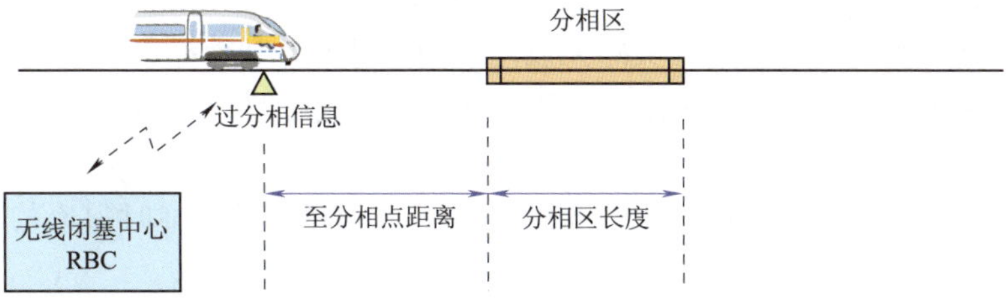

图 8-48　自动过分相示意图

当列车运行到距分相点前一定距离时，无线闭塞中心(RBC)/应答器向列车发送前方被激活的分相点信息，包括：至分相点距离、分相区长度等。

车载设备接收到过分相点信息后，传送给自动过分相装置。

8. 重联与摘解如图 8-49 所示。

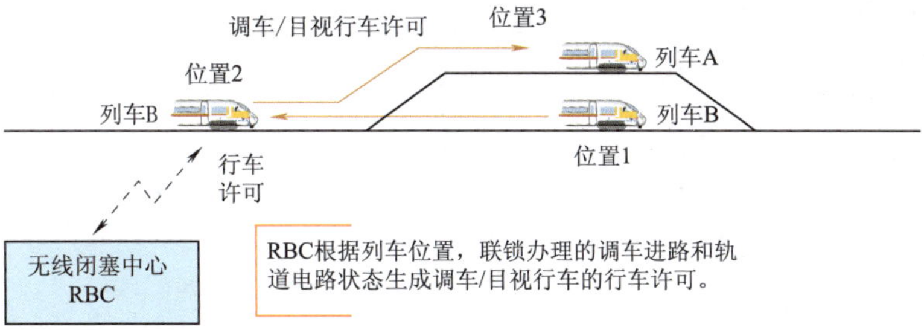

图 8-49　重联与摘挂示意图

列车重联：以列车进路方式将两列相同类型动车组从区间线路接入车站同一股道并重新连成一列列车的运输作业。行车人员办理调车进路，车载设备使用调车/目视行车模式监控列车。列车 B 停在位置 1，按调车/目视行车模式运行至位置 2，然后运行至位置 3，与列车 A 连挂，组成一列列车。

列车摘解：把重联列车分成两列列车。摘解后的两列列车可以同向行驶、也可以背向行驶、或者转线。

9. 临时限速

临时限速描述了在调度中心设置、下达和取消临时限速命令的工作过程，如图 8-50 所示。

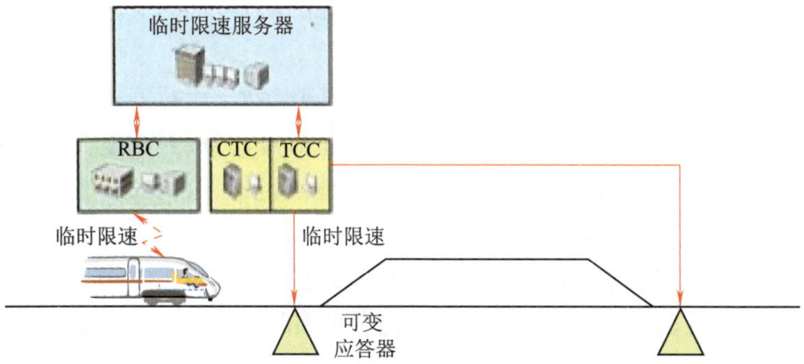

图 8-50　临时限速命令获取示意图

在调度中心设置临时限速：

(1)调度员通过临时限速操作终端设置临时限速命令；

(2)临时限速命令分别下达给相关的无线闭塞中心(RBC)和列控中心(TCC)；

(3)分别通 GSM-R 无线通信和有源应答器为列车提供临时限速信息，实现对 CTCS-3 级系统及后备系统的临时限速的控制；

(4)临时限速的设置、取消均在调度中心进行，车站一般不进行临时限速的相关操作。设置与取消临时限速采用相同的操作原则。

10. 降级情况

(1)降级情况描述了地面设备或者车载设备故障后，列控系统采取的处理措施。描述的主要故障降级情况包括：

①区间轨道非正常占用；

②站内轨道非正常占用；

③道岔失去表示故障；

④信号灯灯丝断丝故障；

⑤RBC 设备故障；

⑥RBC-CBI 通信故障；

⑦车载设备故障；

⑧应答器设备故障；

⑨无线通信设备故障。

(2)其他情况

①行车人员的非正常操作：取消已经办好的进路，防护信号关闭，如果列车未进入接近区段，则立即取消进路，如果列车已进入接近区段，则延时规定时间后自动解锁进路。

②轨旁设备故障：轨道电路非正常占用、道岔失去表示等。列车应在故障区段前停车 2 min，司机确认转目视行车模式。列车运行至正常的区段，自动转换成完全监控模式。

③子系统故障：如 RBC 故障、无线通信中断等。列车将继续以先前收到的行车许可运行，直至 T_NVCONTACT 后，如果故障仍未恢复，列车将实施最大常用制动。当速度低于 CTCS-2 级的允许速度时自动转换到 CTCS-2 级控车；当故障消除并具备 CTCS-3 级控车条件时，自动转换到 CTCS-3 级控车。

11. 灾害防护

灾害防护描述当有意外情况发生时，信号系统紧急反应的处理情况。包括风、雨、雪的灾害防护、塌方、落物的灾害防护以及车站站台紧急情况的防护。

列控系统预留了下列灾害防护的接口：

(1)风、雨、雪的灾害防护：采用临时限速的方法，确保列车运行安全。

(2)塌方、落物的灾害防护：通过灾害监测系统(非信号设备)及时监测出事件的发生，通过灾害报警开关接点条件直接将信息传送给管辖事发地点范围的车站联锁和列控中心，然后由 RBC 控制列车及时停车。

(3)车站站台紧急情况防护：车站站台设置紧急防护开关，当车站出现紧急情况(如：落物)时，相关人员触发防护开关，防护装置将报警信息传送给相应的车站联锁和列控中心，控制列车及时停车。

(4)预留地震防护接口。

12. 调车作业

调车作业描述了进入调车模式(SH)、调车作业防护、调车折返和退出调车模式(SH)的工作过程。

在 RBC 工程数据中,将车站范围设置为允许调车区,当进行调车作业时,通过司机操作选择调车模式(SH),车载设备向 RBC 请求转入调车模式(SH),RBC 判断该列车当前位置位于允许调车区内时,授权车载设备转入调车模式(SH),车载设备转入调车模式(SH)后,断开与 RBC 的连接,生成一个顶棚监控曲线,司机按调车信号进行调车作业。

在允许调车区边界及进行调车作业时可能危及正线行车安全的调车信号机前设置阻挡应答器。当禁止列车以调车模式(SH)越过阻挡应答器时,应答器发送"调车危险"信息包;当处于调车模式(SH)的车载设备接收到"调车危险"信息包时,实施紧急制动。

13. 人工解锁进路

人工解锁进路描述了取消已经办理的接发车进路的工作过程。取消进路/人工解锁进路只有在车站才使用该作业。根据办理取消进路时的接近列车所处位置不同,我国车站联锁的操作可以分为取消进路和人工解锁进路。但对于 CTCS-3 级系统 RBC 而言,对这两种操作的处理是一致的。

14. 特殊进路

在高速客运专线正常运行过程中,所有上线运行的列车均应安装并使用车载设备。

特殊进路描述了在特殊情况下(如:未安装车载设备的列车、列车运行中途车载设备完全故障),列车将根据调度命令以地面信号作为行车凭证,按站间闭塞方式运行的过程。

15. 缩写词对照表(表 8-17)

表 8-17　缩写词对照表

序号	缩写字母	中文名称
1	CBI	计算机联锁
2	CIR	机车综合无线通信设备
3	CTC	调度集中系统(调度集中设备)
4	CTCS	中国列车运行控制系统(列控系统)
5	DMI	列控车载设备人机界面
6	FAS	固定用户接入交换机
7	GPRS	通用分组无线业务
8	GSM-R	铁路数字移动通信系统
9	LKJ	列车运行监控装置
10	RBC	无线闭塞中心
11	TAX	机车安全信息综合监测装置
12	TCC	列控中心
13	TDCS	列车调度指挥系统
14	TDMS	运输调度管理系统
15	TEDS	动车组运行故障动态图像检测系统
16	TSRS	临时限速服务器
17	UPS	不间断电源
18	ZPW	自动闭塞移频无绝缘轨道电路

复习思考题

1. 何谓列控系统?
2. 列控系统在安全防护方面的功能有哪些?
3. 列控系统的人机界面有哪些功能?
4. 列控系统由哪几部分组成?
5. 300T 型列控车载设备的组成有哪些? 各部分有什么功能?
6. 概述 CTCS-3 级列控系统自动过分相。

第九章　客运专线防灾系统

高铁防灾安全监控系统作为高速铁路运营调度系统的子系统，在预防高铁运营灾害方面起着重要的保障作用。铁路防灾安全监控系统能够提供各种自然灾害情报数据，为列车运行控制提供依据；能够提供各种设备运行状态，以保证列车正常运行；能够提供有关防灾数据（预警、限速、停运决策信息），为运行计划调整提供依据。以法国风监测系统为例，风监测系统由现场采集设备（风速计）、车站设备和中心设备组成。现场采集到的信息通过电缆传至车站设备进行分析，并提出处理方案，再将信息送至 CTC 系统、告警器和调度中心。

第一节　防灾安全监控系统概述

安全是交通运输方式的先决条件，是高效运输和持续发展之本，是铁路运输的生命线。高速铁路由于列车高速度、高密度运行，一旦发生事故，后果相当严重。随着高速铁路的发展，强风、雨雪、泥石流、地震等自然灾害以及异物侵限，时刻威胁着铁路的运输安全。因此，高速铁路对行车安全保障体系提出了更高的要求。除了要求保证线路、机车车辆、牵引供电以及通信信号等设备高安全性、高可靠性外，对各种可能发生的灾害，如自然灾害：强风、暴雨、大雪、地震，轨温及火灾，突发性灾害：坍方落石、异物侵入限界、非法侵入等，都要实施全面监测，即建立防灾安全监控系统，实施全面、准确、实时的安全监控，预防灾害的突然袭击。

一、总体构成和功能

高速铁路自然灾害和异物侵限监测系统（简称灾害监测系统）是保证高速铁路列车安全、高效运行的技术支撑手段和重要基础装备之一。该系统为调度部门、基础设施维护部门提供自然灾害及异物侵限报警信息、行车管制预案及维护建议，有效提高灾害情况下的调度指挥决策水平及应急处置能力，在一定程度上减小灾害对铁路运行的影响。

高速铁路灾害监测系统是由风监测、雨监测、雪监测、异物侵限监控、地震监控等子系统组成的集成系统。高速铁路灾害监测系统集成结构图如图 9-1 所示。

二、监测设备和功能

高速铁路灾害监测系统采用统一的处理平台，由现场监测设备、现场监控单元、中继站列控接口、牵引供电接口、监控数据处理设备、调度所设备、终端设备及通信网络构成。

1. 风、雨、雪、地震监测设备由风速风向（含气温、气压，下同）计、雨量计、雪深计、地震仪等组成。如图 9-2、图 9-3 所示。

2. 异物侵限监测设备由异物侵限监测传感器和轨旁控制器组成。如图 9-4 所示。

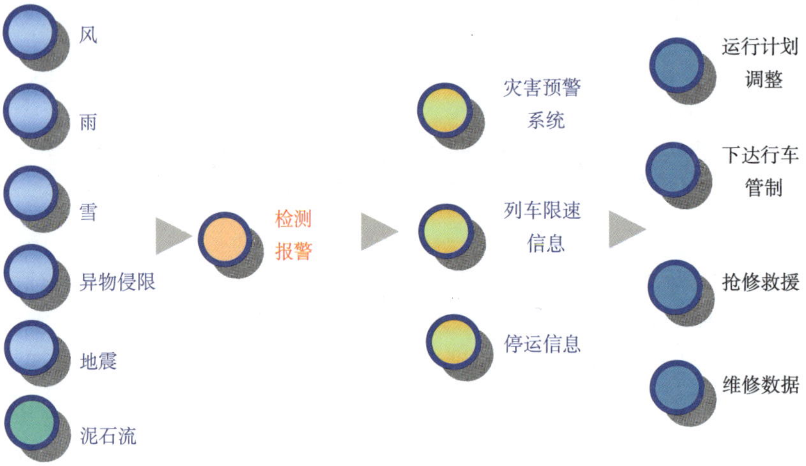

图 9-1　高速铁路灾害监测系统集成结构图

图 9-2　雨量计/风速计

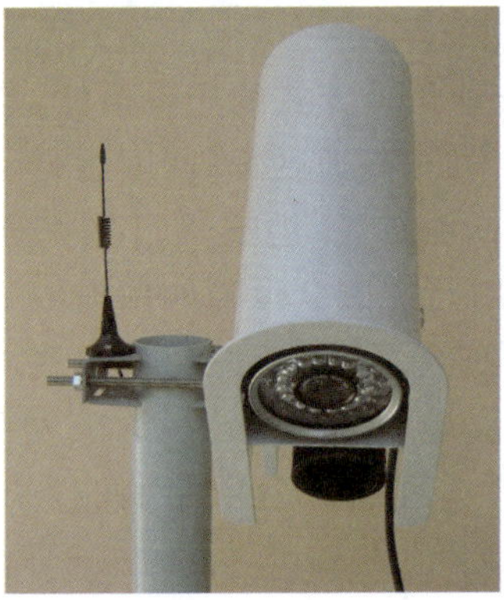

图 9-3　雪深计

图 9-4　防异物侵限设施

3. 风、雨、雪、地震监测设备实时监测风速风向、降雨量、积雪深度、地震动加速度等安全环境数据并通过标准的通信接口传送至监控单元。异物侵限监测传感器实时监测异物侵限状态并传送至监控单元。如图 9-5 所示。

图 9-5　地震传感器采集点

三、监控单元的功能

1. 监控单元采用模块化结构，能够根据需要，完成风速、风向、降雨量、积雪深度、地震动加速度等监测数据的现场采集、初步分析和处理以及异物侵限监测传感器的实时状态监测。

2. 将风速、风向、降雨量、积雪深度、地震动加速度等监测数据以及异物侵限监测传感器的实时状态信息传送至监控数据处理设备。

3. 触发列控、联锁系统及牵引供电系统，使列车紧急制动、接触网停电。

4. 具备自检和对监测设备工作状态的检测功能，实现故障诊断、定位及报警；同时，能够将故障信息上传至监控数据处理设备并接受监控数据处理设备的集中检测管理。

四、监控数据处理设备的功能

监控数据处理设备由数据库服务器、应用服务器、存储设备、工务终端、维护终端、网络设备以及打印机等组成。能够接收管辖区内的各监控单元上传的风速、风向、降雨量、积雪深度、地震动加速度、异物侵限监测数据及设备工作状态信息。

按设定的报警门限值和业务处理规程，对风、雨、雪、地震、异物侵限等灾害的监测信息进行综合分析处理，根据灾害强度，生成各类报警、预警信息以及相应的行车管制预案并在工务终端上生成文本、图形显示及音响报警；同时，将风、雨、雪、地震、异物侵限等灾害的报警、预警信息以及相应的行车管制预案传送至调度所防灾终端。存储风、雨、雪、地震等灾害监测数据以及报警、预警及设备故障信息，存储时间不少于 3 年。各类报警、预警信息的内容包括灾害种类、发生时间、地段、灾害级别、行车管制预案等。

具备对各类信息按指定时段的统计分析功能，并为维护管理人员提供监测报警、预警及设备故障等信息的查询显示和报表打印功能，提供包括基础数据维护、系统运行参数配置、用户权限管理及访问日志等在内的系统管理功能，具有自检和对监测设备、监控单元的故障监测、报警功能，向各监控单元授时，同步监控单元时钟。

预留与上级管理部门信息系统的通信接口，传送灾害报警、预警信息及设备故障信息，并根据需要传送灾害监测数据报表，预留与国家气象、地震部门的通信接口，接收灾害预报、预警信息。

五、调度所设备的功能

调度所设备由防灾终端、通信接口设备等组成。防灾终端以文本、图形等方式显示风、雨、雪、地震、异物侵限等灾害的报警、预警信息及相应的行车管制预案，并提供音响报警。

利用通信接口设备实现与 CTC 系统、运营调度系统接口，传送相关信息。

利用通信接口设备接收铁路时间同步网二级母钟设备的授时信号并向监控数据处理设备授时。

六、传输及网络设备的功能

防灾安全监控系统涉及行车安全，构建带宽不低于 2 Mbit/s 的业务专网，实现监控单元、监控数据处理设备以及调度所设备间的数据传输。传输网络采用双以太网、TCP/IP 协议网络结构应满足信息传输的实时性要求。

为确保传输网络的可靠性，双网络通道应分别接入不同的业务板卡，传输及网络设备具备通信接口，同时采取有效措施，防止计算机病毒的侵入与传播。

七、设备质量的管理

防灾安全监控系统设备须安全可靠，直接对列车限速的软、硬件设备须考虑冗余设计。防灾安全监控系统信息传送采用高速铁路专用数据通信网，灾害信息传送具有实时性，保证高速运行中的列车在临灾之前，能得到有效的控制。

建立灾害资料存储库。任何时候发生的任何灾害，系统都能在灾害前、灾害中、灾害后根据操作者要求随时调出，以便查找、分析事故原因。同时为以后修改、完善系统报警条件和拟订救灾方案积累经验。针对不同的灾害和事故，结合高速铁路的实际情况，制定不同的防灾安全对策，将灾害和事故带来的损失降到最低，确保高速铁路的安全运行。

第二节　雨量监测子系统

雨量对于高速列车行车而言危害并不大，尤其是当高速铁路建设选用无砟轨道以后，雨量对于直接影响行车的危害将更低，但是对于统计分析由其间接带来的其他灾害有很大的帮助。而洪水灾害不像地震、风灾那样具有突发性，而是按积少成多、循序渐进的规律，因汛期雨水多而形成灾害。处于河流下游平原地区的高速铁路，当沿线地区日最大降雨量大于 100 mm 时，铁路桥涵及线路易受汛期江河下游大范围洪涝灾害、江河决堤、水库溃决等影响，路基常处在淹没状态，造成线路溜坡、沉降、坍塌和冲毁路基及桥涵设施。为了防止洪水对高速铁路带来的灾害，需要建立雨量及洪水监测子系统。

一、设计原理

该系统根据高速铁路沿线气象、水文、灾害历史以及线路的路基、桥梁等设计状况，有针对性地设置监测终端，有效地制订运营及防洪措施。如图 9-6 所示。

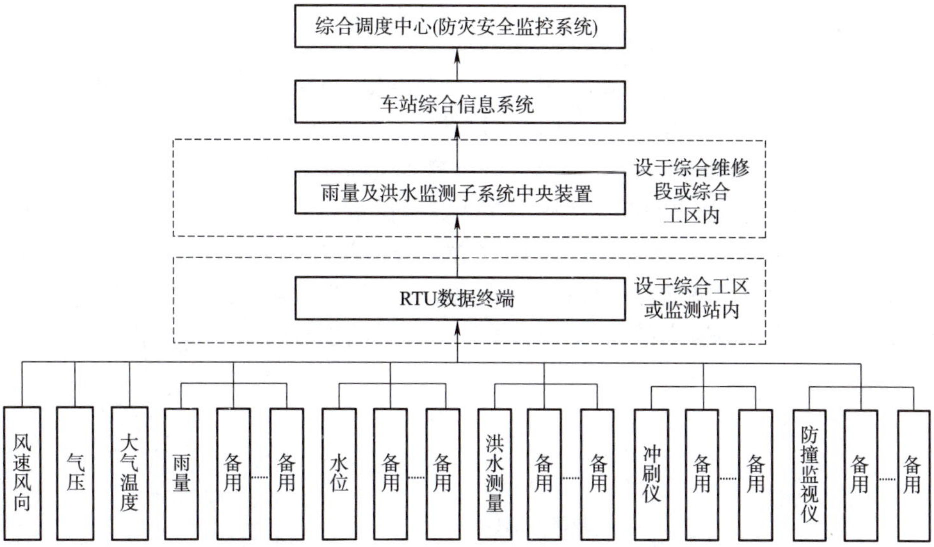

图 9-6　雨量及洪水监测子系统结构图

二、系统结构

系统由水文气象数据采集终端(风速、风向、气温、气压、雨量、水位、冲刷探测、洪水测量及防撞监视等)、数据处理与预报(中央装置)、数据传输与控制三大部分组成。如图 9-7 所示。

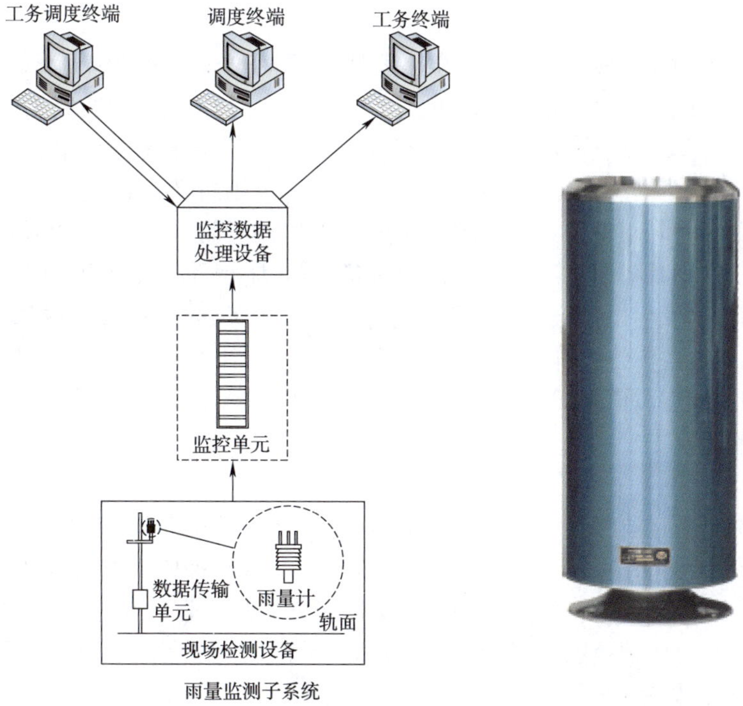

图 9-7　雨量监测子系统构成

三、系统功能

1. 高速铁路受降雨及洪水的破坏，主要表现在路堤、桥梁破坏以及路堑自然边坡破坏三大方面。路堤破坏类型主要有边坡侵蚀、堤内水位上升、排水不良、周围环境影响；桥梁破坏主要有桥墩台过度冲刷、桥梁撞击、水位过高；路堑自然边坡破坏，很大一部分也是由雨水冲刷造成。因此，应针对上述情况考虑设计相应的探测及数据采集设备。

2. 雨量及洪水监测子系统由数据采集、数据传输、监测终端等设备构成。设置在各地点的雨量计通过各自的带阻滤波器连接在一对芯线上，通过各自对应的频率发生器发送信号，接收记录装置分别接收各自频率的信号，分析统计各地点的雨量信息。如图 9-8 所示。

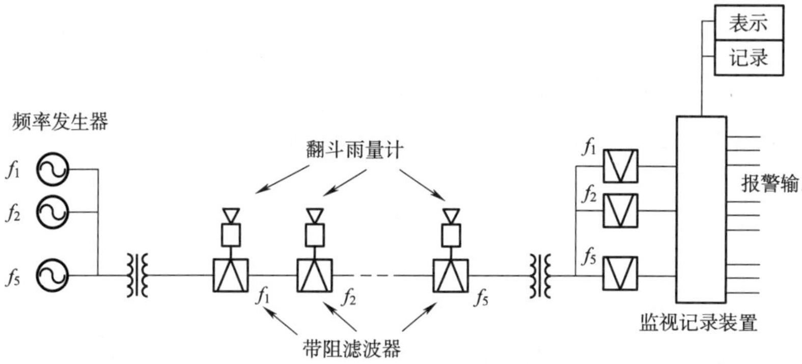

图 9-8　雨量监测子系统构成图

四、系统控制与运用

集成雨量计采用非机械式结构的声学原理测量降水，通过探测单独雨滴的撞击力，产生的信号与雨滴的大小成正比，然后再将每一滴雨滴的信号大小加起来转换成累计的降雨量。传统的雨量计相比对降水测量更加精细，能够测量累计降雨量，降雨强度和降雨持续时间都是实时的，测量原理消除了因灌入、阻塞、内壁潮湿和蒸发等原因所带来的误差。

监测方式分小时降雨量及 24 小时降雨量＋小时降雨量两种，根据降雨对基础设施的影响情况，分别制定了“小时降雨量”和“24 小时降雨量＋小时降雨量”报警门限值系统具备雨量监测报警功能之后，当发生雨量报警，CTC 通过防灾通信服务器接收到雨量报警信息并弹出提示，列车调度员查看防灾终端确认雨量报警后利用调度电话及时向相应列车发布暴雨临时限速命令；同时列车调度员借助 CTC 终端和临时限速操作终端，以设置和取消临时限速为手段，使列车自动限速运行。

1. 报警

列车调度员对雨量监测系统终端进行 24 小时监控。当雨量监测系统发出慢行警戒报警后(报警点由绿色变为黄色，并发出报警声)，列车调度员应立即向相关列车司机发布限速不高于 160 km/h 运行的调度命令(限速区段为报警监测点的两端监测点之间，如报警监测点一端为端点则为车站至另一端监测点间)，对来不及发布调度命令的列车，立即使用调度通信终端通知司机，列车司机限速运行。

当雨量监测系统发出封锁警戒报警后(报警点变为红色，并发出报警声)，列车调度员立即扣停未进入报警区间的列车，指示运行在报警区间的列车以能够随时停车的速度(最高不超过

45 km/h)运行到前方车站后,封锁区间。司机接到调度命令或通知后,应立即采取措施按要求运行。同时列车调度员发布调度命令安排工务或供电轨道车检查线路,将轨道车检查命令下达给工务或供电驻调,驻调通知工务段或供电段开行轨道车。

2. 警报解除

慢行警报解除:列车慢行后,工务和供电段立即添乘动车组检查线路,确认设备正常后通知工务和供电段调度,调度通知驻调人员,登记恢复常速。

封锁警报解除:轨道车检查线路后,确认设备正常后通知各自调度,调度通知驻调人员,登记开通线路,首列列车限速运行。

第三节　强风天气预警监测子系统

风对高速铁路安全的影响是不容忽视的。强横风作用下,接触网可能引起强烈摆动、翻转;作用于车辆的侧向大风则将影响列车运行的横向稳定性,可能造成列车倾覆。

长大桥、车站一般要设风向风速计,空旷地带风期长、风力强劲的风口也应设置风向风速计,而气象部门只能提供大面积范围内的气候概况,不能满足高速铁路点、线特点和具体数据的实时性要求,所以,高速铁路针对风灾害所采取的安全对策是建立风监测子系统(系统还需与气象部门联网以保证数据的合法性和对未来天气的预测需要)。

一、系统原理

该系统通过风向风速计、发送装置、接收分析记录显示装置,计算实时风速,输出报警信息。如图 9-9 所示。

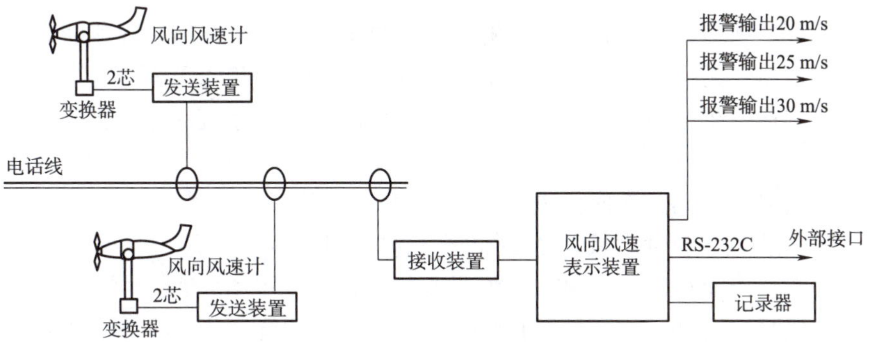

图 9-9　风向风速子系统构成图

二、系统结构

系统由风速检测设备、数据传输单元、监控单元、数据处理设备和终端设备组成。如图 9-10 所示。

三、系统功能

1. 大风监测报警,一般情况下,报警时限为风速达到报警门限不大于 10 s 报警;解除报警时限为大风降级后不大于 10 min。在实际运用中应结合本线的大风特征,及时调整报警时限和解除报警时限。

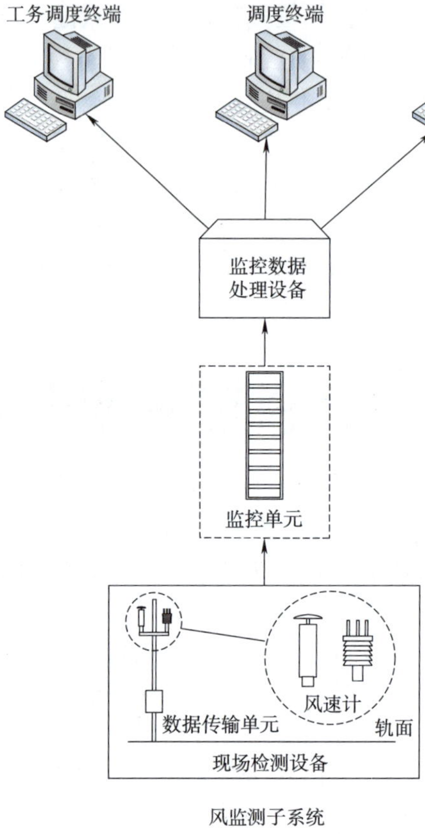

图 9-10 风监测子系统

2. 行车调度员利用调度电话及时向相应列车的司机发布大风临时限速命令；同时，借助 CTC 系统的调度命令无线传输功能，将大风临时限速命令及时传送至相应列车。

3. 大风监测预警在积累一个完整风季的气象数据基础上，系统应具备大风预警功能并满足以下要求：

(1)风速变化快的强对流短时大风，预警时间不少于 2 min。

(2)风速变化慢的季节性大风，预警时间不少于 5 min。

(3)行车调度员借助 CTC 终端和临时限速操作终端，以设置和取消临时限速为手段，使列车自动限速运行；同时，可借助 CTC 系统的调度命令无线传输功能，将大风预警临时限速命令及时传送至相应列车运行。警报标准根据线路条件、列车抗风性能、周围环境等因素综合考虑。

四、系统控制与运用

列车调度员应实时监控防灾监控终端。遇有报警及时向列车发布限速或停车命令。调度终端弹出限速对话框，调度员点击确认在报警处所恢复正常前，限速 300 km/h 时风速计标志显示为蓝色，限速 200 km/h 时风速计标志显示为黄色，限速 120 km/h 时风速计标志显示为橙色，严禁动车组进入风区时风速计标志显示为红色。如图 9-11、图 9-12 所示。

1. 遇大风天气，当风监测子系统发出“禁止运行”报警信息时，列车调度员应立即通知相关列车司机停车。司机接到通知后，应立即采取停车措施。

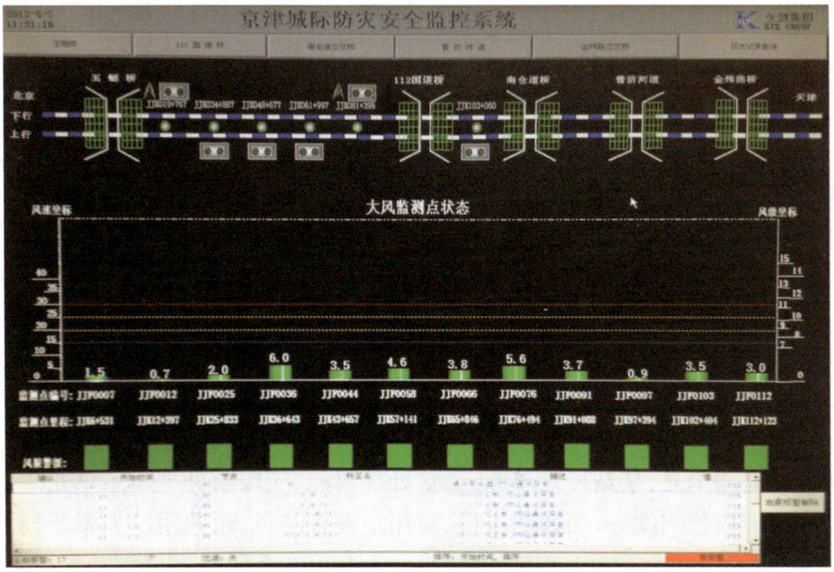

图 9-11　监控终端界面

报警级别	风速范围	限速(km/h)	指示颜色
0	$0\leqslant v\leqslant 15$ m/s	正常	绿色
1	15 m/s$<v\leqslant 20$ m/s	300	蓝色
2	20 m/s $<v\leqslant 25$ m/s	200	黄色
3	25 m/s $<v\leqslant 30$ m/s	120	橙色
4	30 m/s$<v$	停运	红色

图 9-12　大风报警等级设定表

2. 当风监测子系统“禁止运行”报警信息解除后，列车调度员要及时与司机联系，对于报警监测点范围内扣停的列车及后续进入该监测点范围的首列列车，列车调度员均须发布限速运行的调度命令，限速起止里程为：

(1)监测点范围内扣停列车：为列车停车位置至监测点终止里程(监测点范围内有多列列车时，后行列车的限速里程为本列车停车位置至前行列车停车位置)。

(2)后续进入监测点范围的首列列车：为监测点起始里程至前行列车停车位置(监测点范围内前方无列车停车时，为监测点终止里程)。

3. 司机根据调度命令人工控制列车运行，注意瞭望，发现异物侵限，应立即停车并向列车调度员汇报，列车调度员会同有关单位按规定及时进行处置。

4. 限速运行范围内，遇动车组(机车)停在接触网分相内时，司机应立即向列车调度员汇报，列车调度员要积极组织，按相关应急处置方法办理。

第四节　异物侵限监控子系统

由于异物侵限事件具有突发性、无规律和不可预测等特点，我们借鉴发达国家的经验，采用先进技术监测异物侵限事件。在列车到达侵限地点前发出报警，控制列车停车，并将侵限信息实时传到行车调度中心，保证列车运行安全，为下达行车控制、维修管理等指令提供依据，避免重大行车事故发生。目前主要针对公跨铁、隧道口、公铁并行三种地段进行监测。

一、系统原理

异物侵限监控子系统监测侵入铁路限界的异物，触发列控系统使列车自动停车。当双监测网的一路电网断线时，视为异物侵限传感器故障报警，防灾监控终端发出异物侵限传感器故障报警信息，系统不向列控联锁系统发送异物侵限报警信息。当异物侵限导致双监测网断线时，防灾监控终端自动发出灾害报警信息；系统同时向列控联锁系统发送异物侵限报警信息，使进入相关闭塞分区内的列车自动停车。

二、系统构成

系统由现场监测单元、基站处理单元、通信处理单元、应用层处理显示单元四个分组成，其主要组成部分为现场监测设备，而通信主机、应用层设备与风、雨共用。如图 9-13 所示。

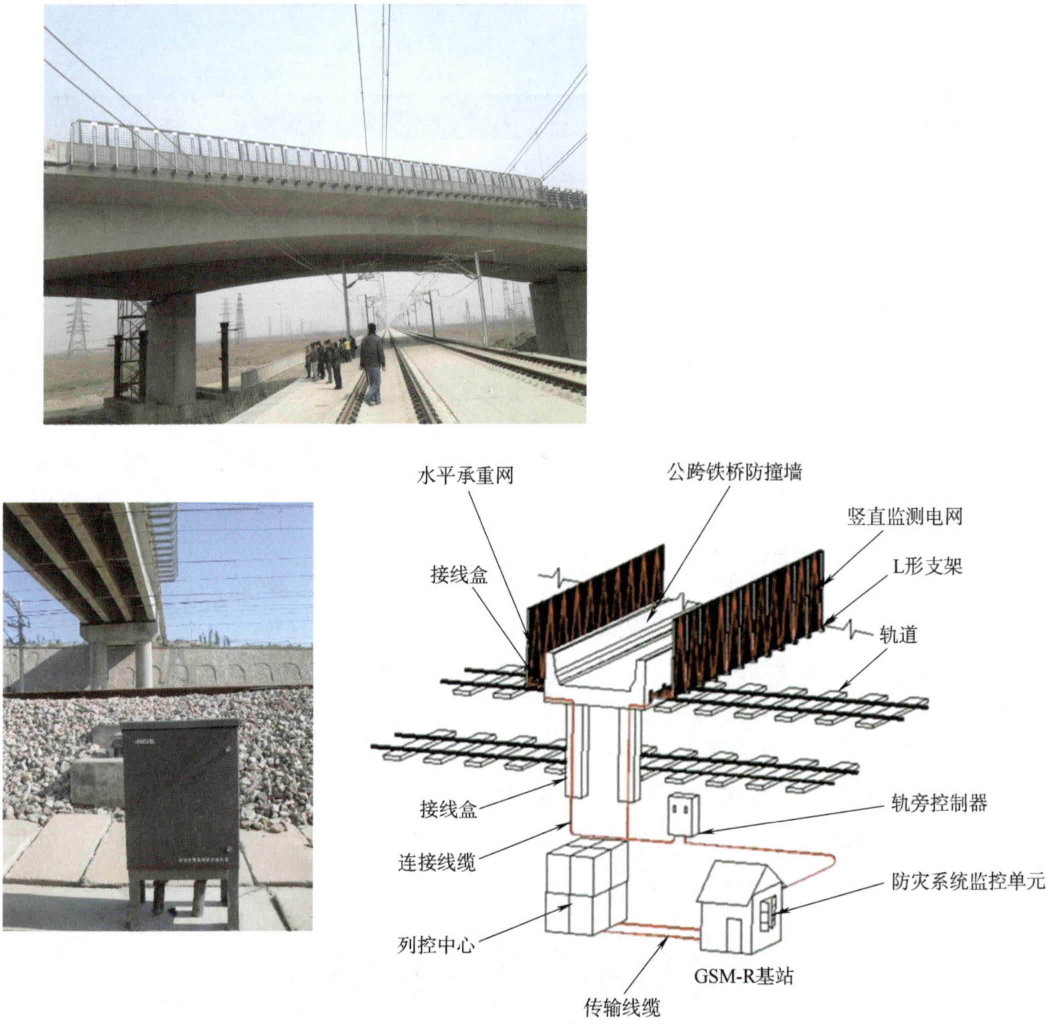

图 9-13　异物侵限监控子系统

三、系统控制与运用

异物侵限传感器故障报警:当双监测网的一路电网断线时,终端显示异物侵限传感器故障报警信息(终端界面黄灯闪烁)后,工务调度通知相关设备管理单位,组织相关技术人员赶赴现场检查处理,尽快恢复故障。当列车调度员发现防灾监控终端发出异物侵限灾害报警信息后,报警点为公跨铁立交桥且设有视频监控时。列车调度员应立即通过视频监控系统进行查看确认。

1. 当列车调度员确认线路上有异物时,应立即通知已进入区间的列车禁止通过异物侵限报警点线路,并不再向区间放行列车,同时向值班主任汇报。值班主任应立即通知工务、电务、通信、供电等相关设备管理单位组织人员赶赴现场检查处理。

经现场抢修人员确认线路具备开通条件后,工务、电务、通信、供电等相关设备管理单位人员应及时向调度所登记,列车调度员按登记要求办理,同时将防灾系统中"上下行临时行车"按钮解锁,并通知进入区间的列车恢复正常行车。列车如在区间报警点闭塞分区前停车,未得到列车调度员可以继续运行的通知前,禁止动车。

2. 当列车调度员不能通过视频确认线路上是否有异物时,应立即向开往异物侵限报警地段的第一趟列车发布以目视行车速度接近报警点的调度命令,必要时可停车查看,查清线路情况和公跨铁立交桥状况(随车机械师在列尾观察公跨铁立交桥和线路状况,随时与列车司机沟通),并向列车调度员汇报。列车调度员接到持限速调度命令的列车司机通过线路无异常的报告后,应将防灾系统中"上下行临时行车"按钮解锁,恢复正常行车。

列车调度员接到持限速调度命令的列车司机报告线路上有异物时,应立即通知已进入区间的列车禁止通过异物侵限报警点线路,并不再向区间放行列车,同时向值班主任汇报。值班主任应立即通知工务、电务、通信、供电等相关设备管理单位组织人员赶赴现场检查处理。经现场抢修人员确认线路具备开通条件后,工务、电务、通信、供电等相关设备管理单位人员应及时向调度所登记,列车调度员按登记要求办理,同时将防灾系统中"上下行临时行车"按钮解锁,并通知进入区间的列车恢复正常行车。

3. 当列车调度员通过视频确认线路及公跨铁立交桥无异物坠落时,应将防灾系统中"上下行临时行车"按钮解锁,恢复正常行车,同时通知设备管理单位赶赴现场进行处理。

4. 当列车调度员发现防灾终端上的"上下行临时行车"按钮失效时,值班主任应立即通知设备管理单位——通信段相关人员赶赴相应的监控单元机房,运用应急工具隔离防灾系统。

第五节 雪害监测子系统

在年降雪量和积雪深度大的地区,积雪过大会对高速铁路动车组运行带来危害。为此应采取相应措施,例如日本在风口地段设置防雪栅或防护林,防止在线路和设施上形成雪堆,同时在适当地点应设置防雪崩桩或檐棚,阻止斜坡发生雪崩;降雪路段配备自动喷水器进行洒水融雪;人工或机械清除积雪;车体下部易凝雪的地方加设防护装置和加热融雪装置;道岔处采用电气温风融雪机;设置雪害监测设备等。

一、高速铁路雪害对动车组运行产生的危害

1. 暴风雪形成的雪堆过高时影响行车安全。

2. 高速列车气动力卷起积雪并凝结在列车车体底部，导致车辆绝缘失效。

3. 列车从降雪地区行至温暖地区，车下积雪或结冰脱落，砸向道床，使道砟飞起，危害车辆设备及附近建筑物和人员，积雪使道岔扳动失灵。

二、系统控制原理

雪害监测设备包括降雪计、积雪深度计(雪深计)、自动控制部分及除雪(热风融雪、温水喷射融雪)设备等。在降雪期间，设置在现场的降雪计、雪深计等雪害检测设备，监控积雪程度。当积雪达到一定厚度，由检测设备将预警信息发送至终端装置，控制动车组运行及规定列车慢行的运行速度。

三、系统构成

系统由雪深计、监控单元、数据处理设备和终端装置组成。如图 9-14 所示。

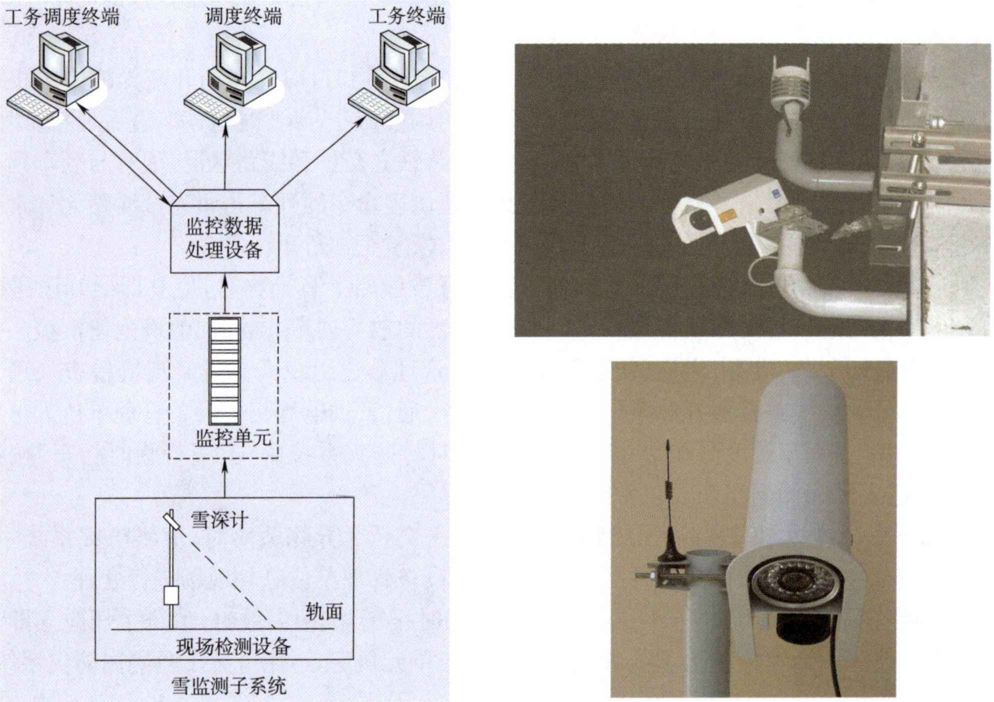

图 9-14　雪监测子系统

第六节　动车组运行故障图像检测系统(TEDS)

动车组运行故障图像检测系统(TEDS)是保障动车组运行安全的重要设备，系统能监控运行中的动车组的状态，能够自动对采集到的动车组图像进行分析和故障识别，对图像中异常的部位进行分级报警提示，对重复报警进行跟踪辨识，从而确保动车组的运行安全。

一、系统组成与功能

（一）系统组成

设备由轨边设备、探测站设备和监测站三部分组成。

1. 轨边设备。包括底箱、侧箱、补偿光源、相机采集模块、AEI 装置、车轮传感器、吹风除尘装置、电缆、光纤等。

2. 探测站设备。包括图像信息采集、处理、存储和图像自动识别服务器，设备控制、设备检测、远程监控、数据传输、网络接入、防雷、空调、不间断电源等设备设施，配置专用机房。

3. 监测站。包括集中监测服务器、安全监测终端、设备复示终端、彩色打印机、防雷设备等。

该系统检测范围主要包括：底部可视部件（车体底部及转向架制动装置、传动装置、牵引装置、轮轴、车钩装置、电务车载设备车底部件及车底部其他可视部位）、侧部可视部件（侧部裙板、转向架及轴箱、车端连接部等可视部位）。

（二）主要功能

该系统主要有 7 项功能：

1. 图像识别自动报警功能

系统能够自动对采集到的动车组图像进行分析和故障识别，对图像中异常的部位进行分级报警提示，对重复报警进行跟踪辨识。

2. 车号识别索引功能

系统能够自动识别动车组车组号，实现车组号与动车组车次自动索引及车辆部件图像与车辆号及位置的对应关系。

3. 外部数据交互功能

能够根据需要与其他信息系统进行信息交互。

4. 数据集中、统计分析功能

能够实现中国铁路总公司、铁路局、动车段、运用所各级管理部门对系统采集的数据进行查询、分析和统计。能够实现多台设备集中复示功能。

5. 自检功能

定时对轨边设备和专用通道进行自检，记录自检信息并及时进行故障报警。

6. 抗雾雨雪、沙尘及阳光干扰功能

在雾雨雪、沙尘及强烈阳光条件下，系统能正常进行图像采集。

7. 输出报表功能

TEDS 系统终端软件界面应包含报警图像信息、部件图像信息、车号信息、用户管理信息、统计报表。TEDS 设备自动统计输出通过车信息报表、车辆信息报表、故障信息报表、车辆故障报告、车辆运行班志报表、系统发现故障排名报表、检修日志报表、车辆运行故障日报表和故障按部件统计报表等，对 TEDS 系统的运行情况进行统计分析。

（三）技术要求

适应速度：适应动车组速度 5～250 km/h。

图像自动识别：图像自动识别误判率不高于 50%。

相机有效像素：不低于 200 万像素，图片统一采用 JPG 格式存储。

控制方式：系统控制使用车轮传感器。

服务器及存储容量：服务器采用双机热备份方式；故障检测原始数字信息及故障图像在TEDS系统内保存不少于2年；其他图像信息保存不少于30天。

监测站报警终端：监测站报警终端根据实际运用需求配置。

测速误差：能自动测量车速，正常行驶过程中测量速度误差不超过5×10^{-2}。

车号识别率：车号识别率大于99.9%。

车辆方位识别：能自动识别动车组车辆一位端和二位端，识别率不低于99.9%。

识别及传输时间：动车组通过探测站后，自动识别2 min内完成，10 s内软件界面即能浏览动车组信息。

（四）安装条件

系统安装应满足以下条件：

1. 轨边设备安装在进站咽喉处，来车前方100 m以上直线上，避开曲线、长大坡道、道岔、电力分相点；

2. 轨边设备安装避开钢轨端头、短钢轨；

3. 轨边设备安装应符合GB 146.2的规定；

4. 探测站机房应尽可能靠近轨边设备设置，原则上不大于100 m，使用面积不小于15 m^2，有良好的通风、空调设施；

5. 设备安装牢固可靠，保证高铁正线运行安全；

6. 探测站机房的供电容量不小于20 kV·A/台，监测站的供电容量不小于6 kV·A，具备双路电源；

7. 探测站机房采用综合防雷措施，接地电阻小于等于4 Ω，符合探测站综合防雷标准；

8. 探测站设备通过光缆以专线方式联入铁路广域网络，网络传输速率不低于8 Mbit/s；

9. 监测站有良好的通风、空调设施。

二、轨边设备安装要求

1. 一般规定

（1）高速铁路TEDS轨边设备的安装应满足《铁路技术管理规程》中铁路建筑限界的规定，安装和运用时，应考虑动车组通过及交会运行时的安全要求。

（2）轨边设备混凝土基础施工应采取必要的防/排水措施，混凝土基础与路基面封闭层间的接缝位置须做好防/排水处理，相关接缝应采用聚氨酯等嵌缝材料进行密封。

（3）预埋地脚螺栓、化学锚栓、螺母、垫片等固定件应采取防腐蚀技术处理；固定件应具有防松功能，且与轨道板（或道床板）接触部位可目视检查。

（4）安装前，预埋地脚螺栓、化学锚栓等固定件应进行锚固抗拔力试验，其性能应满足相应设备技术要求。

2. 有砟轨道轨边设备安装要求

（1）两股钢轨间的轨内底箱安装在轨道中心两轨枕间，底箱底部距轨面不大于710 mm，底箱顶部距轨面距离不小于80 mm。

（2）轨外底箱分别安装在轨外两侧轨枕间，箱体内侧与轨道中心净距不小于870 mm，轨外底箱顶部距轨面距离不小于80 mm。轨外底箱通过安装架固定在侧箱基础上。

（3）侧箱安装在轨外两侧，轨道中心与箱体净距不小于2 200 mm，通过M24预埋地脚螺栓固定在侧箱基础上。侧箱基础采用钢筋混凝土结构，混凝土强度等级C40。混凝土性能应符合的相关规定。与正线相邻的侧箱基础顶面应不高于路基表面。

(4)分线箱安装在钢轨外侧，轨道中心与箱体净距不小于 2 300 mm，通过 M24 预埋地脚螺栓固定在分线箱基础上。分线箱基础采用钢筋混凝土结构，混凝土强度等级 C40。混凝土性能应符合相关规定。与正线相邻的分线箱基础顶面应不高于路基表面。

(5)底箱排水采用胶管引至有砟轨道道床外，并保证排水畅通。

(6)连接管线应在设备及轨下基础上可靠固定，并应采用专用防护管防护。

(7)应采取技术措施减少对有砟轨道道床的扰动，回填后道床应捣固密实。

3. 无砟轨道轨边设备安装要求

(1)轨内底箱安装要求

轨内底箱安装在两股钢轨之间的轨道板(或道床板)上。CRTSⅠ型、CRTSⅡ型、CRTSⅢ型板式无砟轨道轨内底箱安装的轨道板型号分别为 P4962、P6450、P5600。

采用 M16 化学锚栓将轨内底箱及安装架锚固于轨道板(或道床板)上。

化学锚栓钻孔位置应根据设计图纸确定，并根据轨道板(或道床板)内钢筋(含预应力筋及普通钢筋)位置的现场探测结果适当调整。

根据供应商提供的化学锚栓相关技术要求进行锚固施工，并应符合相关规定。

化学锚栓孔不得与轨道板(或道床板)内钢筋相碰，且孔壁与其周围钢筋距离不应小于 35 mm；轨内底箱化学锚栓孔不得位于扣件预埋套管中心横向连线上。

轨内底箱顶部距轨面距离不小于 30 mm。

轨内底箱底部应预留排水口。

(2)侧箱安装要求

侧箱安装于侧箱基础上，基础平面尺寸宜为 1 300 mm×1 100 mm(长×宽)；基础顶面距轨道板(或道床板)顶面的间隙不小于 10 mm；基础侧面与轨道结构侧面不得接触。

侧箱采用 M24 地脚螺栓进行固定，地脚螺栓的性能应符合相关规定。基础采用钢筋混凝土结构，混凝土强度等级 C40。混凝土性能应符合相关规定。

(3)轨外底箱安装要求

轨外底箱通过安装支架固定在侧箱基础上，安装支架采用 M24 地脚螺栓进行固定，地脚螺栓的性能应符合相关规定。轨外底箱及其附属部件与轨道板(或道床板)顶面的间隙不小于 10 mm。轨外底箱顶部距轨面距离不小于 30 mm。轨外底箱底部应预留排水口。

(4)分线箱安装要求

分线箱安装于分线箱基础上，混凝土基础平面尺寸宜为 1 150 mm×1 000 mm(长×宽)，分线箱采用 M24 地脚螺栓进行固定，地脚螺栓的性能应符合相关规定。基础采用钢筋混凝土结构，混凝土强度等级 C40。混凝土性能应符合相关规定。

(5)连接管线

连接管线应在设备及轨下基础上可靠固定，其固定孔位应通过现场钢筋位置探测后确定。连接管线应采用专用防护管进行防护。

4. 车轮传感器(磁钢)安装要求

(1)车轮传感器(磁钢)应采用专用卡轨装置安装在钢轨内侧，安装应牢固可靠，安装位置需符合设备技术要求。

(2)卡轨装置与钢轨间应绝缘。

(3)卡轨装置不得损伤钢轨。

第七节　其他检测子系统

为确保高铁运输安全，借鉴世界高铁经验，我国还安装并应用其他检测子系统，如地震监测子系统、轨温监测子系统、长大隧道安全监测子系统、长大桥梁安全监测子系统、路基安全监测子系统、大型车站防灾安全监测子系统等。

一、地震监测子系统

在影响高速铁路运行安全的自然灾害中，地震是一种发生概率相对较小，但危害性最大的一种特殊灾害。因此，借鉴国外地震预警的经验，开发适于我国高速铁路线路、构造物特点，并反映历史震灾情况及未来发展趋势的高速铁路地震预警系统。

1. 系统原理

地震发生时，由设置在检测点的 P 波检测仪检测 P 波，在 4 s 内推断地震的震级、位置及震源深度，并对可能受害的线路区段发出警报，感震器就会启动，停止对前后约 40 km 区间的供电，列车实施紧急制动，停止运行，减小有可能产生的损失或事故发生的概率。如图 9-15 所示。

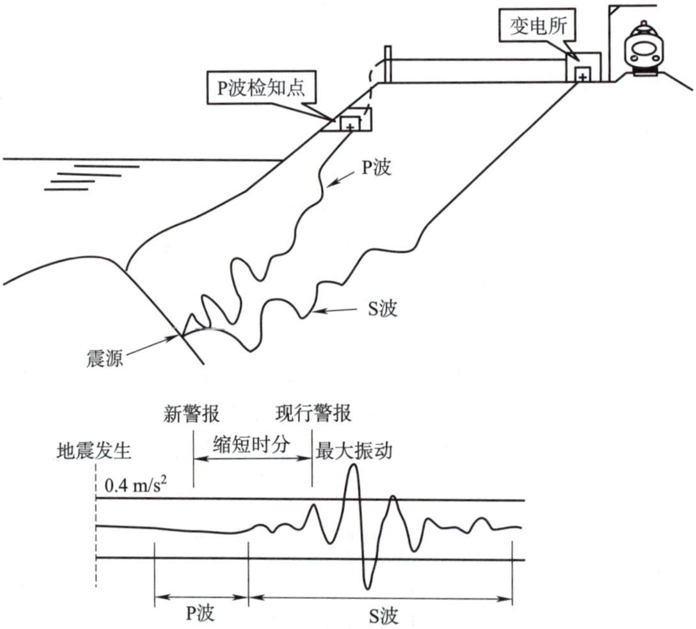

图 9-15　地震预警系统工作原理

2. 系统结构

用于地震监测预警主要有两类系统。

一类是在烈度大于或等于Ⅶ度(相当于地震动峰值加速度为 0.1g)的线路区段的变电所内，设置地震监测设备。监测设备有两种形式：一种是加速度报警仪，我国采用的报警加速度为 45 gal(1 gal=0.01 m/s^2)，日本采用的报警加速度为 40 gal(0.4 m/s^2)；另一种是显示用的地震仪，该地震仪能显示监测点的地震加速度波形，可进一步判断发出的警报是否可靠。

另一类是日本新近开发的地震早期监测预警系统。

3. 系统的控制与运用

在地震波中，包含有基岩中传播速度快、振动幅值小、人体几乎感觉不到的 P 波（初期微动，$v \approx 8$ km/s），以及传播速度慢、振动幅值大、人体感觉明显、造成构造物损坏的 S 波和面波（主震，$v \approx 4$ km/s）。沿线变电所内的地震仪通常是在主震袭击线路后才报警，如果此时有高速列车正好在地震受灾区运行，很可能因来不及减速而脱轨翻车。为了能提早检测到地震的发生，在地震主震到达线路之前，有尽可能多的时间让高速运行的列车减速、停车，并防止列车进入受灾区。

二、轨温监测子系统

高速铁路全线铺设跨区间无缝线路，在夏季，随着轨温的升高无缝线路长钢轨的纵向应力将增大，如果在该季节进行夜间大型养路机械作业，作业后将改变有砟轨道道床作业前的状态，实测表明道床的纵向、横向阻力均有所下降，此时无缝线路保持稳定的安全储备量将减少。如果轨温继续升高达到（或超出）某一临界值时，只要有任意的激扰，如过车时的振动、列车在该地段制动、线路维修等，无缝线路将失去保持稳定的能力从而发生胀轨跑道事故，对高速铁路的行车安全构成威胁。

工务部门在夏季能否保证进行养护维修作业后，特别是进行大型养路机械作业后的线路在次日轨温条件下具有安全储备，需借助于精度较高的轨温预报及监测系统。轨温预报及监测系统能实时监测无缝线路的轨温、安全储备量、气象等信息，为工务维修部门、综合调度中心提供决策依据。为此，高速铁路建立无缝线路轨温预报及监测系统，并将数据传送到安全防灾报警系统是至关重要的。

系统的结构及控制原理如图 9-16 所示。

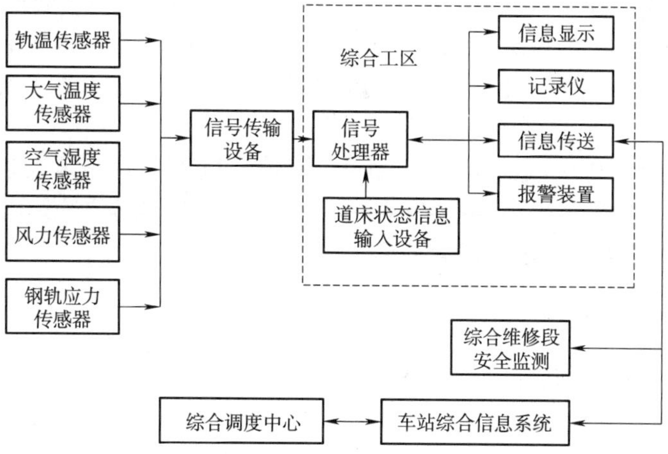

图 9-16　轨温监测子系统构成

1. 轨温监测子系统构成图，由温度、湿度、风力（风向、风速）、应力传感器，信息处理器、显示器，道床状态信息输入设备，报警装置、记录仪、信息传输等部分组成，风向、风速信息可利用风监测系统数据。

2. 由于轨温与气温有紧密的联系，通常小范围内的气温几乎相同（如数 10 km 内），因此，曲线半径$\leqslant$6 000 m 的有砟轨道，可每隔 70 km 设置一处轨温监测装置，在桥梁或曲线较多的地段，可适当增设，在特大连续梁桥、温度跨度较大的梁端宜增设。

3. 根据钢轨温度和不同的道床状态（如锁定轨温、起道作业、横向阻力值等）定出不同的行车限速或禁行规定，保证行车安全。

三、长大隧道安全监测子系统

高速铁路条件下的隧道灾害，主要表现为火灾、水灾、空气动力学问题和隧道内的通常病害、侵限及结构失稳问题。隧道病害在非特大灾害条件下（如爆炸、地震、山体滑坡等），一般来说发展较为缓慢，有一定的时间发现和整治，可通过提高工程设计和施工质量相应提高其抗灾能力。

对于长大隧道在交付高速铁路运营后的安全监测是必不可少的。比如隧道壁衬砌混凝土的应变监测，可在施工中预先考虑。日本青函海底隧道在正洞海底段有 4 个地点的断面上埋设有应变计，用以量测衬砌混凝土表面应变，在同一位置上还对气压、气温、湿度进行监测。有关隧道病害的监测、检测、状态评估和整治能够独立进行操作，可不列入高速铁路安全监测系统范畴内。而隧道内列车火灾是长大隧道内危害最大的灾害，具有突发性，常常造成灾难性后果，应纳入防灾安全监控系统。根据隧道内列车火灾的特点，应最大限度地防止列车在隧道内发生火灾和已发生火灾的列车进入隧道；在隧道中已发生火灾的列车尽可能地拖出隧道。高速铁路长大隧道防灾安全监测子系统应由火灾检测、通风排烟、紧急避难、定点灭火、引导疏散、温度湿度检测、通信、供电、救援等几部分组成，经过火灾确认、火灾等级判定，由综合调度中心统一指挥处理。

四、长大桥梁安全监测子系统

高速铁路桥梁及高架线路往往占有较大的比重，桥梁及高架线路的可靠程度和状态，将直接影响高速铁路运营的安全和效益。除各种自然灾害对桥梁有其特殊的危害外，针对长大桥梁自身在高速荷载作用下的稳定性以及对通航河流桥墩的防护，需对桥梁结构设置加速度仪、桥墩防撞仪等进行监测。在与公路和既有线交叉处，还要安装必要的限界障碍检测和桥墩防护工程。

火灾对桥梁本身的危害，主要是超出设计耐火极限引起的结构失效或对结构造成的破坏。通过市区的高架桥，或桥下已被利用的高架桥，一旦发生火灾，应立即停运。火灾后调查结构物状态，并根据受损程度再决定是否限速运行。

五、路基安全监测子系统

路基工程中最突出的问题是软土路基的下沉，首先应该依靠工程设计和施工质量予以解决，其次才是在列车运营期间实施安全监测。例如京沪高速铁路的沪宁段通过宁镇地区、太湖湖积平原和长江三角洲冲积平原，沿线地质情况复杂。该地区土质为软土层，多为近代沉积的黏性土，含水量大、透水性差、抗剪强度低、压缩性高等，并且软土层厚度变化大，软土地基的稳定和变形问题相当突出。因此如采用修建路基工程方案时，工程设计与施工需特别予以重视，同时在通车期间应继续长期监测在列车荷载作用下的地表沉降、分层沉降、侧向位移（剪切变形）及孔隙水压力的变化情况。

测量路基断面动应力的分布及分布规律，路基不同部位的回弹变形等主要参数，以便综合评价软土路基质量，有效地控制工后沉降，确保高速列车运营的舒适和安全。

路基安全监测子系统主要监测路基病害的发生、发展和发出预警信息，对个别地点的塌方、落石也进行监视。该系统可由测斜仪、沉降仪等传感器，数据记录与信息显示和信息传输三部分组成，一般设置在软土路基路堤和滞洪路堤的必要地点。

六、大型车站防灾安全监测子系统

大型车站应设有自己的防灾中心，采集的信息有火、烟及各通道滚梯运行状况等。一旦有非常事态发生，可及时自动采取灭火、排烟、隔离火源等措施，并有效地疏导旅客。

大型车站内的旅客导向信息系统，是列车运行管理系统中的一部分，对车站安全起到辅助作用，通过向导显示板和广播，除提供日常服务信息外，还可提供事故信息、疏导向导。例如，日本东京车站内防灾控制中心内的综合显示板，可实时显示楼层、各安装位置上的自动扶梯，热、烟探头，各重要通道上的摄像机工作情况，便于工作人员掌握。

复习思考题

1. 高速铁路灾害监测系统的构成是什么？
2. 雨量监测子系统有哪些功能？
3. 异物侵限监控子系统的原理是什么？
4. 高速铁路雪害对动车组运行产生何种危害？
5. 简述动车组运行故障图像检测系统的设备组成。

第十章　高速铁路基础设备

本章节主要介绍了高速铁路基础设备。主要包括动车组通信信号系统、牵引供电系统、线路与道岔基本知识、行车组织和调度指挥系统、高速铁路通信设备等知识内容，以便动车组司机全面了解高速铁路和提高综合业务素质。

第一节　动车组通信、信号系统

一、动车组通信系统

1. 无线通信设备概述

无线通信包括话音、数据等业务，随着通信技术的发展和业务需求的不断增加，列车无线通信的内容也得到了完善与发展，并形成了列车综合无线通信平台。根据实际运用需求要求进行功能模块配置，列车综合无线通信设备（CIR）可覆盖 450 MHz 调度通信系统（包括话音通信、调度命令、列尾、无线车次号等）、800 MHz 列尾和 800 MHz 列车安全预警及二次防护系统、GSM-R 数字移动通信系统（话音通信、数据通信）、高速数据传输等。

（1）450 MHz 列车无线调度通信系统概述

无线调度通信系统包括调度总机、车站电台、机车电台、便携台以及区间设备、配套的检测设备等。可满足车站值班员、助理值班员、司机、车长、调度员之间的话音通信。调度员可对区段内所有机车进行呼叫、通话，并发布通告。调度员选站呼叫司机并通话。司机呼叫调度员并通话。车站台、机车台、便携台之间呼叫并通话，也可采用话音直接呼叫便携台。机车台、车站台和调度设备之间具有双向数据传输功能。调度员与司机间通话时应具有越区切换功能（仅B 制式）。机车出入库自动检测功能。

（2）GSM-R 调度通信系统概述

系统主要由网络交换子系统、基站子系统、操作支持子系统、固定用户接入交换机 FAS、调度台、车站台、机车综合通信设备 CIR、作业手持台 OPH 及其他固定终端等构成。系统业务包括列车调度通信、货运调度通信、牵引变电调度通信、其他调度及专用通信、站场通信、应急通信、施工养护通信和道口通信等。呼叫采用功能寻址、位置寻址、ISDN、MSISDN 方式。呼叫方式有个呼、组呼、广播、紧急呼叫。呼叫级别分为 0、1、2、3、4 级。

2. 无线通信设备主要功能

（1）具有《列车无线调度系统制式及主要技术条件》中规定的机车电台功能。

（2）具有 450 MHz 机车电台自动和手动转换工作模式功能，并具有承载列车尾部风压、无线车次号、调度命令等数据信息的传输功能。

（3）具有 GSM-R 调度通信系统功能。

(4)具有 GSM-R 通用数据传输功能,可根据承载业务的需要提供 GPRS 或电路方式数据传输链路。

(5)支持《800 MHz 列尾和安全预警综合系统主要技术条件》规定中车载电台的功能。

(6)具有 GSM-R 工作模式与 450 MHz 工作模式自动切换和手动切换功能。

(7)具有向用户提供 GPS 原始信息、公用位置信息的功能。

(8)操作显示终端具有 GSM-R 调度通信、通用数据传输、应用的操作、状态显示以及语音提示的功能。

(9)主机具有信息存储和导出功能。

(10)具有人工系统复位功能(按键采用硬复位以确保任何状态下复位有效)。

(11)主、副 MMI 之间具有通话功能。

(12)具备 IEEE 802.11b 标准中规定的数据传输功能。

(13)具备《CIR 库检设备技术条件 V1.0(草案)》中规定的出入库检测功能。

3. 无线通信设备组成

综合无线通信设备由操作显示终端(以下简称 MMI)、主机、打印终端、扬声器(外置可选)、连接电缆、天线、射频馈线等构成。

MMI 包括显示器、送受话器、扬声器(内置可选)、按键、电源开关、外部接口等。标准型 CIR 主机包括机柜(含子架)、总线板、主控单元、接口单元、电源单元、后备电源(蓄电池)单元、GPS 单元、GSM-R 话音单元、GSM-R 数据单元、高速数据单元、记录单元、天馈单元、450 MHz机车电台单元(450 MHz 调度命令单元)、800 MHz 列尾和列车安全预警车载电台(简称 800 MHz 车载电台)单元等,各组成部分模块化,可根据功能要求进行模块配置。紧凑型 CIR 无高速数据单元、无 800 MHz 单元。

无线通信设备 CIR 主机单元组成及功能:

(1)打印终端可在 MMI 的控制下打印输出纸质调度命令等信息。

(2)MMI 实现人机信息的交互。

(3)主控单元实现对各模块单元的控制及部分数据信息的记录。

(4)接口单元连接设备内部有关单元及为数据应用业务提供接入接口。

(5)电源单元为设备提供供电电源(450 MHz 机车电台单元、800 MHz 车载电台单元单独供电方式)。

(6)后备电源(蓄电池)单元为外界直流供电切断后进行 GSM-R 功能号注销提供备用电源。

(7)GPS 单元为设备提供公用 GPS 位置信息,其中时钟信息作为设备的标准时钟。

(8)GSM-R 话音单元在主控单元的控制下完成 GSM-R 调度通信功能。

(9)GSM-R 数据单元在主控单元的控制下完成数据的收发(支持 GPRS 方式、CSD 电路连接方式)。

(10)高速数据单元支持 IEEE 802.11b 标准中规定的通用数据传输功能。

(11)记录单元记录话音通信中的语音及调度命令、车次号等数据。

(12)450 MHz 机车电台单元在主控单元的控制下完成 450 MHz 调度通信功能。

(13)450 MHz 调度命令单元在主控单元的控制下完成 450 MHz 调度命令信息的传递。

(14)800 MHz 车载电台实现《800 MHz 列尾和列车安全预警系统主要技术条件(暂行)》规定的车载设备功能。

4. 无线通信设备主要性能及技术要求

工作电源:45～130 V 直流供电。

工耗要求:满配置时不大于 200 W。

平均无故障时间(MTBF):不小于 600 h。

环境温度:主机−25～+55 ℃。

MMI:−10～+55 ℃。

天线:−40～+70 ℃

相对湿度:95%(+30 ℃)。

振动试验:10～30 Hz,0.75 mm;30～55 Hz,0.25 mm,三个方向。

冲击试验:35g。

连续工作时间:24 h。

安装条件:安装在车体内部(除天线外)。

5. 无线通信设备操作注意事项

选择“设置自动工作模式”时,MMI 主界面状态栏显示“自动”。手动选择工作模式后,MMI 主界面状态栏显示“手动”。如果当前工作模式由 GPS 决定或显示车站站名,必须选择“设置自动工作模式”。

6. GSM-R 系统

(1)GSM-R 设备组成

GSM-R 调度命令无线传输系统,由 GSM-R 数字移动通信网、GSM-R 机车综合通信设备(含操作显示终端、打印终端)、GPRS 接口服务器、CTC/TDCS 等设备组成。数据传输采用 GPRS 方式,建立机车号与 IP 地址对应关系,并将车次号信息传送对应 CTC/TDCS。

(2)GSM-R 通用数据通信系统功能控制

①发送调度命令、行车凭证功能控制

调度员(车站值班员)在 CTC/TDCS 行车调度台(车站值班员终端)编辑调度命令并发送。CTC/TDCS 根据调度命令中的机车号查找对应的目的 IP 地址并将调度命令发送。操作显示终端接收调度命令后,发送自动确认,同时显示调度命令并发出阅读提示音。司机进行签收。司机根据需要,可以按“打印”键打印调度命令。命令信息为多包时只在收齐一个完整命令后进行显示、发出阅读提示音。CTC/TDCS 系统接收到自动确认、签收时在调度命令发送方显示。

②发送调车请求功能控制

司机根据调车通知单需要进行调车作业时,在操作显示终端上按“调车请求”键,操作显示终端则将调车请求信息按照当前目的 IP 地址发送给 CTC/TDCS 系统。CTC/TDCS 系统接收到请求信息后自动发送确认信息,操作显示终端收到调车请求确认信息则在 MMI 上显示接收到的确认信息。

③传送 GSM-R 列车接车进路预告信息功能控制

列车在前方车站通过出站信号机后,本站接车进路如果排定,则 CTC/TDCS 将本站列车进路预告信息进行发送,发送的目的 IP 地址由 CTC/TDCS 按照机车号进行自动查找。列车接车或通过进路发生变更时,立即向列车发送已变更的列车接车进路预告信息。

④向辖区内所有列车发送调度命令功能控制

CTC/TDCS 需要向辖区内所有列车发送调度命令时,CTC/TDCS 对区间内所有列车按机车号查找目的 IP 地址，按数据格式要求分别打包发送。

⑤向在规定时间内通过某站的所有列车发送调度命令功能控制

CTC/TDCS 需要向在规定时间内通过某站的所有列车发送调度命令时，当列车离开前方站后将调度命令按数据格式要求进行打包发送。

⑥GSM-R 无线车次号传输系统功能控制

系统由 GSM-R 数字移动通信网、监控数据采集处理装置、GSM-R 机车综合通信设备(CIR)、GPRS 接口服务器(GRIS)、CTC/TDCS 等设备组成。数据传输采用 GPRS 方式。在 CIR 中设定归属服务器的 IP 地址。CIR 开机向归属服务器申请当前接口服务器(GRIS)IP 地址。

(3)无线通信系统 CIR 具备车次功能号注册功能

车次功能号注册后，相关人员可以通过车次功能号呼叫司机；司机呼叫相关人员时也会带上功能号，被叫方能识别呼叫者的身份。车次功能号注册后，才能发起对列车调度员的呼叫。

(4)无线闭塞中心(RBC)功用及实现的功能

无线闭塞中心(RBC)系统是 CTCS-3 级列控系统的核心设备，满足 CTCS-3 级列控系统总体列车控制要求。无线闭塞中心(RBC)系统根据车载子系统、地面子系统其他系统、地面外部系统提供的列车状态、轨道占用、临时限速命令、联锁进路状态、灾害防护等信息，产生针对所控列车的行车许可(MA)及线路描述、临时限速等控制信息，通过 GSM-R 无线通信系统传输给 CTCS-3 级车载子系统。

无线闭塞中心(RBC)具备如下功能：

①RBC 系统实现列车的注册与注销，并接收来自列车的位置报告和列车数据。

②RBC 系统接受运行于 CTCS-3 级的列车转换至 CTCS-2 级运行的请求，接受运行于 CTCS-2 级下的 CTCS-3 级列车的注册请求。

③RBC 系统保证通过 RBC-RBC 边界的列车获得 MA 的一致性，使列车不减速通过 RBC-RBC 边界。

④RBC 系统根据从联锁获得的进路、轨道区段占用等信息以及从列车获得的状态信息，向列车发送行车许可。

⑤RBC 系统根据 TSR 服务器发送的临时限速命令，向相关列车发送临时限速信息。

⑥RBC 系统向列车提供分相区相关信息，实现自动过分相。RBC 系统应能接受列车的调车模式请求，并可以接受离开调车模式的列车重新注册的请求。

⑦RBC 系统根据联锁或调度员的紧急停车命令，向列车发送紧急停车消息。紧急停车分两种情况，分别为联锁发送的激活紧急停车区和 CTC 的紧急停车命令。

⑧RBC 系统具备完整的自诊断、维护、测试、管理功能，可对 RBC 系统的各种控制、接口等信息进行记录。信息和事件的记录功能基于计算机硬件平台和以太网数据通信来实现。

二、动车组信号系统

高速铁路的信号与控制系统，是高速列车安全、高密度运行的基本保证。高速铁路的信号与控制系统是集微机控制与数据传输于一体的综合控制与管理系统。

1. 高速铁路信号系统结构

高速铁路的信号与控制设备，是以电子器件或微电子器件为主的集中管理、分散控制为主的集散式控制方式，分为行车指挥自动化与列车运行自动化两大部分。系统主要由调度集中系统(用于指挥行车)，车站联锁系统(用于控制进路)，列车运行控制系统(用于控制列车间隔),代用信号设备和专用通信设备等组成。

铁路通信系统是实现铁路专用通信业务的系统,其中主要部分由铁路调度通信系统组成。高速铁路通信系统分为有线通信部分与无线通信部分,其中有线通信部分与非高速铁路通信系统区别不大,区别主要体现在无线通信部分。

2. 高速铁路信号系统主要功能

高速铁路通信系统的主要功能是完成指挥列车运行的各种调度命令信息及时、准确的传输,是列车高速、安全运行的重要保证。同时为旅客提供各种通信的服务,为设备维修及运营管理提供通信条件,实现维修作业人员沿线作业时的信息需求。

3. 高速铁路信号系统主要技术应用

高速铁路运营调度系统是高速铁路运营管理现代化、自动化、安全高效的标志,它根据旅客出行需求,动车组配备和动力特性、车站装备及作业、沿线线路和设备状态、相邻线路列车运行的状态等,统筹编制列车运行计划、集中指挥列车运行和协调铁路运输各部门的工作。

运营调度指挥系统涉及运输组织、动车组、通信信号、供电、安全监控、维护救援、旅客服务等多部门,是铁路运输指挥的基础设施,是运输生产的重要技术装备。系统集成化程度高、技术复杂、可靠性要求高,它集计算机、通信、网络等现代化技术为一体,实现列车的计划、运行、维修等一系列任务,是完成高速铁路运输组织特别是日常运营的根本保证。

运营调度系统一般包括运输计划管理系统、动车管理系统、综合维修管理系统、车站作业管理系统、调度指挥管理系统、安全监控系统、系统运行维护体系。

4. 信号机点灯控制和预告标设置

高速铁路应设置进站信号机、出站信号机、调车信号机、进站预告标。区间无岔站、线路所参照进站信号机、出站信号机设置相应防护信号机。预告标设置在进站信号机外方 900 m、1 000 m、1 100 m 处,应符合有关规定。

5. 高速铁路信号安全数据网

高速铁路安全数据网应满足高可靠、高可用和高可维护性的要求,设置网络管理系统,实现数据记录、故障报警、状态预测等功能。

高速铁路信号安全数据网接入设备包括:列控中心(TCC)、计算机联锁(CBI)、临时限速服务器(TSRS)、无线闭塞中心(RBC)。

高速铁路信号安全数据网应采用工业以太网网络设备(工业级交换机)构成冗余双环网,双网间物理隔离,网络设备间应采用专用单模光纤连接。

高速铁路信号安全数据网应确保 RBC、TSRS 等中心设备与其他相邻线路安全数据网的安全信息可靠传输。网络设备中单节点信息传输时延不大于 50 μs,单网络内数据通信自愈时间不大于 50 ms。网络间数据通信自愈时间不大于 500 ms。高速铁路信号安全数据网应满足以下设备间的信息传输。

(1)TCC 与 TCC。

(2)TCC 与 CBI。

(3)TSRS 与 RBC。

(4)TSRS 与 TCC。

(5)TSRS 与 TSRS。

(6)RBC 与 CBI。

(7)RBC 与 RBC。

第二节　牵引供电系统

高速铁路均采用牵引供电的电气化铁路,牵引供电系统由牵引变电所(含 AT 所、分区所、开闭所等)和接触网组成,其结构和接线形式由供电自身的标准和要求决定。

一、我国电气化铁路发展历程

自 1961 年 8 月 15 日我国开通了第一条电气化铁路宝鸡至风州段,至今已有五十余年。在这五十余年中,我国电气化铁路建设有了迅速的发展,取得了巨大的成就。

我国电气化铁路的发展和建设历程主要分为四个阶段:

第一条电气化铁路的诞生(1953～1961 年);

恢复时期电气化铁路建设(1968～1980 年);

改革开放后电气化铁路建设(1981～2000 年);

新世纪电气化铁路建设(2001 年至今)。

从第一条电气化铁路开始修建到 2012 年 12 月 1 日"哈(哈尔滨)大(大连)"高速铁路正式开通,中国电气化铁路总里程在 54 年突破 4.8 万 km,超越俄罗斯位居世界第一位。这是中国铁路建设史上的一项重大成就,也是中国铁路现代化进程中的一个重要里程碑。

二、高速铁路牵引供电的关键技术

充足、可靠的供电系统牵引供电,向高速动车组输送充足、可靠、高质量的电能,确保动车组安全、平稳、高速运行。其关键技术主要有:高速接触网技术、自动过分相技术、高速线岔技术、远程监控技术。

三、高速铁路牵引供电系统的构成

高速电气化铁路都采用工频(50 Hz),额定电压为 27.5 kV 或 2×27.5 kV 的单相交流制牵引供电系统构成(图 10-1)。相对牵引变电所而言,通常把为其供电的电力系统称为外部电源或一次系统。牵引供电系统由牵引变电所和接触网组成。

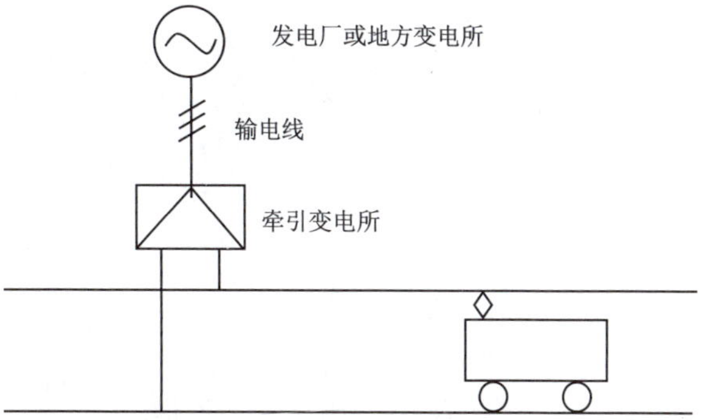

图 10-1　牵引供电系统的构成

(一)高速铁路牵引变电所

1. 牵引变电所功能

牵引变电所是电气化铁路供电系统中的心脏,无论一般线路还是高速线路都要求它具有高度的可靠性。我国电气化铁路采用的是工频单相 25 kV 交流制,而电力系统是一个三相交流系统,需要经过变换电压等级和由三相变换成单相才能使用。电气化铁路产生的负序和高次谐波对电力系统会造成多种不良影响,需要通过牵引变电所来解决。

2. 牵引变电所的作用

(1)变电所将电力系统的电能变换成适合动车组使用的电能。在牵引变电所内装设有牵引变压器(也称主变压器),将电力系统的高压(一般为110 kV或220 kV)降为27.5 kV或2×27.5 kV(自耦变压器供电方式),以单相电馈送给接触网,供动车组使用。

(2)降低电气化铁路对电力系统的影响。电气化铁路的单相牵引负荷是一个不对称的负荷,对三相电力系统产生负序电流和负序电压。

电力系统对电气化铁路供电,要求功率因数达到0.85以上,而牵引负荷的自然功率因数仅为0.8左右。功率因数低会使供电系统设备能力不能充分利用,降低了使用效率,增加了能量损耗。因此,需要在牵引变电所安装并联电容补偿装置,将功率因数提高到0.85以上。

(二)高速铁路接触网

接触网向电力牵引单元供应牵引电能,高速铁路接触网是接触网的一种特殊应用形式。高速铁路接触网和普速铁路接触网无明显差异,均包括“支柱与基础、支持装置、定位装置、接触悬挂以及供电辅助设施”五大部分,但就其各自的“机电特性、设计考量、技术要求、施工工艺、维修理念、运营管理”而言,高速铁路接触网和普速铁路接触网存在较大差异。

1. 接触网的供电方式

高速铁路接触网的供电方式是由接触网所完成的特殊输电功能的技术要求和经济性能所决定的,基本上可以按分区所运行状态和接触网设备类型进行分类。按分区所的运行状态,通常分单边供电、双边供电两种方式;按接触网设备类型,目前主要采用直接供电方式(带回流线)和(自耦变压器)供电方式。

2. 接触网的基本组成

接触网是牵引供电系统的重要组成部分,牵引变电所通过接触网向列车(动车组)供电,而列车(动车组)通过受电弓从接触网取电。高速接触网设备主要由:支柱、平腕臂、承力索支座、定位器、定位管、X腕臂、绝缘子、承力索、拉杆、吊弦、接触导线、供电线、回流线等组成。如图10-2所示。

图10-2 高速接触网组成示意图

3. 接触网的定位

(1)接触网定位的作用

接触网的定位有直线定位、曲线定位两种方式，是通过定位装置实现的。定位装置保证接触网导线以线路中心线为基准呈“之”字状，定位点与线路中心的距离称为“之”字值。在曲线地段因铁路外轨超高，必须将导线向曲线内侧拉出，拉出的距离称为拉出值。如图 10-3 所示。

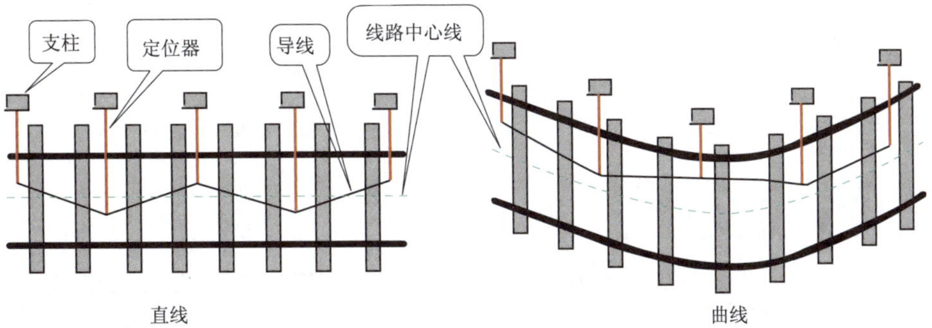

图 10-3　接触网定位示意图

(2)接触网的悬挂

接触网的悬挂方式分为简单悬挂、双补偿链式悬挂两种方式。接触悬挂由：导线、承力索、吊弦组成，保证导线高度、弹性均匀、弛度变化小，保证在任何情况下不间断完成供电。简单悬挂只有接触网导线，无承力索，因导线无承力吊弦造成弛度大、弹性差，仅适用于行车速度较低区段。如图 10-4 所示。

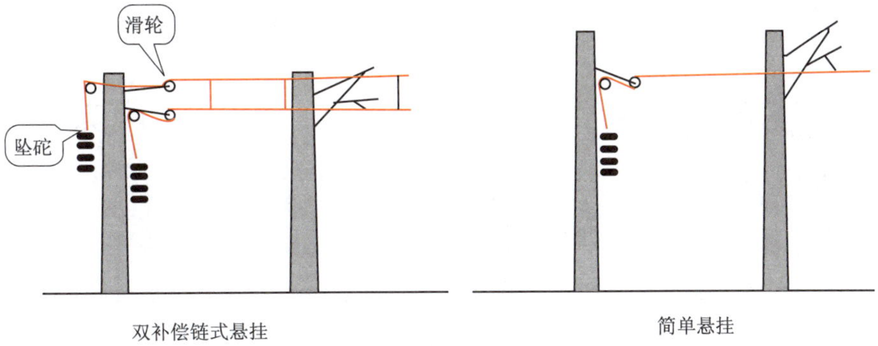

图 10-4　接触网双补偿链式、简单式悬挂意图

(3)定位装置的基本部件

接触网的基本部件有线夹、线岔、软横跨、硬横跨等。如图 10-5～图 10-8 所示。

(4)定位装置的构成及定位方式

定位装置包括：定位管、定位器，把接触网导线固定在线路中心某一位置，保证导线不会超出受电弓工作范围。接触网的定位方式分为正定位、反定位和弯道定位，如图 10-9 所示。由正定位和反定位交错安装，使导线呈之字状，在曲线上将导线按规定拉出。

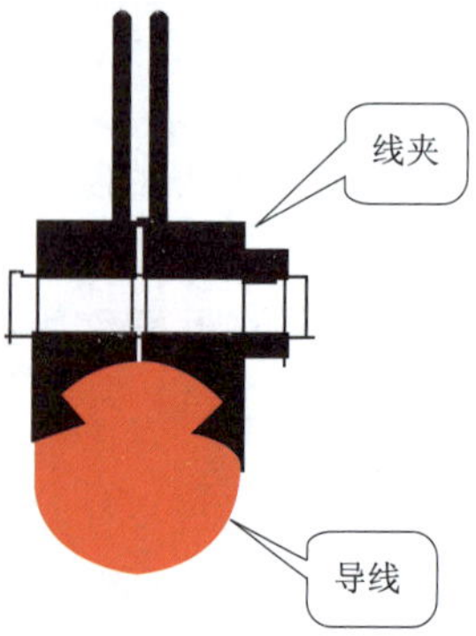

图 10-5　线夹示意图

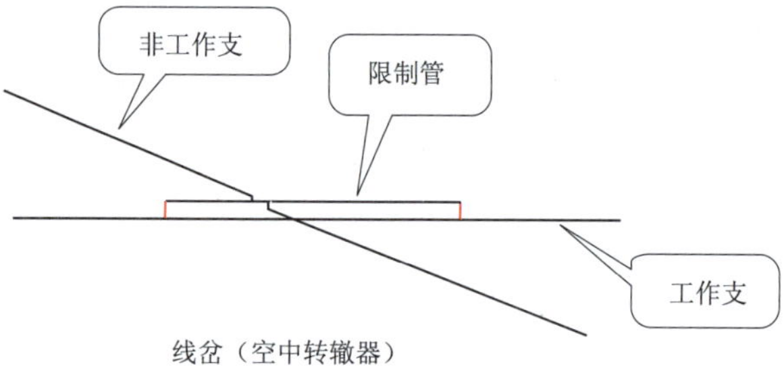

图 10-6　线岔示意图

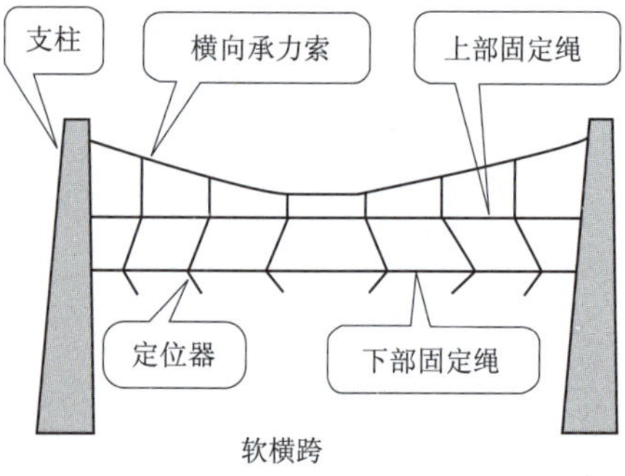

图 10-7　软横跨示意图

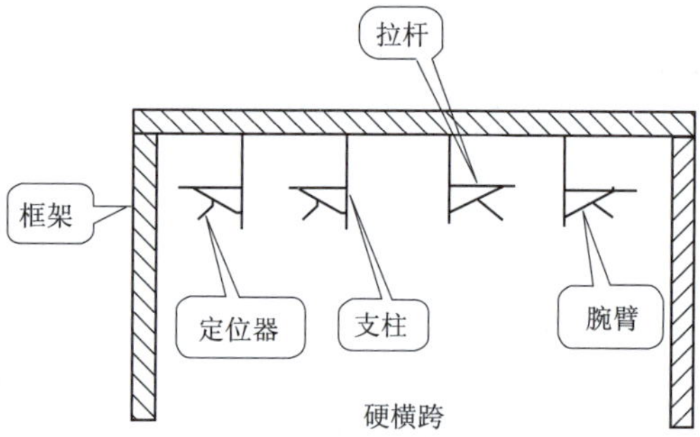

图 10-8　硬横跨示意图

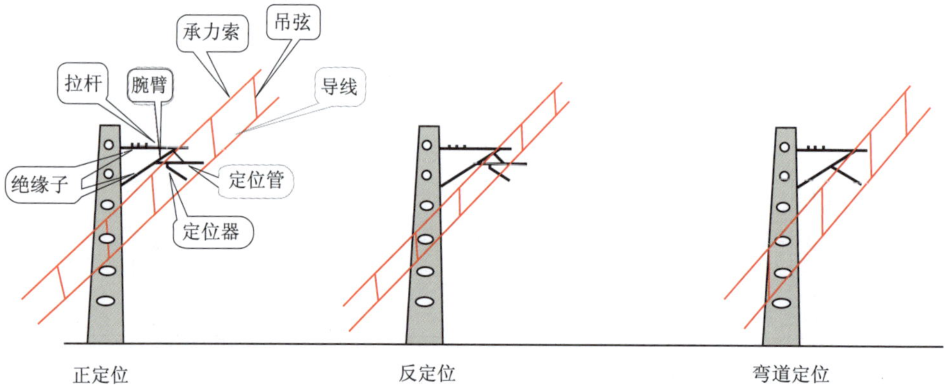

图 10-9　接触网的定位方式

4．接触网的基本特性及运营特性

接触网的本质是高压电力输电线，但因其服务对象的唯一性和特殊性，使得表面看起来仅由几根导线组成的结构并不复杂的接触网变得非常复杂了，其复杂性不在于它的结构，而在于弓网之间的匹配以及这种匹配对二者的性能要求。因此，接触网实际上包含了输电和与高速受电弓动态配合的问题，在几何空间位置和状态上都受到极其严格的限制，在机电性能上受到极其严格的苛求。与普速铁路接触网相比较，高速铁路接触网的运营环境发生了较大变化，最主要体现在列车运行速度提高到 300 km/h 以上，牵引功率是普速列车的 3～4 倍，白天运营、晚上停运。

5. 弓网系统的特性变化因素

列车运行速度提高使弓网的匹配特性发生了根本变化，普速铁路接触网与受电弓的匹配重点是几何关系，而高速铁路接触网与受电弓的匹配除了几何关系外，更重要的是机电匹配关系，几何关系已转换到基础地位。

运行速度提高使高速列车所需的牵引功率是普速列车的 3～4 倍，牵引电流的加大使电流热效应突显，接触网线索的物理性能和工程寿命均受到一定影响。牵引电流的加大对接触线和滑板材质的机电要求增加；牵引电流的加大和波动使网中高次谐波电流绝对值增大，对接触网周围的电磁环境和电子设备的影响加大。

运行速度提高使受电弓的动态抬升量和摆动量增加，受电弓动态包络线成为弓网几何耦合的一个重要因素。列车运行速度加大，气流对弓网接触力的影响明显，多条线路试验均证实了这一点。列车运行速度加大，钢轨及接触线任何一点的不平顺都极易造成接触线-受电弓系统的振动，这种振动的幅度与列车速度成正比。这种振动导致弓网动态接触力上下波动、弓网接触质量变差，甚至离线，加剧受电弓滑板和接触线的机电磨耗。

运营环境的变化，对接触网适应性能要求更高，气象（温度、覆冰、风、腐蚀性气体、大气污染等）对接触网性能和安全的影响突显。

6. 接触网基本性能的要求

具备良好的电气性能，具备良好的机械性能，具备良好的环境适应能力，具备稳定的空间几何参数，具有灵活合理的电气分段。高速铁路接触网应具有合理的电气分段，供电灵活、安全，事故影响范围小，便于检修和抢修，便于运营管理。

（三）电　分　相

中国电气化铁路采用单相工频 25 kV 供电制式，对于三相电力系统而言，电力牵引负荷是单相大功率负荷，为从宏观上平衡三相电力负荷，各牵引变电所需轮换相序向接触网供电。因此，接触网上有三相交流电存在，接触网必须采取分相措施。

牵引变电所向接触网供电时，在对应的接触网设分相绝缘，由变电所将两不同相位的高压电分别向两端送电，形成两个供电臂。在两供电臂相交地点设分区亭，对应的接触网设分相绝缘，当某一变电所出现故障时，通过分区亭实现越区送电。

高速铁路接触网均采用带中性段的锚段关节式电分相，在实际工程中有多种结构形式，一般由位于两相接触网之间的一个中性锚段（俗称小锚段）和带电的两相接触网组成两个绝缘锚段关节，通过受电弓在锚段关节和中性段上的转换实现换相。

1. 接触网电分相结构

高速铁路接触网采用绝缘锚段关节式电分相结构。接触网由各个相对独立的锚段构成，以减少发生故障时的影响程度，一个锚段与另一个锚段衔接的部分称为锚段关节。如图10-10所示。

锚段关节分相的分类：

（1）非绝缘锚段关节，设在区间，起机械分段作用，简称三跨。如图 10-11 所示。

（2）绝缘锚段关节，除做机械分段外，主要用于同相的电分段，简称四跨，设在车站两端，将站场与区间的接触网在电路上分开。如图 10-12 所示。

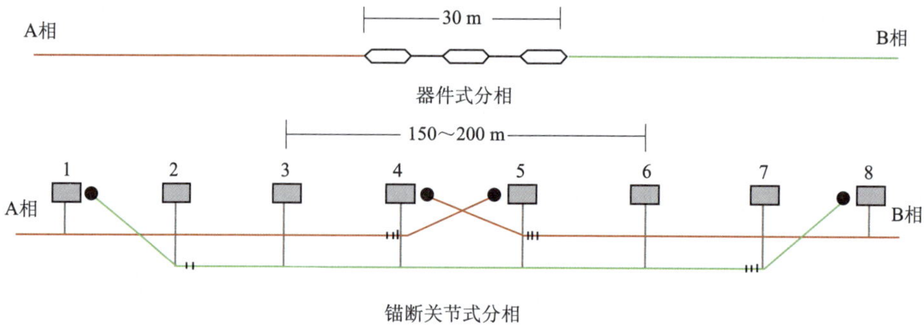

图 10-10　锚段关节式分相示意图

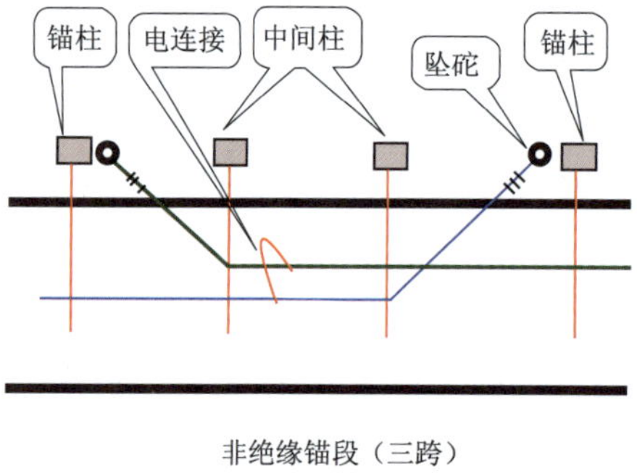

图 10-11　非绝缘锚段关节意图

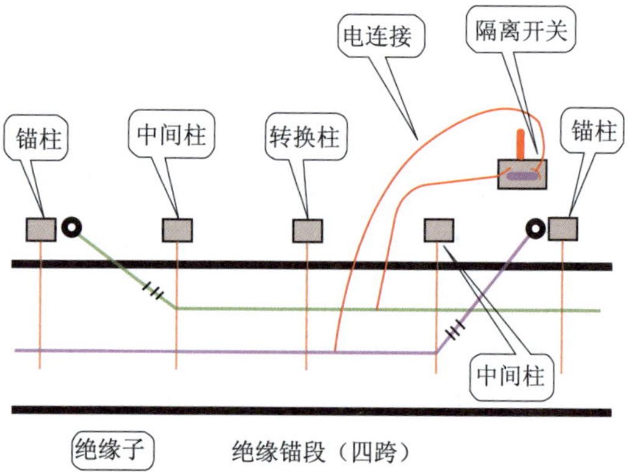

图 10-12　绝缘锚段关节意图

中国高速铁路接触网常用电分相结构主要有六跨、七跨、八跨、九跨、十二跨、十六跨，根据电分相结构的断口数量，可分为两断口和三断口两种形式。

2. 接触网设置电分相的一般规定

接触网电分相一般设置在牵引变电所和分区亭出口处，两供电臂交界处，铁路局分界处。具体位置应充分考虑线路、列车运行方式、调车作业、供电线路分布、进站信号机位置等条件。为避免分区所开关设备承受线间电压，两相邻变电所之间的接触网宜采用同相电供电。

距进站信号机 500 m 的范围内不得设电分相，6‰以上的坡道区段不得设电分相。因客观原因确实无法满足上述要求时，应根据线路通行的电力机车功率、牵引质量和线路坡度等条件进行技术校验，确保列车不会停滞在接触网无电区内。

电分相无电区的设置必须满足两点：

(1)列车因故停车时，机车受电弓不能处于电分相无电区内；

(2)列车因故停车启动后，应能保证列车具备足够的动能闯过无电区。

3. 列车自动过分相技术

在高速铁路中，均采用列车自动过分相技术，主要方式有以英国为代表的车上断电自动过分相方案(简称车上方式)；以瑞士 AF 公司为代表的网上断载自动过分相方案(简称柱上式)；以日本为代表的地面带电自动过分相方案(简称地面式)。我国铁路牵引供电的过分相方式采用车上断电自动过分相方式。

(1)过分相装置的组成

过分相装置由车载过分相装置和地面设备组成。

车载过分相装置由车底部的车载感应信号接收器、控制系统和安装于司机室的信号指示系统三个部分组成。车载自动过分相系统结构如图 10-13 所示。

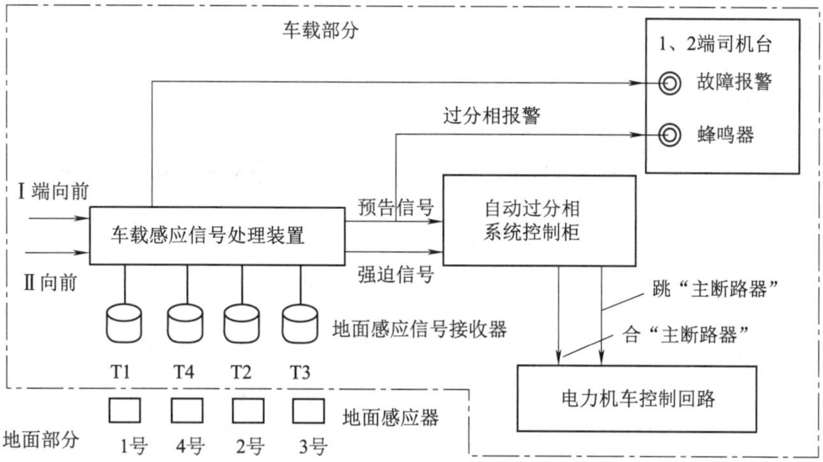

图 10-13　车载自动过分相系统结构简图

地面感应装置是嵌入专用轨枕里的耐高温、耐腐蚀、不易损坏的永久磁铁。通过车载感应信号接收器感应地面装置完成列车定位和过分相动作触发。地面感应装置布置如图 10-14、图 10-15 所示。

列车定位是自动过分相的关键技术之一,定位准确和可靠是保证系统可靠运行的基础,当列车通过电分相区时,地面感应信号接收器将感应一个幅值和宽度与列车运行速度相对应的信号。

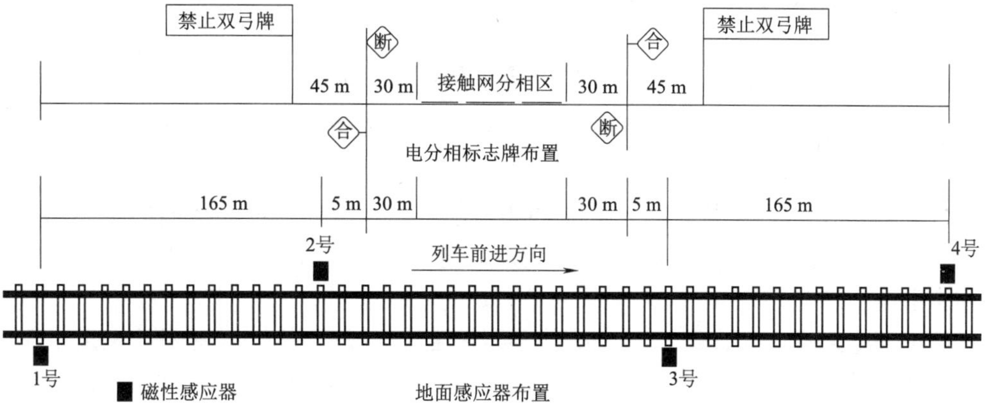

图 10-14　时速 250 km/h 以下地面感应器布置示意图

(2)过分相的原理

自动过分相的过程:

在分相区内,主断路器断开,牵引和辅变不能由电网供电,牵引变流器转换到中间电路的“直流环节电压保持”模式,以确保在通过分相区时对车载电源的持续供电。同时只有空气制动起作用。

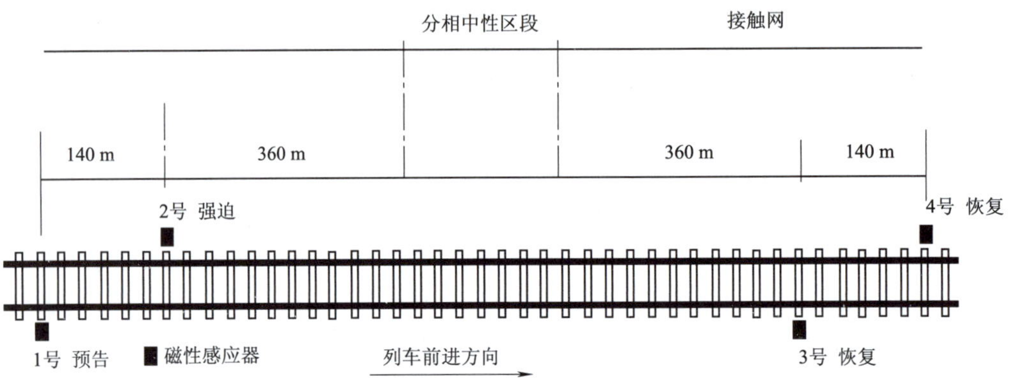

图 10-15 时速 250 km/h 以上地面感应器布置示意图

①列车由 ATP 通过分相区控制列车，ATP 工作时，通过 GFX-3A 的分相区信号需要隔离以避免 ATP 和 GFX-3A 间的冲突。在 CTCS-2 等级模式下，如果当 ATP 的分相区不起作用时，GFX-3A 通过分相区起到控制列车的作用。如图 10-16 所示。

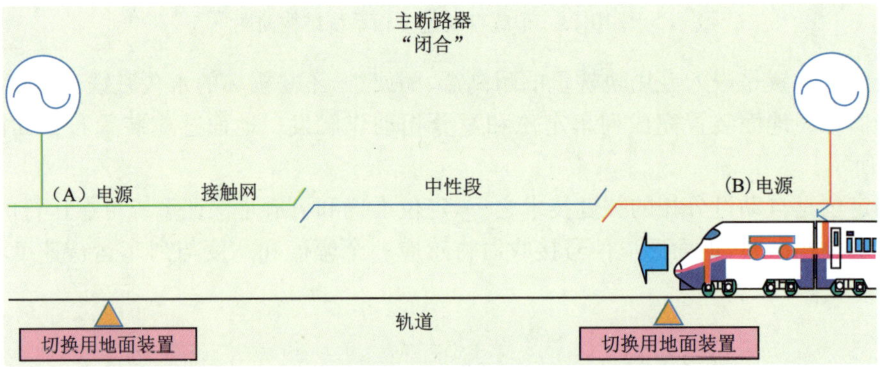

图 10-16 列车由 B 相电区段准备过分相

②过分相信号通过 MVB 传递到 CCU，并由 CCU 向牵引控制单元(TCU)发送信号来开始电压保持状态。过程需要 1.5 s。

③过分相区时主断路器断开，为保持中间电路供电，所以必要的能量只能从列车的动能中获得。故在电压保持状态，列车采取些许“制动”，而牵引电机则转为发电机状态，通过逆变器向中间牵引电路供电。如图 10-17 所示。

按照中间电路对功率的要求，牵引力按预定坡度线性减小而制动力按预定坡度线性增加。在电制动运行模式，电制动功率必须按照中间电路对功率的要求通过预定坡度获得。然后阻断 4QS，切换到电压保持状态。从牵引方面看，直至到达电压保持状态，主电路的断路器才能够断开。如图 10-18 所示。

④TCU 进入中间电压保持模式用时 0.5 s。完毕后通过 MVB 传递给 CCU，由 CCU 发送断开主断命令。

⑤列车驶出分相区，触发出分相信号，信号通过 MVB 将信号传递到 CCU，过程用时 1.5 s。如图 10-19 所示。

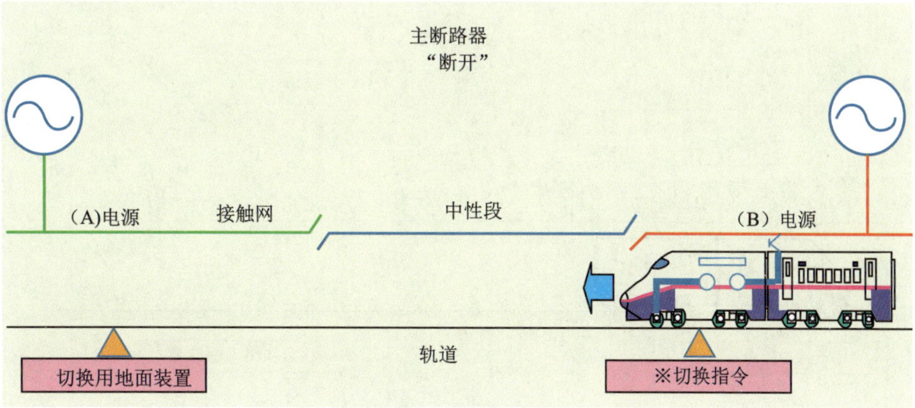

图 10-17　列车接到地面设备过分相指令，自动断开主断路器

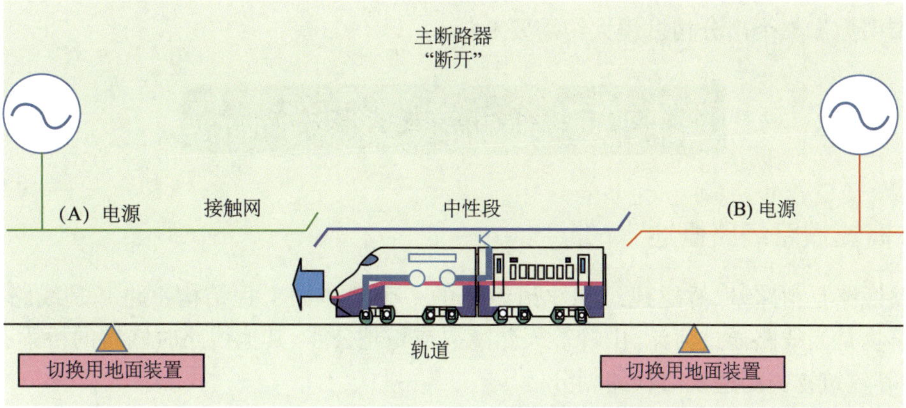

图 10-18　列车断开主断路器后，惰力运行进入分相区内的无电区(中性段)

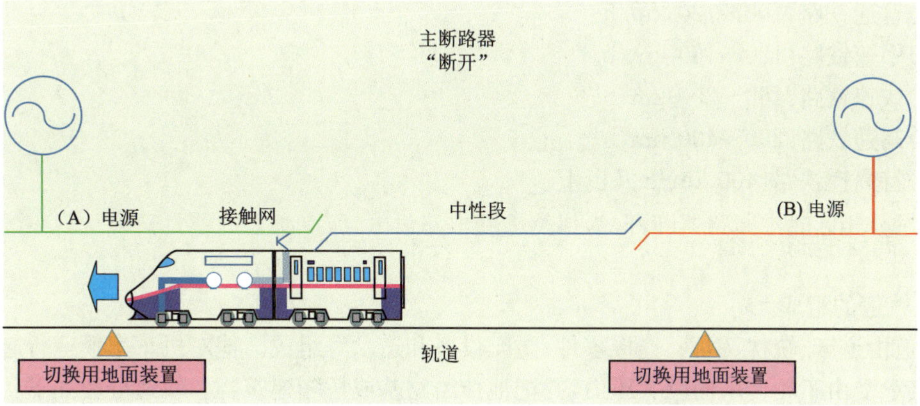

图 10-19　列车继续惰力运行驶出无电区，进入 A 相电区段

⑥列车需要 3 s 的延时以使主断路器控制确认网压的恢复，测试惰性电流条件，传递信号以及通过列车通信网络测得数值。

⑦列车在确认网压正常后，发送闭合主断的命令。1.5 s 后向 TCU 发送结束电压保持的命令。如图 10-20 所示。

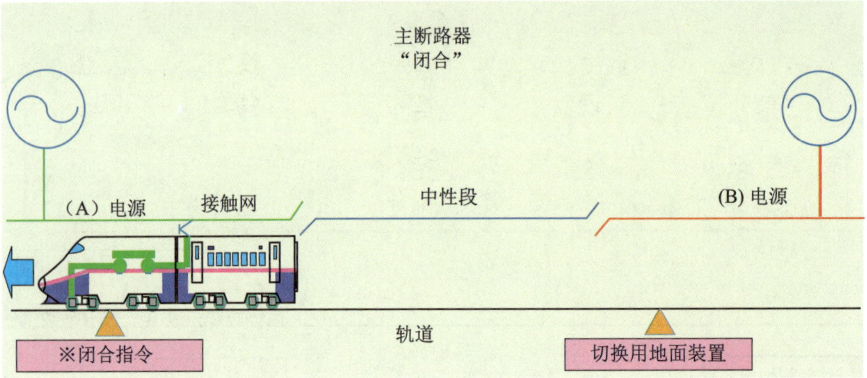

图 10-20 列车进入 A 相电区段后接收地面设备指令,闭合主断路器,完成过分相

⑧TCU 需要 3 s 的时间结束电压保持状态,恢复牵引力和电制动。按照牵引控制器的位置提供牵引力。整个出分相过程大约需要 9 s。

第三节 线路与道岔基本知识

一、高速铁路线路概述

铁路线路是由路基、桥隧建筑和轨道组成的一个整体的工程结构。路基是线路的基础。桥隧建筑物是当线路通过河流、山岭等天然障碍或跨越公路、其他线路时修筑的桥梁、涵洞、明渠、隧道等建筑物。高速铁路线路划分:

1. 国际铁路联盟将时速在 200 km/h 及以上的铁路称为高速铁路。

2. 国际上根据铁路线路允许运行的最高时速对铁路作以下划分。

(1)普通铁路:100～120 km/h。

(2)中速铁路:120～160 km/h。

(3)快速铁路:160～200 km/h。

(4)高速铁路:200～400 km/h。

(5)特高速铁路:400 km/h 及以上。

二、高速铁路轨道

1. 轨道的组成

轨道由道床、轨枕、钢铁、连接零件、防爬设备和道岔等组成。他对机车车辆运行起导向作用,直接承受由车轮传来的巨大压力,并把他传给路基或桥隧建筑物。轨道分类如下:

双块式无砟轨道,如图 10-21 所示。

长枕埋入式,如图 10-22 所示。

道床是铺设在路基面上的石砟(道砟)垫层。道床的作用是支撑轨枕,把从轨枕传来的压力均匀传布给路基;固定轨枕的位置,防止轨枕移动;排除线路上的地表水,并阻止路基内毛细管水上升;使轨道具有弹性,缓冲列车冲击、振动;并便于校正线路的平面和纵断面。

轨枕的作用是支撑钢轨,并将钢轨传来的压力传递给道床,同时可保持钢轨位置的规矩。

(a) 路基地段

(b)桥梁地段

图 10-21　双块式无砟轨道

(a)

(b)

图 10-22　板式道岔区无砟轨道图

钢轨的作用是直接承受车轮的压力并引导车轮的运行方向，因而它应当具备足够的强度、稳定性和耐磨性。钢轨的断面采用“工”字形，由轨头、轨腰、轨底组成。钢轨的类型以每米长度的质量(公斤数)来表示，主要的标准钢轨类型有 60 kg/m、50 kg/m 钢轨。

连接零件包括接头连接零件和中间连接零件两类。接头连接零件是用来连接钢轨与钢轨间的接头的，他包括夹板、螺栓、螺帽和弹性垫圈等。为使钢轨在气温变化时能够自由伸缩，要在钢轨接头处留出轨缝。中间连接零件(又称扣件)的作用是将钢轨紧扣在轨枕上。钢筋混凝土轨枕扣件分扣件式、弹片式、弹条式等。

防爬设备是防止轨道爬行的设备。轨道爬行就是因列车运行时纵向力的作用，使钢轨产生纵向移动，有时甚至产生带动轨枕一起移动的现象。轨道爬行经常出现在单线铁路的重车方向(运量大的方向)、复线铁路的行车方向以及长大下坡道和进站前的制动距离内。防爬设备主要包括防爬器和防爬撑。

另外，轨道上还有轨距杆、轨撑、护轨等附属设备以及道岔。

2. 高速铁路轨道的基本技术要求

高速铁路轨道的主要基本技术要求是，轨道的高平顺性，轨道的高可靠性，轨道的长寿命，轨道的高稳定性等四个方面。

(1)轨道的高平顺性

高平顺性是高速铁路对轨道的最根本的要求，也是建设高速铁路的控制性条件。这是因为轨道不平顺是引起列车振动、轮轨动作用力增大的主要原因。因此，为保障高速行车的平稳、安全和舒适,必须严格控制轨道的平顺性。

要达到高速铁路轨道高平顺性,必须满足以下条件:

①路基设计和施工必须满足路基的工后沉降小、不均匀沉降小,在动力作用下变形小、稳定性高等要求。高平顺性、高稳定性的路基是确保轨道高平顺性的前提条件。

②桥梁的动挠度等变形必须满足高平顺的要求。

③道床必须选用硬质、耐磨的道砟,并在铺枕前整平压实。

④严格控制轨道的初始不平顺。

(2)轨道的高可靠性、长寿命

高可靠性主要是指轨道结构保持平顺性,维持线路正常运营的能力。高速列车荷载的特点主要在于高频冲击和振动,这种高频荷载容易造成扣件松动、轨下胶垫磨耗、混凝土轨枕承轨槽破损,特别是有砟轨道中道砟破碎、粉化,道床沉降和变形。长寿命,指的是轨道结构有较长的维修和大修周期。由于高速铁路的行车密度大,速度高,因此其维修工作量必须少,维修周期必须长,才能保证不中断行车,维持列车正常运行。

(3)轨道的高稳定性

采用跨区间无缝线路是提高轨道结构连续性、均匀性的重大举措。在跨区间无缝线路中,道岔的连续焊接会使道岔区基本轨产生附加的温度力,从而使结构、受力和变形更为复杂的道岔区成为高速铁路稳定性的控制区。高速列车的高频冲击和振动会使轨道自身保持稳定的能力降低;而高速列车的蛇行和横向振动又会使作用到轨道上的横向荷载加大,增加轨道横向失稳(胀轨、跑道)的可能性。

三、高速铁路道岔

道岔是使机车车辆从一股道转入或跨过另一股道的线路连接或交叉设备。道岔分为单式道岔、复式道岔和菱形交叉。其中单式道岔又分为:普通单开道岔和对称双开道岔。复式道岔分为:对称三开道岔、不对称三开道岔和交分道岔。

道岔的基本结构由转辙器、辙叉及护轨、连接部分组成。如图 10-23 所示。

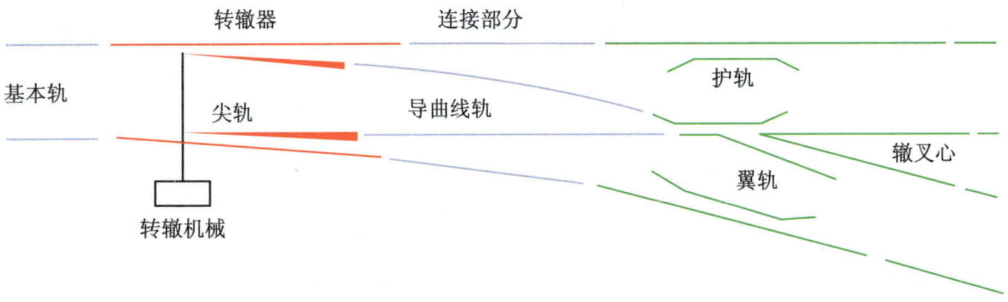

图 10-23　道岔基本组成示意图

1. 我国铁路道岔发展概况

新中国成立前我国铁路使用的道岔主要依靠进口。解放初期我国有 300 种道岔。这些道岔由 100 多种钢轨制造,仅单开道岔就有 6、7、8、9、10、11、12、15、16、24 号共 10 种型号,而且即使是同一轨型同一号码的道岔也可能分为多种型式,如 40B 钢轨 8 号道岔,就有“旧型”、“新型”、“暂定型”、“战时型”等多种,这就给道岔的养护维修和更换带来极大不便。建国后我国立即着手研制适应我国铁路具体条件的道岔。发展情况概述如下:

(1)“50”型、“53”型、“55”型和“57”型道岔

原铁道部于 1950 年颁发的《铁道建筑标准图集》中，规定了 8 号、10 号和 12 号等三种号码，38 kg/m、43 kg/m 和 50 kg/m 钢轨等三种轨型共 9 种单开道岔的型式尺寸，简称为“50 型”道岔。

1953～1957 年，原铁道部又先后规定了 8 号、9 号、10 号、11 号和 12 号五种号码，38 kg/m、43 kg/m 和 50 kg/m 三种钢轨共 32 种单开道岔，以及与之配套的 12 种型号的交叉渡线、对称道岔和复式交分道岔。按照设计年度区分，这些道岔分别简称为“53”型、“55”型和“57”型道岔。

(2)“75”型(含“62”型)道岔

在 50 年代末期我国开始使用有 5 个动轴的前进型机车并且以载重 50 t 及 60 t 的货车取代载重 30 t 的货车以后，“55”型道岔及“57”型道岔的养护难度迅速增加，脱轨事故不断发生，尤其是 5 动轴机车在 8 号道岔上脱轨以及 4 轴货车在交分道岔固定型钝角辙叉上脱轨，成为当时的惯性事故。

为研制适应轴重 21～23 t，直向容许过岔速度 80～100 km 的道岔，1959～1962 年，在原铁道部主持下，开展了道岔标准化工作。1962 年通过了我国第一代标准型单开道岔的设计标准，简称为“62”型道岔。与过去各型道岔相比较，“62”型道岔的性能有了明显提高。

在 70 年代至 80 年代中期还设计和生产了与“75”型 9 号、12 号标准型单开道岔配套的交分道岔、交叉渡线、6 号单式对称道岔、18 号大号码道岔、三开道岔、混凝土岔枕道岔等配套的“75”型系列道岔。到 90 年代初期，我国铁路铺设使用的“75”型(含“62”型)道岔超过 10 万组，占全铁路道岔总数的 80%以上。

长期的实践证明，“75”型道岔的结构强度和稳定性，可以满足轴重不超过 23 t、直向过岔速度不超过 80～100 km/h 各型机车车辆安全运行的需要。由于这种道岔价格较低、维修方便、部件互换性强以及在现场已大量使用等原因，在今后相当长一段时间内，“75”型道岔仍将在我国铁路上行车速度较低(不超过 80～100 km/h)的次要正线和站线以及专用线上大量使用。

(3)“92”型(含过渡型)道岔

随着 60 kg/m 钢轨的推广应用，我国在 70 年代末开始着手研制与 60 kg/m 钢轨配套的道岔。考虑到 60 kg/m 钢轨是供重载和较高速度行车情况下使用的，因此设计 60 kg/m 钢轨的配套道岔时，采用了比“75”型道岔更高一级的技术标准。

随着 60 kg/m 钢轨的大量铺设，“92”型道岔在我国已大量推广应用，“92”型道岔已在我国正线道岔总数中占相当大的比重。这种道岔的主要结构，如矮型特种断面钢轨藏尖式尖轨、H 形(或槽形)护轨、可调式轨撑、整铸前后分腿式高锰钢辙叉或可动心轨辙叉等等，性能已达到世界铁路 90 年代水平，因此它将作为我国常速(100～120 km/k)和快速(120～160 km/h)铁路线路的正线道岔而大量使用。

我国铁路在 70 年代后期已开始铺设 60 kg/m 钢轨，当时“92”型道岔尚未定型生产。因此我国生产了一批采用普通 60 kg/m 钢轨刨制的爬坡式尖轨和整铸高锰钢前后分腿式辙叉。其性能介于“75”型和“92”型之间，因此称之为“过渡型道岔”原计划过渡型道岔在“92”型道岔投产后即予停产，但因弹性可弯尖轨跟端加工技术到 1986 年才通过铁道部技术鉴定，因此直到 1987 年才停止“过渡型道岔”批量生产。至 1996 年底，我国铁路的 60 kg/m 钢轨地段共有 5 000 余组“过渡型道岔”，在相当长时期内还不能全部换掉。

(4)提速道岔的研制

从1996年开始,我国的广深及沪宁、京秦等四大干线已先后逐步开行准高速及提速列车,这就要求我国铁路及早研制性能比“92”型道岔更高的、适应速度在160 km/h及以上的道岔。1995年12月由原铁道部工务局、电务局和建设司联合召开的“60 kg/m钢轨提速道岔设计标准审查会”,规定了这种道岔的主要技术条件如下。

①旅客列车直向容许通过速度为160 km/h。

②货物列车直向容许通过速度为90 km/h(轴重23 t)。

③侧向允许通过速度为50 km/h。

2. 道岔的基本结构

转辙器包括两根尖轨、两根基本轨和转辙机械等。尖轨通过连接杆与转辙机械相连,操纵转辙机械可以改变尖轨的位置,即道岔的开通方向。

辙叉及护轨包括一个辙叉心、两根翼轨、两根基本轨及两根护轨等。

从辙叉咽喉(两翼轨间最窄处)到辙叉心实际尖端之间,存在着一段轨线中断的空隙,叫做辙岔有害空间。当机车车辆通过辙叉有害空间时,轮缘有走错辙叉槽而引起脱轨的可能,因此,必须设置护轨,对车轮的运行方向实行强制性的引导。连接部分是连接转辙器和辙叉及护轨的部分,包括两根直轨和两根导曲线轨。

道岔号数等于辙叉角(辙叉心两作用边间的夹角)的余切。辙叉角越小,道岔号数越大,导曲线半径也越大,允许机车车辆侧向过岔速度也越高,机车车辆侧向通过道岔时,就越平稳,然而道岔号数越大,道岔全长就越长,铺设时占地就越多。

3. 轨道连接及交叉设备的作用

道岔是一种使机车车辆能从一股道转入另一股道的线路连接设备。道岔是铁路轨道结构的一个重要组成部分。

各国铁路道岔与线路的比例,随铁路运量、密度的不同而有很大差异。我国是铁路运量、密度较大的国家之一,因此我国铁路道岔数量较多。据1997年统计,我国共有道岔近14万组,平均每千米1.1组,正线平均每千米1.8组。

第四节 行车组织和调度指挥系统

调度集中系统是我国铁路保证行车安全、提高运输效率的基础装备。调度集中系统的主要功能是控制中心(调度员)对所辖区段内的信号设备进行集中控制,对列车运行进行直接指挥和管理。分散自律调度集中系统是综合计算机技术、网络通信技术和现代控制技术,采用智能化分散自律设计原则,以列车运行调整计划控制为中心,兼顾列车与调车作业的高度自动化的调度指挥系统。分散自律调度集中系统能够满足我国铁路复杂的运输组织需求,实现了各级运输调度的集中管理、统一指挥和实时监督,大幅度地提升了我国铁路行车指挥自动化程度,是保证铁路高速度、高密度运输安全生产的重要行车设备。

一、CTC分散自律调度集中系统概述

该系统包含了行车调度指挥的所有功能,列车运行监视、车次号自动跟踪、到发点自动采集、实际运行图自动生成、日班(阶段)计划的自动调整、调度命令的网络下达、车站行车日志自

动生成等，在此基础上进一步实现了车站信号设备的集中控制、列车进路的按图排路。

二、CTC分散自律调度集中系统结构技术特点

1. 分散自律调度集中系统（FZK-CTC），综合了计算机、网络通信和现代控制技术，采用智能化分散自律设计原则，以列车运行调整计划控制为中心的高度自动化调度指挥系统。既是新型的行车指挥和信号控制设备，同时也是一种新的高效的运输组织管理模式。

2. 系统关键单元1＋1防护，故障情况下无需人工干预热备切换。

3. 分散自律功能配置，在中央故障时仍可完成大部分自动控制功能。

4. 符合人机工程原理的标准化图形用户界面。

5. 完善的故障诊断功能，减少系统维护时间。

6. 与各种微机联锁、ATP、ATO和车地通信系统的无缝集成。

7. 基于UNIX、关系型数据库和面向对象技术的高可靠性设计保证系统运行的稳定可靠。

8. 全系统的时钟同步。

9. 传输系统采用数字传输通道，提供标准的接口。

10. 系统全面实现结构标准化、接口标准化、采样方法标准化、工程图纸标准化等，方便用户自行改造和扩容。严格遵循统一的接口规范、通信协议和数据格式。

11. 系统采用双网结构设计，设备之间通过网络设备快速交换信息。网络中任一处设备（如：网卡、集线器和网线）故障，系统仍能够正常工作，有效提高了系统长期工作的可靠性。

12. 系统关键设备（如CAD主机、通信机、自律分机等）采用双机热备，关键数据进行了异地防灾备份。

13. 严密的网络安全系统（防火墙系统、入侵检测系统、防病毒系统等），能阻止病毒的入侵和恶意攻击，并进行实时监测，保障系统的信息安全。

14. 集中分布式的广域网结构设计，方便系统扩展。

15. 系统充分考虑了与高速铁路其他系统、既有线系统的集成，便于今后系统需求变化调整后与其他外部系统的接口。

16. 系统完全模块化设计，不论是调度中心子系统，还是车站子系统都具有很好的可扩展性；可通过增加系统模块，对系统功能进行扩展。

三、CTC系统主要功能

1. 行车信息实时显示功能。

2. 车站实时信息站间透明显示功能。

3. 列车车次号生成功能。

4. 列车无线车次号校核功能。

5. 实时自动跟踪列车运行功能。

6. 列车运行自动报点。

7. 调度命令管理与下达。

8. 无线调度命令自动下达指定车站和机车的功能。

9. 临时限速命令自动下达功能。

10. 自动描绘列车实际运行图功能。

11. 自动早、正、晚点统计功能。

12. 阶段计划编制、调整和下达。
13. 甩挂计划下达。
14. 按列车阶段计划，自动办理列车进路并自动信号开放功能。
15. 根据供电状态自动卡控电力机车运行进路功能。
16. 动车组进路和高站台的信息提示功能。
17. 自动控制调车进路及开放调车信号功能。
18. 监控轨道电路分路不良功能。
19. 设备运行状态、网络状态监督功能。
20. 与相邻系统及其他系统信息交换。

四、CTC系统分散自律的控制原理

自律控制系统是整个CTC系统的核心模块，运行在CTC服务器上，它根据各列车的实际运行情况，将调度员下达的控制计划转化为对车站联锁设备的控制命令，从而实现运输指挥的高效和自动。自律控制子系统在整个软件系统中的位置如图10-24所示。

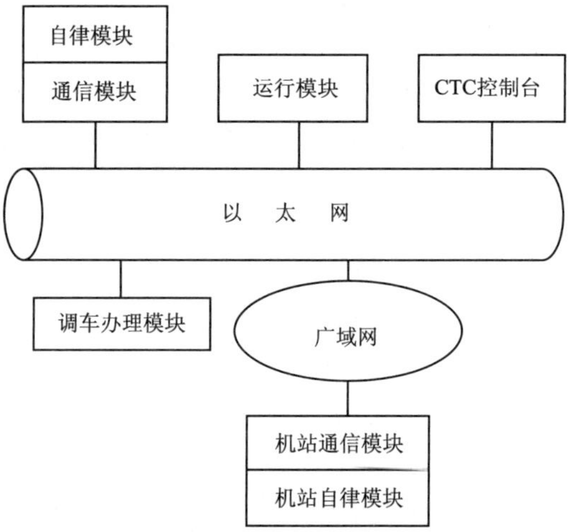

图10-24 自律控制系统示意图

CTC系统分散，是指由调度中心控制车站作业改变为由车站独立控制各自的列车和调车作业。CTC系统自律，是指系统按照《铁路技术管理规程》《行车组织规则》《调度规则》和《车站工作细则》等自动协调列车调车作业矛盾，控制进路。

(一)分散自律调度集中系统工作原理

自律控制系统分布在2个位置：控制中心和车站。控制中心是中央自律控制子系统，车站是车站自律控制子系统，中央自律和车站自律互为备用。正常情况下，系统工作在车站自律状态下，只有在车站自律失效或调试时，中央自律控制才起作用。同时接受从调度台和调车控制模块发来的阶段计划和调车计划，但只有车站自律控制子系统发出进路办理命令。

(二)自律控制流程

为保证整个程序的实时响应时间，自律程序采用循环方式，每1～2 s执行1次，每次循环流程如下。

首先检查是否有新下达的控制计划，如接收到新计划，则根据计划进路的联锁表，重新计算每个站对应于此计划的进路占用时间和空间表。

跟踪所有列车车次，记录列车实时位置。

遍历等待执行的进路序列，察看每条进路所对应的列车位置。根据站细，如发车进路条件满足，则发送进路命令，办理进路，并将此进路插入历史进路序列。

遍历历史进路序列，如果进路未办出，报警。检查列车的实际运行情况，如果与进路相关的接车、发车或列车通过执行完毕。刷新历史进路列表。

对于手工办理的列车进路，自律程序在进行相关检查后会将命令直接发送到站机执行。

对于手工办理的调车进路，自律程序会查此进路中所有元素的占用表及《站细》，看此进路是否满足自律条件，如满足，发送命令给站机办理，如不满足，不予办理。

对于调车计划，如果有收到机车回执，将此调车计划进路插入活动调车表。

遍历活动调车表，自律程序会查此调车进路中所有元素的占用表及《站细》，看此进路是否满足自律条件。如满足自律条件，时间到便开始办理。

（三）调车自律控制的基本过程

调车自律控制允许中心通过助理调度员终端办理无人车站的调车作业；对于有人车站，也允许车站通过车站调车控制终端办理本站调车作业。办理调车作业通常有 2 种方式：①人工手动办理；②输入调车作业计划由自律机自动办理。人工办理调车进路要求在按压始、终端按钮后，必须输入钩作业时分，在经车站自律计算机允许后方能办理。自动办理需助理调度员通过助理调度员终端输入调车作业计划，在传送到自律计算机后，方能由自律计算机自动办理。

（四）分散自律调度集中系统的功能

分散自律控制的基本模式是自律控制子系统按照列车运行调整计划和站细自动自主控制列车进路。同时在分散自律条件下人工办理的列车、调车进路也必须受自律条件的约束。

自律控制的主要功能有：

接收并标记所收到的控制计划，根据控制计划、站细、站场实际情况及列车实际位置选择相应的进路；判断进路的办理时机及进路联锁条件是否满足，满足时办理列车进路；根据调车计划，跟踪调车过程，判断每钩进路是否符合自律条件，符合时办理调车进路；对人工列车进路命令进行自律条件判断；对人工调车进路命令进行自律条件判断。

在车站和调度所通信中断时，由车站自律机按原已收到的列车运行调整计划和列车实际运行情况继续自动执行。列车运行调整计划执行完毕后，通信仍未恢复正常时，系统将该站设置为自动通过状态（双线自动闭塞区段）。

办理调车进路，自律控制依据列车运行调整计划在时间与空间上（进路预计占用时间、避让车次、相关联锁条件、站细规定等）对列车和调车进路进行检查，无冲突后方可排列。

分散自律调度集中系统涵盖了路局 DMIS 系统的所有功能，在此基础上，还具备调度集中的控制功能和分散自律控制特点。

1. 行车调度功能

在 DMIS 的基础上，分散自律调度集中系统还具备列车进路和调车进路的自动/人工控制，从而实现了行车指挥自动化。

列车运行计划（阶段计划和控制执行计划）。它是行车调度员以班计划为依据安排的列车实际运行计划，包括开行列车的车次、到发点、中停车站、停靠股道、作业时间及会让时间等。

它是列车运行的依据，也是分散自律调度集中系统列车进路自动排路的数据来源。

分散自律调度集中系统的控制执行计划编制，在 DMIS 基础上增加了：①严格的、精确的股道分配，除了要考虑行车作业的方便和运输的习惯外，还要考虑《行规》、《技规》及《站细》中的各项规定；②对超限列车，除了根据车次号进行识别，还要增加人工设置的手段；③当车站与中心通信中断且未转入非常站控前，调度员不得更改本站已下发的行车计划；④在下达阶段控制计划时，可进行合法性、时效性和无冲突性检查；⑤更加丰富的报警等。

(1)调度命令

调度中心各工种之间的调度命令。主要指值班主任、计划调度员给行车调度员下达的调度命令，如施工命令和班计划命令等。行车调度员给车站值班员/机务段值班员/乘务室值班员的调度命令，这是调度命令的主要形式。此外，还有行车调度员/车站值班员给机车司机的调度命令。分散自律调度集中系统通过车—地无线传输系统，将此类调度命令直接传输到机车的接收设备上，并可打印输出，代替传统的停车取命令的方式。车站值班员给行车调度员的调度命令请求。当车站请求施工时，车站值班员将施工申请以调度命令请求的形式发送给行车调度员。

(2)列车编组和速报

列车编组。分散自律调度集中系统与 TMIS 系统联网，从 TMIS 系统中取得列车编组信息，作为调度员安排甩挂作业和调车作业的依据。列车编组内容包括：车次号、发报时间和发报站、总重、辆数、长度、车号、品名、到站等。列车的编组和列车运行线实现绑定，点击运行线可查询列车编组信息，并可从编组信息中提取列车速报信息。

列车速报。通过无线车次校核设备获取列车编组信息。

2. 系统控制模式

分散自律调度集中系统具有 2 种控制模式：分散自律控制模式和非常站控模式。分散自律控制模式下，从进路控制方式角度出发，定义了 2 种进路控制方式：计划控制方式和人工按钮控制方式。

(1)分散自律控制模式

分散自律控制的基本模式是用列车运行调整计划自动控制列车运行进路。同时在分散自律条件下，调度中心具备人工办理列车、调车进路，车站具备人工办理调车进路的功能。

(2)非常站控模式

当分散自律调度集中系统故障或其他紧急情况时，车站值班员可以按下 6502 控制台上的紧急站控按钮，切断分散自律调度集中系统控制输出继电器的电源，直接通过控制台按钮的方式进行控制。在计算机联锁车站，则是在计算机联锁系统的操作界面上，进入非常站控，此时计算机联锁系统不再执行任何 CTC 的控制指令，由操作员操作按钮进行控制。

3. 列车计划和列车进路控制功能

分散自律调度集中系统的进路控制功能，包括列车进路控制和调车进路控制，其中列车进路的控制又分为自动按图排列进路和人工排列进路。

(1)自动按图排列进路

当系统处于自控状态时，即自动按图排列进路状态，自律机能按阶段计划自动排列列车进路。列车在车站的运行计划内容包括：车次号；股道号；车站号；到达时刻；出发时刻；作业时间(最小停站时间)。运行经路包括：始发终止标志、连接关系、列车属性(如是否为电力机车、客货车是否超限及车列长度等)。

当计划中的接车股道安排不当时，自律机能够给出报警，由人工修改。当接发车存在变更进路时，自律机选基本进路。当接车进路有延续时，自律机自动选排延续进路。人工可修改计划中的股道安排。

(2)人工排列进路

人工直接用鼠标点击始端及终端按钮(延续按钮)办理进路，自律机进行联锁逻辑判断和《站细》检测后输出。点击取消进路按钮和始端按钮直接取消进路。

4. 调车计划和调车进路控制功能

调车计划的制订和调车进路的控制纳入调度集中系统，是新一代分散自律调度集中系统的特点之一。

(1)调车计划的制订

调度中心的助理调度员负责编制无人车站的调车作业计划，包括：由本务机车或小运转机车担当的甩挂调车作业；由本务机车或小运转机车担当的取送车作业；无客货运业务中间站的甩挂故障车作业和路用车调车作业。有专用调车机车站的调车计划由车站的站调负责编制，也可由调度中心的助理调度员负责编制，由车站值班员输入分散自律调度集中系统。

①调车作业通知单。调车计划是以调车作业通知单的形式体现。无人车站的调车作业通知单能够发送到机车上，由司机打印后转交(移动)调车组人员；有人车站的调车作业通知单能够发送到车站值班员，由车站打印后转交调车组人员。由本务机执行的调车作业通知单必须附有站场示意图。

②调车进路的选路，分为人工完成和智能辅助生成 2 种方式。人工选路；一是在人工编写调车作业通知单后，人工生成该次调车作业所需的进路按钮指令序列，下达至该站的自律机中，以备触发办理；二是由人工在办理调车进路时，根据调车作业通知单，实时选路并排列进路。

(2)调车进路的控制

调车进路排列和列车计划的冲突检测。与列车计划可能会有冲突的调车进路包括：穿越正线的调车进路、占用到发线的调车进路、不占用到发线但影响接发车的调车进路。

在车站处于分散自律控制状态时，系统检测调车进路的办理与列车计划的冲突，一旦检测有冲突，弹出对话框报警，并询问是否继续办理。车站直接办理上述有冲突的调车进路时，必须输入预计进路占用时分。如果调车进路没有在预计的时间解锁，则报警。

冲突检测的方法有：

根据《站细》规定，列车到达前若干时间内停止与到发线有关的调车作业。

系统估算(亦可人工输入)切割正线调车作业的进路占用时间，与经过正线列车的计划相比较。

调车计划的自动调整功能，本务机担当的甩挂作业会随本务机到站时刻的变化而变化；某一条调车进路开始办理的时刻能够随列车计划的变化而自动调整，并以避让进路的形式体现出来。

调车自动排列进路。调车进路可以由自律机自动触发，如本务机担当的甩挂作业第 1 钩进路、调车机掉头进路等。自动触发的条件是：

①本次调车作业的作业单已发到机车并收到回执；

②列车计划自律计算出的调车时间已到；

③已收到司机向自律机发送的无线调车进路排列申请信息。

调车人工排列进路。人工直接用鼠标点击始端按钮、终端按钮办理进路,自律机进行联锁逻辑判断、按《站细》和列车运行计划要求检测后输出。点击取消进路按钮、始端按钮直接取消进路。

5. CTC 显示及控制功能

(1)车站信号显示的信息:列车信号机(包括区间信号机)开放与关闭;调车信号机开放与关闭;进路的空闲、锁闭、占用;股道的空闲、锁闭、占用;接近、离去区段空闲、占用;闭塞分区的空闲占用;道岔定反位、单锁;进路/区段延时解锁表示;进路排列灯;车次号;按钮灯光;半自动闭塞表示灯。

信号设备报警状态(控制台上的报警表示灯):挤岔报瞥、灯丝报警、熔丝报警以及其他需要的各种报警。

(2)CTC 状态信息:模式表示灯(遥控、非常站控模式);自动办理闭塞/到达复原;其他需要的各种表示灯;允许遥控灯。

(3)车站联锁操作按钮。原则上现有 6502 电气集中控制台上的按钮在 CTC 操作界面上要全部保留。其中包括:进路建立按钮、取消进路按钮(总取消按钮)、引导按钮(操作要有密码确认)、引导总锁按钮(密码)、道岔的总定和总反按钮、总人解按钮(密码)、道岔的单锁按钮(车站)、道岔解锁按钮(密码)和功能按钮(办理其他单溜、非进路调车、闭塞操作、接发车请求/同意等)。

(4)CTC 控制按钮:执行命令、上电解锁、自动办理闭塞/到达复原、股道封锁、区间封锁等按钮。

(5)信息提示窗口。在信息提示窗口中显示的内容是根据计划要办理的列车进路及办理时间。

(6)分散自律调度集中按钮操作功能。办理任何操作的一般原则是;模拟 6502 的操作方法或设置相应的功能按钮。首先,选择需要操作的命令按钮,再选择要操作的信号设备。如果操作能顺利执行,输出相应的命令序列,否则给调度员/值班员一个明显的无效命令操作提示。其次,如果操作命令需要密码,则应显示密码输入窗口,让调度员输入正确的操作密码。

(7)非正常情况下的 CTC 控制(重点是无人车站)。

①接车作业。进路锁闭状态下,进站信号机因故不能开放时,系统应能及时报警(语音和文字提示),由调度员人工办理接车作业。由于轨道区段故障导致进路无法建立,由调度员在判明轨道电路故障条件下,人工开放引导信号。道岔无表示时,必须现场人工确认并采取相关安全措施,由调度员办理引导总锁闭,开放引导信号;经现场人工确认列车整列到达后,取消引导总锁闭或转为非常站控模式后,由车站办理引导接车。如果进站信号机内方第一区段故障,由调度员办理引导接车,引导信号应保持开放,列车头部越过故障区段后自动关闭引导信号。

②发车作业。发车进路因故无法排列时,系统应自动报警,由调度员人工办理非正常发车作业。

③非正常解锁。由于轨道电路故障导致进路中的轨道区段不能正常解锁,分 3 种情况。

接车进路:调度员和司机确认列车整列到达或通过后,调度员人工解锁遗留接车进路。

发车进路:调度员和司机确认列车整列出站后,调度员人工解锁遗留发车进路。

调车进路:原则上由办理调车进路的人员,负责人工解锁该调车进路的遗留进路。

调度中心、车站均应具备在分散自律控制模式下的调车进路人工解锁手段。轨道电路停电恢复时,在人工确认机车停稳后,由调度员(或车站值班员)按压轨道电路停电恢复按钮,分咽喉一次性解锁。

系统在分散自律控制模式下，车站的操作不得解锁调度中心办理的列车进路或关闭列车信号，调度中心的操作不得解锁车站办理的调车进路或关闭调车信号。进路正常情况下，系统在列车整列进入股道后，在分散自律控制模式下人工实施引导进路解锁。区段故障情况下，经调度员和司机确认列车整列到达后，调度员人工实施引导进路解锁。

④非正常办理。当区间为自动站间闭塞且区间故障不能正常复原时，需调度员人工确认区间空闲后，调度中心人工办理事故复原操作。当自动站间闭塞区间检查设备为计轴设备，出现轴数不符且计轴设备处于区间占用状态，或者计轴设备检修及停电复原时，需调度员人工确认区间空闲后，中心人工办理计轴复零操作。

在自动站间闭塞区段的区间空闲检查设备故障停用时，调度员通过列车运行调整计划以及实迹运行图，并与列车司机无线通信联系，人工确认列车整列到达、区间空闲后，人工办理闭塞行车。

⑤系统故障降级处理措施。当车站自律机与中心子系统网络通信中断后(以下简称通信中断)，系统应立即自动报警。

对于双线自动闭塞区段无人车站，在通信中断且未转为非常站控模式前，调度员不得改变该站来车方向列车运行调整计划设定的车序，由车站自律机按已收到的列车运行调整计划和列车实际运行情况继续自动执行。列车运行调整计划执行完毕后，通信仍未恢复正常时，系统应将该站设置为自动通过状态。

对于单线自动闭塞区段无人车站，在站间自动闭塞正常工作情况下，通信中断且未转为非常站控模式前，调度员不得改变该站来车方向列车运行调整计划设定的车序，由车站自律机按已收到的列车运行调整计划和列车实际运行情况继续自动执行，直到列车运行调整计划执行完毕。

复习思考题

1. 简述无线通信设备主要功能。
2. 简述 GSM-R 设备组成。
3. 简述无线通信设备操作注意事项。
4. 简述高速铁路信号系统主要功能。
5. 简述高速铁路牵引供电的关键技术。
6. 简述牵引变电所的作用。
7. 简述接触网的供电方式。
8. 简述接触网的基本组成。
9. 简述接触网定位装置的构成及定位方式。
10. 简述接触网设置电分相的一般规定。
11. 简述铁路轨道的组成及其功能。
12. 简述高速铁路轨道的基本技术要求。
13. 简述 CTC 系统的主要功能。
14. 简述分散自律调度集中系统的工作原理。

第十一章　动车组司机室设备检查和操作

本章主要针对动车组的接车检查作业、司机室内设备操作进行介绍。包含了制动试验、列控车载设备的操作等重要内容。

第一节　司机室内设备检查

一、库内接车检查作业

1. 非出库端(重联动车组重联端司机室除外)

(1)确认动车组型号正确。

(2)进入非出库端司机室。

(3)检查左侧安全保护开关柜内各开关均在闭合位(闭合“列控车载设备系统电源”开关),司机室操纵手柄及开关位置正确,检查故障开关柜内各开关位置正确(列控车载设备隔离开关在运行位、列控车载设备冗余开关在 1 系或 2 系、接地钥匙在开位)。

(4)开启蓄电池后,占用司机室,通过 HMI 显示确认配置正确,发现当前故障信息及时通知随车机械师或动车所调度。

(5)根据随车机械师的要求选择相应的受电弓,升起受电弓后闭合主断路器。

(6)根据需要选择“网侧电流限制”。

(7)确认列控车载设备、CIR 启动正常。

(8)按要求进行制动试验。

(9)确认停放制动施加,断开“列控车载设备系统电源”开关,方向开关、牵引手柄置“0”位,确认 HMI 屏换端标识后拔出主控钥匙,退出司机室占用。

(10)离开司机室时确认司机室门窗锁闭。

2. 出库端

(1)进入司机室,检查及作业程序参照非出库端。

(2)输入列控车载设备、CIR 有关数据。

二、车站换端(乘)作业程序

(一)同向继乘

1. 交班司机

(1)保持列车制动状态。

(2)装备 LKJ 的动车组转储 LKJ 运行数据。

(3)填写《动车组运用技术状态交接簿(单)》。

(4)向接班司机交接调度命令、动车组技术状态、动车组钥匙、电务车载设备检测合格证。

(5)注销 GSM-R 手持终端车次功能号。

2. 接班司机

(1)按规定与交班司机交接,对交接内容进行确认。与随车机械师交接司机室驾驶操纵设备技术状态并在《动车组故障交接记录单》上签认。

(2)修改列控车载设备司机代码等相关参数。

(3)装备 LKJ 的动车组,输入 LKJ 参数并载入 IC 卡数据。

(4)注册 GSM-R 手持终端车次功能号。

(5)确认司机室门窗锁闭,做好开车准备。

(二)换端作业

1. 本班司机折返

(1)保持列车制动状态,装有停放制动装置的动车组施加停放制动。

(2)装备 LKJ 的动车组转储 LKJ 运行数据。

(3)注销 CIR、GSM-R 手持终端车次功能号,关闭 CIR 设备电源。

(4)退出司机室占用,确认操纵台各开关、手柄位置正确,锁闭司机室门窗。

(5)换端后投入主控钥匙激活司机室,按照附件 4 进行制动试验。

(6)输入 CIR、列控车载设备数据参数。

(7)装备 LKJ 的动车组,输入 LKJ 参数并载入 IC 卡数据。

(8)确认司机室门窗锁闭,做好开车准备。

2. 换乘折返

(1)交班司机

①换端后保持列车制动状态,装有停放制动装置的动车组施加停放制动。

②装备 LKJ 的动车组转储 LKJ 运行数据。

③注销 CIR、GSM-R 手持终端车次功能号,关闭 CIR 设备电源。

④填写《动车组运用技术状态交接簿(单)》。

⑤退出司机室占用,确认操纵台各开关、手柄位置正确,锁闭司机室门窗。

⑥向接班司机交接调度命令、动车组技术状态、动车组钥匙、电务车载设备检测合格证。

(2)接班司机

①按规定与交班司机交接,对交接内容进行确认。与随车机械师交接司机室驾驶操纵设备技术状态并在《动车组故障交接记录单》上签认。

②投入主控钥匙激活司机室,根据不同列控车载设备型号,按照附件 4 进行制动试验。

③输入 CIR、列控车载设备数据参数。

④装备 LKJ 的动车组,输入 LKJ 参数并载入 IC 数据。

⑤注册 GSM-R 手持终端车次功能号。

⑥确认司机室门窗锁闭,做好开车准备。

第二节　司机室内设备操作

一、司机室 HMI 设备及操作

1. 左侧司机 HMI 显示屏,如图 11-1 所示。

2. 右侧司机 HMI 显示屏结构。如图 11-2 所示。

3. HMI 显示器操作硬键布局、功能，如图 11-3 所示。其内容详见表 11-1。

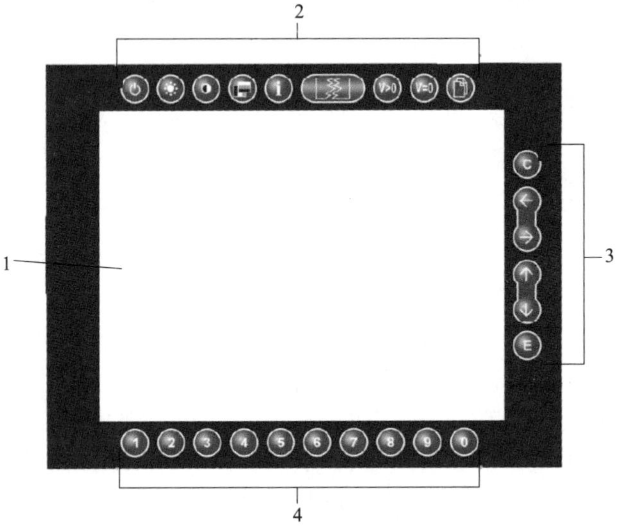

图 11-1 左侧司机 HMI 显示屏结构

1—屏幕；2—操作硬键；3—光标和输入硬键；4—键盘软件（10 位）

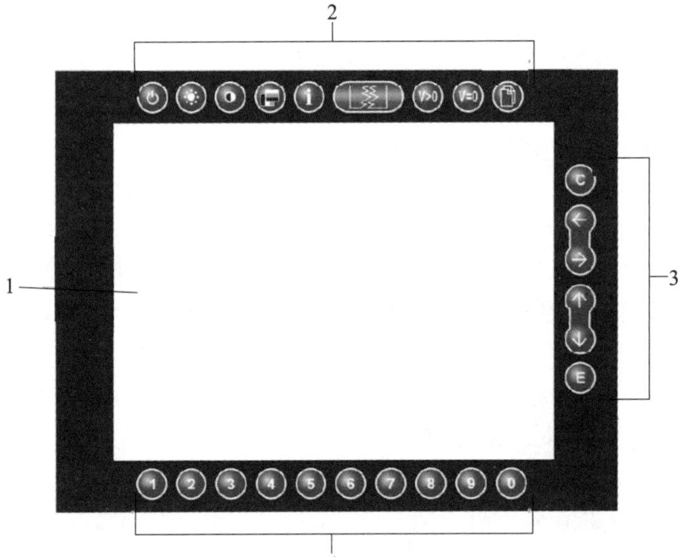

图 11-2 右侧司机 HMI 显示屏结构

1—屏幕；2—操作硬键；3—光标和输入硬键；4—键盘软件（10 位）

图 11-3 HMI 显示器操作硬键

表 11-1　HMI 显示器操作硬键排列图

操作硬键	名称	功能
	屏幕开/关	在屏幕背光开和关之间切换。该操作仅适用于相同显示器
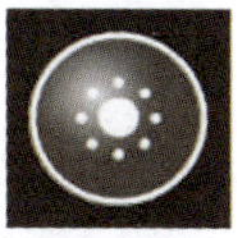	亮度对话框	调节屏幕背光亮度
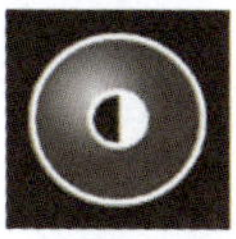	日/夜切换	在日夜设计模式间切换，对于司机室两个司机 HMI 均适用 长按该键 3 s，进行截屏操作
	语言选择	更改 HMI 显示器语言，对于司机室两个司机 HMI 均适用 注：安装了自主化 HMI 软件的 CRH380B(L)型动车组，该键不再具备语言选择，更改为截屏操作
	信息盒	(1)访问由工厂维修人员输入的特定车辆信息 (2)查看司机 HMI 和乘务员 HMI 上的操作信息和描述(各种可操作和不可操作元件及其含义)
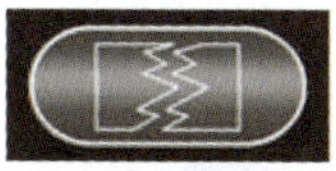	故障总览	访问故障总览，将选择栏设置为最新未确认故障
	帮助文本 $v>0$	行驶期间，显示提示信息
	帮助文本 $v=0$	静止时，显示提示信息
	显示器切换	切换至另一个 HMI 上的显示功能(如从右司机 HMI 上访问左司机 HMI 的屏幕)
	删除/取消操作	(1)删除、终止输入 (2)返回至上一显示屏

续上表

操作硬键	名称	功能
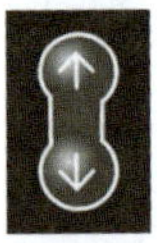 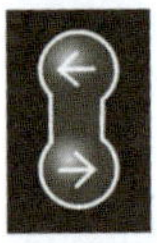	光标硬键	(1)在同页中上下逐行切换光标所在行,需要时,可适当滚动浏览 (2)在屏幕中将光标向右/左/上/下移动一位,在该屏幕中,列车可操作组件以逐车矩阵(如光开关矩阵)的形式显示,也可进行多次(数字)输入
	输入	输入、确认
 … 	键盘软键	使用键盘软键可访问显示屏,显示屏内容与各屏幕上的软键含义相关。相应的含义将在软键上方区域出现

4. HMI屏显示布局(图11-4)

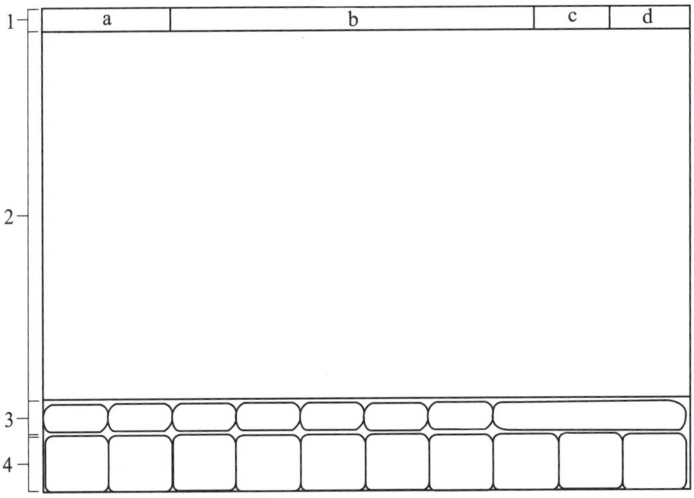

图11-4 HMI屏幕布局

1—标题栏(1a—列车编号;1b—屏幕标题;1c—日期;1d—时间);2—显示区;3—状态栏;4—功能键栏

注:标题栏——显示列车编号、屏幕标题、日期时间等基本信息。

状态栏——此栏内显示指示图标和故障指示器,所有的司机显示屏中会显示指示图标。故障指示器作为短消息显示在状态栏(三个功能键的宽度)的最右边的字段,同时发出声信号。

功能键——功能键栏将显示所有当前可操作的功能键。

所显示的短消息包括车辆编号和子系统代码。如图11-5所示。

5. HMI屏幕显示项目

HMI屏幕显示中包括:可操作项和不可操作项。各种可操作和不可操作元件及其含义显示在HMI屏幕硬键中。

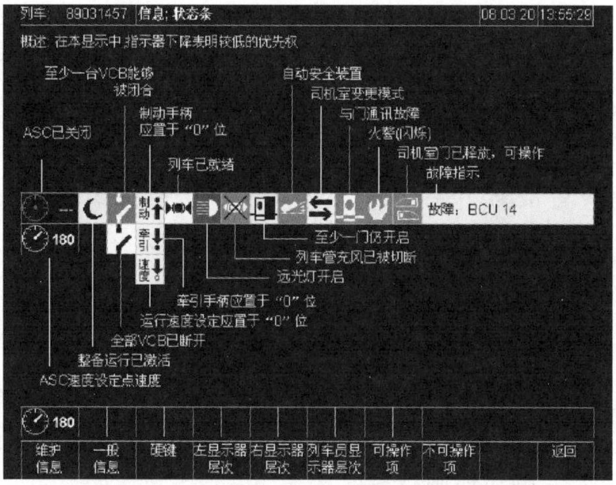

图 11-5　状态栏内能显示的所有状态信息

(1)可操作项(图 11-6、图 11-7)

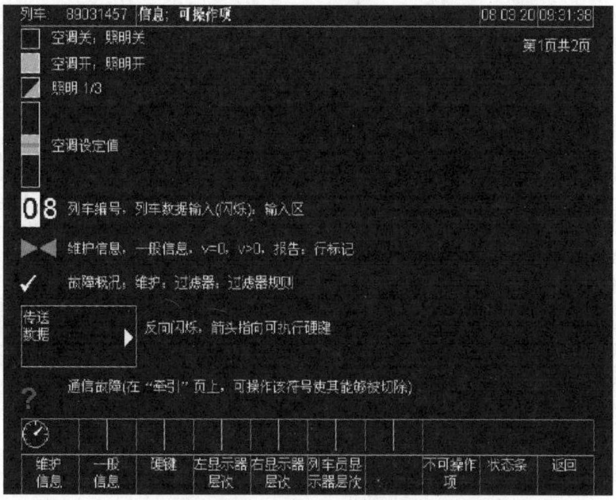

图 11-6　图示所有可操作项(1)

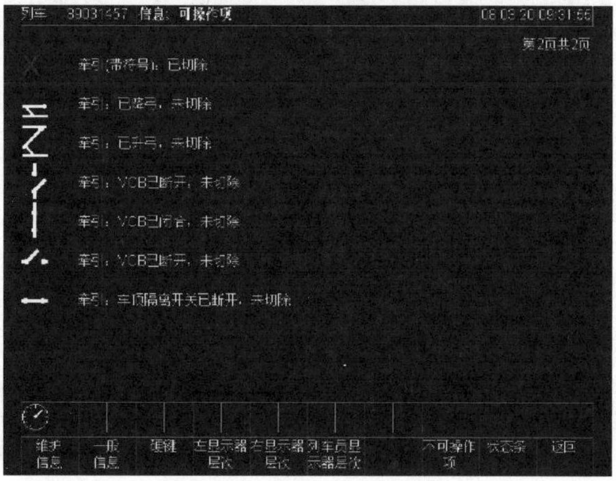

图 11-7　图示所有可操作项(2)

①可在选择后改变可操作元件，例如空调控制的操作元件（开/关）或牵引控制元件（受电弓的升降，接通/切断主开关）。

②可用光标硬键选择元件。选定的元件/字段将会突出指示或闪烁。可通过软键来改变/操作这些元件。

③可操作项包括：空调、照明开关；空调温度调整；列车数据输入；故障信息查询；故障信息标记；传送数据；高压设备切除等。

(2)不可操作项

①列车部件的状态（例如外乘客门关闭/打开）。

②列车相关读数（例如接触电网电压），以及运行顺序（例如远程数据传输运行中的“数据传输运行”指示符。

③不可操作元件的信息通过所附符号或文字在屏幕中自说明。

④不可操作项包括图 11-8～图 11-14 所示内容。

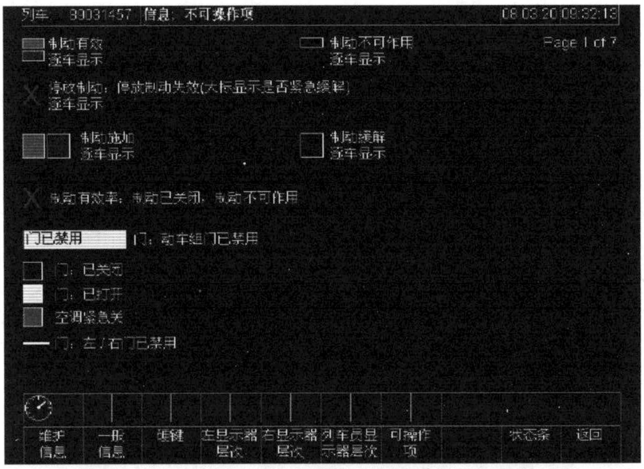

图 11-8 不可操作项(1)

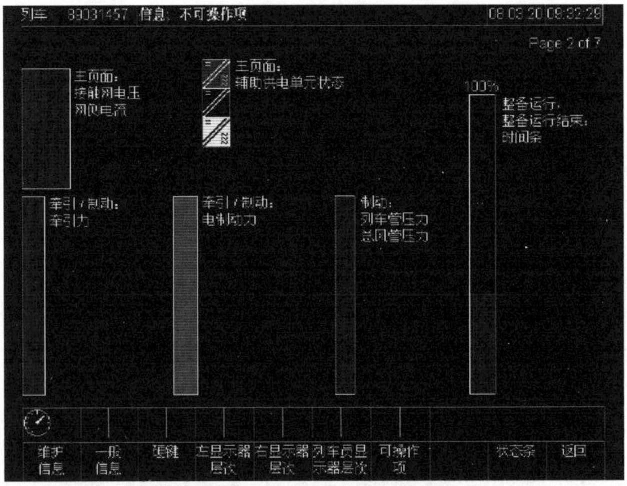

图 11-9 不可操作项(2)

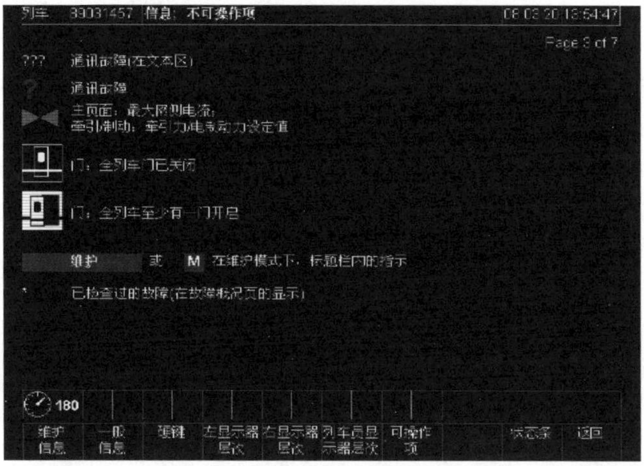

图 11-10　不可操作项(3)

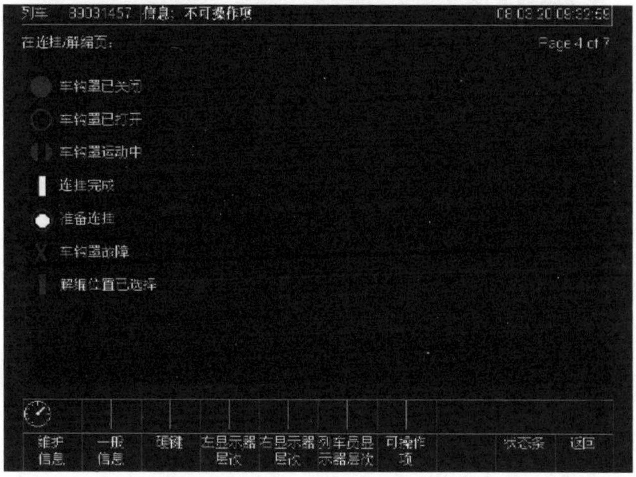

图 11-11　不可操作项(4)

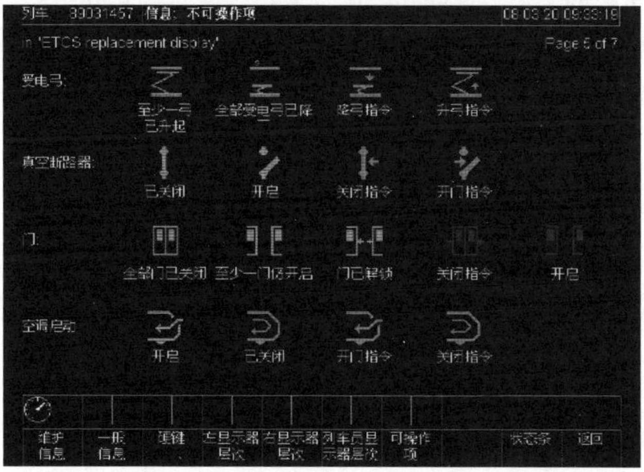

图 11-12　不可操作项(5)

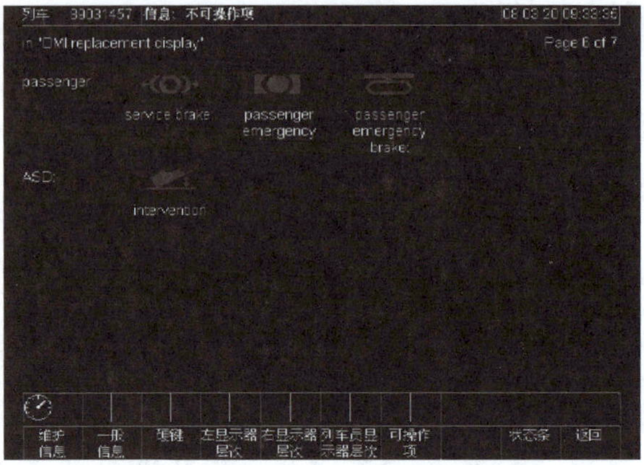

图 11-13　不可操作项(6)

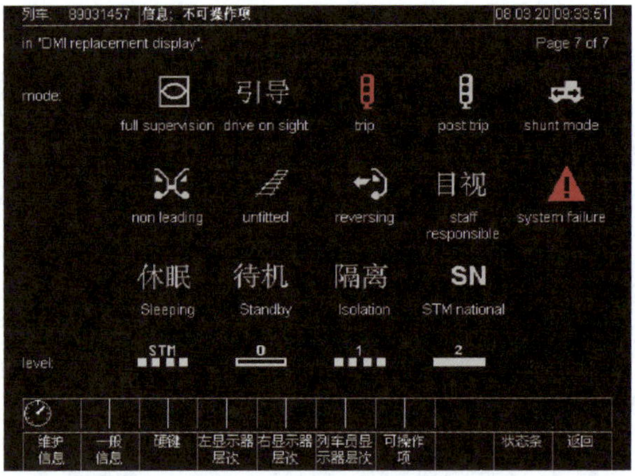

图 11-14　不可操作项(7)

6. HMI(人机界面)中的故障管理

(1)故障指示

HMI 显示的是重要的车辆系统的功能限制。故障管理的操作方法适用于动车组所有的 5 个显示器(4 个司机的 HMI,1 个随车机械师的 HMI)。

出现未定故障时,分为两种状态:

①当前未定故障自发生后,还未经司机或随车机械师查看、处理。

②确认故障消息显示故障尚未修复,处于待定状态。通过选择相应的补救性消息确认故障。

注意:故障总览中不会显示已排除(复位)的故障。

当前的故障显示在每个屏幕画面状态条最右侧的黄色字段形成“故障指示图标”,该图标具有两种未定故障状态:

①此字段将闪烁显示车号以及最近未确认故障的操作码。

②如果几种未确认的故障同时存在,则只显示最近故障。

(2)故障查寻

选择按键将按故障发生的顺序显示故障消息。最近发生的故障消息将列在首位。

每种故障，除车号和故障代码外，还显示发生的时间和短报告。已确认的故障均在消息行的开始标有“＊”标记。每个故障可使用光标选择。当选择一个故障时，该故障会出现带白色边缘。

当选定（故障总览）画面后，光标将自动置于第一个未确认的故障消息上。使用“删除标记”功能键可将所有故障消息的确认标记删除。

使用“报告”软键可调出每种未定故障的故障说明。使用（故障总览）功能键，用户可以返回故障总览画面；用“返回”功能键，HMI 页面将返回至用户查询故障前 HMI 屏所处的页面。

（3）查询 HMI 故障处理提示

对于当前的未确认故障，可直接选择两种帮助文本，即在行驶（$v>0$）或静止（$v=0$）时，使用或硬键查看帮助文本。此故障通过选择帮助文本屏幕画面来确认。还可使用（故障总览）硬键选择故障总览页面。这样就可以选择当前的未确认故障并及时顺序启动修复措施。更多有关未确认故障的详尽信息，可操作“报告”软键。

注意：针对不同的列车运动状态（$v=0$，$v>0$）同一故障相应的补救措施也不同，因此必须正确选择或硬键。

（4）HMI 上的位置和独立状态诊断信息

当前所有司机人机界面上相关的故障消息可通过操作硬键选择显示在故障总览页面中。每条故障消息均显示车号、子系统的名称以及短故障信息文本和故障发生时间。最近的故障显示在列表的顶部，按时间顺序以此向下排列。已确认的故障（即查看该故障的帮助文本）标有“＊”。已解决的故障（清除的）则从此列表中除去。

注意：某些处理措施画面允许直接启动切换操作及进入其他画面。这些软键均突出显示为黄色。

（5）声音输出

设备发生故障或提示信息时，HMI 在显示故障信息时，还同时发出声音信号对司机进行提示。这些信号分为三种声音文件：

①“咚-叮”声，每次故障发生时将发生此声音。

②“叮”声，此声音将每隔 30 s 产生一次，直到所有的故障信号全部确认。

③“昂”声，当状态栏发生重大变化时，将发出该声音。

7. 手动启动远程数据传输

无论列车处于行驶还是静止状态，所有已由动车组中央诊断系统自动记录以及乘务员手动记录的维修事件可提前通过远程数据传输传送回动车基地。

（1）通过功能键选择所需传输的相应数据（诊断数据或记录数据或操作数据）。

（2）通过功能键“触发远程数据传输”启动数据传输。GSM 移动无线系统用于进行远程数据传输。传输信息包括每个诊断事件的故障诊断识别码，发生事件的车代码，以及故障发生和消失的时间。

二、列车内部通信和声音乘客信息

1. 通信结构

对于“内部通信和声音乘客信息”，动车组的每节车厢及每个司机室中均配有一个内部通信单元，客室、餐车区域、入口区以及卫生设施中均安装了顶部扬声器。

通信和声音乘客信息按功能可分为：

(1)广播和内部通信功能。

(2)扩展的广播功能。

(3)优先级。

2. 广播和内部通信功能

每个列车单元均具备基本的广播和内容通信功能。当两列车重联时，每个动车组以及整列列车均具有以下基本功能：

(1)基本广播(内部通信单元→所有扬声器，司机→所有扬声器)

广播前，列车中所有扬声器均发出提示声音，然后才开始广播。广播在扬声器系统中具有最高的优先级。广播期间，扬声器所有其他音频功能都被断开。

(2)扩展的广播功能

扩展的广播功能是在车可选择以及等级可选择的广播体制下执行的。此类广播可使用内部通信单元中的数字键启用。

单组动车组和双组重联动车组中均具备此扩展的广播功能，并且此功能适用于乘务员室中的内部通信单元的广播。

3. 自动与手动启动广播

广播系统配有存储器，借助此存储器，预定的广播可回放两遍。

(1)自动启动的存储消息的广播→所有扬声器，通过所有扬声器向乘客播放广播(启用自动广播系统后(通过 PIS-HMI)，自动广播借助 GPS 坐标定位在进入下一站前的几千米前开始广播)。

(2)手动启动的存储消息的广播→所有扬声器，通过所有扬声器向乘客广播(乘务员通过 PIS-HMI(人机界面)从预定/存储的通知中选择通知并通过扬声器系统输出)。

4. 通信系统的优先级

如果广播是由内部通信单元发出的，则此期间其他通信单元的广播将被禁用。广播系统的优先级，详见表 11-2。

表 11-2　广播系统优先级功能

优先级	功　能
1(高)	固定对讲机站发出的动车组/双牵引动车组范围内的广播 司机发出的动车组/双牵引动车组范围内的广播
2	可选择的广播
3	手动/自动启动的存储消息的广播
4(低)	所有扬声器系统可用的其他类型的音频功能(例如音乐)

5. 列车内部通信设备操作

(1)列车内部通信设备布局(图 11-15～图 11-17)

图 11-15　通信设备(1)

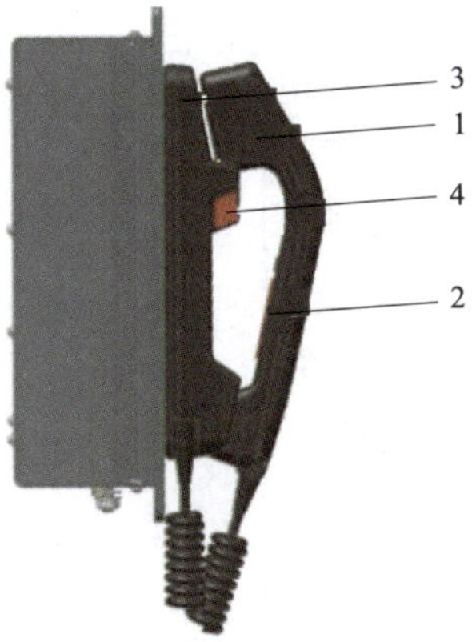

图 11-16　通信设备(2)

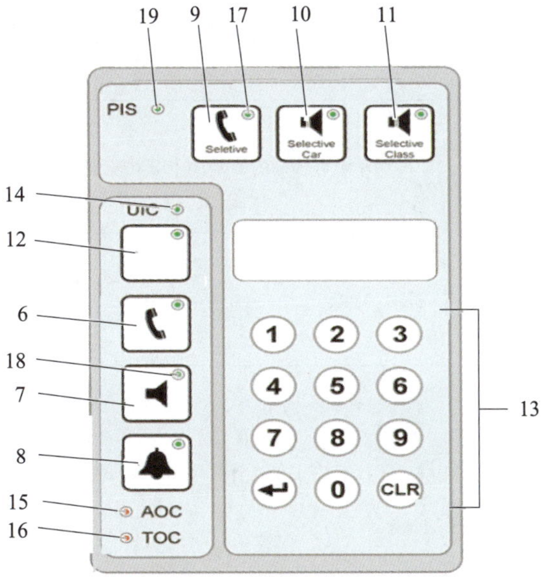

图 11-17　通信设备(3)

(2)内部通信单元按键操作及用途详见表 11-3。

表 11-3　通信单元按键及用途

位置	按钮/指示灯	用　　途
1		听筒带通话按钮
2		带通话按钮
3		电话托架(3)带锁定装置(将听筒锁定在托架上)
4		挂钩开关(4)(电话托架中的红色开关,通过听筒中的磁铁起作用)
5		铺箔键盘(5),带下表中所述的操作键和指示灯
6		功能键“基本通话(同司机)”

续上表

位置	按钮/指示灯	用　途
7		功能键“基本 PA”
8		功能键“停车信号”
9		功能键“选择性通话”
10		“每辆车上可选择的 PA”的 PIS 功能键
11		“每辆车上可选择的 PA”的 PIS 功能键
12		备用
13		数字键，带 CLEAR（清除）和 ENTER（输入）键用于选择性通话/PA
14	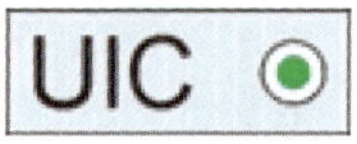	绿色发光二极管：“UIC 总线状态” 如果内部通信单元通 UIC 总线连接并可操作则该灯点亮
15		红色发光二极管：“扬声器占用” 指示基本 PA（最高优先级的 PA 功能）启用且因此 PA 系统被占用
16		红色发光二极管：“电话占用” 红色发光二极管：“电话占用”
17		PIS 功能键（9）～（11）中的绿色发光二极管 指示 PIS 功能键相关功能启用。这些指示灯是通过 PIS 系统启用的
18		UIC 功能键（6）～（8）中的绿色发光二极管
19		绿色发光二极管“PIS 状态” 如果内部通信单元通 PIS 总线连接并且 PIS 软件正在运行则点亮

三、外部照明(前照灯)操作(图 11-18)

1. 外部照明开关

相应的信号由人操作,非连挂的 1 号或 8 号车在向前行驶时通过拨动开关来接通电源。有五个切换位置(图 11-19)。

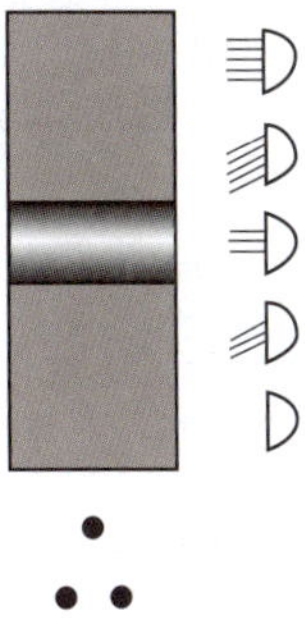

图 11-18　外部照明(前照灯)

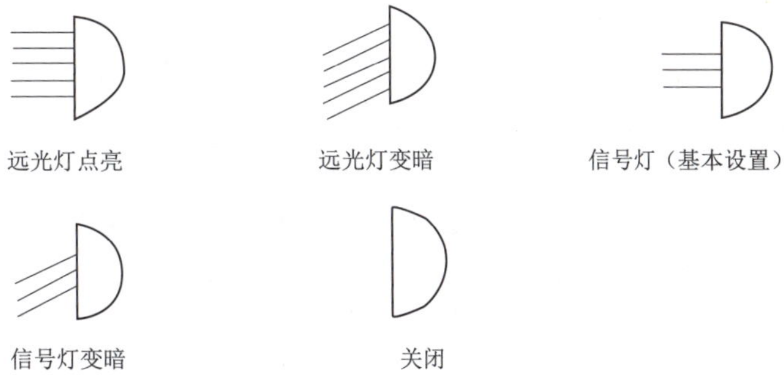

图 11-19　外部照明开关

2. 外部照明特殊操作

位于故障开关控制台上的旋转开关“信号灯”

,使用此开关可将头灯从“自动”(即头灯由车辆控制系统控制)模式切换为“白灯点亮”或“红灯点亮”模式。从而可以在特殊情况下(例如当列车被拖曳或灯控制系统出现故障时)手动将三个白色信号灯或两个红色尾灯电源接通。“白灯亮”和“红灯亮”设置优先于所有其他的启用设置。

控制开关“紧急系统电源”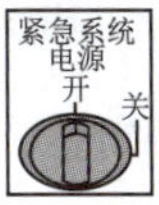

,如果将开关,操作至“开”位置,则未连挂端车头外部照明的信号灯变为“列尾标志灯”(红色标志灯)。蓄电池直接供电的“紧急系统电源”的开关仅在

开关处于“自动”位置时才能起作用。通过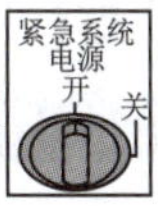

开关启用的优先级高于控制系统的自动控制。

第三节　制动、电气试验

一、CRH380B(L)型动车组制动试验办法

(一)全部制动试验办法

1. 制动试验前提条件

(1)司机室需投入占用,并升弓送电,HMI 屏制动界面显示正常。

(2)动车组管路未通过辅助装置充风。

(3)备用制动未激活。

(4)停放制动处于施加状态。

(5)列车空气制动处于缓解状态(确认 ATP 没有施加制动,如 ATP 输出制动时,隔离 ATP 或转换模式)。

(6) ASC 设置为关闭,故障面板上各环路故障开关在正常位置。

(7)总风管风压大于 850 kPa,列车管风压大于 550 kPa。

2. 制动试验内容

动车组制动试验包括直接制动试验、紧急制动试验、总风管(MRP)贯通性试验、列车管(BP)泄漏试验、间接制动试验。

3. 制动试验操作

制动试验需在右屏进行,试验过程中应按照试验顺序执行,试验过程中不可进行其他影响制动试验的操作。

(1)在制动界面,点击“制动试验”进入“制动试验”界面,如图 11-20 所示。

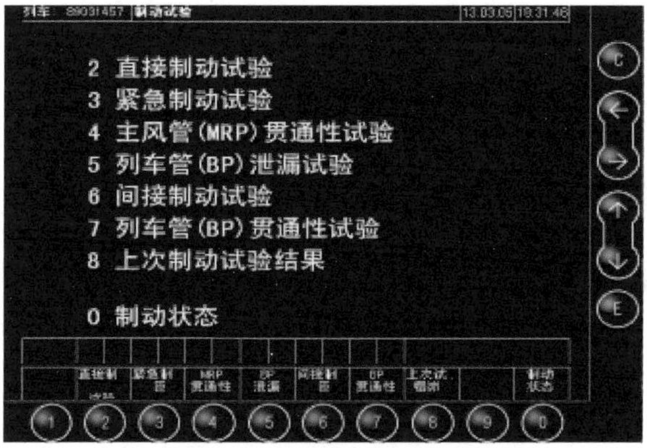

图 11-20 “制动试验”界面

(2)直接制动试验

①点击“直接制动试验”进入如下页面,如图 11-21 所示。

图 11-21 “直接制动试验”界面

②点击“开始试验”,根据屏幕提示将制动手柄置于 3 级,然后根据屏幕提示将制动手柄置

于缓解位。待出现图 11-22 所示界面时，点击“制动试验”，完成此步试验。

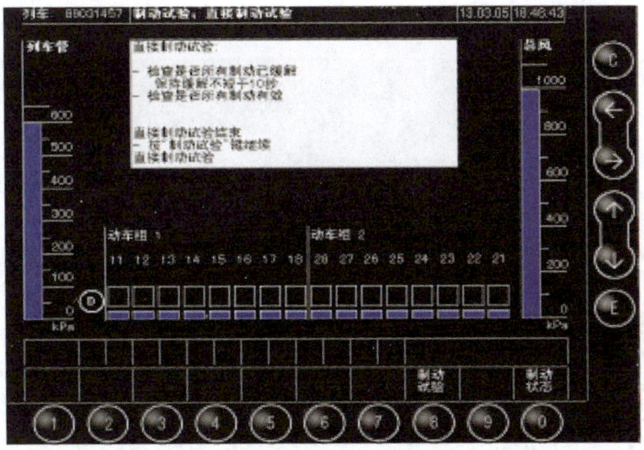

图 11-22　“直接制动试验”完成界面

(3)紧急制动试验

①点击“紧急制动试验”进入如图 11-23 所示页面。

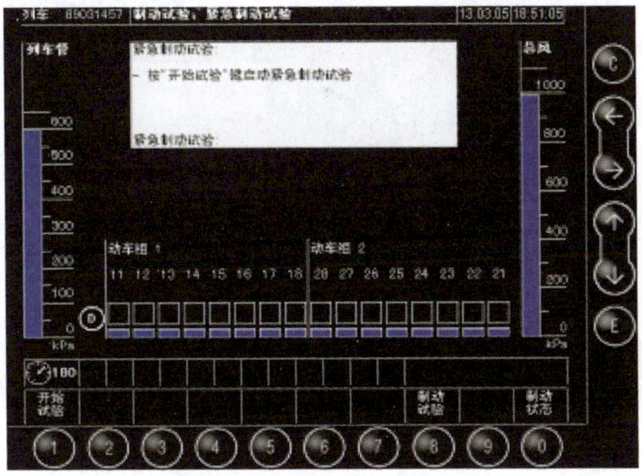

图 11-23　“紧急制动试验”界面

②点击“开始试验”，根据屏幕提示将制动手柄置于紧急位，然后根据屏幕提示将制动手柄置于“OC”位。根据提示将手柄置于“OC”位后列车管刚开始充风，HMI 屏即提示进行下一步试验，如图 11-24所示。此时需待列车管达到 600 kPa，车辆缓解后方可点击“制动试验”进行下一步试验。

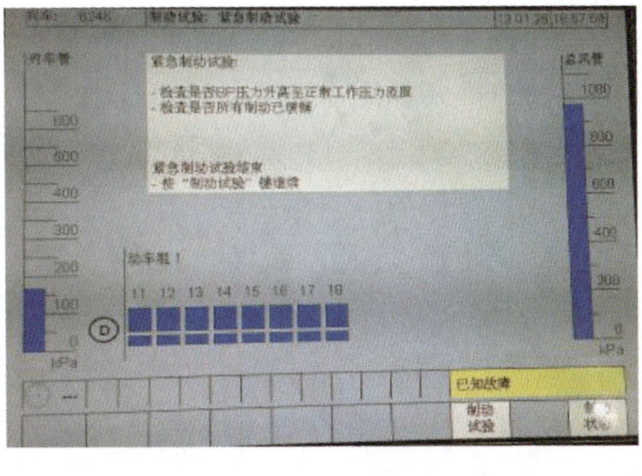

图 11-24　“紧急制动试验”完成界面

(4)总风管(MRP)贯通性试验

①点击“总风管(MRP)贯通性试验”进入如下页面,如图 11-25 所示。

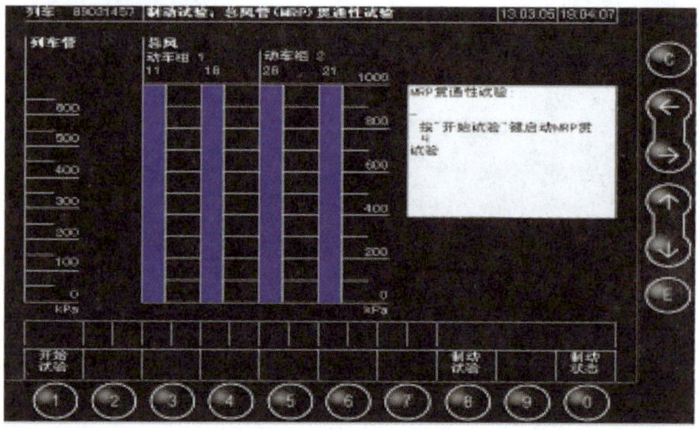

图 11-25 “总风管(MRP)贯通性试验”开始界面

②点击“开始试验”,出现如图 11-26 所示页面。

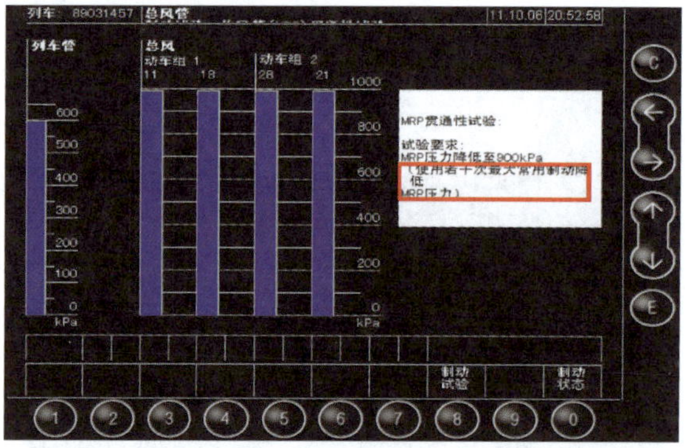

图 11-26 “总风管(MRP)贯通性试验”进行界面

如果提示红框内容,通过施加和缓解常用制动,降低总风压力,直至图 11-26 中红色框内的内容消失;注意:施加制动或缓解制动后,手柄在制动或运行位稍作停留,红色框内的内容在总风压力约为 870 kPa 时消失,此步试验中不允许将总风压力降至 850 kPa 以下。降低总风压力时,各车的压力下降应同步。如无红框提示则无需进行任何操作。

等待总风管压力上升,直至屏幕提示,点击“制动试验”进行下一步试验。注意:如果压力无上升,通知机械师检查尾部空压机是否工作。

(5)列车管(BP)泄漏试验

①点击“列车管(BP)泄漏试验”进入如图 11-27 所示页面。

②点击“开始试验”,根据屏幕提示点击“制动试验”进行下一步试验。

(6)间接制动试验

①点击“间接制动试验”进入如图 11-28 所示页面。

②点击“开始试验”,根据屏幕提示点击“BP 排风”,待列车管排风结束后,再根据屏幕提示点击“停止排风”,待列车管压力达到 550 kPa 以上,空气制动缓解后,根据屏幕提示点击“制动试验”,完成制动试验。

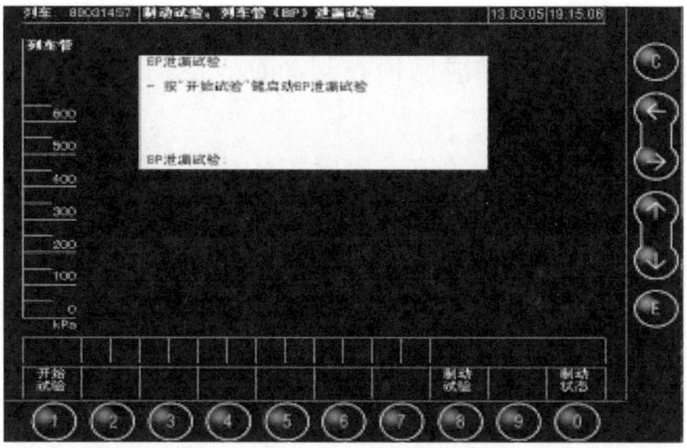

图 11-27　“列车管(BP)泄漏试验”界面

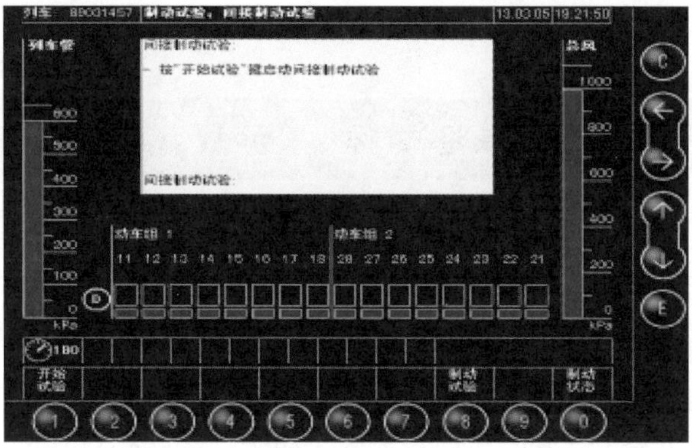

图 11-28　“间接制动试验”界面

(7)制动试验注意事项

①做制动试验时,必须严格按照 HMI 屏提示进行操作,切忌不能抢屏操作。

②如果某项制动试验未通过,在此项试验结束后 HMI 将会显示“××试验失败……”,此时需根据 HMI 屏提示信息查看故障代码,根据故障代码排除故障,重做该项制动试验。试验通过后,可继续进行其他未完成的试验项目,无需重新进行全部制动试验。

③制动试验期间,不可进行其他影响制动试验的操作(例如:操作 ASC、ATP、切换 HMI、激活备用制动、意外触动制动手柄等);如果某项制动试验中途因误操作终止或退出,需要重新进行该项制动试验,而无需重新进行全部制动试验。

④如遇紧急情况,试验时间不足以完成全部试验时,可先进行(2)、(3)、(6)制动试验(直接制动试验、紧急制动试验、间接制动试验)。

⑤在进行试验时需在右侧 HMI 屏(制动系统默认显示屏)进行制动试验,可将左侧 HMI 屏调至制动试验显示时间界面进行查看,若每项制动试验完成时不显示最新试验时间或试验时间显示后自动消失,需将两侧 HMI 屏进行复位操作,并再次进行制动试验,如果复位后制动试验时间仍然不能正常显示,但制动有效率正常,不影响动车组制动性能,动车组可以投入运营。

(三)简略制动试验办法

1. 运行中换端操作

(1)换端后,施加紧急制动,并保持 10 s 后,检查制动有效率为 100%,则制动简略试验完成。

(2)若上述操作后，制动有效率不是100%，则执行菜单指导制动试验中的“直接制动试验、紧急制动试验、间接制动试验”，完成后检查制动有效率为100%，则制动简略试验完成。

2. 重联解编后操作

解编后动车组司机在两端司机室的第一次占用均执行以下操作：

(1)通过操作制动手柄施加紧急制动保持10 s后，缓解紧急制动，动车组司机目视检查制动、缓解功能正常；检查车辆制动有效率为100%。

(2)施加3级常用制动后，缓解；动车组司机目视检查制动、缓解功能正常。

(3)执行并完成制动试验中的“列车管泄漏试验”。

二、牵引试验

确认停放制动施加状态，制动手柄8级→提牵引手柄→确认牵引功率上升(不超过10%)→牵引手柄回置“0”位。

第四节 行车安全装备操作(基于V4.0.0版司机手册)

一、基本操作流程

1. ATP设备启动前准备

(1)将主控钥匙插入主控钥匙孔，旋转到[开]位置，激活驾驶室。确认ATP设备[隔离开关]处于[正常]位置、[冗余开关]处于工作位置。如图11-29、图11-30所示。

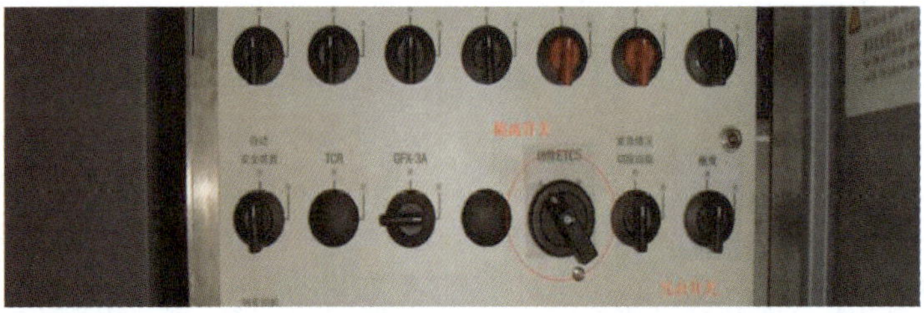

图11-29 CRH380B(L)型动车组[隔离开关]

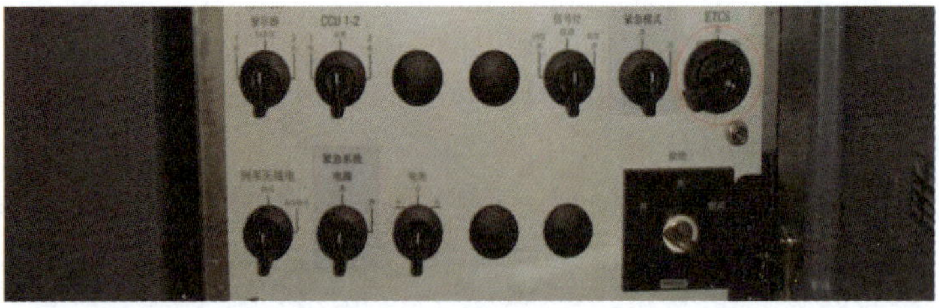

图11-30 CRH380B(L)型动车组[冗余开关]

(2)确认司机室内NFB上ATP设备控断路器位置(图11-31)正确。

2. ATP设备启动操作

将ATP电源司机室控制开关闭合，给车载设备上电，等待大约1 min 42 s或1 min 52 s(如果ATP上电2 min后，还没有进入待机模式，就需要重启ATP或切换到另一系重新启动），车载设备开始进行内部测试，此时 DMI 显示文本信息："ATP 正在启动，请等待"；车载设备自检成功后缓解车载设备制动，此时 DMI 显示待机模式。如图 11-32、图 11-33所示。

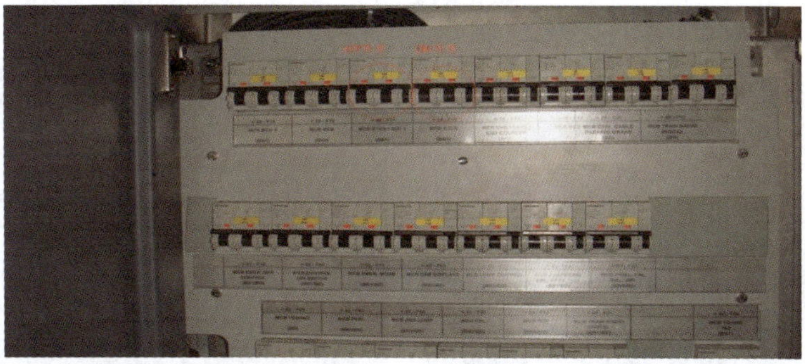

图 11-31　CRH380B(L)型动车组 ATP 设备控断路器位置

图 11-32　ATP 自检显示

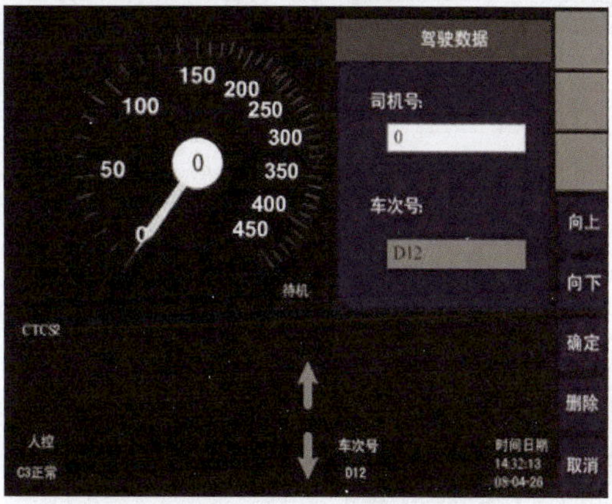

图 11-33　ATP 上电成功后界面

3. 激活驾驶室，输入司机号、车次号

DMI 上就会出现驾驶数据输入界面。分别输入司机号和车次号，其中司机号位最多 8 位数字，车次号最多 3 位字母和 5 位数字。

4. 进行制动测试

驾驶数据输入完成后，DMI 上显示"执行制动测试"，(图 11-34)按"确定"执行自动测试，在进行自动测试前，要缓解车辆输出的制动，CRH380A(L)型动车组需将制动手柄置于 B6 级及以下级位，如果 DMI 显示"无法启动制动测试"、"制动测试失败"须确认车辆制动是否缓解并制动手柄在 B6 级及以下。正常情况下 DMI 显示"正在进行制动测试"，测试结束后，显示"制动测试成功"。

注意：每次启动时司机必须进行制动测试，并确保制动测试成功；在进行制动测试成功之前，禁止选择等级和输入。制动测试时需要司机观看列车的状态屏，确认 ATP 输出制动时，列车执行了 ATP 的制动命令。如果 DMI 显示"制动测试中断，重新测试"，按正确的操作过程重新启动 ATP。

5. ATP 等级选择

(1)由于 ATP 存储上次使用等级，如果 ATP 上次处于 C3 级关机(死机)制动测试结束时，DMI 显示“正在与 RBC 建立连接”(图 11-35)，不能手动选择列控等级，ATP 使用上次关机时存储的 RBC ID 和电话号码直接呼叫 RBC。(无线连接需要等待 1～2 min)

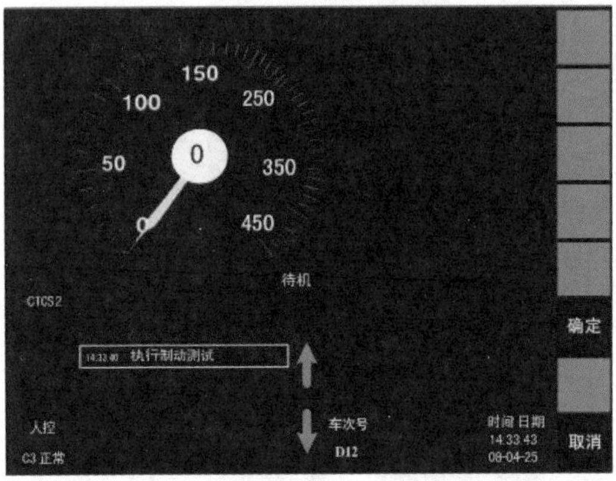

图 11-34　执行制动测试

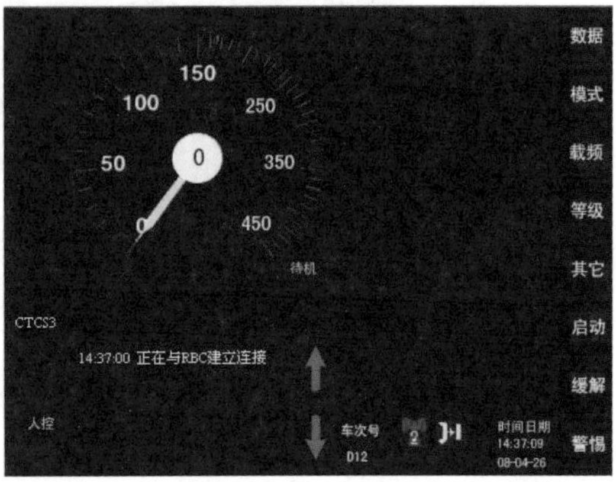

图 11-35　DMI 显示“正在与 RBC 建立连接”

(2)如果 ATP 上次关机处于 C2 级结束工作，DMI 上显示闪烁的文本信息“确认 CTCS-2”(图 11-36)，菜单上显示“确定”和“取消”两个按钮。需使用 CTCS-3 等级发车时，按“取消”按钮，重新请求等级，所有可能的等级都显示在等级选择菜单上，可用的等级为蓝色，不可用的等级为灰色，带白色边框的是当前等级(图 11-37)。车站发车时优先选择“CTCS-2 级”。

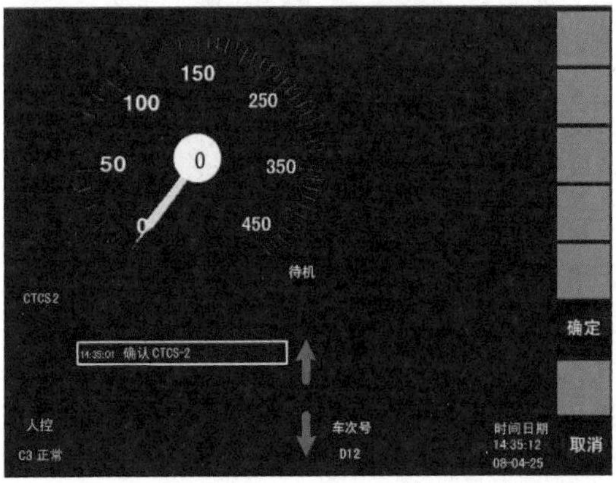

图 11-36　闪烁的文本信息“确认 CTCS-2”

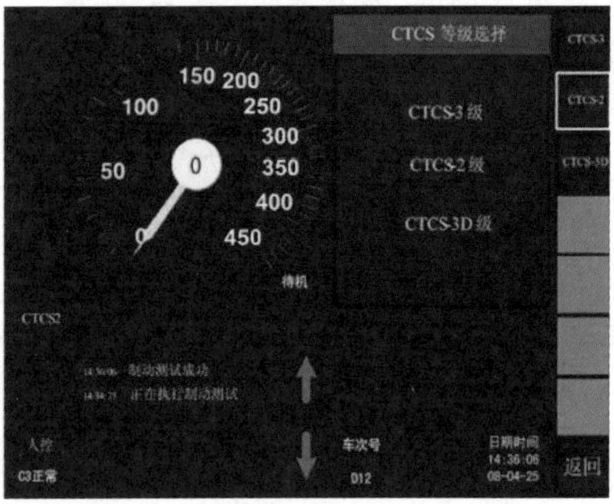

图 11-37　等级选择界面

(3)如果选择 C3 级，DMI 上会出现 RBC 数据输入界面，包括输入 RBC ID 和 RBC 号码等信息(网络编号不需要输入，使用默认值即可)，如图 11-38 所示。

注意：在两个 RBC 管辖重叠区内重启 ATP 时，司机需要输入下一个 RBC 的电话号码和 RBC ID；如果输入前一个 RBC 电话号码，会导致 ATP 因无法获得下一个 RBC 的 MA(移动授权)而停车。

6. 列车数据输入

列车数据输入界面，使用“工作个数”表示。在 DMI 上显示默认的列车编组数(1 表示 8 辆编组，2 表示 16 辆编组或者两列 8 辆编组重联)；根据列车实际长度，司机可以修改列车编组数，按“确定”键确定修改后的列车编组数。如图 11-39 所示。

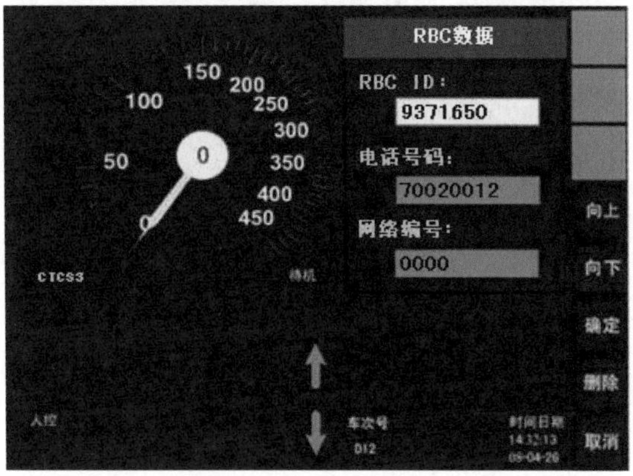

图 11-38　C3 级 DMI 上会出现 RBC 数据输入界面

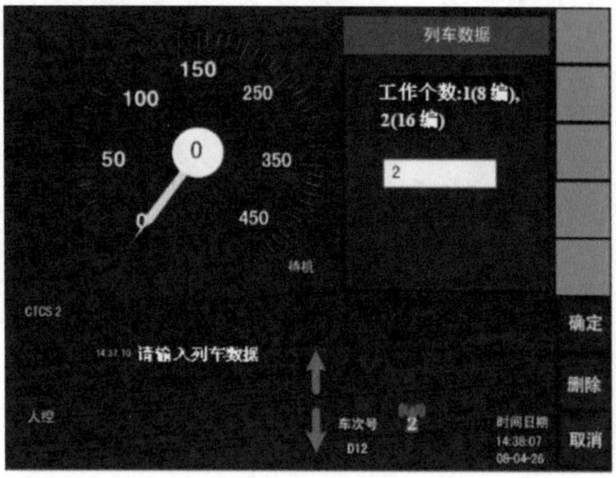

图 11-39　列车数据输入界面

7. 载频选择

列车数据输入完成后，ATP 提示输入载频信息。不管在 C2 下还是在 C3 下，都需要输入正确的载频信息。载频信息也需要进行确认，选择正确的载频，按“确定”键后，再次按“确定”键确认。如图 11-40～图 11-42 所示。

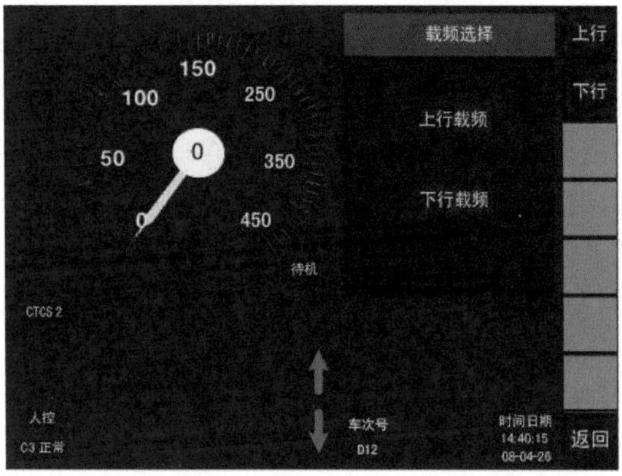

图 11-40　载频选择界面

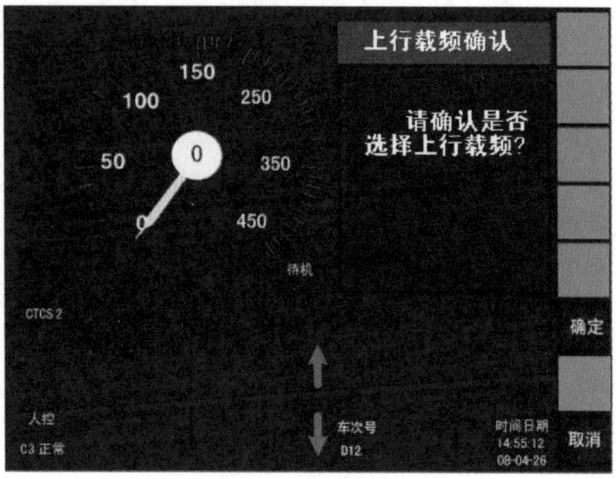

图 11-41　载频确认界面

8. 启动确认

ATP 在进行数据输入后，DMI 上显示闪烁的文本“启动完成”，司机按“确认”按钮，确认 ATP 启动完成，图 11-43 所示。

ATP 启动过程中选择 C3 级时，确认 ATP“启动完成”后，ATP 进入 C3 级的待机模式，司机在确认(车门关闭、行车凭证、开车时间)具备开车条件后，选择“目视”模式后，DMI 提示“越行确认”，司机需要在 5 s 内进行“确认”操作，否则可能使 ATP 进入“冒进”模式，并且司机在进行“越行确认”后，60 s 内必须启动列车并运行 12 m 以上，如 60 s 内未越过前方目标点或故障点，重新选择“目视模式”，再次激活越行。

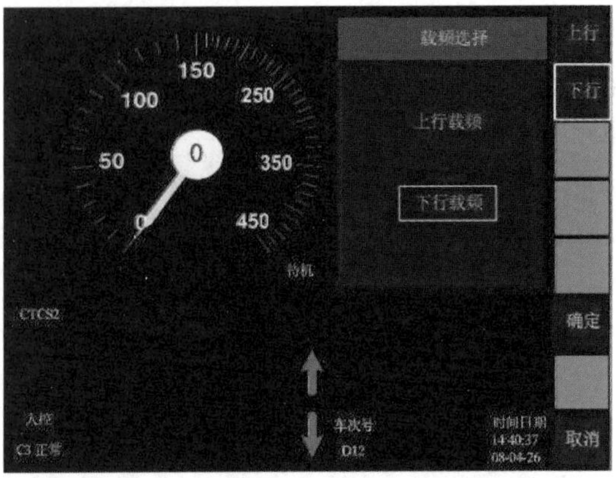

图 11-42　载频确认后的再次确认界面

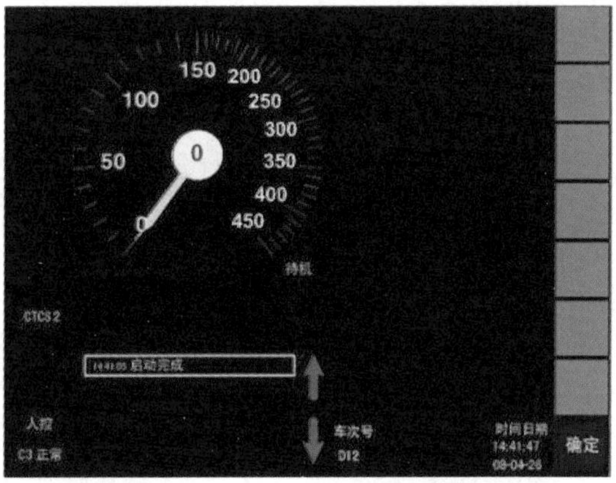

图 11-43　ATP 启动完成显示

二、注意事项

1. 车载设备如果处于“休眠”模式，应先对车载设备断电，等待 30 s 后再重新上电启动。

2. 系统上电后，DMI 会显示“ATP 正在启动，请等待”，若超过 2 min ATP 没有进入待机模式可重启 ATP。

3. 若启机提示“确认 CTCS-2 级”，司机要以 CTCS-3 等级发车，但是又误确认了 CTCS-2 等级，需重启 ATP。

4. 若启机 ATP 自动呼叫 RBC 启机提示“无法与 RBC 建立连接”，司机要以 CTCS-3 等级发车，应在输入列车长度时，按“取消”键，选择 CTCS-3 级，重新输入 RBC ID 和电话号码若依然与 RBC 无法建立连接，转到 CTCS-2 级后重启 ATP。

5. 若以 CTCS-3 等级发车，但司机所输的 RBC ID 和电话号码错误，应在输入列车长度时，按“取消”键，选择 CTCS-3 级，重新输入 RBC ID 和电话号码。若与 RBC 成功建立连接，按压“数据”键输入列车数据；若依然与 RBC 无法建立连接，转到 CTCS-2 级后重启 ATP。

6. 车载设备的两个 DMI 如果同时上电，都与 TSG 通信，ATP 和 DMI 都不能正常工作，需要关掉一个 DMI 后，再重新启动 ATP。

7. 若因列车停于应答器上方导致车载设备启动不成功可换系重启。

8. CTCS-3 等级调车时，如遇紧急制动停车进入冒进模式后，司机需重新启动 ATP。

9. DMI 显示“紧急制动故障”文本，在 ATP 输出制动的同时，司机需须将手柄置于制动位，停车后重启 ATP。

10. 若 DMI 显示“BTM 测试失败”、“BTM 测试超时”或“BTM 测试将在××小时后超时”时，应重启 ATP 或换系重启。

11. ATP 运行过程中 DMI 显示允许码但 CTCS-3 等级无允许速度，司机应与调度确认后，以 CTCS-2 级发车或停车重启 ATP。

12. 司机手动选择 CTCS-2 到 CTCS-3 等级转换后，如果 ATP 进入冒进模式，应重启 ATP。

13. 司机应注意观察 DMI 显示屏幕的刷新(可通过观察或参考 DMI 时钟)，如未刷新变化，司机应采取制动措施，停车后重启车载设备。

14. 若 DMI 显示“BTM 故障”并施加制动，停车应重启 ATP 或换系重启。

15. DMI 提示“BSA 故障”（车载设备接收应答器功能暂时异常）并制动停车后，若“BSA 故障”文本消失，须与调度人员进行确认前方进路正常后可继续行车；若 DMI 再次提示“BSA 故障”并制动停车，须换系重启 ATP；若停车后车载系统故障，须重启 ATP。

16. 若 DMI 显示以下文本，停车后司机应重启 ATP。

①MVB 故障；

②VDX 故障；

③DX 故障；

④SDP 故障；

⑤NVMEM 故障；

⑥安全软件故障；

⑦软件配置故障；

⑧ATPCU 故障；

⑨BTM 故障；

⑩制动旁路故障；

⑪方向控制故障；

⑫紧急制动切除故障；

⑬停车制动输入故障；

⑭TSG 故障；

⑮Profibus 总线故障。

复习思考题

1. CRH380B(L)型动车组司机室检查都有哪些内容？
2. CRH380B(L)型动车组制动试验步骤有哪些？
3. 300T 型 ATP 使用注意事项有哪些？

第十二章　动车组操纵

动车组司机担负着驾驶动车组、维护列车安全正点的责任，是铁路运输的主要技术工种。高水准的操纵是机务系统适应市场的需要，并在服务质量上的具体体现。为使动车组司机操纵规范化、标准化，打造一支高素质、高技能的动车组司机队伍，本章重点对动车组操纵进行详细的讲解。

第一节　出入段(所)操纵

一、出退勤作业

1. 出勤

(1)出乘前必须充分休息，严禁饮酒，按规定着装，准时出勤。

(2)出勤时，动车组司机应携带工作证、驾驶证、岗位培训合格证(鉴定期间由机务段出具书面证明)和有关规章制度，到机车调度员处报到，接受指纹影像识别、酒精含量及身体机能测试，按规定领取司机报单、司机手账、添乘指导簿、列车时刻表、运行揭示等行车资料和备品。

(3)认真核对运行揭示及有关安全注意事项，结合担当列车种类、天气等情况，做好安全预想，并记录于司机手账。认真听取出勤指导，将司机手账交机车调度员审核并签认。

(4)办理运行揭示和列车运行监控装置(以下简称 LKJ)专用 IC 卡(以下简称 IC 卡)交付手续时，对揭示内容和 IC 卡数据录入情况，必须实行出勤机班与机车调度员双审核、双确认的签认把关制度(值乘未装备 LKJ 的动车组时，可不办理 IC 卡交付手续)。

2. 退勤

(1)正确填写司机报单，按规定转储相关数据。

(2)退勤时，接受酒精含量测试，向机车调度员汇报本次值乘的安全及运行情况，对运行中发生的非正常情况按规定填写《机车运转关系事故概况报告》(机调—10)，交回司机报单、司机手账、添乘指导簿、列车时刻表、运行揭示等行车资料和备品，办理退勤手续。

二、动车段(所)内接车

1. 动车组司机按规定时间到动车段(所)调度室签到，领取主控钥匙、司机室门钥匙，根据动车段(所)调度的通知参加出库联检，办理电务车载设备检测合格证交接、签认《动车组出所质量联检记录单》。

2. 动车组在动车段(所)或折返地点停留出发前需要进行全部制动试验。一级修检修作业后的动车组在出发前司机不再进行全部制动试验(需进行全部制动试验时，由动车段(所)调度通知司机)。制动试验方法按附件 4 要求执行。

3. 进行段(所)内检查作业。

4. 正确设置机车综合无线通信设备(以下简称 CIR)、列控车载设备、LKJ 及铁路数字移动通信系统(以下简称 GSM-R)手持终端等参数。

5. 未装备停放制动装置的动车组在检修库外停放时,动车组司机按规定撤除防溜,并通知随车机械师确认签字后方可动车。

6. 遇动车组通过检修、检测、清洗等设备时,应按相关规定,执行一度停车、联控、换弓、限速等要求。

7. 在动车段(所)内运行遇列控车载设备输出制动停车时,司机须与车站(段、所)联控确认后,方可继续运行。

三、出段(所)作业

1. 与动车段(所)、车站联系,了解出段(所)经路。确认信号显示正确,按规定鸣笛(限鸣区段除外,下同),准时出段(所),严格执行确认呼唤(应答)制度。

2. 按调车方式出段(所)时,执行先联控后动车,由近及远确认信号,严守速度。按列车方式出段(所)时,确认行车凭证,按规定执行车机联控。

3. 进站停车时,按列车编组一次稳、准对标停车,停妥后使列车保持制动状态。司机根据列车长的开门通知,集控开启站台侧车门。

4. 严寒天气,动车组段(所)内出库时,应选择适当地点施加制动,观察制动效果,确认制动状态。

5. 在动车段(所)内运行遇列控车载设备输出制动停车时,司机须与车站(段、所)联控确认后,方可继续运行。

四、入段(所)作业

1. 与动车段(所)、车站联系,了解出段(所)经路。确认信号显示正确,按规定鸣笛(限鸣区段除外,下同),准时出段(所),严格执行确认呼唤(应答)制度。

2. 按调车方式出段(所)时,执行先联控后动车,由近及远确认信号,严守速度。按列车方式出段(所)时,确认行车凭证,按规定执行车机联控。

3. 进站停车时,按列车编组一次稳、准对标停车,停妥后使列车保持制动状态。司机根据列车长的开门通知,集控开启站台侧车门(开门按钮不在司机操纵台上的除外)。

第二节　运行途中操纵

一、发车准备与发车

1. 正确设置列控车载设备参数;对 CIR、GSM-R 手持终端注册列车车次;选定 CIR 设备运行区段(线路)和工作模式;装备 LKJ 的动车组,将 IC 卡数据载入 LKJ,正确输入 LKJ 参数。

2. 在 CTCS-0/1 级区段的车站始发开车,按 LKJ 方式行车;在 CTCS-2/3 级区段的车站始发开车,选择 C2 级【部分监控】模式开车。

3. 确认操纵台各仪表、显示屏显示正常，各开关、手柄位置正确，司机室各门窗处于锁闭状态。

4. 确认行车凭证和开车时间，车门关闭后，准确呼唤，按规定车机联控，鸣笛起动列车。

5. 起车时，主控(牵引)手柄在"1"位(最小牵引位，下同)稍作停留，再根据目标速度选择适当级位，做到起车稳、加速快。上坡道起车时，不具备保持制动功能的动车组，可先将牵引手柄置适当级位后，再缓解制动。

6. 装备 LKJ 的动车组，在规定的地点进行 LKJ 数据对标(按压【开车】键)。按列控车载设备方式行车，确认模式转换。

二、途中操纵

1. 运行中应参照列车操纵示意图、提示卡操纵列车，严格执行确认呼唤和联控制度，做到"彻底瞭望、确认信号、准确呼唤、手比眼看"。

2. 服从命令，听从指挥，牢固树立安全、正点意识。遵守列车运行图规定的运行时刻和各项允许及限制速度。

3. 正常情况下，动车组司机在运行中必须在运行方向前端司机室操纵，行车安全装备必须全程运转，严禁擅自关机。非操纵端司机室门、窗及各操纵开关、手柄均应置于断开或锁闭位，关闭非操纵端司机室 CIR 等设备电源。

4. 动车组在始发前、更换动车组司机(同向换乘除外)、更换操纵端后、使用紧急制动停车后、途中解编或重联后开车前需进行简略制动试验。

5. 不得违规擅自切除动车组安全保护功能。安装司机警惕装置的动车组，按规定操作。

6. 经济合理操纵动车组列车，做到安全正点、运行平稳、停车准确、节能环保。

(1)列车起动后应根据目标速度及时加速，适时使用恒速功能，保持列车匀速运行。遇恒速功能作用不良时，调整主控(牵引)手柄级位，控制动车组按规定速度运行。

(2)正常情况下，增加或减少牵引力、制动力时，主控(牵引或制动)手柄应逐步进行。牵引、制动工况转换时应在"0"位("切"位，下同)稍作停留。牵引"1"位(最小牵引位，下同)、制动"1"位(最小制动位，下同)与"0"位转换时，应在牵引"1"位、制动"1"位稍作停留。

(3)实施常用制动时，应结合列车速度、线路情况、目标速度、目标距离等条件，准确掌握制动时机和制动级位，在列车产生初步制动力后再逐步增加制动力，避免频繁往复操作制动手柄，保持列车均匀减速。

(4)列车运行中或未停稳前，严禁换向操作；中间站停车时，换向手柄不得置"0"位。

7. 列车进站停车时，应遵守下列规定：

(1)列车进站前，按规定进行车机联控或确认 CIR 进路预告信息，确认进站凭证、ATP 显示的允许运行速度值，控制列车运行速度。

(2)列车进站后，根据列车编组确认停车位置。

(3)正常情况下，应稳定使用中级档位以下的制动，随着速度的降低，逐级回到制动"1"位停车。

(4)一次稳准对标停车，停车后保持制动状态，确认站台方向，按规定执行开门操作。

(5)列车停留时，司机必须坚守岗位，不得擅自离开司机室。

8. 动车组运行中应使用自动过分相功能。在经过乘务区段第一个分相区时，需验证自动过分相功能，当自动过分相装置故障时，应采用手动过分相，并报告列车调度员（车站值班员）。列车通过分相区后，确认操纵台各显示屏和仪表显示状态。

9. 始发站、停车站、终到站在列车越过车站最外方道岔或停妥后，在司机手帐上记录列车到、开时分。

10. 遇临时限速，应提前确认，控制列车运行，防止超速。

11. 运行中遇非正常停车后，司机必须立即向列车调度员（车站值班员）报告停车原因、停车地点，并通知随车机械师、列车长。

12. 遇雨雪冰霜等不良天气，动车组段（所）内出库时，应选择适当地点施加制动，观察制动效果，确认制动状态。

13. 冰雪天气线路积雪，有耐雪制动功能的应适时使用。

14. 运行途中遇突发难于抵抗的身体急症时，要立即报告列车调度员（车站值班员），不能维持驾驶操纵时要立即采取停车措施。

15. 动车组运行中发现或接到接触网故障、接触网停电、轴承超过温度报警、齿轮箱故障、牵引电机故障、受电弓自动降弓、停放制动施加、不能判明原因的走行部异响等情况或信息时，应立即采取停车措施，报告列车调度员（车站值班员）停车原因、停车地点，并通知随车机械师、列车长。

16. 动车组列车按 LKJ 方式运行进站停车时，提前确认（校核）LKJ 显示的信号机位置、距离与实际一致，并按规定输入相应股道号。

17. 动车组列车级间自动转换失败时，应立即报告列车调度员（车站值班员），并按下列规定办理：

（1）由 CTCS-3 级区段向 CTCS-2 级区段运行时，停车后手动转换。

（2）由 CTCS-2 级区段向 CTCS-3 级区段运行时，维持 CTCS-2 级方式继续运行。

（3）由 CTCS-2 级区段向 CTCS-0/1 级区段运行时，停车后根据调度命令手动转换。

（4）由 CTCS-0/1 级区段向 CTCS-2 级区段运行时，可维持按 LKJ 方式继续运行。

18. 动车组列车运行中在列车车次变化地点，应检查确认 CIR 操作显示终端（MMI）显示的车次号是否正确，遇自动注册不成功时，采用手动注册（含 GSM-R 手持终端），并报告列车调度员（车站值班员）。

19. 动车组列车终到站停车后，保持列车制动状态，按规定开启车门，与随车机械师交接司机室驾驶操纵设备技术状态并在《动车组故障交接记录单》上签认。接到列车长关门通知后，关闭车门，确认行车凭证，按规定执行车机联控，鸣笛入段（所）。

20. 按调车方式入段（所）时，装备 LKJ 的动车组将 LKJ 转为规定工作状态，未装备 LKJ 的动车组选择 C2 级【调车】模式。按列车方式入段（所）时，在 CTCS-2/3 级区段，选择 C2 级【部分监控】模式发车。

21. 动车组通过检修、检测、清洗等设备时，按第十三条相关要求执行。

22. 动车组入段（所）后应停放在指定地点，按规定办理防溜、交接手续。

三、在站交接与继乘

1. 总体要求

（1）同向继乘时，按继乘列车开车时间，提前 10 min 到达接车地点立岗接车；换端继乘时，按继乘列车开车时间，提前 20 min 在开车端立岗接车。

(2)列车在继乘站停车后,保持列车制动状态,与接班司机交接确认调度命令、动车组技术状态、动车组钥匙、电务车载设备检测合格证,填写《动车组运用技术状态交接簿(单)》。

(3)接班司机与随车机械师交接司机室驾驶操纵设备技术状态并在《动车组故障交接记录单》上签认,按规定进行制动机简略试验(同向继乘除外)。

2. 同向继乘作业(交班司机)

(1)保持列车制动状态。

(2)装备 LKJ 的动车组转储 LKJ 运行数据。

(3)填写《动车组运用技术状态交接簿(单)》。

(4)向接班司机交接调度命令、动车组技术状态、动车组钥匙、电务车载设备检测合格证。

(5)注销 GSM-R 手持终端车次功能号。

3. 同向继乘作业(接班司机)

(1)按规定与交班司机交接,对交接内容进行确认。与随车机械师交接司机室驾驶操纵设备技术状态并在《动车组故障交接记录单》上签认。

(2)修改列控车载设备司机代码等相关参数。

(3)装备 LKJ 的动车组,输入 LKJ 参数并载入 IC 卡数据。

(4)注册 GSM-R 手持终端车次功能号。

(5)确认司机室门窗锁闭,做好开车准备。

4. 换端作业(本班司机折返)

(1)保持列车制动状态,装有停放制动装置的动车组施加停放制动。

(2)装备 LKJ 的动车组转储 LKJ 运行数据。

(3)注销 CIR、GSM-R 手持终端车次功能号,关闭 CIR 设备电源。

(4)退出司机室占用,确认操纵台各开关、手柄位置正确,锁闭司机室门窗。

(5)换端后投入主控钥匙激活司机室,按照附件 4 进行制动试验。

(6)输入 CIR、列控车载设备数据参数。

(7)装备 LKJ 的动车组,输入 LKJ 参数并载入 IC 卡数据。

(8)确认司机室门窗锁闭,做好开车准备。

5. 换端作业(换乘折返)

(1)交班司机

①保持列车制动状态,装有停放制动装置的动车组施加停放制动。

②装备 LKJ 的动车组转储 LKJ 运行数据。

③注销 CIR、GSM-R 手持终端车次功能号,关闭 CIR 设备电源。

④填写《动车组运用技术状态交接簿(单)》。

⑤退出司机室占用,确认操纵台各开关、手柄位置正确,锁闭司机室门窗。

⑥换端后向接班司机交接调度命令、动车组技术状态、动车组钥匙、电务车载设备检测合格证。

(2)接班司机

①按规定与交班司机交接,对交接内容进行确认。与随车机械师交接司机室驾驶操纵设备技术状态并在《动车组故障交接记录单》上签认。

②投入主控钥匙激活司机室,根据不同列控车载设备型号,按要求进行制动试验。

③输入 CIR、列控车载设备数据参数。

④装备 LKJ 的动车组，输入 LKJ 参数并载入 IC 数据。

⑤注册 GSM-R 手持终端车次功能号。

⑥确认司机室门窗锁闭，做好开车准备。

第三节　CRH380B 型动车组重联及解编

一、总体要求

重联及解编作业应在站场内进行，对于需在线路上进行作业时，须按规定进行安全防护。作业过程中须按规定做好动车组的防溜保护。连挂端开闭机构的打开及关闭操作由司机在司机室内完成，随车机械师在车下确认。

对于不能由司机自动完成上述操作时，由随车机械师在车下手动操作完成，司机在车上配合。重联作业前，动车组机械师须确认重联动车组硬件和软件配置一致，不同配置的动车组不允许重联运行。

二、重联作业

1. 确认两列重联动车组处于正常运用状态。

2. 重联时，两列动车组的间距应大于 5 m。

3. 重联过程中，移动的车作为主控车，静止的车作为被控车，被控车应施加停放制动。

4. 被控车司机在连挂端司机室，按下停放制动按钮，确认停放制动已经施加；进入 HMI 连挂显示界面，按软键“前车钩罩开”或“前车钩罩开 2 km/h”按钮，打开前车钩罩；将“方向开关”操作至“0”位置，通知本车动车组机械师准备工作完毕。

5. 主控车司机在连挂端司机室按下“前车钩罩开 2 km/h”按钮打开前车车钩导流罩，通知本车动车组机械师准备工作完毕。

6. 动车组机械师分别确认两重联动车组连挂端开闭机构已打开并处于锁闭状态；确认自动车钩伸出并锁闭到位、处于对中状态；已打开的车钩罩内白色连挂灯亮；确认连挂端 Z07、1(自动车钩截断塞门)、Z17(总风管截断塞门)、Z13(列车管截断塞门)处于开位；确认两重联动车组的自动车钩、电气车钩状态，确认良好后通知动车组司机。

7. 主控车司机再次按下“前车钩罩开 2 km/h”按钮，HMI 界面操作自动设定为 2 km/h 的连挂速度，操纵主控车进行连挂。

8. 当两车车钩连接完成后，主控车司机将“牵引手柄”操作至“0”位、“运行速度设定手柄”操作至“0”位、关闭速度设定(ASC)，“方向开关”操作至“0”位。

9. 连挂完成后，两重联动车组司机确认“连挂”指示灯亮，并在 HMI 上确认重联列车的编组配置正常。

10. 动车组机械师下车确认自动车钩、电气车钩连挂状态良好。

11. 动车组司机换端后对重联车组进行试拉，确认重联良好，重联作业结束。

12. 作业中的注意事项

(1)如车钩罩无法自动打开，动车组机械师须操作空气开关“＝74-F13”中断车钩罩电源，进行手动操作车钩罩。

(2)如主控车 ASC 连挂靠近功能没被激活,司机可手动操作 HMI 将 ASC 速度设定为 2 km/h的连挂速度;如手动设定主控车 ASC 速度失败,则连挂时速度为不能超过 2 km/h。

三、解编操作作业办法

(一)正常解编操作

1. 主控车司机确认主控车前进方向有 5 m 以上安全距离。

2. CRH380B 型重联动车组解编分为远端解编及本地解编两种,具体操作方法如下:

(1)远端解编操作

主控车司机在非重联端司机室进行远端解编操作,占用司机室,“方向开关”位于“前进”位。

主控车司机在非重联端司机室按下“停放制动”按钮,确认停放制动已经施加,在 HMI 上主页面通过软键 2 选择显示页面“系统”,然后通过软键 5 选择画面“解编”;按软键 8“列车就绪”使动车组保持静止,按软键 4“解编”,然后再按软键“解编动车组 1、2”进行自动解编。

(2)本地解编操作

主控车司机在主控车连挂端司机室进行本地解编操作,确认车上的所有“方向开关”位于“0”位;按“本地解编”按钮至少约 3 s 以上,直到“连挂”指示灯熄灭。

3. 列车自动进行电气和机械解钩完成后,动车组机械师下车确认电气车钩分解状态良好。

4. 主控车司机到主控车非重联端操纵动车组以低于 5 km/h 速度前进,在不小于 5 m 处停车。

5. 分别关闭主控车、被控车钩罩,解编作业结束。

(二)手动解钩操作

1. 动车组机械师确认重联动车组已施加停放制动,将“制动手柄”操作至“EB”位置来使列车保持静止。

2. 断开重联动车组主断,降弓,并将“方向开关”操作至“0”位置,关闭蓄电池。

3. 动车组机械师断开两组车司机室开关柜内的空气开关“=74-F13”(末端车钩空气开关)来断开自动车钩的电源。

4. 动车组机械师关闭位于两车钩钩头顶部保护橡胶垫下方的球阀(关闭位置:红色手柄与管路方向成直角)。

5. 动车组机械师使用扳手 SW19 转动电动钩头上的六角螺栓,将两个电钩分离,并把电钩向后推动,电钩保护盖自动关闭。

6. 同样操作分离另一侧的电钩。

7. 取下车钩上的解钩手柄,两名动车组机械师同时向外拉拽,直至车钩锁打开(听到“咔哒”声),两车钩解编。

8. 检查钩锁是否处于解钩位置,并将手柄挂入手柄架中。

9. 动车组机械师打开位于两车钩钩头顶部保护橡胶垫下方的球阀,到两组动车司机室开关柜内闭合空气开关“=74-F13”。

10. 主控车司机进入司机室,打开蓄电池开关,将“方向开关”操作至“前进”位置,升弓并闭合主断，缓解停放制动，使动车组以低于 5 km/h 速度前进，在不小于 5 m 处停车，解编作业结束。

11. 作业中的注意事项

(1)升弓供电时禁止进行手动解钩操作。

(2)手动分离电钩时，电钩保护盖将会自动关闭，确认手指位置不在保护盖和电钩外壳之间。同时车钩受拉力作用在手动解钩时可能向前或向侧面摆动，作业者操作时应与车钩保持一定安全距离。

第四节 CRH380B(L)型动车组无动力回送与救援操作

一、CRH380B(L)型动车组回送作业办法

(一)回送组织

动车组出入厂、转属、借用等需跨局回送时，由动车组所在地铁路局向中国铁路总公司调度提出回送申请，总公司下达调度命令；局管内回送时，由动车(客车)段、造修单位向铁路局调度提出回送申请，铁路局下达调度命令。

动车组回送申请应明确编组辆数、牵引总重、全长、随车机械师担当，建议回送日期时刻、回送区段、回送方式、回送要求、回送经路。调度命令须明确乘务担当、回送方式、回送经路等。

动车组跨局回送经路按总公司公布的跨局回送经路执行，局管内回送经路由各铁路局自行公布。回送经路发生变化时，须由相关路局对弓网、电务设备等匹配条件进行核准确认。

(二)回送分工

1. 随车机械师：负责过渡车钩和专用风管的拆装，电气连接线的连接与摘解，动车组截断塞门操作，车门开关，连挂状态确认，开闭机构手动操作，及连挂、解编作业中其他开关操作，运行途中动车组状态监控等。

2. 动车组司机：负责连挂端激活(退出)、司机室占用，操作受电弓、主断路器、司机警惕装置、车载列控设备、自动开启头罩、牵引制动试验。运行中监控总风压力、蓄电池电压及列车运行状态，配合随车机械师安装与拆卸过渡车钩和专用风管。

3. 机车司机：负责机车与回送过渡车的连挂和回送过渡车与机车间车钩、软管摘解(单班单司机值乘由车辆乘务员负责)，机车折角塞门的操作，其他按照《铁路技术管理规程(高速铁路部分)》规定执行。

4. 回送过渡车押运员：负责回送过渡车与机车间软管连接，回送车折角塞门操作。单班单司机值乘时负责回送过渡车与机车间车钩、软管摘解和机车与回送过渡车的连挂。其他按照《铁路技术管理规程(高速铁路部分)》规定执行。负责运行过程中过渡车运行状态的监控与车上设备的操作。

(三)无动力回送要求

动车组无动力回送时列车管压力为 600 kPa。使用统型过渡车钩时，须确认相互连挂的车钩中心水平线高度差不得超过 50 mm，如超限，由随车机械师调整过渡车钩高度。

使用回送过渡车时，回送过渡车比照客车车辆管理。回送过渡车所属主机厂须委派具备

车辆乘务员资质的押运员担当回送过渡车值乘任务。

动车组无动力回送,制动可用时限速 120 km/h,制动不可用时限速 5 km/h。

使用非统型过渡车钩无动力回送时,CRH380B(L)型动车组通过的线路坡度不应大于 20‰。

动车组无动力回送时,发生紧急制动后,本务司机必须通知随车机械师,经随车机械师检查过渡车钩状态良好后方可继续运行。

(四)CRH380B(L)型动车组无动力回送操作程序

1. 连挂准备

(1)动车组停车并施加停放制动;确认连挂端司机室处于“占用”状态;打开连挂端开闭机构,自动伸出密接式车钩(CRH380BL 型动车组手动打开连挂端开闭机构,伸出密接式车钩);断开主断路器,降下受电弓;确认动车组蓄电池电压不低于 105 V;退出司机室占用,拔下占用钥匙;关断“蓄电池”开关;将“拖曳”开关置“开”位。

(2)非连挂端“信号灯”开关置于“红灯开”位;确认动车组所有受电弓均处于降弓状态;确认连挂端开闭机构处于全开锁闭状态、密接车钩处于伸出状态、制动管(BP)截断塞门 Z13 和总风管截断塞门 Z17 处于关闭位(与管路垂直)。

(3)打开 Z30 阀(与管路平行),关闭车钩顶部红色球阀(与管路垂直,除 CRH380BL 型)。

(4)安装过渡车钩,确认安装状态良好。

(5)机车停在距离动车组约 3 m 的位置,机车车钩置于全开位。

2. 连挂作业

(1)机车以不超过 5 km/h 的速度连挂,连挂后试拉,确认车钩连接良好。

(2)确认机车车钩、过渡车钩、动车组密接钩连挂状态。

(3)连接制动软管,打开 Z13 阀(与管路平行)和机车折角塞门。

3. 制动试验

(1)机车向动车组充风至 600 kPa。

(2)确认动车组全列制动缓解。

(3)列车管减压 50 kPa,缓解停放制动。

(4)确认动车组全列空气制动施加、停放制动缓解。

4. 运行监控

(1)运行中总风压力不低于 530 kPa,蓄电池电压不低于 96 V,禁止操作“蓄电池”开关。

(2)若蓄电池电压降至 96 V 时,申请就近车站停车升弓供电,待蓄电池电压高于 105 V 后,动车组方可继续回送。

(3)运行中应尽量避免紧急制动,发生紧急制动后须检查过渡车钩连接状态。

5. 机车摘解

(1)列车停车。

(2)施加停放制动。

(3)关闭动车组连挂端 Z13 阀、Z30 阀(与管路垂直)和机车列车管折角塞门,解开列车管连接。

(4)摘解车钩。

(5)拆卸动车组过渡车钩,密接式车钩手动移至中心位置(除 CRH380BL 型),打开自动车钩钩头处的红色球阀(与管路平行,除 CRH380BL 型)。

(6)将“拖曳”开关置“关”位，升弓供电，关闭前端开闭机构。将“信号灯”开关置于“自动”位。

二、CRH380B(L)型动车组救援作业办法

(一)总体要求

1. 救援运行限速 120 km/h。

2. 不得通过半径小于 180 m 的曲线；不得侧向通过小于 9 号道岔和 6 号对开道岔。

3. 通过和停靠 1 200 mm 以上站台时，须确认站台边缘距轨道中心距不小于 1 750 mm。

4. 8 辆编组动车组救援 16 辆编组动车组时，牵引能力无法在大于 15‰的坡道上启动。CRH380B(L)型动车组停放制动满足 20‰的坡道长时间停放要求，车组在超过上述的坡道停放时，需做好防溜措施。

5. 若被救援动车组无制动，禁止采用救援动车组在后部，被救援动车组在前部的推动救援模式。

6. 8 辆编组与 16 辆编组连挂，16 辆编组与 16 辆编组连挂救援时应考虑车组总长对站台及线路股道有效长、信号、车尾保持的影响。

7. CRH380B 型动车组连挂端开闭机构的打开及关闭、自动车钩的伸出及缩回操作由司机在司机室内完成，随车机械师下车确认；对于不能由司机自动完成上述操作时，由随车机械师在车下手动操作完成。

8. CRH380BL 型动车组连挂端开闭机构的打开及关闭、自动车钩的伸出及缩回操作由随车机械师在车下手动操作完成。

(二)救援作业办法

1. 连挂前的准备工作

(1)被救援动车组

被救援动车组司机在连挂端施加停放制动；确认动车组制动手柄置于“REL 位”，备用制动手柄在“中立位”；断开主断路器，降下受电弓；将“方向开关”置“0”位，取消司机室占用状态；关断自复位“电池”开关；将“拖曳”开关置“开”位，ASD 及 ATP 隔离开关置“关”位；通知动车组随车机械师准备工作完毕。

动车组随车机械师将非连挂端“信号灯”开关置“红灯开”位；下车目视确认动车组所有受电弓均处于降弓状态。

打开连挂端开闭机构，并将开闭机构置于全开锁闭状态，伸出密接式车钩；随车机械师将 CRH380B 型短编组动车组连挂端电气车钩气路阀门处于“隔离”位，随车机械师通知动车组司机，准备工作完毕。

(2)救援动车组

救援动车组司机在连挂端司机室施加停放制动。

打开连挂端开闭机构，并将开闭机构置于全开锁闭状态，伸出密接式车钩。

随车机械师将 CRH380B 型短编组动车组连挂端电气车钩气路阀门处于“隔离”位，随车机械师通知动车组司机，准备工作完毕。

2. 动车组连挂作业

(1)救援动车组司机将救援动车组停在距离被救援动车组 3 m 以外的位置，以 3～5 km/h

的速度移动动车组;连挂后试拉,两列动车组随车机械师下车确认连接状态。

(2)两列动车组随车机械师分别检查各自动车组连挂端总风管截断塞门 Z17 和制动管截断塞门 Z13、Z05 均处于接通位。

(3)被救援动车组随车机械师检查截断塞门 Z30 处于接通位。

(4)救援动车组司机施加停放制动。

(5)救援动车组司机按换端模式退出司机室占用,占用非连挂端司机室。

(6)救援动车组司机激活备用制动,并将手柄置于缓解位。

(7)两列动车组随车机械师通过车下制动缓解指示器确认动车组均处于缓解状态;通知救援动车组司机进行制动试验。

3. 制动试验程序

(1)救援动车组司机操作备用制动手柄,使列车管压力从 600 kPa 减至 430 kPa。

(2)两列动车组随车机械师分别通过车下制动缓解指示器确认各自动车组制动良好后通知救援动车组司机。

(3)救援动车组司机将备用制动手柄置于“缓解”位,使列车管压力从 430 kPa 升至 580 kPa以上。

(4)两列动车组随车机械师分别通过车下制动缓解指示器确认各自动车组缓解良好(若被救援动车组中个别车辆不能缓解,则由被救援动车组随车机械师车下做关门车处理);通知救援动车组司机制动试验完毕。

(5)救援动车组司机通过备用制动手柄施加制动并缓解停放制动,然后通知被救援动车组司机缓解停放制动(若不能缓解,则由被救援动车组随车机械师车下手动缓解并隔离)。

4. 救援途中注意事项

(1)由于救援列车编组较长,且采用仅最前端司机室排风的纯空气制动系统,考虑制动波速原因,救援过程中避免实施紧急制动,避免制动与牵引之间快速切换,做到平稳操纵。

(2)救援途中,被救援的动车组司机应在非连挂端司机室内进行监控,禁止开启自复位“电池”开关,确认蓄电池电压在 88 V 以上,若蓄电池电压降至 88 V 时,被救援动车组司机将所有头车司机室故障面板上紧急制动阀旁路开关 43-S30 置水平位。

(3)救援途中,被救援动车组司机应在非连挂端司机室内监控制动管压力,确认车组缓解时尾部司机室内制动管压力达到 560 kPa 以上。

(4)在列车不得已实施紧急制动的情况下,动车组随车机械师应下车确认两组动车组间车钩的连接状态。

(5)救援动车组司机室内无法控制被救援动车组的停放制动,因此,在停放、启动时需要两列动车组分别施加、缓解停放制动。

5. 动车组解编作业

(1)救援动车组司机操作列车停车,救援动车组和被救援动车组均由司机施加停放制动(如果停放制动被隔离,需先施加备用空气制动,恢复并施加停放制动后再缓解备用制动),救援动车组司机退出备用制动模式。

(2)被救援动车组司机将非连挂端“信号灯”开关置“自动”位,回到连挂端司机室。

(3)两列动车组随车机械师下车进行解钩操作。

(4)动车组随车机械师解钩后,通知救援动车组司机将动车组移动至距被救援动车组 5 m 以上停车;随车机械师将电气车钩气路阀门恢复“开通”位(CRH380B 型动车组),缩回车钩,然后将开闭机构锁闭。

(5)两列动车组随车机械师分别恢复两列动车组连挂端总风管截断塞门 Z17 和制动管截断塞门 Z13、Z05 均处于关闭位。

(6)被救援动车组随车机械师恢复截断塞门 Z30 处于关闭位。

(7)被救援的动车组司机将“拖曳”开关置“关”位，恢复动车组到牵引就绪状态。将紧急制动阀旁路开关 43-S30 恢复到正常位置(如果被隔离)，关闭开闭机构。

复习思考题

1. CRH380B 型动车组重联作业中被控车如何操作?
2. CRH380B 型动车组重联作业中主控车如何操作?
3. CRH380B 型重联动车组远端解编如何操作?
4. CRH380B 型重联动车组本地解编如何操作?

第十三章　故障处理及非正常行车

本章节主要介绍有关 CRH380B(L)型动车组故障处理知识，重点介绍基本复位操作、牵引系统故障、制动系统故障，以及轴温高和轴抱死等对于动车组运行安全至关重要的故障处理项点。

第一节　动车组设备故障处理

一、查看故障信息提示及显示屏截屏操作

CRH380B 型动车组的诊断系统将故障信息集成在动车组的 5 个显示界面上(4 个司机室 HMI 屏，1 个乘务员/机械师 HMI 屏)。CRH380BL 型动车组的诊断系统将故障信息集成在动车组的 8 个显示界面上(4 个司机室 HMI 屏，3 个 CCU 柜 HMI 屏，1 个乘务员 HMI 屏)。发生故障时，司机及随车机械师可到 HMI 屏上查看故障记录并采取相应解决办法。故障排除后，该故障信息不再显示。如图 13-1 所示。

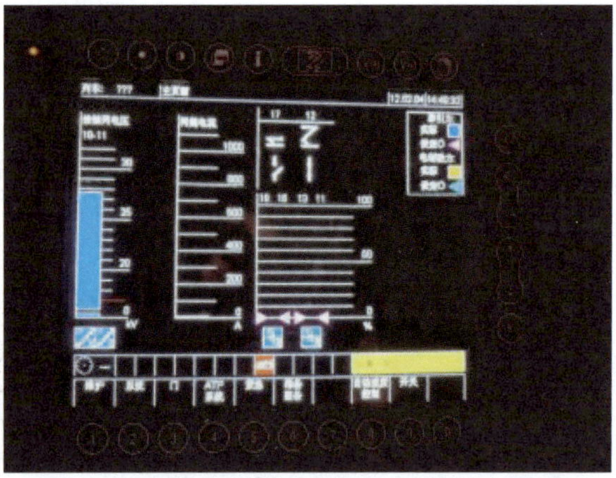

图 13-1　HMI 屏牵引页面

图 13-1 为 HMI 屏上主界面，可使用按键 显示故障记录。

图 13-2 所示为故障记录界面，按故障发生的顺序显示故障信息，每种故障，除显示车号和故障代码外，还显示发生的日期、时间和故障描述。选择“1-报告”按键可调出故障描述。此外，选择“7-更改布局”按键可显示故障代码，如图 13-3 所示。

列车静止时，可使用按键 V=0 查看相应的故障处理方法。列车运行时，可使用按键 V>0 查看相应的故障处理方法。在司机室显示屏上，按住键 3 s 以上将对显示屏进行抓屏，抓屏时会有“咔嚓”拍照声，此时截取的显示屏信息将以图片格式保存在 HMI 操作系统 d:/scrshot

文件夹下。此功能可用于在发生故障时记录显示屏显示的信息。

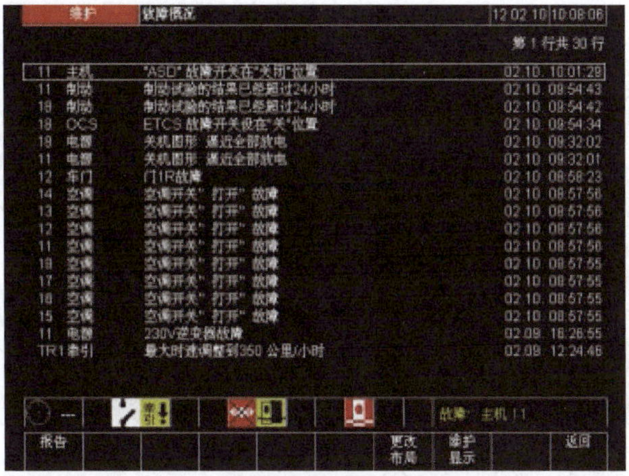

图 13-2　HMI 屏故障记录页面

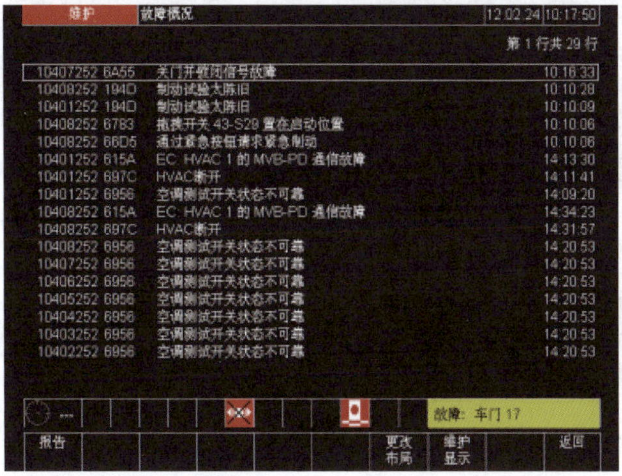

图 13-3　HMI 屏故障信息页面

二、紧急驱动模式行车

1. 注意事项

(1)过分相时需要手动断开主断并降弓。

(2)紧急驱动模式下,只要主断路器闭合,升弓数量不受限制。

(3)紧急驱动模式主要适用于网络瘫痪工况下。

(4)紧急驱动模式下,动车组运行时,ASD 装置仍然需要一直操作。

2. 处理过程

(1)司机操作:在占用端司机室确认动车组已降弓,并且方向开关不在“0”位。施加停放制动。

(2)司机操作:在司机室右侧故障开关面板上将“紧急模式”开关打到横向位置,然后将故障面板上所有红色开关(停放制动监测回路开关、转向架监测回路开关)打到横向位置。如图 13-4所示。

(3)司机操作:在司机操纵台右侧按下“紧急关断”蘑菇头按钮,然后逆时针旋转按钮复位

（如果不复位将无法升弓）。如图 13-5 所示。

图 13-4　司机室右侧故障开关面板开关

图 13-5　“紧急关断”蘑菇头按钮

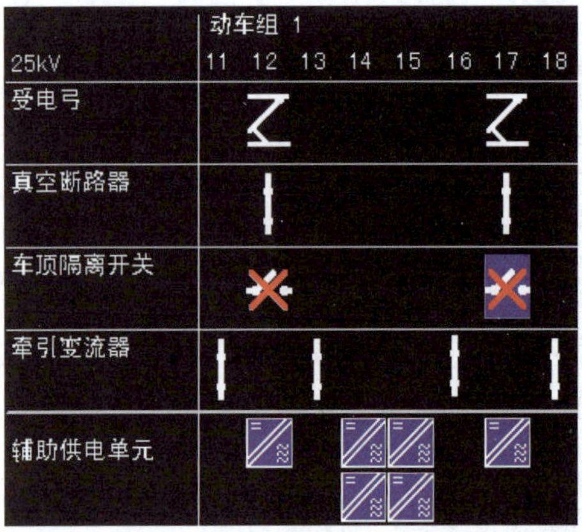

图 13-6　HMI 屏牵引界面

（4）司机操作：升弓，合主断（此时所有车顶隔离开关断开，正常情况下受电弓全部升起）。操作制动手柄到“OC”位，缓解紧急制动。如图 13-6 所示。

（5）司机操作：在司机操纵台右下角打开 C14 阀，启用备用制动（C14 阀横向为打开位置）。如图 13-7 所示。

（6）司机操作：确认司机操纵台上制动手柄置于“REL”位置，使用备用制动手柄充风，然后缓解停放制动，限速 80 km/h 行车。如图 13-8 所示。

图 13-7　C14 阀

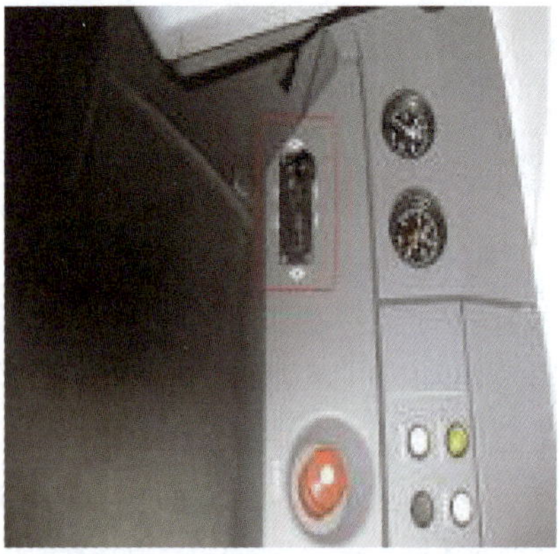

图 13-8　备用制动手柄

三、关电池复位操作

1. 注意事项

（1）在进行关电池复位操作时，动车组必须处于停车制动状态。

(2)动车组进行关电池复位操作时,全列车门控器处于失电状态,此时可手动紧急解锁开门,需要列车长组织工作人员对车门进行看护。

2. 处理过程

(1)司机操作:司机通知列车长,列车长安排工作人员对车门进行看护,司机断电降弓,方向开关回到零位,退出占用。

(2)司机操作:将蓄电池开关打到“关”位,等待 HMI 屏断电后,重新开启蓄电池。重新占用司机室,进行正常操作,对 ATP、CIR 重新设置,并在占用端司机室将制动手柄置紧急制动位,确认制动有效率恢复至断电前的状态。如图 13-9 所示。

四、分相区闭合主断操作办法

1. 现象:分相区停车

2. 处理过程

(1)司机操作:将牵引手柄置“0”位,进行升弓操作,确认网压正常 3 s 后,闭合主断路器,同时按下司机操纵台右上角“手动过分相”背光按钮至少 4 s,直到背光按钮熄灭。如图 13-10 所示。

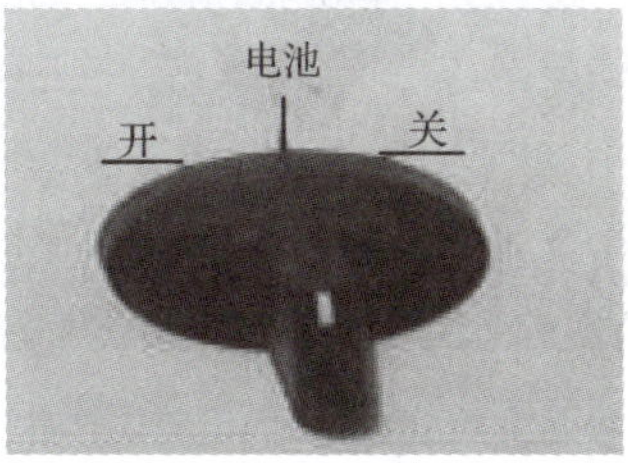

图 13-9　蓄电池开关

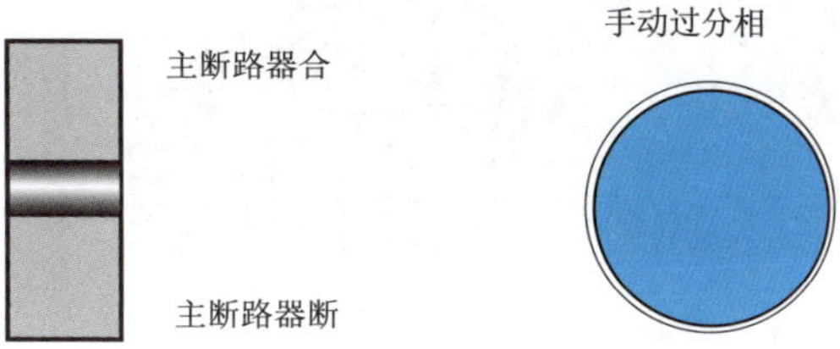

图 13-10　主断路器开关、手动过分相按钮

(2)司机操作:辅助变流器工作后,操作牵引手柄驶出分相区。

五、高压供电系统受电弓无法升起故障

1. 现象:升弓操作时,受电弓无法升起

2. 故障原因:软件保护或控制回路故障

3. 注意事项

(1)运行中换弓操作时,速度应在 200 km/h 以下。

(2)CRH380BL 型动车组(CRH380B-6201L～CRH380B-6245L)如在运行过程中操作闭合 21-F98 和 21-F99 空开,一定要在车组回到动车所后断开 21-F98 和 21-F99 空开,并重新施加铅封。

(3)如果 HMI 提示故障代码:63C6(辅助供风压力不足,充风时间约 7 min)时,待故障代码消失后,再次进行升弓操作。

4. 处理过程

(1)司机操作:司机在 HMI 屏上锁闭故障受电弓,进行换弓操作,换弓正常后,正常运行。如图 13-11 所示。

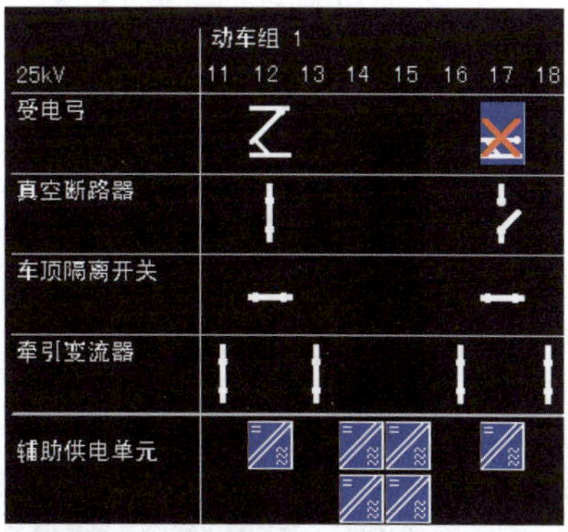

图 13-11　HMI 屏牵引页面

(2)机械师操作:如果受电弓显示锁闭并且在 HMI

屏上无法解锁，首先在 HMI 屏确认维护模式已经开启，进行三键复位操作。

(3)机械师操作：如果复位不成功，则使用 Monitor 软件连接锁闭的受电弓所在牵引单元司机室或 CCU 柜内的主控 CCU，显示正确连接。

(4)机械师操作：在 Maintain 下拉菜单中选择“RA ResetAll”选项，回车对本牵引单元进行复位。

(5)机械师操作：如果受电弓不能解锁，在 Power 下拉菜单中选择“R HVS Reset”选项，回车。

(6)机械师操作：选择“2-Reset PANTO raised incorrectly”对本牵引单元的受电弓进行复位。

(7)机械师操作：选择“e-End”结束复位。

(8)司机操作：复位结束后，在 HMI 屏上关闭维护模式。如图 13-12 所示。

(9)司机操作：重新升弓，恢复正常运行。如图 13-13 所示。

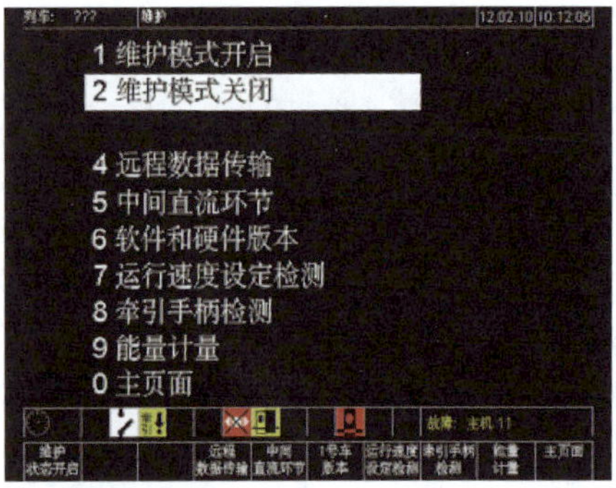

图 13-12　HMI 屏维护页面

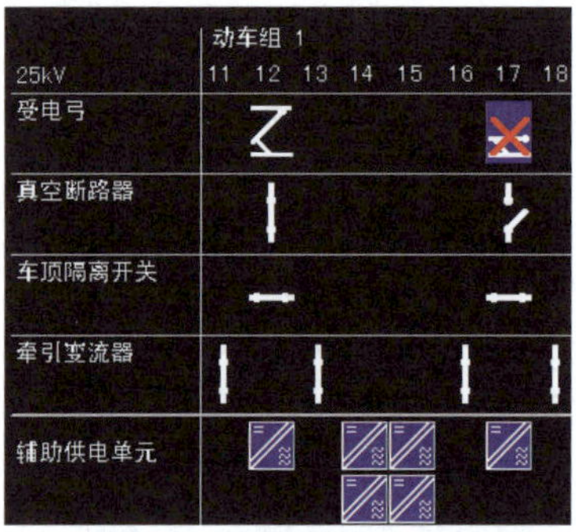

图 13-13　HMI 屏高压牵引页面

(10)司机操作：如果受电弓仍然不能升起，在主控司机室右侧的故障面板上，将“紧急情况切除回路”开关打到“关”位，然后再次尝试升弓。如果受电弓仍然不能升起，则启动紧急驱动模式行车。如无效，在主控司机室右侧的故障面板上，将“紧急情况切除回路”开关恢复到“开”位。如图 13-14 所示。

(11)机械师操作：CRH380BL 型(CRH380B-6201L～CRH380B-6245L)动车组如果受电弓仍然不能升起，1 车占用时将 1/9 车电气柜内空开 21-F98、2/10 车电气柜内空开 21-F99 的铅封拆除，闭合 21-F98 和 21-F99 空开；16 车占用时将 8/16 车电气柜内空开 21-F98、7/15 车电气柜内空开 21-F99 的铅封拆除，闭合 21-F98 和 21-F99 空开。

(12)司机操作：重新升弓，恢复正常运行。如果受电弓仍然不能升起，请求救援。如图 13-15所示。

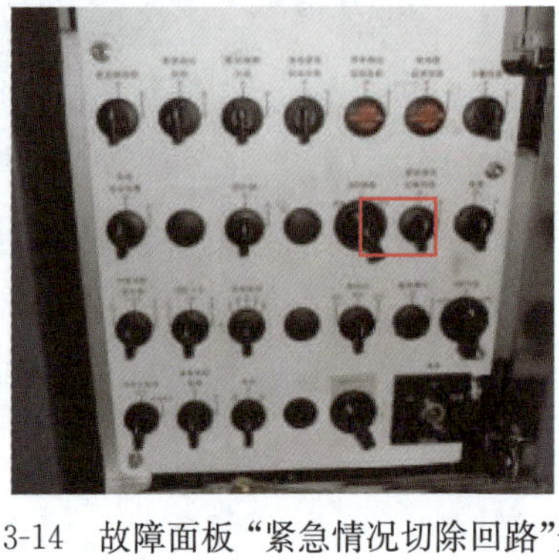

图 13-14　故障面板“紧急情况切除回路”开关

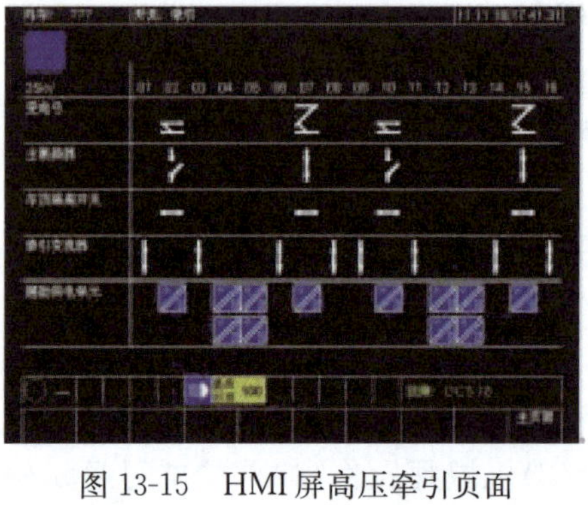

图 13-15　HMI 屏高压牵引页面

六、受电弓 63C0 故障

1. 现象:受电弓故障,继电器跳闸,受电弓自动降弓。

2. 故障原因:受电弓控制系统故障。

3. 注意事项:HMI 在只出现 63C0,而没有 63C2 代码时执行下面操作。运行中换弓操作时,速度应在 200 km/h以下。

4. 处理过程:切除故障单元的受电弓,升另一组受电弓,以最大牵引力运行。如图 13-16 所示。

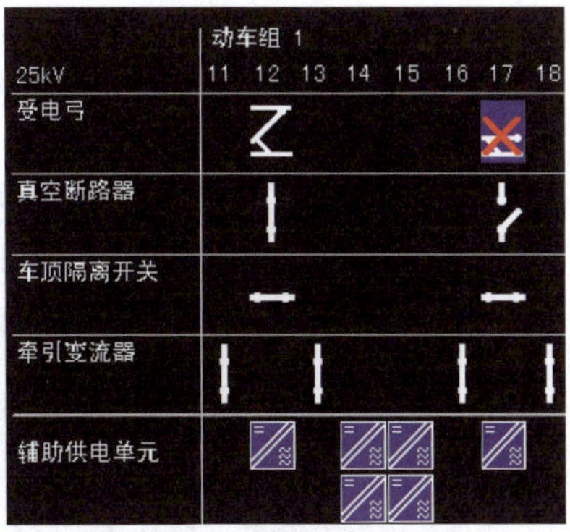

图 13-16　HMI 屏高压牵引页面

七、受电弓 63C2 故障

1. 现象:受电弓自动降弓,HMI 报故障代码 63C2。

2. 故障原因:受电弓硬件故障或者风管损坏。

3. 处理过程

(1)司机操作:停车,司机报告列车调度员,并通知随车机械师。

(2)司机、机械师操作:随车机械师按规定申请下车,确认车顶受电弓故障情况:

①受电弓外观可见部分无明显异常或超限,通知司机切除故障受电弓,换弓运行。限速 160 km/h 运行至前方站停车,按照相关规定检查处理。

②如果受电弓硬件损坏,按照规定处理。

(3)机械师操作:对于装有受电弓视频监控装置的动车组,利用受电弓视频监控装置对受电弓外观状态进行确认:

①受电弓外观可见部分无明显异常或超限,通知司机切除故障受电弓,换弓运行。

②如果受电弓硬件损坏,根据检查情况,按照规定处理。

八、主断路器无法闭合

1. 现象:主断路器无法闭合

2. 故障原因

(1)牵引变流器故障。

(2)主变压器故障,如原边过流、次边过流、电流差动保护、瓦斯报警、电流检测故障(6326、6327、633A、633B、6CA3、6CA4、6CA5、6CA6)主变压器冷却故障等。

(3)车顶高压部件故障,如网侧电流过流、车顶电缆差动电流保护(6CA7、6CA8)。

(4)牵引系统其他故障。

3. 注意事项

(1)主断无法闭合期间,要检查总风管压力。当总风管压力低于 700 kPa 时,单个受电弓 10 min 内升弓操作不得大于 3 次,否则会触发软件保护而锁闭受电弓。一旦锁闭,90 min 后才能解锁。

(2)运行中换弓操作时,速度应在 200 km/h 以下。

4. 处理过程

(1)司机操作:查看 HMI 屏,若有牵引变流器故障,但变流器未自动切除时,先切除故障牵引变流器,闭合主断继续运行。如切除故障牵引变流器后,主断仍不能闭合,从步骤(3)开始执行。若有牵引变流器故障,且变流器自动切除时,闭合主断继续运行。如图 13-17 所示。

(2)司机操作:若 HMI 上显示(2)、(3)、(4)类故障时,需切除故障牵引单元的受电弓、车顶隔离开关、主断路器、牵引变流器,起到隔离故障牵引单元的作用,具体步骤如图 13-18 所示。

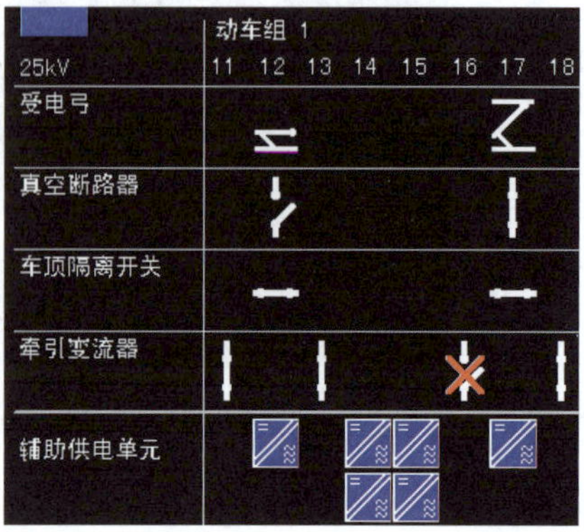

图 13-17　HMI 屏高压牵引页面

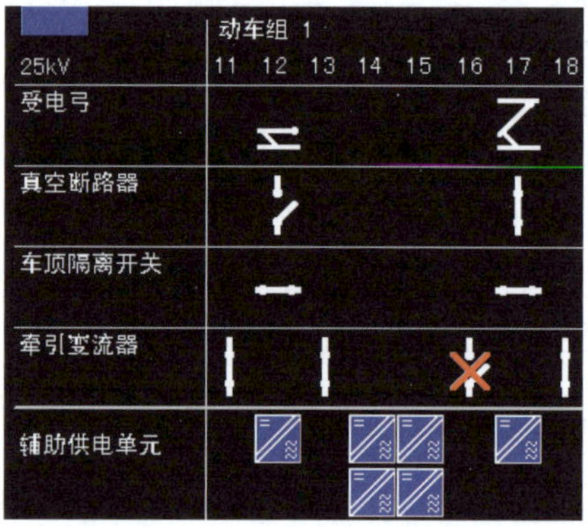

图 13-18　HMI 屏高压牵引页面

(3)司机操作:在主页面选择“开关”。如图 13-19 所示。

(4)司机操作:在“开关”页面选择“牵引”。如图 13-20 所示。

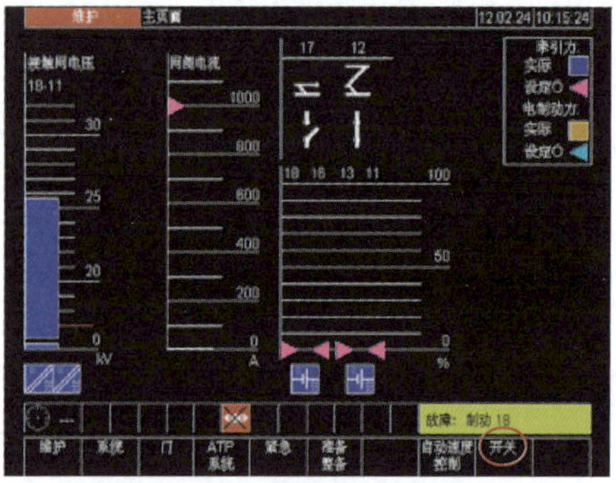

图 13-19　HMI 屏牵引页面

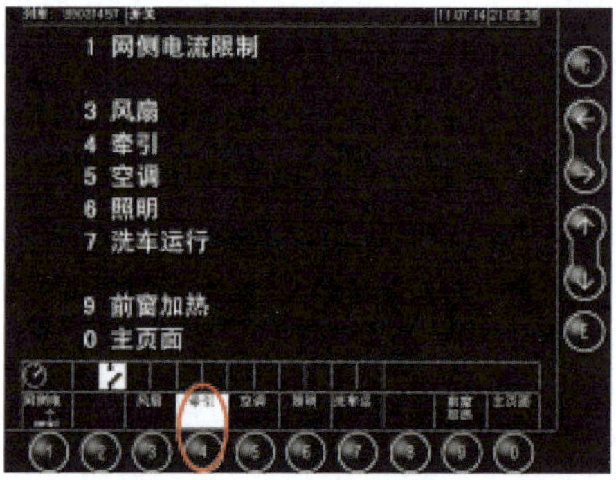

图 13-20　HMI 屏开关页面

(5)司机操作:在“牵引”页面将故障牵引单元的受电弓、车顶隔离开关、主断路器、牵引变流器切除。如图 13-21 所示。

(6)司机操作:闭合主断路器,维持运行。如图 13-22 所示。

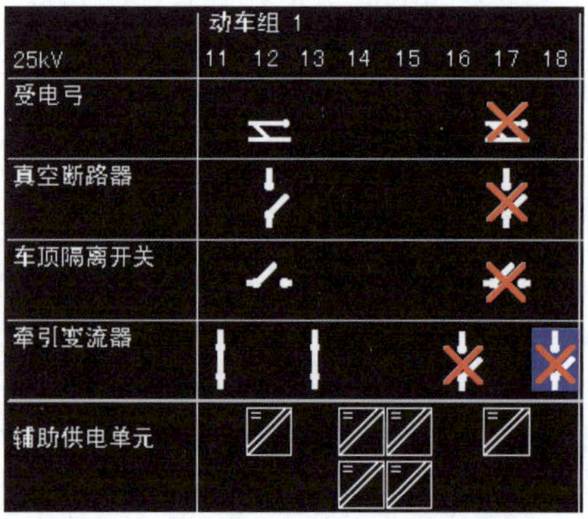

图 13-21　HMI 屏高压牵引页面

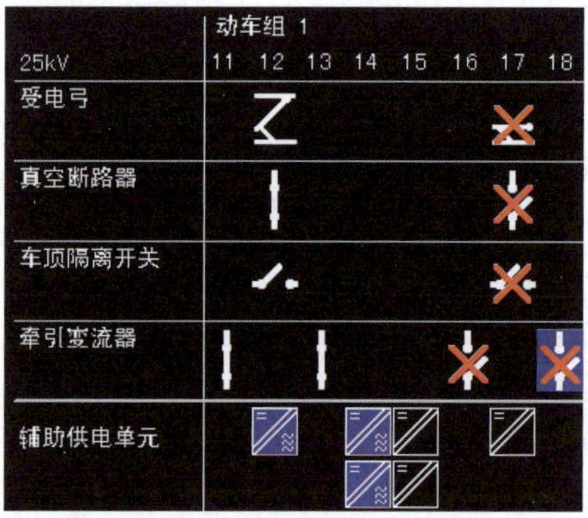

图 13-22　HMI 屏高压牵引页面

九、主变压器故障 635A、634B、631F

1. 现象：主变压器油流故障，VCB 跳开，主变压器锁闭且无法重启，高压封锁（故障代码：635A、634B、631F）

2. 故障原因：主变压器保护。

3. 注意事项

(1)不需要停车，保持车辆惰行，断主断，对故障车辆所在牵引单元 CCU 进行软件复位。

(2)运行中换弓操作时，速度应在 200 km/h 以下。

4. 处理过程：其他单元无牵引辅助故障，升弓合主断继续运行；如果需要换弓，降弓后再重新升弓，合主断，继续运行。如图 13-23 所示。

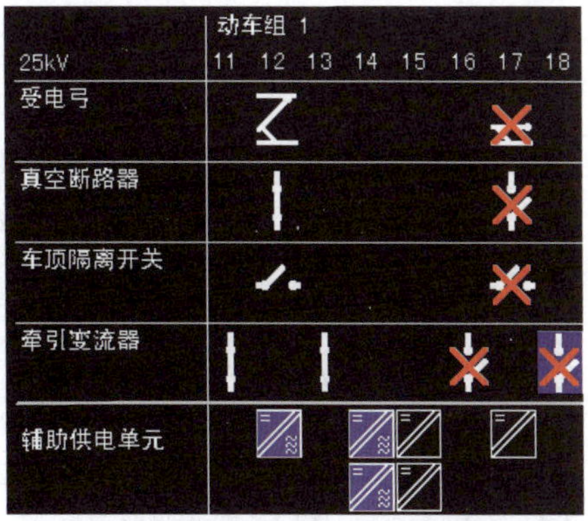

图 13-23　HMI 屏高压牵引页面

十、网压不稳定 63E2（CRH380BL 型动车组为 63E3）、63E4 故障

1. 现象：系统检测网压不稳定导致主断路器起保护断开

2. 故障原因：接触网网压不稳定引起动车组软件保护或电压互感器故障（如熔断器脱落、烧损）

3. 注意事项

(1)在网压不正常时，主断路器连续闭合 3 次后，将会导致主断路器锁闭，报故障代码 6307。（主断路器闭合间隔应大于 30 s）

(2)运行中换弓操作时，速度应在 200 km/h 以下。

4. 处理过程

(1)司机操作：查看网压界面，检查网压值是否在正常范围。如图 13-24 所示。

(2)司机操作：如网压值不在正常范围内或无网压，且列车调度员反馈该区段网压正常，待网压值恢复正常，主断路器闭合信号变蓝后方可闭合主断路器。如图 13-25 所示。

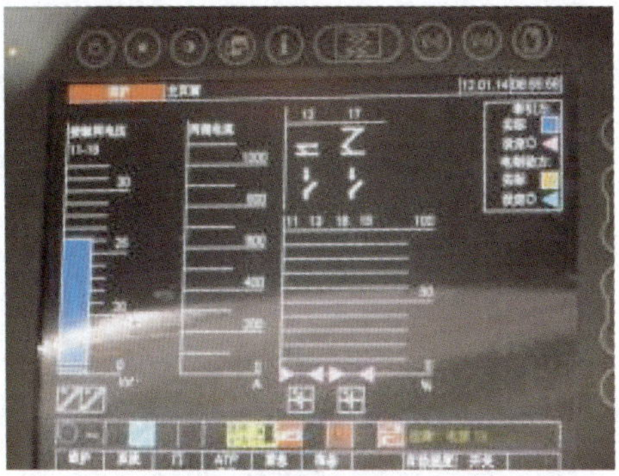

图 13-24　HMI 屏牵引页面

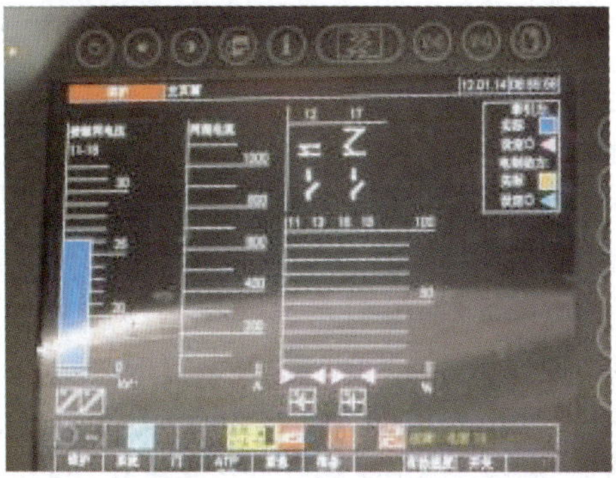

图 13-25　HMI 屏牵引页面

(3)司机、机械师操作：如果短时间内多次闭合，造成主断路器锁闭，将报故障代码“6307”。按主断路器解锁操作步骤进行主断解锁。复位成功结束后，升正常配置侧受电弓运行；如果不

能复位成功，换弓处理。如图 13-26 所示。

(4)司机、机械师操作：如发生电压互感器故障需要换弓处理，故障现象如下：网压正常，无主断闭合允许信号，无牵引相关故障代码；无网压，但列车调度员反馈该区段网压正常。如图 13-27 所示。

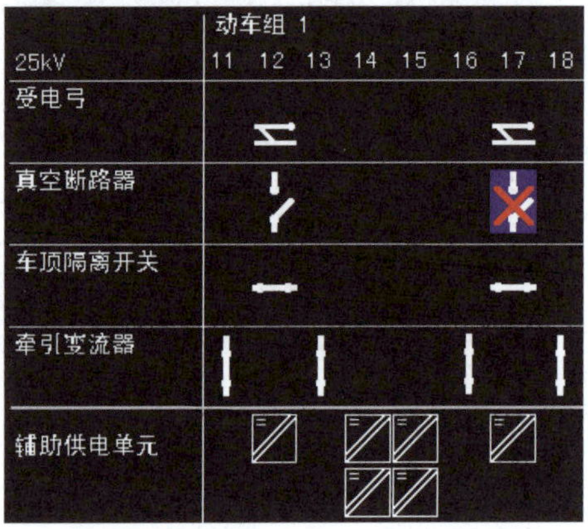

图 13-26　HMI 屏高压牵引页面

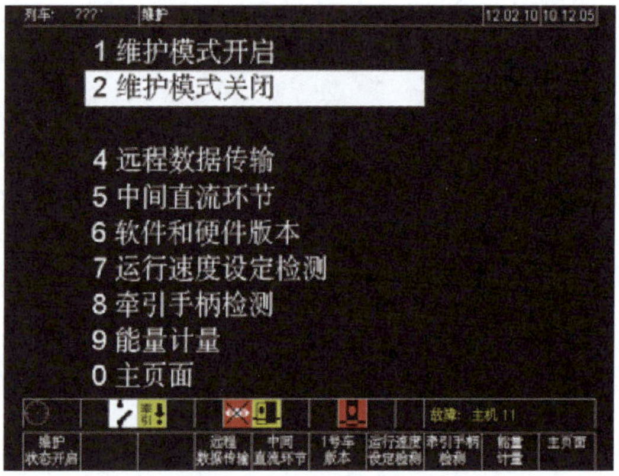

图 13-27　HMI 屏维护页面

十一、网侧过电流(6CA0)

1. 现象：司机给牵引时主断跳开，HMI 屏报网侧过电流(6CA0)、车顶隔离开关锁闭(63CE)。

2. 故障原因：由于网侧过流，导致主断断开。

3. 注意事项：此类故障可能存在接地或短路现象，不做任何复位操作。

4. 处理过程

(1)司机立即停车。

(2)司机、机械师操作：随车机械师下车检查故障车车顶可见部位：

①若可见部位无异常，不恢复车顶隔离开关，换升另一个车受电弓后，主断闭合正常，按最大牵引能力维持运行。

②若可见部位有脱落或侵限风险，登顶进行处理。

十二、主断无法闭合(28F7)

1. 现象：主断没有闭合信号，HMI 屏报 28F7：由于测试真空断路器断开。

2. 故障原因：牵引系统故障。

3. 处理过程

查看列车显示屏，是否报出与牵引有关的故障代码。若仅报 28F7 代码，尝试再次闭合主断；若有其他故障代码，则按照相关应急处置或 HMI 提示进行相应操作。如图 13-28 所示。

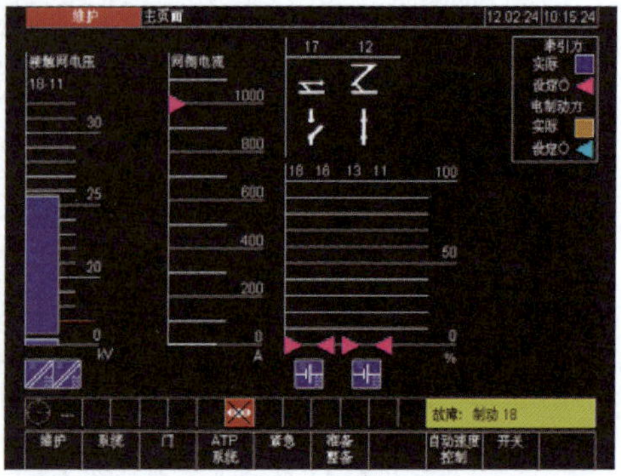

图 13-28　HMI 屏牵引页面

十三、变压器保护(634E)

1. 现象:运行中 HMI 屏提示变压器保护启动,故障代码 634E,牵引功率减载 25%。
2. 故障原因:变压器保护启动。
3. 注意事项:此故障不允许复位。
4. 处理过程:按动车组最大牵引功率维持运行。

十四、牵引传动系统牵引电机轴承过热(267B、2679)

1. 现象:牵引丢失。
2. 故障原因:牵引电机轴承温度过高或误报过高。
3. 注意事项:2904“最大速度 $v$max 级别 3 被要求”(限速 40 km/h)为本车 TCU 报出,290F“同列相邻车最大速度 $v$max 级别 3 被要求”(限速 40 km/h)为在本车 TCU 被切除后,相同牵引单元相邻 TCU 报出。

4. 处理过程

(1)司机、机械师操作:如果 HMI 屏上显示诊断代码 2679 或 267B,牵引电机轴承温度过高,同时还存在诊断代码 19DX/2F8X 轴不旋转故障,或者有 2904 或 290F 提示限速 40 km/h,应立即停车,并下车进行检查;如果只存在诊断代码 2679 或 267B,牵引电机轴承温度过高,则根据故障提示,司机通知随车机械师前往故障车。随车机械师使用 Monitor32 软件监控故障车的 TCU 内监控牵引电机温度值。TCU 监控牵引电机轴承温度方法如下:使用 User 下拉菜单选择 online test 回车,选择 5,temperatures,回车,然后选择 3(DS 驱动端)和 4(NS 非驱动端),回车。

(2)司机、机械师操作:监控温度中至少有一个牵引电机的温度与其他的温度差超过20℃:如果该牵引电机的监控温度出现 5℃以上的波动跳变,则本车 TCU 进行复位操作(只允许复位一次)。如果故障未消除,报告列车调度员,维持限速运行至下一站后处理。如果故障消除,通知司机正常行车。开车后,使用 Monitor32 软件实时监视故障车,在故障车的 TCU 内监控电机温度值,及时报告列车调度员。如果该牵引电机的监控温度没有出现 5 ℃以上的波动跳变,温度平稳上升,则通知司机立即停车。

(3)司机、机械师操作:司机接到通知后立即停车,报告列车调度员。通知机械师下车检查牵引电机外观并点温。

(4)机械师操作:用点温计下车测故障轴的实际温度,如温度与该车未报故障轴温度差范围在 20℃以内,使用 Monitor32 软件连接故障车 TCU,对本车 TCU 进行复位操作(只允许复位一次)。如果故障未消除,报告列车调度员,维持限速运行至下一站后处理。如果故障消除,通知司机正常行车。开车后,使用 Monitor32 软件实时监视故障车,在故障车的 TCU 内监控电机温度值,及时报告列车调度员。

5. 司机、机械师操作:如以下两种条件任意一种满足:报告列车调度员,根据情况维持限速运行至下一站或请求救援。运行中,机械师使用 Monitor32 软件实时监视故障车,在故障车的 TCU 内监控电机温度值,及时报告列车调度员。

(1)牵引电机或传感器外观异常。

(2)温度与该车未报故障轴温度差范围在 20℃以上。

6. 司机操作：

(1)267B 自动限速 200 km/h。

(2)2679 自动限速 140 km/h。

(3)2904 或 290F 自动限速 40 km/h。

十五、牵引丢失(2672、2675、2687、2688、2689、269B、24D6、24D7、2691、268E、26C0、26C1、2695、2937、2938、2716)

现象：牵引丢失，但主断路器不会跳开。

故障原因：牵引变流器冷却系统故障、牵引变流器温度检测失效、牵引电机或齿轮箱温度传感器故障，牵引电机定子温度过高，牵引电机速度传感器故障。

注意事项：此故障不允许复位。

处理过程：按动车组最大牵引能力，维持运行。如图 13-29 所示

十六、牵引丢失(20B5、21B0、2253、)

现象：牵引丢失。

故障原因：牵引变流器软件保护

处理过程：

(1)司机操作：接到故障通知后，立即通过对讲机同司机确认故障车厢号。对于闪报的情况司机无法确认故障车厢时，执行第二步。

(2)司机操作：立即就近在监控室 HMI 或非主控端 HMI 查询历史故障。查询完毕后，及时通知司机故障车厢，并赶往司机室确认故障处置情况。

点，在故障概况菜单下选择“TD’S faults”，进入司机故障代码页面。

选择“显示未确定事件”查看当前故障，“显示历史事件”查询历史故障。

使用更改布局按钮切换到故障代码页面(“+”表示故障代码产生时间，“-”表示故障代码消失时间)。如图 13-30 所示。

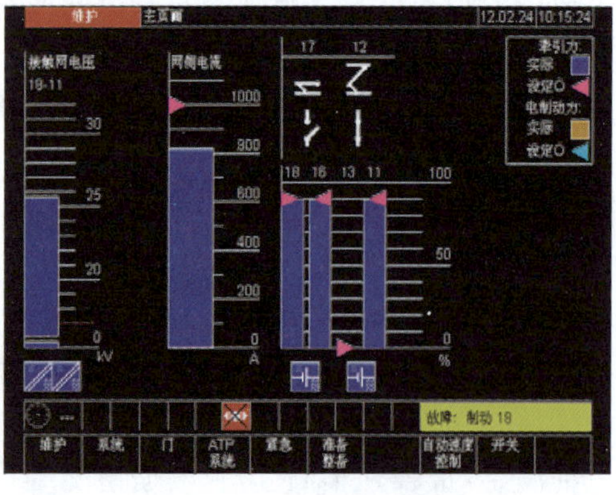

图 13-29 HMI 屏牵引页面

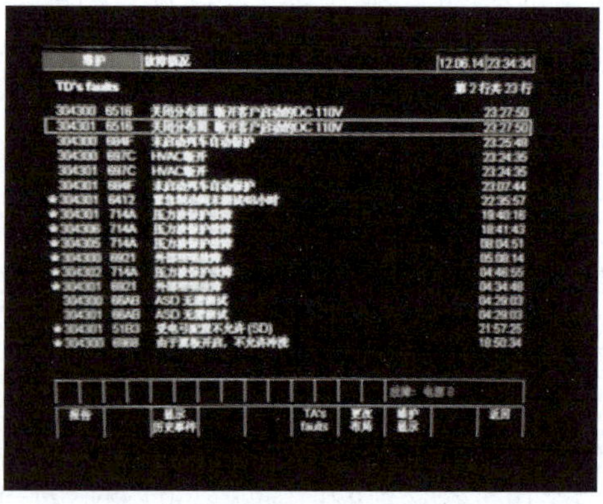

图 13-30 HMI 屏故障信息页面

(3)司机操作：在 HMI 上切除故障车辆的牵引变流器。如果还不能允许主断闭合，切除该牵引单元的另一个牵引变流器。如图 13-31 所示。

(4)司机操作：闭合主断路器。如图 13-32 所示。

(5)司机操作:按动车组最大牵引力,维持运行。如图 13-33 所示。

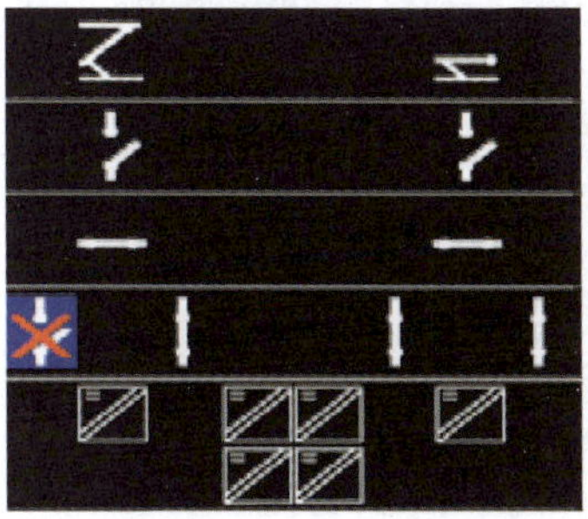

图 13-31　HMI 屏高压牵引页面

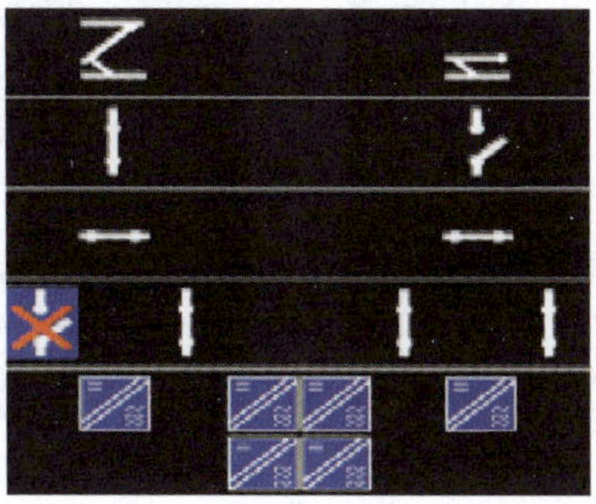

图 13-32　HMI 屏高压牵引页面

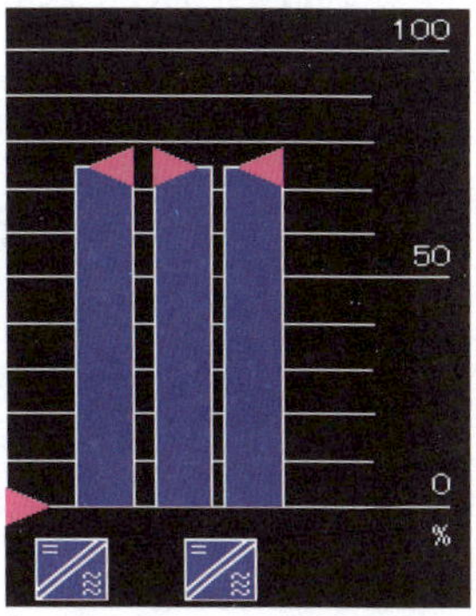

图 13-33　HMI 屏牵引页面

十七、牵引系统接地故障(25EF)

1. 现象:牵引丢失。

2. 故障原因:牵引系统接地故障。

3. 注意事项:该故障不需要进行复位操作。

4. 处理过程

(1)司机操作:如果主断路器不跳开:按动车组最大牵引能力,维持运行。如图 13-34 所示。

(2)司机操作:如果主断跳开,在显示屏牵引界面切除故障车的牵引变流器,闭合主断,维持运行。如图 13-35 所示。

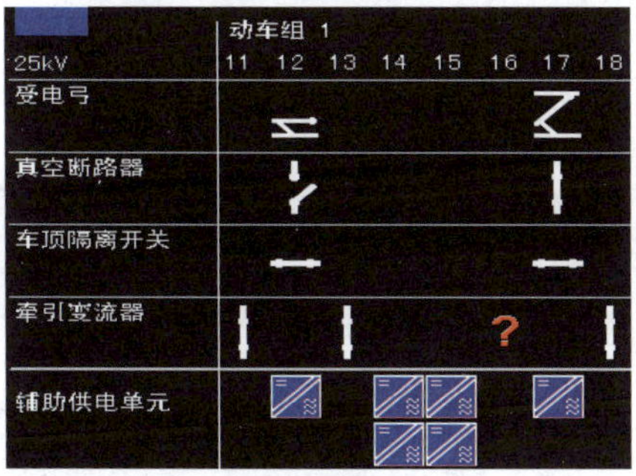

图 13-34　HMI 屏高压牵引页面

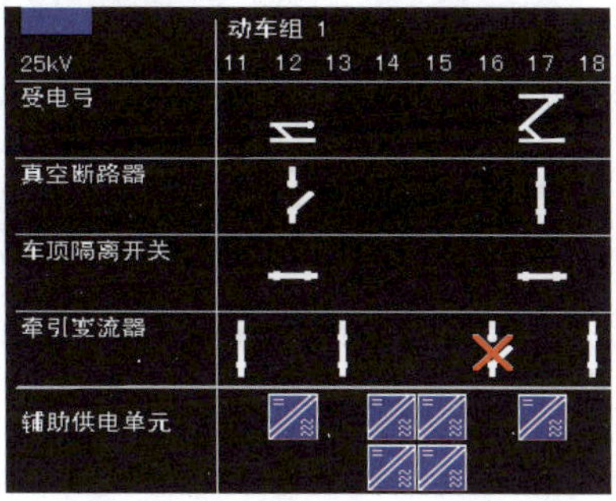

图 13-35　HMI 屏高压牵引页面

十八、牵引锁闭(6373)

1. 现象:列车在静止状态,推牵引手柄,全列无牵引力,显示屏报故障代码 6373(方向开关位置不正确)。

2. 故障原因:换端过程中,牵引手柄在非零位时操控方向开关。

3. 处理过程

(1)司机操作:牵引手柄推至“0”位,方向开关由“前进”位推至“0”位,再由“0”位推至“前进”位。如图 13-36 所示。

(2)司机操作:故障代码 6373 消失,测试牵引施加正常,正常行车。如图 13-37 所示。

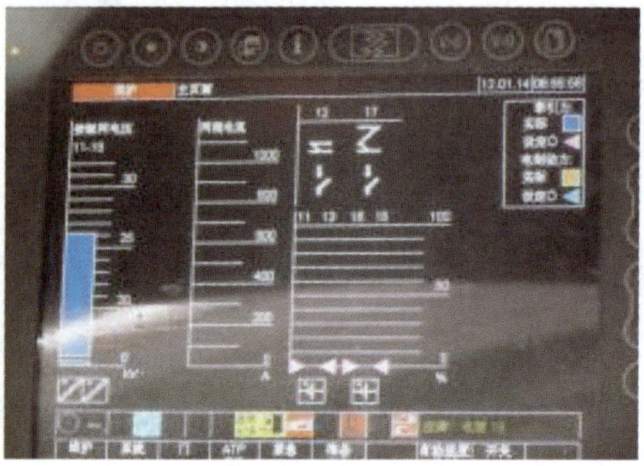

图 13-36　HMI 屏牵引页面

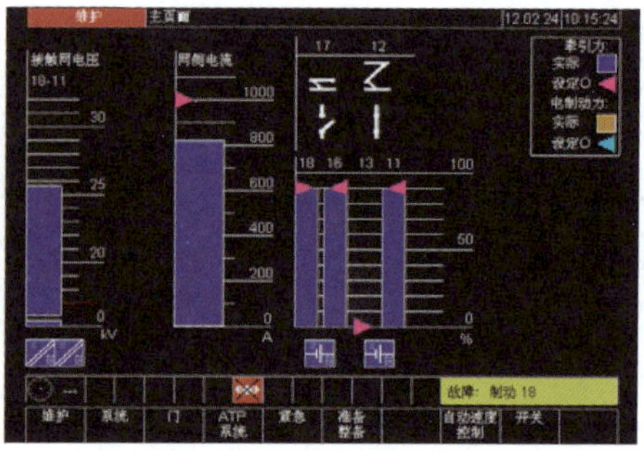

图 13-37　HMI 屏牵引页面

十九、牵引故障(20B6)

1. 现象:牵引封锁。

2. 故障原因:列车受流异常。

3. 处理过程:司机进行换弓操作。若频繁报出 20B6 故障,导致牵引封锁,则在 HMI 屏上将故障车牵引变流器切除。按最大牵引能力运行。如图 13-38、图 13-39 所示。

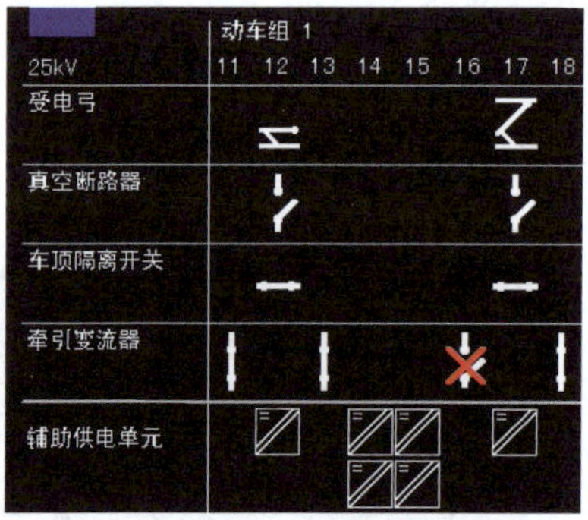

图 13-38　HMI 屏高压牵引页面

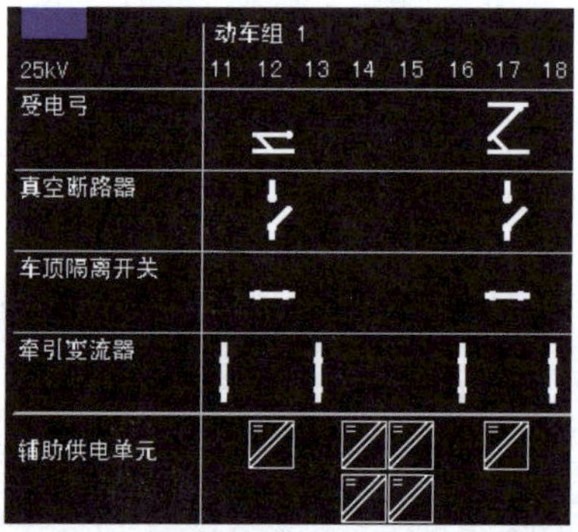

图 13-39　HMI 屏高压牵引页面

二十、单车牵引力减少(283C)

1. 现象:运行中 HMI 屏报轮直径偏差太大(283C),给牵引时该车牵引力减少约 20%。

2. 故障原因:车轮直径偏差太大。

3. 注意事项:基准轴旋轮。

4. 处理过程:当速度超过 90 km/h 后,司机将牵引手柄置“0”位,惰行,系统自动检测轮径。如不能消除故障,按动车组最大牵引能力维持运行。如图 13-40 所示。

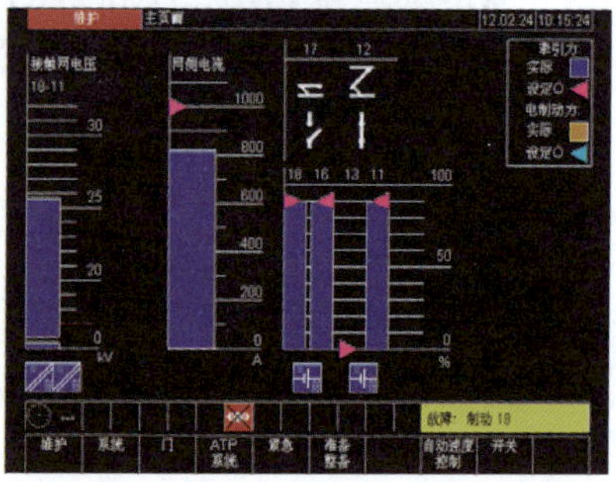

图 13-40　HMI 屏牵引页面

二十一、HMI 屏报 6506:BN1 应急供电系统空开 MCB 32-F45 关断

1. 现象:列车管风压为零,HMI 屏报 6506:BN1 应急供电系统空开 MCB 32-F45 关断;继电器 43-K61 失效;环路启动接触器 43-K15 无法断开;环路启动接触器 43-K14 无法断开;环路供电接触器 43-K19 无法断开;环路供电接触器 43-K18 无法断开。

2. 故障原因:32-F45 空开反馈 24-T02.13 模块损坏。

3. 处理过程

(1)司机、机械师操作:机械师通过 HMI 查看故障,6506:BN1 应急供电系统空开 MCB 32-F45 关断;继电器 43-K61 失效;环路启动接触器 43-K15 无法断开;环路启动接触器43-K14 无法断开;环路供电接触器 43-K19 无法断开;环路供电接触器 43-K18 无法断开,观察制动页面是否由于 ASD 自动安全装置引起的紧急制动(66BO)。

(2)司机操作:将 ASD 故障旁路开关打到关位,将制动手柄推到 OC 位,观察紧急制动是否缓解;若缓解,维持运行。

(3)司机操作:若不缓解,则按应急故障手册中紧急制动不缓解处理。

二十二、单车 BN1 紧急供电失效

1. 现象

(1)HMI 上显示火警图标,报故障代码 67B0:中央火警系统无法运行,且空调界面显示故障车空调为紧急关闭状态。

(2)若故障车是牵引单元头车,受电弓会自动降弓且无法升弓,HMI 上报 6746:旁路紧急制动接触器 43-K37/43-K38 无法闭合(司机);6799:环路启动接触器 43-K17 无法闭合(司机);631D:通过接地回路和 A-钥匙开关的紧急关闭不一致;64D7:外部电池电压测量失效等故障代码。

(3)如果故障车为占用端头车,列车会自动退出占用模式,无法重新占用。

2. 故障原因:BN1 紧急供电 32-Q42(头车)、32-K41(中间车)接触器失电。

3. 行车方式:若车组自动降弓需停车处理,没有降弓则可至下一运营站处理。

4. 注意事项

(1)停车后,需要将占用端的 32-S45 紧急供电模式开关打到水平位置,升弓闭合主断后车组不限速正常运行。

(2)如果受电弓无法升起,要检查总风管压力。当总风管压力低于 700 kPa 时,单个受电弓 10 min 内升弓操作不得大于 3 次,否则会触发软件保护而锁闭受电弓。一旦锁闭,90 min 后才能解锁。

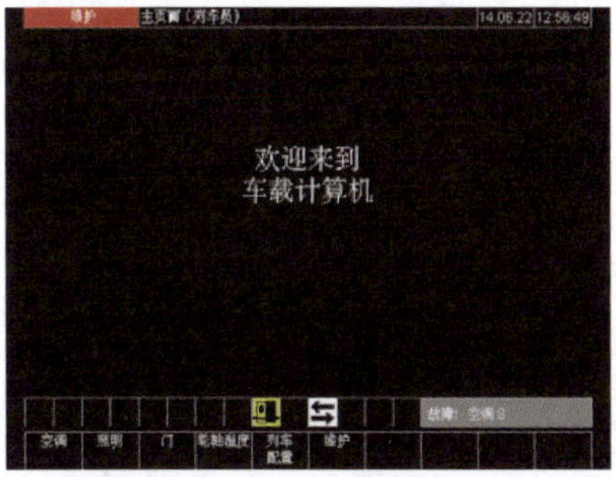

图 13-41　HMI 屏初始页面

(3)BN1 紧急供电失效故障应急处理完成后,司机需手动开启因故障车厢空调。

5. 处理过程:

(1)司机操作:牵引单元头车(1、8、9、16)BN1 失效。

现象:受电弓自动降弓且自动施加紧急制动,ASD 报警,若是占用端头车 BN1 失效,车组退出司机室占用。如图 13-41 所示。

(2)司机操作:通过 HMI 故障界面“司机的故障”页面,查看是否有以下代码:

6746:旁路紧急制动接触器 43-K37/43-K38 无法闭合(司机)。

6799:环路启动接触器 43-K17 无法闭合(司机)。

631D:通过接地回路和 A-钥匙开关的紧急关闭不一致。

64D7:外部电池电压测量失效。

同时,HMI 空调界面的某个单车空调。如图 13-42、图 13-43 所示。

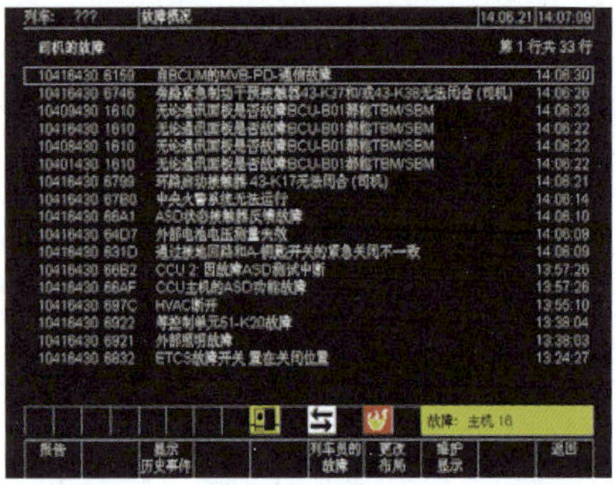

图 13-42　HMI 屏故障信息页面

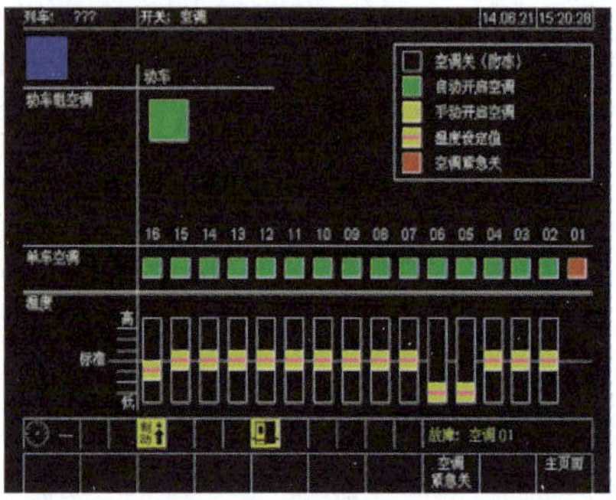

图 13-43　HMI 空调页面

(3)机械师操作:车组停车后,将主控司机室内故障面板内的 32-S45 紧急供电模式开关打到开位(水平位)。

(4)司机操作:重新占用司机室,升弓,闭合主断。如图 13-44 所示。

(5)司机操作:查看制动界面,并将制动手柄置于"OC"位,缓解紧急制动,查看制动有效率。如图 13-45 所示。

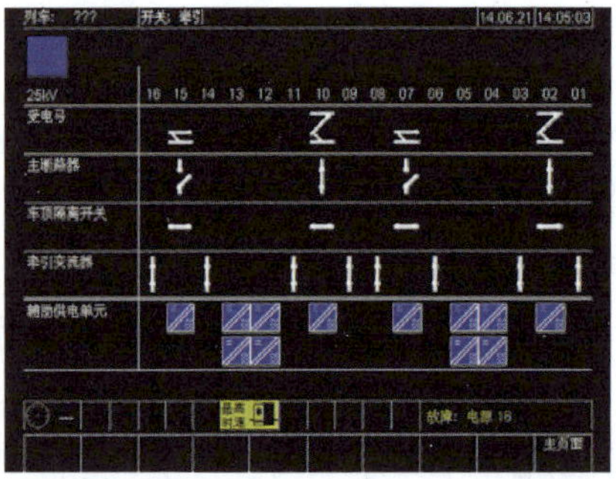

图 13-44　HMI 屏高压牵引页面

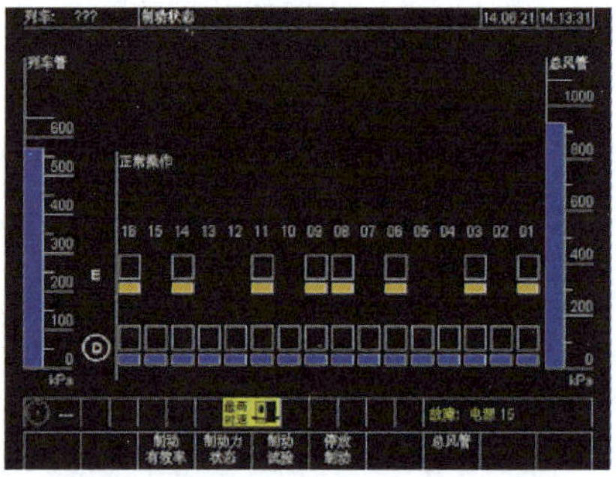

图 13-45　HMI 屏制动页面

(6)司机操作:该故障不影响列车牵引状态和制动有效率,处理完毕后正常行车。如图 13-46所示。

(7)司机操作:除牵引单元头车外,其他车厢 BN1 紧急供电失效,包括 CRH380B 型动车组(非高寒)的 2、3、4、5、6、7 车,CRH380BL 型动车组的 2、3、4、5、6、7、10、11、12、13、14、15 车。如图 13-47 所示。

(8)司机、机械师操作:HMI 故障界面报火警故障,代码 67B0:中央火警系统无法运行,无其他代码,故障车空调紧急关闭。司机将车速降到 200 km/h 以下,并通知机械师进行火灾报警确认,如果发现故障车 PIS 柜内的火灾报警主机未工作,则将占用端司机室右侧故障面板上的火灾报警回路隔离开关 43-S26 打到水平位置("关"位),开启故障车空调,车组维持正常运行，到下一站处理。

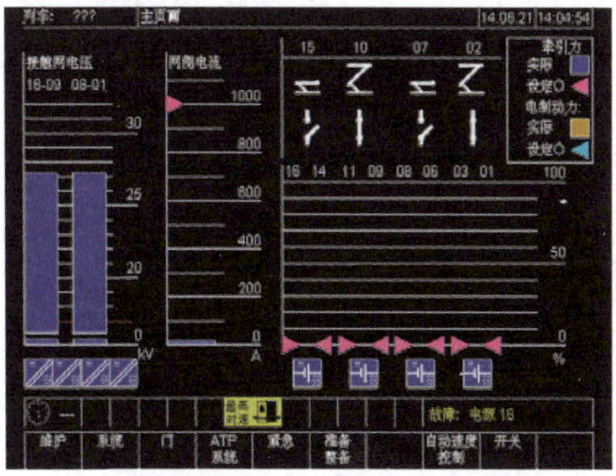

图 13-46　HMI 屏牵引页面

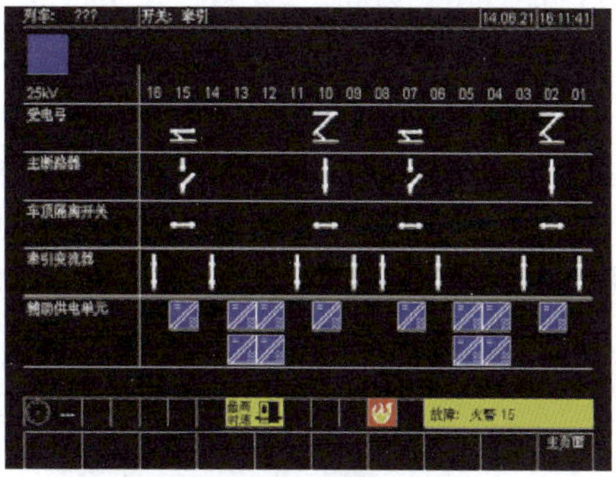

图 13-47　HMI 屏高压牵引页面

(9)机械师操作：待到下一运营站停车后，将主控司机室内故障面板内的 32-S45 紧急供电模式开关打到开位(水平位)。

(10)司机、机械师操作：升弓，闭合主断，将占用端司机室右侧故障面板上的火灾报警回路隔离开关 43-S26 打到竖直位置(“开”位)，并确认故障车 PIS 柜内的火灾报警主机是否工作正常，如果正常，车组正常运行。如果不正常，则将火灾报警回路隔离开关 43-S26 打到水平位置(“关”位)，开启故障车空调，车组维持正常运行。待回库处理。

二十三、司机室 HMI 自动重启

1. 现象：

(1)司机室右侧 HMI 自动重启，左侧 HMI 屏显示进行配置；

(2)司机室左侧 HMI 自动重启，右侧 HMI 屏显示正常状态。

2. 故障原因：HMI 显示屏故障。

3. 注意方式：用另一个 HMI 根据动车组运行功能需要来实现两个 HMI 的功能。

4. 处理过程

(1)司机操作：现象(1)中右侧 HMI 屏无显示然后重新启动，间隔几秒后进入如左侧图 13-48所示界面；左侧 HMI 屏则显示“正在配置中，请等待 60 s”，根据 ATP 提示的线路信息惰行或减速。如图 13-48、图 13-49 所示。

图 13-48　左 HMI 显示屏

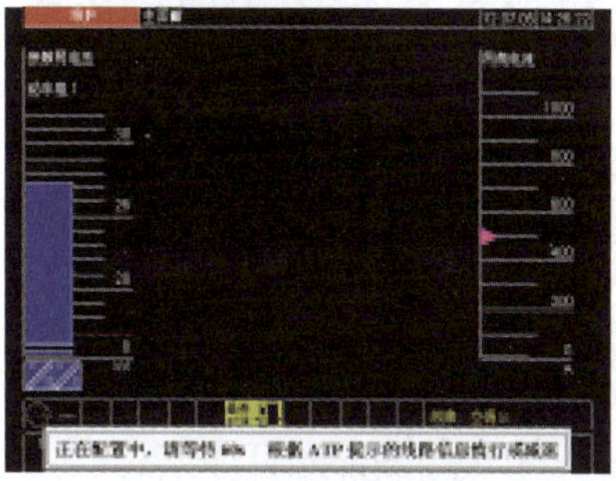

图 13-49　左 HMI 显示屏

(2)司机、机械师操作：司机根据 HMI 左屏提示信息操作并通知随车机械师，随车机械师将司机室右侧故障开关面板上“列车司机显示器”开关打到“2 关”位置。此时左侧 HMI 显示屏显示进行配置，约等待 50 s 后显示页面正常，缓解制动，用左侧 HMI 屏维持运行，终到站后处理。如图 13-50 所示。

（3）机械师操作：终到站后，随车机械师在司机室右侧故障开关面板上将列车司机显示器开关打到“1＋2 开”位置，等待显示屏自动重启并完成配置。如果右侧 HMI 屏再次故障，则将故障开关面板上“列车司机显示器”开关打到“2 关”位置，此时左侧 HMI 显示屏显示进行配置，约等待 50 s 后显示页面正常，用左侧 HMI 屏维持运行。

（4）司机操作：现象（2）中 HMI 屏先无显示然后重新启动，间隔几秒后进入如图 13-51 所示界面；右侧 HMI 屏显示正常，继续维持运行。如图 13-51 所示。

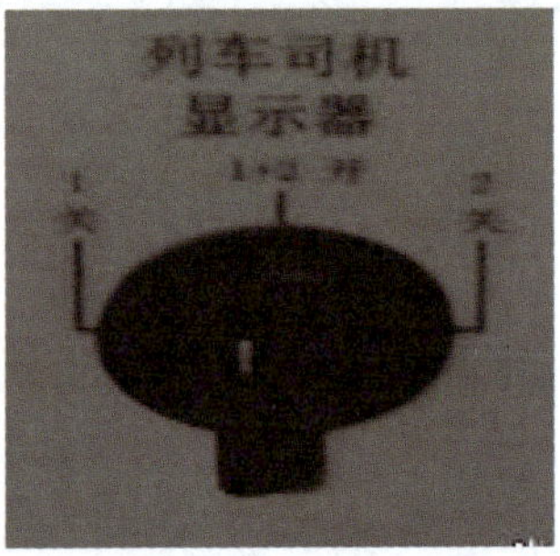

图 13-50 列车司机显示器开关

图 13-51 HMI 屏重新启动

二十四、司机室占用不成功

1. 现象：司机室占用钥匙置“ON”位，方向开关置“向前”或“向后”位，此时司机室两个 HMI 长时间无变化，且仍旧显示乘务员/机械师 HMI 界面，ATP 屏显示“司机室未占用”。

2. 故障原因：由于信号抖动导致信号不可信。

3. 处理过程

（1）司机操作：通过故障代码检查是否存在两端司机室同时被占用的现象，如果是，请退出另一端司机室占用。如果不是，进行下一步。如图 13-52、图 13-53 所示。

图 13-52 两端司机室同时被占用

图 13-53 乘务员/机械师 HMI

（2）司机操作：司机将方向开关置“0”位，然后将司机室占用钥匙置“OFF”位（退出司机室占用）。

(3)司机操作:退出司机室占用约 10 s 后,司机将占用钥匙置“ON”位,约 2 s 后将方向开关置“向前”位(或“向后”位),观察司机室 HMI 是否进入司机 HMI 显示界面;如果司机室仍未占用成功,则进行下一步。如图 13-54 所示。

(4)司机操作:如果上述操作(重新占用司机室)无效,视情况可在时间允许的情况下通过蓄电池断电进行关电池复位。如图 13-55 所示。

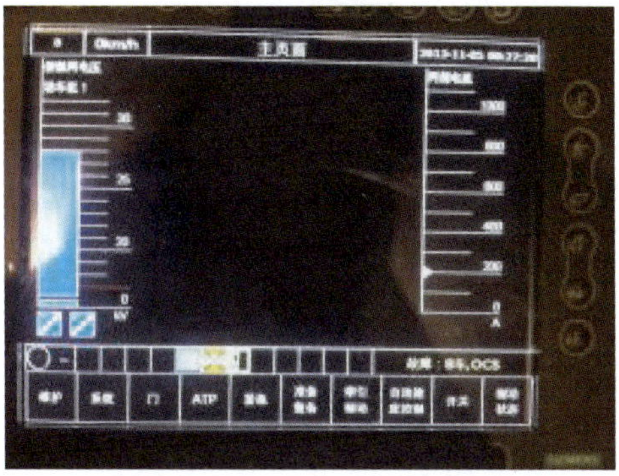

图 13-54　司机室 HMI

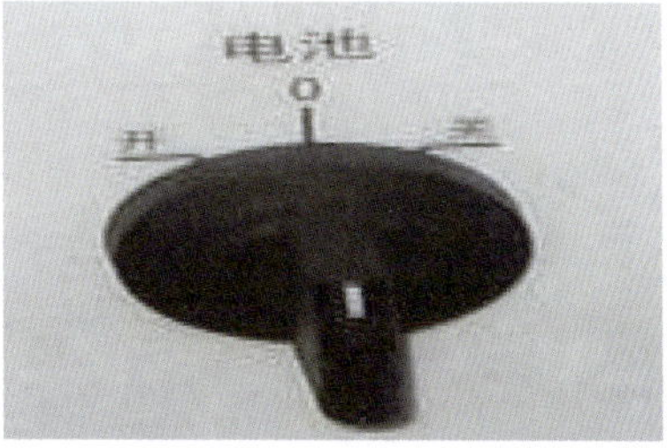

图 13-55　蓄电池开关

二十五、停放制动无法缓解

1. 现象:停放制动无法缓解。
2. 故障原因:停放制动控制单元、部件故障或软管断裂。
3. 注意事项:复位 BCU 时,先断 28-F12,再断 28-F11;闭合时先合 28-F11,再合 28-F1。
4. 处理过程

(1)司机操作:立即停车,报告列车调度员。施加并缓解一次停放制动,如果故障消失则正常行车。如果停放制动仍未缓解,则根据 HMI 屏故障提示,通知随车机械师到停放制动不能缓解的故障车。如图 13-56所示。

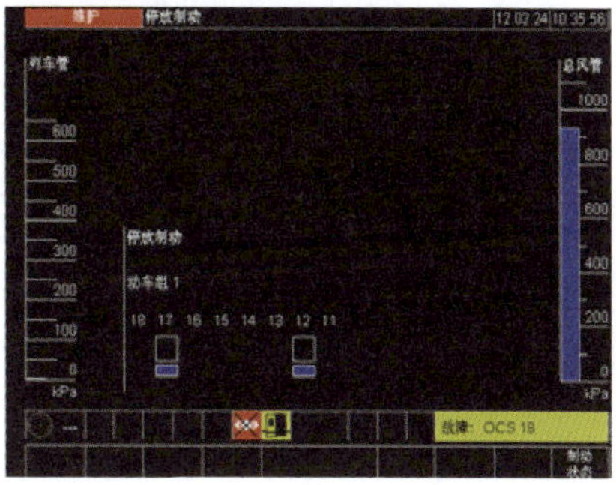

图 13-56　HMI 屏停放制动页面

(2)机械师操作:在故障车电气柜对 BCU 进行复位。若停放制动不缓解故障消除,则通知司机行车。若故障不消除,则进行下一步操作。

(3)机械师操作:根据相关规定下车,按手册第一部分内容中的停放制动切除操作流程对故障车进行停放制动隔离操作。完成后通知司机。

(4)司机操作:按限速表中制动有效率限速运行。

二十六、紧急制动不缓解

1. 现象:紧急制动不缓解。
2. 故障原因:故障原因需根据处理过程逐一判断。
3. 处理过程

(1)司机操作:立即停车,通知随车机械师,并报告列车调度员。

(2)司机、机械师操作:确认 HMI 是否报出故障代码,若报出故障代码 66DB 或 66DC,则按照《5.15 异常紧急制动(66DB、66DC)故障》进行操作;若没有,则执行下一步。

(3)机械师操作:在 HMI 上检查是否报出故障代码 66D5:通过紧急按钮请求紧急制动,或故障代码 66D6:通过制动控制器请求紧急制动,若报出以上代码,则将紧急制动红色蘑菇头或制动手柄恢复,若为非占用端故障,则通知机械师进行恢复。若没有报出 66D5 或 66D6,则执行下一步。

(4)机械师操作:检查 HMI 上是否报出紧急制动回路(EBL)、停放制动监控回路(PBML)、转向架监控回路(BML)故障,若报出环路故障,则切除相关安全回路故障开关。若没有报出安全回路故障,则执行下一步。

(5)机械师操作:将紧急制动回路开关置“关”位。若列车管压力恢复正常,则在没有紧急制动回路功能的情况下继续运行。

(6)司机、机械师操作:将 ATP 隔离开关置“隔离”位。若列车管压力恢复正常,则将 ATP 换系,若列车管压力恢复正常,则正常行车,若无效,确认为 ATP 故障则报告列车调度员;否则,将 ATP 隔离开关置“运行”位。如图 13-57 所示。

(7)司机操作:若隔离紧急制动回路后,紧急制动仍无法缓解,则恢复紧急制动回路故障开关,采用备用制动行车,限速 120 km/h。若采用备用制动依然无法缓解,则请求救援。如图 13-58所示。

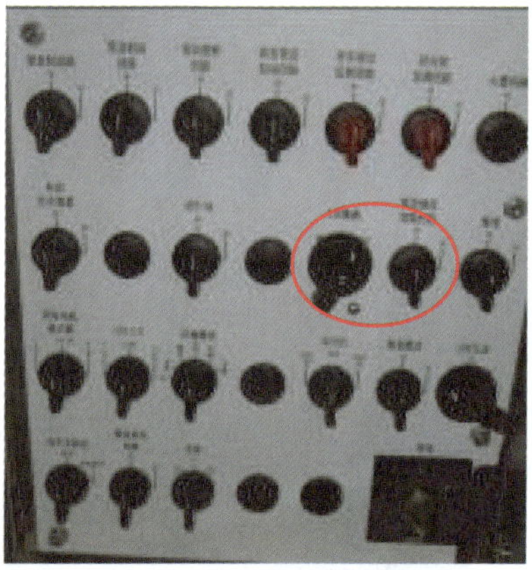

图 13-57 ATP 隔离开关

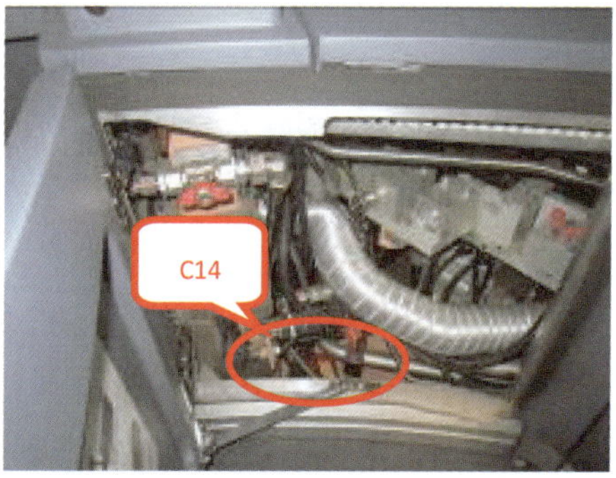

图 13-58 C14 阀

二十七、常用制动不缓解

1. 现象:常用制动不缓解。

2. 故障原因:BCU 故障。

3. 处理过程

(1)司机操作:立即停车,报告列车调度员。在司机室 HMI 屏上确认故障为单车制动不缓解还是全列制动不缓解。如图 13-59 所示。

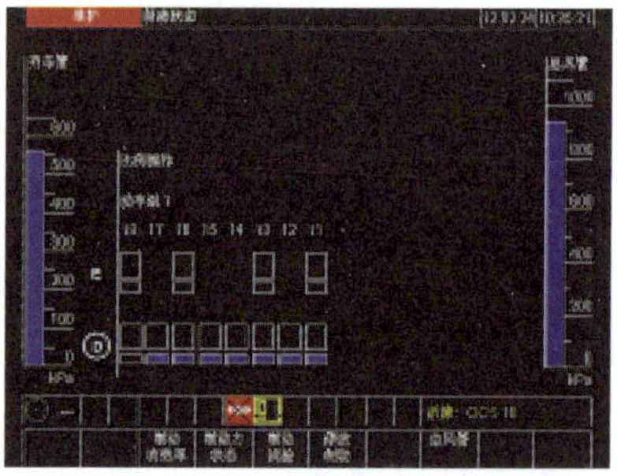

图 13-59 HMI 屏制动页面

(2)司机操作:将制动手柄推至 REL 位缓解。如图 13-60所示。

(3)司机操作:检查 HMI 屏是否有相关故障代码,根据故障代码提示进行处理。

①检查 ASC(恒速)速度设定是否关闭,如果在开启状态则关闭 ASC(恒速)速度设定。

②若为换端引起的全列制动不缓解,将制动手柄置于最大常用制动位,缓解停放制动,再将制动手柄推至“OC”位,然后施加停放制动,检查全列制动是否缓解,如制动界面恢复正常,显示缓解,动车组可正常运行;若制动仍无法缓解,将制动手柄置于缓解位,缓解停放制动,施加牵引力,如制动界面恢复正常,显示缓解,动车组可正常运行。

③若全列常用制动仍然无法缓解,则检查 ATP 是否在缓解状态。如图 13-61 所示。

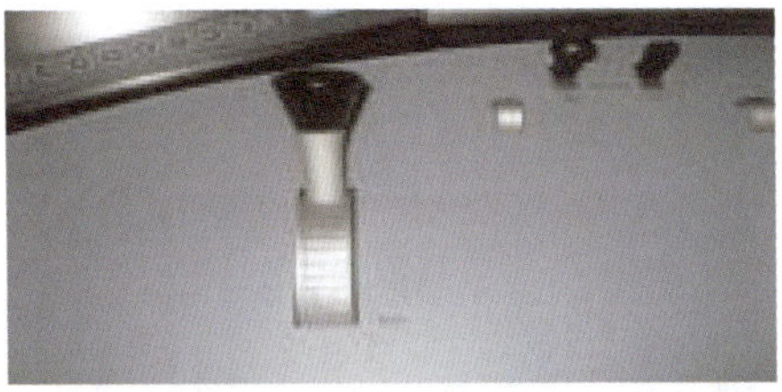

图 13-60　制动手柄

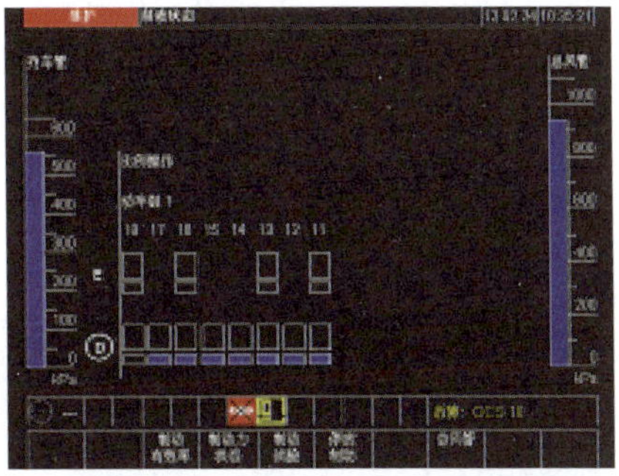

图 13-61　HMI 屏制动页面

(4)司机操作:单车常用制动不缓解报“1775”故障代码,按照“1775”故障应急处理即可。

二十八、常用制动失效(1610、1810、1617、1817、6400)

1. 现象:动车组运行过程中,如司机施加常用制动时,动车组不能有效减速和停车时。

2. 故障原因:常用制动失效。

3. 注意事项:复位 BCU 时,先断 28-F12,再断 28-F11;闭合时先合 28-F11,再合 28-F12。

(1)司机操作:司机直接使用制动手柄并拉到 EB 位或使用司机操纵台右侧紧急制动(红色蘑菇头)按钮,使动车组紧急停车。如图 13-62 所示。

(2)司机操作:动车组停车后,司机在主控端司机室对主 BCU 进行复位。

(3)司机操作:观察总风管和列车管压力,当总风管压力达到 800 kPa,列车管压力达到 580 kPa时可继续运行。如列车管压力不上升,将制动手柄至于 OC 位,等待风压达到 580 kPa。

(4)列车管风压达到 580 kPa 后,应进行完全制动试验确认制动有效率,按制动有效率提示速度运行。

(5)司机操作:如上述方法无效,打开司机台下面右侧柜中间接制动 C14 阀,激活备用制动模式,继续行车,限速 120 km/h。如图 13-63 所示。

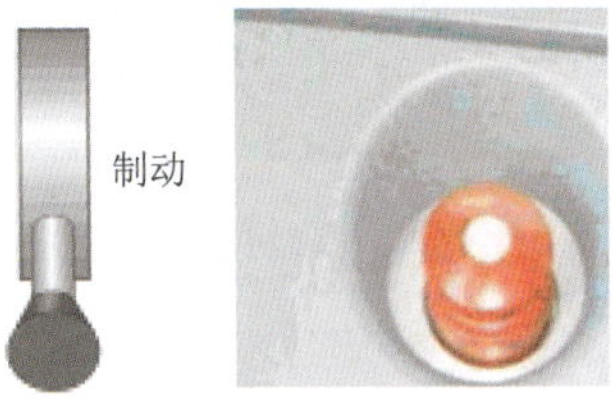

图 13-62　制动手柄、紧急制动(红色蘑菇头)按钮

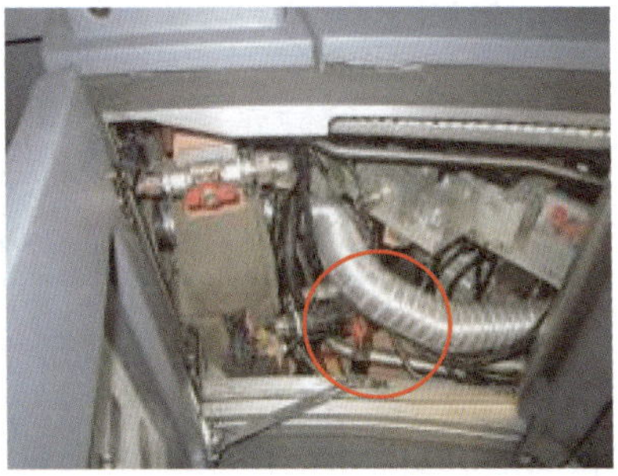

图 13-63　C14 阀

二十九、摩擦制动未缓解(1775)

1. 现象:HMI 屏上显示故障代码为 1775,故障描述为:摩擦制动未缓解。

2. 处理过程

(1)司机在制动手柄处于缓解位置时,按下制动手柄上的按钮实施雪天模式制动。按下按钮保持10 s,释放制动手柄上的按钮缓解雪天模式制动。观察 HMI 屏显示的所有制动的施加和缓解功能是否正常。如图 13-64 所示。

(2)司机、机械师操作:如果制动的施加和缓解功能正常,则按限速表中制动有效率限速值运行。如果制动的施加和缓解功能不正常则立即施加常用制动,同时通知随车机械师对故障车进行切除空气制动操作。司机按本手册限速表中制动有效率限速值运行。如图 13-65、图 13-66所示。

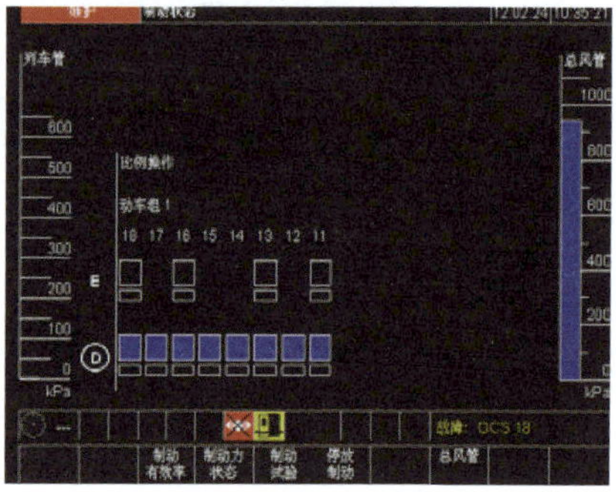

图 13-64 HMI 屏制动页面

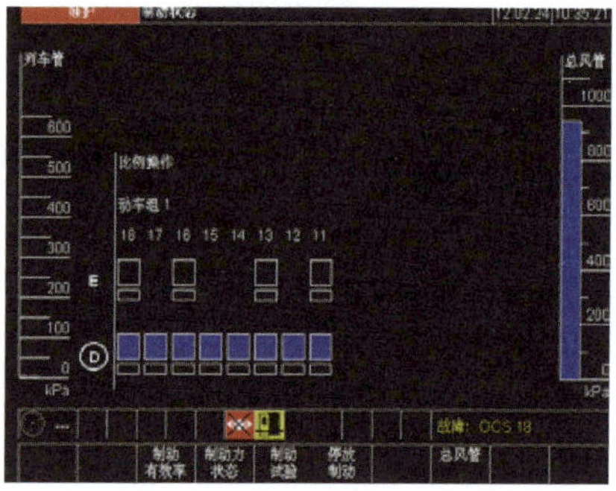

图 13-65 HMI 屏制动已经施加

三十、直接制动控制故障(1729)

1. 现象:运行中列车出现制动有效率丢失故障,HMI 屏显示故障代码为 1729。

2. 故障描述:直接制动控制故障。

3. 故障原因:单车直接制动控制有问题。

4. 处理过程:

(1)司机操作:司机确认 HMI 显示故障代码 1729。如图 13-67 所示。

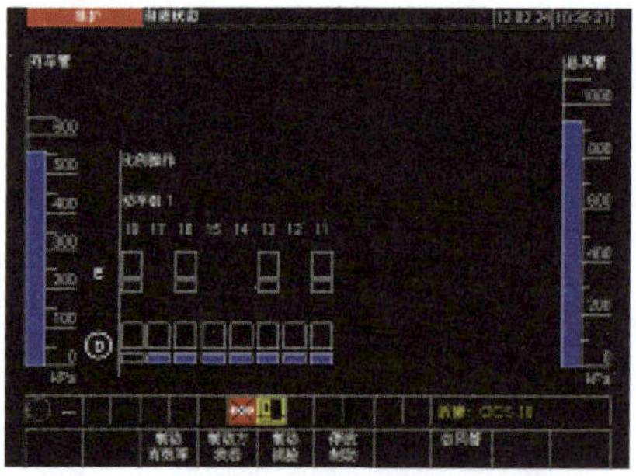

图 13-66 HMI 屏制动已经缓解

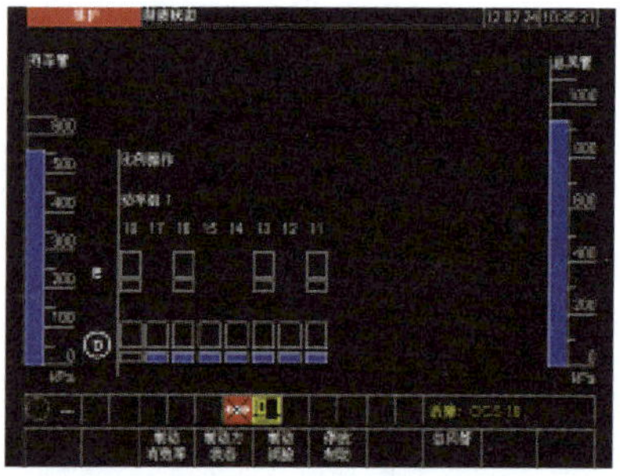

图 13-67 HMI 屏制动页面

(2)司机操作

①将制动手柄置于 REL(缓解)位,通过按下制动手柄上的按钮施加清雪制动,保持 10 s。

②检查 HMI 上，故障是否消失。

③若 1729 故障代码消失，司机释放制动手柄上的按钮缓解清雪制动后继续行车。如图 13-68所示。

(3)司机、机械师操作

①若 1729 故障代码仍然存在，司机释放制动手柄上的按钮缓解除雪制动，通知随车机械师切除故障车空气制动。

②按照限速表中制动有效率限速值运行。如图 13-69 所示。

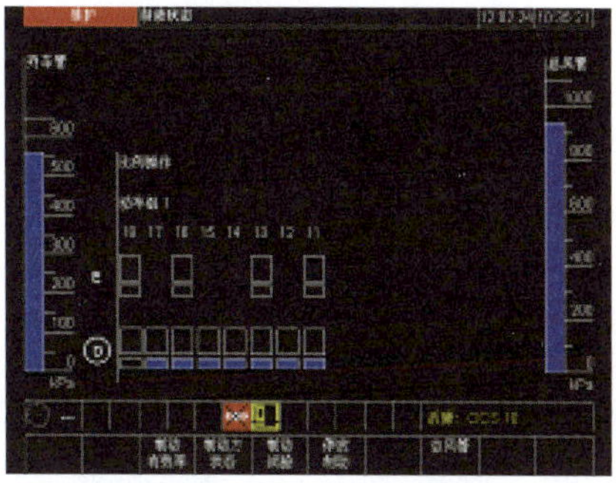

图 13-68　HMI 屏制动页面

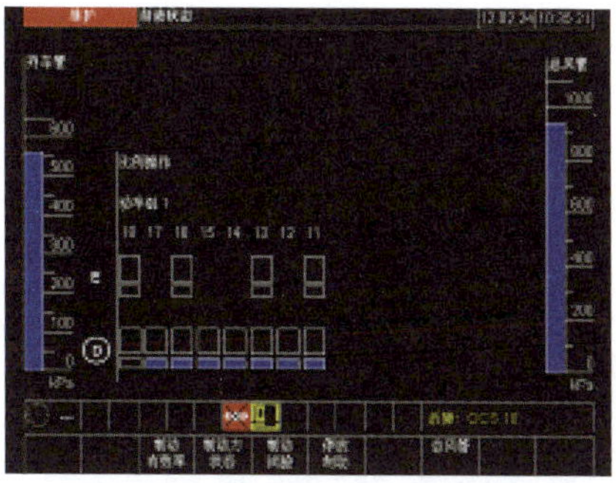

图 13-69　HMI 屏制动页面

三十一、异常紧急制动(66DB、66DC)故障

1. 现象：列车运行时突然施加紧急制动，HMI 显示故障代码 66DB、66DC。

2. 故障原因：紧急制动请求继电器(43-K33、43-K34)被异常断开。

3. 注意事项：自动触发紧急制动停车。

4. 处理过程：

(1)停车后，制动手柄置于“OC”(过充)位，如果紧急制动缓解，继续行车。

(2)把制动手柄置于紧急制动位置，过 5 s 后再置于“OC”(过充)位。紧急制动缓解，进行第(8)步。

(3)紧急制动不能缓解，把司机室右侧故障面板的“紧急制动阀”和“紧急制动回路”故障开关设为“关”位，紧急制动缓解。把司机室右侧故障面板的“紧急制动阀”和“紧急制动回路”故障开关设为“开”位。紧急制动再次施加，进行第(4)步。没有再次施加紧急制动，列车状态正常，进行第(8)步。

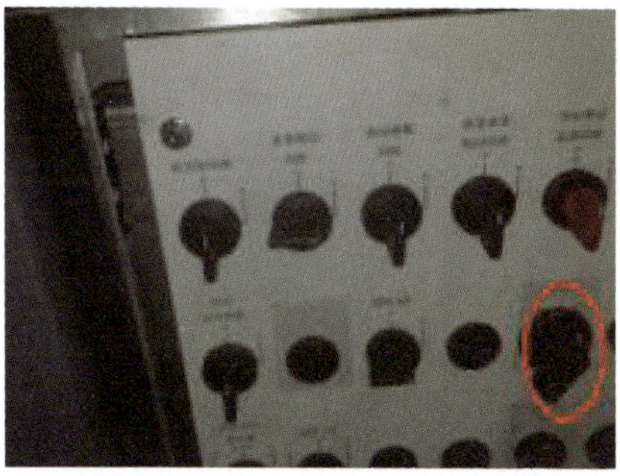

图 13-70　紧急制动阀故障开关

(4)如果紧急制动再次施加，把司机室右侧故障面板的“紧急制动阀”和“紧急制动回路”故障开关设为“关”位。紧急制动缓解。

(5)将故障面板上的紧急制动阀故障开关置于“开”位(将开关打到竖直位)。将故障面板上的 ATP 隔离开关打到“隔离”位，并将 ATP 进行换系，10 s 后重新将开关打到“运行”位，ATP 重新启动。如图 13-70所示。

(6)如果紧急制动再次施加无法缓解，进行第(7)步。如果 ATP 工作正常，没有紧急制动异常发生，进行第(8)步。

(7)司机将故障面板上的 ATP 隔离开关打到“隔离”位，紧急制动阀故障开关置于“关”位。报告列车调度员，限速运行。

(8)通过制动手柄施加紧急制动，5 s 后制动手柄置于“OC”位。制动缓解后正常行车。

三十二、停放制动故障

1. 现象：HMI 屏报故障代码 172F。

2. 故障原因：电磁干扰或停放制动管路漏风。

3. 处理过程

(1)司机在 HMI 屏上切换到停放制动页面。如图 13-71 所示。

(2)施加、缓解停放制动各两次，按下按钮应保持 2 s，施加、缓解间隔大于 30 s。施加、缓解时观察 HMI 上停放制动状态与实际操作是否相符。如状态相符、故障消失，则正常行车。否则切除故障车停放制动。如图 13-72 所示。

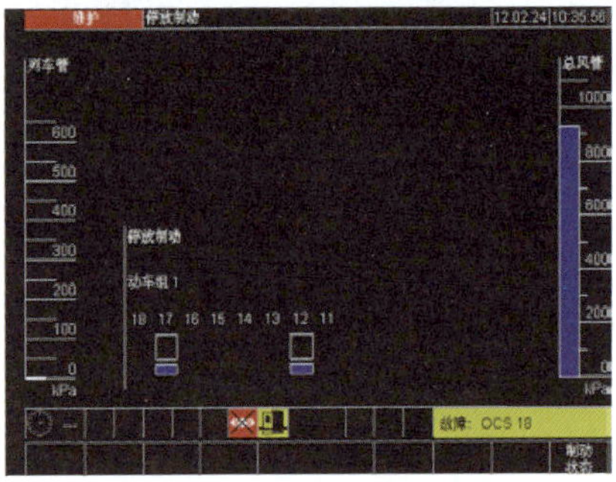

图 13-71　HMI 屏停放制动页面

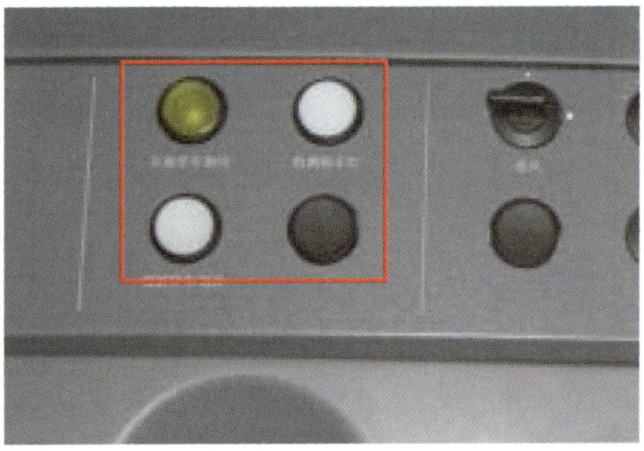

图 13-72　停放制动施加、缓解按钮及指示灯

(3)司机按正常速度行车。

三十三、列车已经移动而停放制动未缓解(1738)

1. 现象：列车静止、动车时或运行中列车触发紧急制动停车，HMI 上报出故障代码 1738。

2. 故障原因：运行过程中停放制动意外施加或电磁干扰。

3. 处理过程

司机操作：确认故障车辆，并重新施加、缓解停放制动；若列车停放制动正常施加、缓解，则将制动手柄置于“OC”位，缓解制动；若制动缓解，则正常行车。如图 13-73 所示。

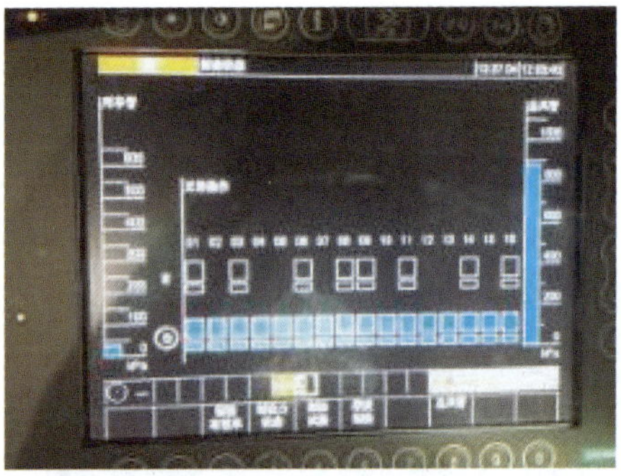

图 13-73　HMI 屏制动页面

三十四、超过 24 h 未进行制动试验(194D)

1. 现象：HMI 上报出故障代码 194D，不影响列车运行。

2. 故障原因：制动试验超过 24 h。

3. 注意事项：194D 只是提示性故障代码，不影响制动有效率的检测，如果此故障伴随发生制动有效率丢失故障，按制动有效率丢失处理。

4. 处理过程

(1)报出故障后，无需进行处理，可继续行车。如图 13-74 所示。

(2)列车终到站后，若时间允许，可进行制动试验第(2)、(3)、(6)步。如图 13-75 所示。

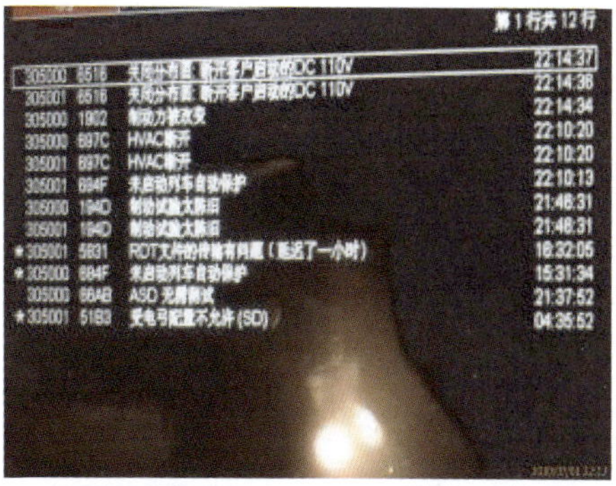

图 13-74　HMI 屏故障信息页面

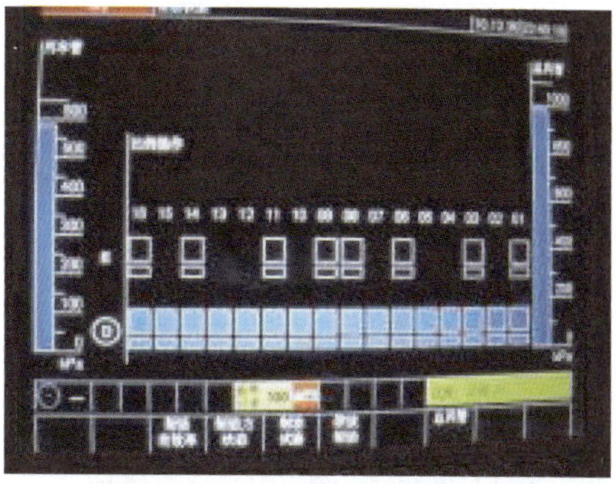

图 13-75　HMI 屏制动页面

三十五、车组动车后报 636B 故障

1. 现象：车组制动未缓解时，推牵引手柄行车，并报出故障代码 636B。

2. 故障原因：列车制动未缓解。

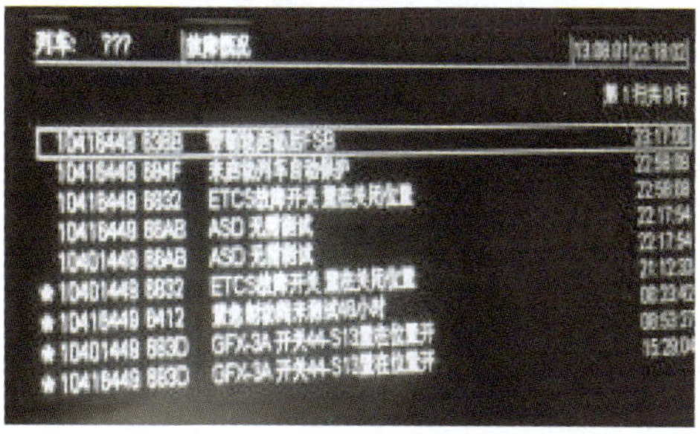

图 13-76　HMI 屏故障信息页面

3. 注意事项：当车速低于 10 km/h，发生此故障会导致列车触发最大常用制动停车；当车速大于 10 km/h 时，牵引会封锁 20 s，但不会触发最大常用制动，按照下面处理办法操作。

4. 处理过程

(1)确认故障信息，HMI 报出代码 636B。如图 13-76 所示。

(2)车组停车后，将牵引手柄归“0”位。如果车速大于 10 km/h 时，牵引会封锁 20 s，将牵引手柄回零。如图 13-77 所示。

(3)推制动手柄缓解列车常用制动，确认缓解后，正常行车。如图 13-78 所示。

图 13-77　牵引手柄

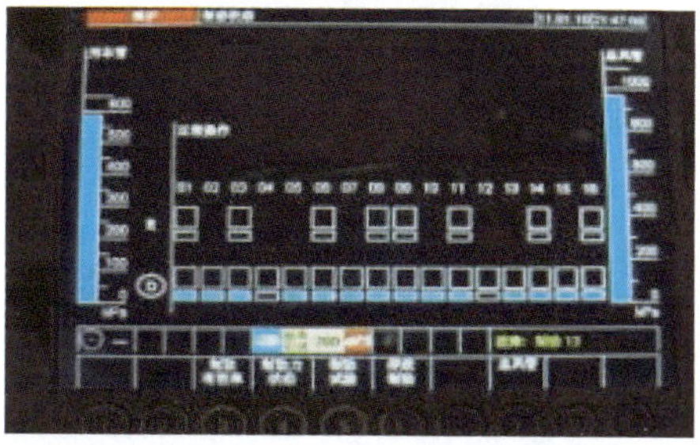

图 13-78　HMI 屏制动页面

三十六、安全环路控制继电器故障(6791、678D、6159、1610)

1. 现象:在 HMI 屏上报出 6791、678D、6159 及 1610 故障代码,列车管充风状态栏显示“?”,车组紧急制动无法缓解,切除所有安全环路仍无效。

2. 故障原因:43-K14/K15 接触器断开。

3. 注意事项:行车前,在 HMI 上确认停放制动全部为缓解状态。

4. 处理过程

(1)将 HMI 切换到制动界面,车组列车管风压小于 200 kPa(见左图红色区域),状态栏列车管充风图标(左图蓝色区域)显示问号。如图 13-79 所示。

(2)在 HMI 上查看故障信息,确认故障代码(见左图红色区域)有 6791(环路启动接触器 43-K15 无法闭合(司机)),678D(环路启动接触器 43-K14 无法闭合(BH)),6159(EC:BCUM 的 MVB-PD 通信故障),1610(无论通信面板是否故障 BCU-B01 都能够 TBM/SBM)。如图 13-80 所示。

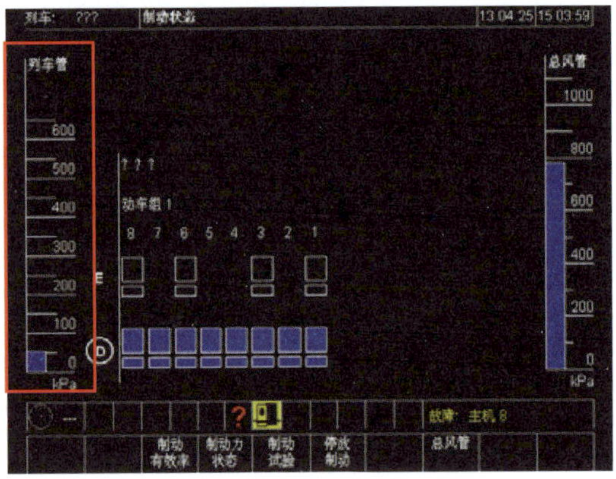

图 13-79　HMI 屏制动页面

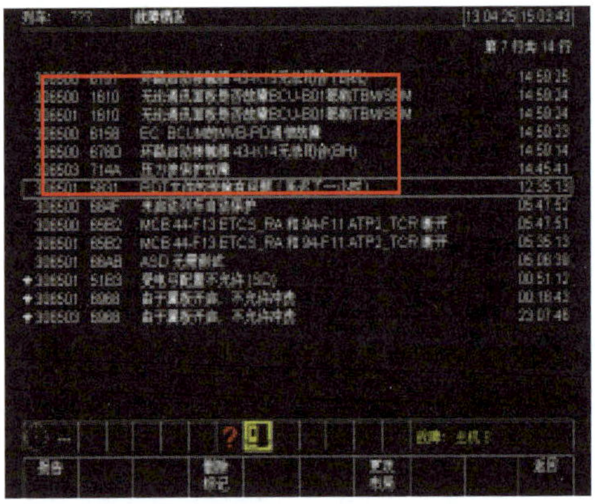

图 13-80　HMI 屏故障信息页面

(3)将紧急制动回路、转向架监控回路、停放制动监控回路、制动缓解回路及乘客紧急制动回路故障开关全部关闭,通知司机缓解制动。如图 13-81 所示。

(4)缓解制动,若制动缓解,则正常行车。

(5)若制动无法缓解,切除紧急制动阀,隔离 ATP,启用备用制动,维持运行。如图 13-82 所示。

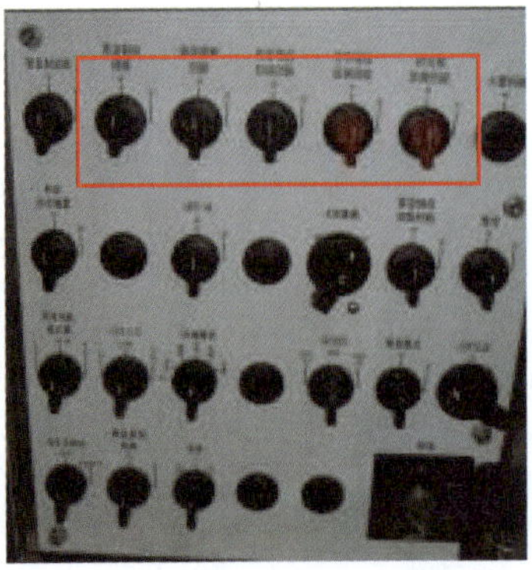

图 13-81　紧急制动回路、转向架监控回路、停放制动监控回路、制动缓解回路及乘客紧急制动回路故障开关

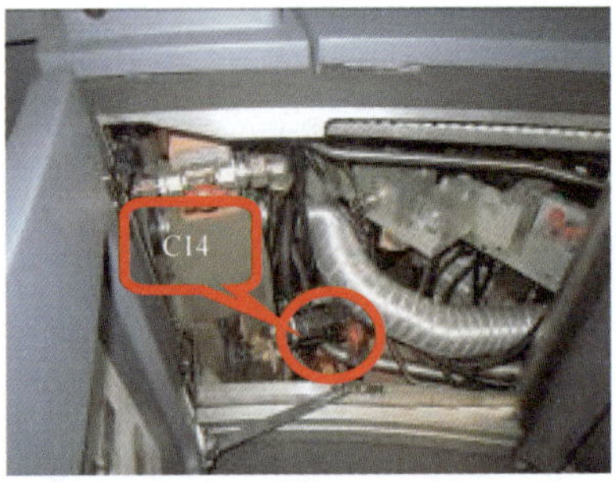

图 13-82　C14 阀

三十七、紧急制动 EB 不缓解

1. 现象：紧急制动 EB 不缓解。

2. 故障原因：故障原因需根据处理过程逐一判断。

3. 处理过程

(1)司机操作：立即停车，通知随车机械师，并报告列车调度员。

(2)司机操作：检查制动控制手柄是否在“EB”位，如果在“EB”位则将制动控制手柄移至 OC 位。如果紧急制动缓解则继续运行。若制动控制手柄不在“EB”位则执行下一步检查。如图 13-83 所示。

图 13-83　制动手柄

(3)机械师操作：检查 HMI 上是否报出紧急制动 EB 回路(EBL)、停放制动监控回路(PBML)状态，若报出环路故障，则切除相关安全回路故障开关。若没有报出安全回路故障，则执行下一步。

(4)通过 43-S28 将警惕装置 ASD 隔离，然后确认紧急制动 EB 是否缓解，如果缓解则在无 ASD 的情况下继续运行；否则，恢复 43-S28，执行下一步。

(5)将紧急制动 EB 回路开关置“关”位。若紧急制动“EB”缓解，则在没有紧急制动“EB”回路功能的情况下继续运行。如图 13-84 所示。

(6)若隔离紧急制动 EB 回路后，紧急制动“EB”仍无法缓解，则恢复紧急制动“EB”回路故障开关，采用备用制动行车，限速 120 km/h。若采用备用制动依然无法缓解，则请求救援。如图 13-85 所示。

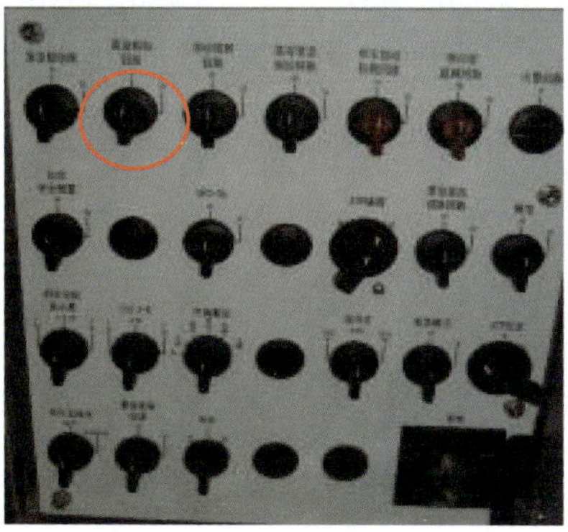
图 13-84　紧急制动“EB”回路开关

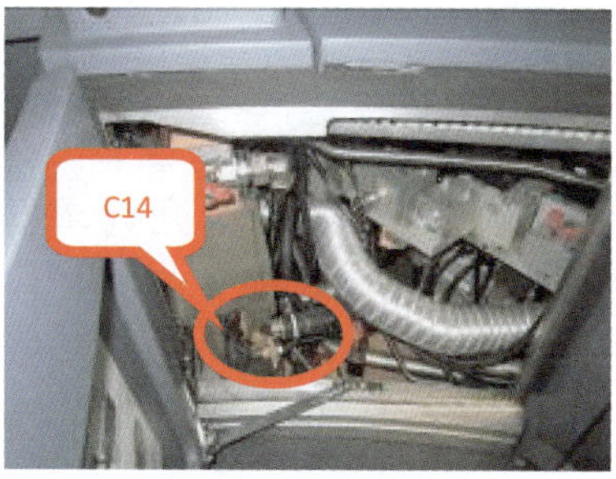

图 13-85　C14 阀

三十八、紧急制动 UB 不缓解(CRH380B 型)

1. 现象：紧急制动 UB 不缓解。

2. 故障原因：故障原因需根据处理过程逐一判断。

3. 处理过程

(1)司机操作：立即停车，通知随车机械师，并报告列车调度员。

(2)司机、机械师操作：确认 HMI 是否报出故障代码，若报出故障代码 66DB 或 66DC，则按照《5.15 异常紧急制动(66DB、66DC)故障》进行操作;若没有,则执行下一步。

(3)机械师操作:C14 将 ATP 隔离开关置“隔离”位。若列车管压力恢复正常,则将 ATP 换系,若列车管压力恢复正常,则正常行车,若无效,则在没有 ATP 控车的情况下运行;否则,将 ATP 隔离开开关置“运行”位。

(4)司机操作:在 HMI 上检查是否报出故障代码 66D5:通过紧急按钮请求紧急制动,或故障代码 66D6:通过制动控制器请求紧急制动,若报出以上代码,则将紧急制动红色蘑菇头或制动控制手柄恢复,若为非占用端故障,则通知机械师进行恢复。若没有报出 66D5 或 66D6,则执行下一步。如图 13-86 所示。

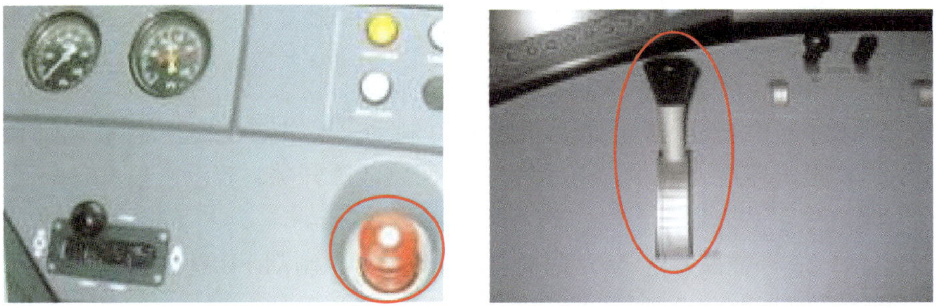

图 13-86 紧急制动(红色蘑菇头)按钮、制动手柄

(5)机械师操作:检查 HMI 上是否报出紧急制动回路(UBL)、转向架监控回路(BML)故障,若报出环路故障,则切除相关安全回路故障开关,EB 转 UB 故障开关。若没有报出安全回路故障,则执行下一步。

(6)机械师操作:将紧急制动 UB 回路开关置“关”位。若列车管压力恢复正常,则在没有紧急制动 UB 回路功能的情况下继续运行。

(7)司机操作:若隔离紧急制动回路 UB 后,紧急制动 UB 仍无法缓解,则恢复紧急制动 UB 回路故障开关,采用备用制动行车,限速 120 km/h。若采用备用制动依然无法缓解,则请求救援。如图 13-87所示。

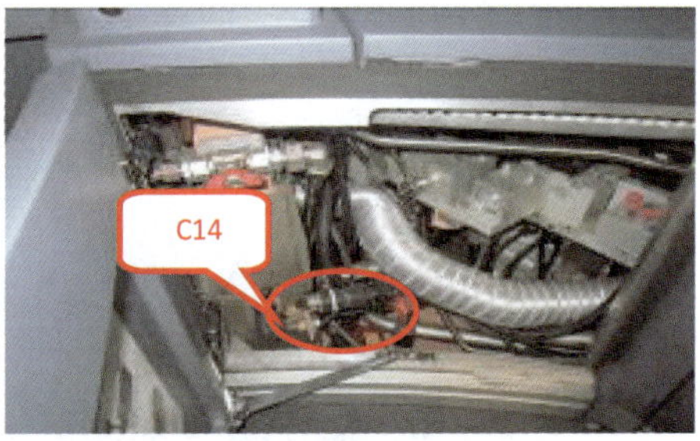

图 13-87 C14 阀

三十九、轴不旋转 68C8、6B0E、6B0C、6B12、19DX(X 代表 1、2、3、4、5、6、7、8)、2F8X(X 代表 1、2、3、4)

1. 现象:轴不旋转触发的最大常用制动。

2. 故障原因:速度传感器故障或轴不旋转。

3. 处理过程:

(1)司机操作:动车组 HMI 屏出现 68C8 故障代码时列车将自动施加最大常用制动。如果 HMI 屏报 6B0E,列车进行自动滚动试验(此时司机禁止施加制动,司机通知随车机械师到故障车监控故障状况),并执行第(2)、(3)步。

(2)司机操作:当 HMI 屏上出现故障代码:6B12(自动滚动试验成功完成),则司机可以继续按照正常速度行车。

(3)司机操作:如果滚动测试不成功,列车停车后按照 HMI 屏上故障代码 6B0C(运行初动测试)提示执行如下测试:

①司机重新启动列车,加速至 40 km/h 开始第二次自动滚动试验测试。

②如果测试成功,HMI 屏上出现故障代码:6B12(自动滚动试验成功完成),则司机可以继续按照正常速度行车。

(4)司机操作:如果未出现滚动测试,或者 HMI 屏上出现故障代码:68C8、19DX(X 代表 1、2、3、4、5、6、7、8),2F8X(X 代表 1,2,3,4,)或 294D、294E、294F、2950,列车会自动停车。报告列车调度员,按相关规定通知随车机械师下车检查。

(5)机械师操作下车检查确认:

①静态检查并确认转向架状态:

a. 检查轮对踏面的状态。检查故障车、故障车轴的车轮踏面是否存在擦伤。

b. 检查故障车车轴电机端盖、联轴节及牵引电机吊装螺栓的状态是否存在异常。

②进行转向架状态的动态检查,检查项点如下:车辆以 5 km/h 运行约 20 m,随车机械师在故障车轴处检查车轴的转动状态是否存在异常。若车轴旋转异常,则立即请求救援。

a. 若是转向架机械故障引起轴不旋转,则按限速表要求,限速运行或请求救援;

b. 如果判断转向架等机械硬件正常,则需进行以下处理。

(6)司机、机械师操作:

①随车机械师上车将故障车电气柜内转向架监测故障开关 43-S12 置“关”位。

②随车机械师将故障车空气制动切除。

③限速 200 km/h 运行。

四十、转向架横向加速度传感器故障(1734、1735、68C5)

1. 现象:HMI 屏显示故障代码为 1734、1735、68C5。故障描述为:横向加速度传感器监控失效。

2. 故障原因:转向架横向加速度传感器故障。

3. 注意事项:司机须在 5 min 内降速到 220 km/h,否则列车将施加最大常用制动。

4. 处理过程:根据故障提示,通知随车机械师在 HMI 屏上确认故障;限速 220 km/h 运行。

第二节　CTCS-3 级列控系统故障处理及案例

一、区间轨道电路故障

(一)C3 控车时

1. 适用范围:C3 级区段。

2. 现象描述:DMI 机车信号显示红黄码,目标速度为零。

3. 操作步骤

(1)列车在尽量靠近区间信号标志牌前停车后,司机按照有关行车办法执行;

(2)如需越过该区间信号标志牌,则选择目视行车模式;

(3)该模式下,司机应根据文本提示及时按下"确定"键。

4. 注意事项:ATP进入目视行车模式后,司机要确保60 s内列车越过区间信号标志牌,若超过60 s才越过,则车载设备触发紧急制动(冒进),司机确认并缓解制动后,选择目视模式并按压"启动"键后行车。

(二)C2控车时

1. 适用范围:C2级、C3级区段。

2. 现象描述:DMI机车信号显示红黄码,目标速度为零。

3. 操作步骤:

(1)列车在靠近区间信号标志牌前停车后,司机按照有关行车办法执行;

(2)如需越过该信号标志牌,则选择目视行车模式;

(3)该模式下,司机应根据语音提示及时按压"警惕"键。

4. 注意事项:在目视模式下,如果司机未及时按下"警惕"键,车载设备输出紧急制动,停车后,司机要先按"警惕"键,再按"缓解"键才能缓解制动。

(三)C2级转C3级不成功

1. 适用范围:C3级区段。

2. 现象描述:越过地面级间转换应答器后,DMI无级间转换文本提示或语音提示。

3. 操作步骤:维持C2控车继续运行,司机向列车调度员报告。

(四)C2控车侧线进站应答器组故障或丢失

1. 适用范围:C2级、C3级区段。

2. 现象描述:侧线接车通过进站应答器组时,DMI显示"应答器信息缺失"或"有源应答器默认",车载设备触发最大常用制动停车。

3. 操作步骤:停车后,司机立即向列车调度员报告,按照运营规则,转目视行车模式或调车模式行车。

4. 注意事项:在目视模式下,如果司机未及时按下"警惕"键,车载设备输出紧急制动,停车后,司机要先按"警惕"键,再按"缓解"键才能缓解制动。

(五)出站信号机故障或发车进路上道岔失去表示、轨道电路非列车占用红光带

1. 列车调度员(车站控制时为车站值班员)通知设备管理单位进行检查处理,在《行车设备检查登记簿》内登记。

2. 设备故障修复,列车调度员(车站控制时为车站值班员)根据设备管理单位的销记,开放出站(发车进路)信号机办理发车。

3. 设备故障暂时无法修复,具备放行列车条件时,列车调度员(车站控制时为车站值班员)根据设备管理单位登记的行车限制条件组织行车。

(1)出站信号机不能开放时:

①出站信号机引导信号能够开放时,在确认第一个闭塞分区空闲(CTCS-3级及信号机常态灭灯的CTCS-2级自动闭塞区间对LKJ或GYK控车的列车和自动站间闭塞区间为确认区间空闲)和发车进路空闲,进路准备妥当后,开放引导信号办理发车。

②出站信号机未设引导信号或引导信号不能开放时,按以下方式办理发车:

在CTCS-3级及信号机常态灭灯的CTCS-2级自动闭塞区段,信号机应点灯,在确认区间空闲和发车进路空闲,进路准备妥当后,列车调度员发布准许进入区间的调度命令,司机凭调

度命令进入区间。装备 LKJ 的动车组列车将列控车载设备隔离，按 LKJ 方式运行至前方站进站信号机（线路所通过信号机），按其显示的要求执行；未装备 LKJ 的动车组列车改按隔离模式运行至前方站进站信号机（线路所通过信号机），按其显示的要求执行；动车组以外的列车按 LKJ（GYK）方式运行，运行至前方站进站信号机（线路所通过信号机），按其显示的要求执行。

在信号机常态点灯的 CTCS-2 级自动闭塞区段，确认第一个闭塞分区空闲（未装备 LKJ 的动车组列车为确认区间空闲）和发车进路空闲，进路准备妥当后，列车调度员发布准许进入区间的调度命令，司机凭调度命令进入区间。装备 LKJ 的动车组列车将列控车载设备隔离，按 LKJ 方式运行，以不超过 40 km/h 的速度运行至区间第一架通过信号机，按其显示的要求执行；未装备 LKJ 的动车组列车改按隔离模式运行至前方站进站信号机（线路所通过信号机），按其显示的要求执行；动车组以外的列车按 LKJ（GYK）方式运行，以不超过 20 km/h 的速度运行至区间第一架通过信号机，按其显示的要求执行。

自动站间闭塞区段，在确认区间空闲后，应停止使用基本闭塞法改按电话闭塞法行车，确认发车进路空闲和进路准备妥当后，发布调度命令，司机凭调度命令进入区间。装备 LKJ 的动车组列车（需将列控车载设备隔离）、动车组以外的列车，按 LKJ（GYK）方式运行至前方站进站信号机（线路所通过信号机），按其显示的要求执行；未装备 LKJ 的动车组列车改按隔离模式运行至前方站进站信号机（线路所通过信号机），按其显示的要求执行。

（2）发车进路信号机不能开放时：

①发车进路信号机能开放引导信号时，在确认发车进路空闲和进路准备妥当后，开放引导信号办理发车。

②列车由车站开往区间，发车进路信号机未设引导信号或引导信号不能开放时，在确认发车进路空闲和进路准备妥当后，列车调度员发布准许越过该信号机的调度命令，司机凭调度命令越过该信号机。装备 LKJ 的动车组列车将列控车载设备隔离，按 LKJ 方式，以不超过 40 km/h 的速度运行至次一信号机前停车，转回列控车载方式控车；未装备 LKJ 的动车组列车改按隔离模式，运行至次一信号机前停车，转回列控车载方式控车；动车组以外的列车按 LKJ（GYK）方式，以不超过 20 km/h 的速度运行至次一信号机，按其显示要求执行。

4. 出站信号机不能开放时，除按规定交付行车凭证外，对通过列车应预告司机。装有进路表示器或发车线路表示器的出站信号机，当该表示器不良时，由列车调度员（车站控制时为车站值班员）通知司机；司机发现表示器不良时，应及时报告列车调度员（车站值班员）。

二、车载设备故障

（一）车载设备上电自检不通过

1. 适用范围：C2 级、C3 级区段。

2. 现象描述：系统上电后，DMI 一直显示“ATP 正在启动，请等待”超过 2 min，没有进入待机模式。

3. 操作步骤：确认启动时驾驶室处于非激活位，重新启动或切换到备用车载设备，并报告列车调度员。

（二）车载设备开机 DMI 显示“制动旁路故障”

1. 适用范围：C2 级、C3 级区段。

2. 现象描述：系统上电后，在进行制动测试时，DMI 显示“制动旁路故障”。

3. 操作步骤：

(1)重新进行制动测试；如果故障仍存在，重启车载设备。增加 CRH3 型车操作制动测试不通过；

(2)确认车辆未施加紧急制动和最大常用制动，重新进行制动测试；

(3)CRH2C 型：确认启动时司机手柄处于 7 级常用制动以下位置，重新进行制动测试。

(三)DMI 黑屏或白屏(包括系统时间不刷新)

1. 适用范围：C2 级、C3 级区段。

2. 现象描述：DMI 黑屏或白屏或系统时间不刷新，车载设备先触发最大常用制动，再触发紧急制动。

3. 操作步骤：CRH2 型车停车后，切换到备用 DMI，重新启动车载设备，并报告列车调度员。

(四)系统故障

1. 适用范围：C2 级、C3 级区段。

2. 现象描述：DMI 显示“ATPCU 故障”、“安全软件故障”、“主机与 DMI 通信中断”等信息，车载设备触发制动。

3. 操作步骤：停车后，重启或切换到备用车载设备，C3 级区段优先选择 C3 运行(如切系，需根据 DMI 提示输入 RBC ID 及电话号码)，并报告列车调度员。

(五)C3 控车时 C2 故障

1. 适用范围：C3 级区段。

2. 现象描述：DMI 显示“CTCS2 故障”，无机车信号及公里标显示。

3. 操作步骤：按确认键确认故障信息，继续运行，并报告列车调度员。

(六)C2 控车时 C2 主机故障

1. 适用范围：C2 级、C3 级区段。

2. 现象描述：DMI 显示“CTCS2 故障”，车载设备触发制动。

3. 操作步骤：停车后，重启或切换到备用车载设备，C3 级区段优先选择 C3 运行(按照 DMI 提示输入 RBC ID 及电话号码)，并报告列车调度员。

(七)BTM 故障

1. 适用范围：C2 级、C3 级区段。

2. 现象描述：DMI 显示“BTM 故障”，车载设备触发最大常用制动。

3. 操作步骤：停车后，重启或切换到备用车载设备，C3 级区段优先选择 C3 运行，并报告列车调度员。

(八)测速测距故障

1. 适用范围：C2 级、C3 级区段。

2. 现象描述：DMI 显示“SDP 故障”和“主机与 DMI 通信中断”，车载设备触发紧急制动。

3. 操作步骤：停车后，重启或切换到备用车载设备，C3 级区段优先选择 C3 运行并报告列车调度员。

（九）列车接口故障

1. 适用范围：C2 级、C3 级区段。

2. 现象描述：DMI 显示“VDX 故障”和“主机与 DMI 通信中断”，车载设备触发紧急制动。

3. 操作步骤：停车后，重启或切换到备用车载设备，C3 级区段优先选择 C3 运行，并报告列车调度员。

（十）C2 控车时 TCR 故障

1. 适用范围：C2 级、C3 级区段。

2. 现象描述：DMI 显示“轨道电路接收模块故障”。

3. 操作步骤：停车后，重启车载设备。如故障仍存在，司机与列车调度员联系，按调度命令行车。

三、其他故障

（一）RBC 故障（地面故障）

1. 适用范围：C3 级区段。

2. 现象描述：DMI 显示与 RBC 连接状态为断开，车载设备输出最大常用制动，当速度降到 C2 允许速度后，经司机确认后切换到 C2 级运行。

3. 操作步骤

（1）司机需在收到等级切换提示后 5 s 内确认；

（2）司机向列车调度员报告。

（二）无线通信故障（地面故障）

1. 适用范围：C3 级区段。

2. 现象描述：DMI 显示与 RBC 连接状态为断开，车载设备输出最大常用制动，当速度降到 C2 允许速度后，自动切换到 C2 级运行。

3. 操作步骤：司机向列车调度员报告。

（三）ATP 触发制动停在分相区列车不能合主断

1. 适用范围：C2 级、C3 级区段。

2. 现象描述：ATP 触发制动停在分相区后，司机确认动车组所用受电弓已经越过无电区，但不能闭合主断，动车组无牵引电压。

3. 操作步骤：得到已越区供电可闭合主断指示后人工闭合主断，重新输入列车数据后选择 C3 目视模式（C3 级区段）或 C2 部分模式（C2 级区段）行车，并向列车调度员报告。

4. 备注：如果 ATP 触发制动后停在无电区，按照相关规定执行。

第三节　非正常行车处理案例

一、区间通过信号机故障应急措施

区间通过信号机（闭塞分区非列车占用红光带）故障暂时无法修复，具备放行列车条件时，根据设备管理单位登记的行车限制条件组织行车。待故障地点（发生两处及以上故障时，为运行方向第一故障地点)前的列车运行至前方站(线路所),对区间内已进入故障地点及尚未经过故障地点的列车,列车调度员确认列车至前方站(线路所)间空闲后,通知列车司机故障闭塞分区起止里程及防护该闭塞分区的通过信号机号码,逐列恢复运行至前方站(线路所),指示后列恢复运行前必须确认前列已完整到达前方站(线路所)。列车恢复运行时,司机在该闭塞分区通过信号机(区间信号标志牌)前停车等候 2 min 后,以遇到障碍能随时停车的速度,最高不超过 20 km/h(动车组列车不超过 40 km/h),越过该闭塞分区,按次一通过信号机显示(列控车载设备显示)运行,司机应加强瞭望。司机在停车等候同时,必须与列车调度员联系,如确认前方闭塞分区内有列车时,不得进入。

二、区间列车占用丢失应急措施

1. 区间列车占用丢失报警或列车调度员(车站值班员)发现及得到区间列车占用丢失信息时,列车调度员(车站值班员)应立即通知已进入区间的后续列车立即停车,再通知占用丢失的列车停车。车站值班员应立即报告列车调度员。

2. 列车调度员(车站值班员)联系占用丢失的列车司机,询问列车位置及现场情况,通知电务部门检查处理,在《行车设备检查登记簿》内登记。

3. 电务部门未销记确认可以放行列车前,不得再向该区间放行列车。

4. 设备故障修复,列车调度员根据电务部门的销记,通知有关列车司机恢复正常行车。

5. 设备故障暂时无法修复,占用丢失的列车运行无异常,具备放行列车条件时,根据电务部门登记的行车限制条件组织行车。对已进入区间的占用丢失的列车和后续列车,列车调度员确认列车至前方站(线路所)间空闲后,通知司机逐列恢复运行,指示后列恢复运行前必须确认前列已完整到达前方站(线路所)。司机按信号显示运行,逐列运行至前方站(线路所)。区间空闲后,按站间组织行车。

三、GSM-R 故障应急措施

1. 列车调度员(车站值班员)得到 GSM-R 故障的报告后,应立即通知通信部门检查处理,在《行车设备检查登记簿》内登记。车站值班员接到报告后应及时报告列车调度员,列车调度员报告调度所值班主任(值班副主任)。

2. 根据通信部门在《行车设备检查登记簿》内登记的停用内容、影响范围及行车限制条件,按下列规定办理:

(1)GSM-R 故障导致 CTCS-3 级降为 CTCS-2 级时,按 CTCS-2 级行车。

(2)影响调度命令无线传送功能时,向司机发布的调度命令,按规定采用列车无线调度通信设备发布、转达或采用人工书面交递方式。

(3)遇无进路预告信息,司机须报告列车调度员(车站值班员),列车由正线通过改为侧线接车时,列车调度员(车站控制时为车站值班员)应提前预告司机。

3. 设备故障修复后,列车调度员(车站值班员)根据通信部门在《行车设备检查登记簿》内的销记,恢复设备正常使用。

四、机车综合无线通信设备故障应急措施

1. 司机报告列车调度员(车站值班员),车站值班员报告列车调度员。

(1)影响调度命令无线传送功能时,向司机发布的调度命令,按规定采用列车无线调度通

信设备发布、转达或采用人工书面交递方式。

(2)遇无进路预告信息，司机须报告列车调度员(车站值班员)，列车由正线通过改为侧线接车时，列车调度员(车站控制时为车站值班员)应提前预告司机。

(3)机车综合无线通信设备不能通话时，司机应立即使用 GSM-R 手持终端报告列车调度员(车站值班员)。如 GSM-R 手持终端也不能进行通话时，司机应在前方站停车报告；机车综合无线通信设备或 GSM-R 手持终端修复(更换)后，方准继续运行。

2. 设备故障修复后，恢复设备正常使用。

五、接触网停电应急措施

遇接触网停电时，司机应立即停车并降弓，报告列车调度员(车站值班员)停车原因及停车位置，通知随车机械师(车辆乘务员)、列车长，车站值班员报告列车调度员。供电调度员发现接触网停电时，应立即确认停电范围并通知列车调度员。

列车调度员(车站值班员)接到接触网停电的报告后，应立即扣停未进入停电区域的相关列车，对已进入停电区域的列车应通知司机停车。列车调度员并立即通知供电调度员确认停电范围，通知供电部门检查处理，在 CTC 上设置停电标识。

六、接触网上挂有异物应急措施

司机在运行中发现本线或邻线接触网上挂有异物时，应立即采取措施并向列车调度员(车站值班员)汇报异物情况和故障地点，列车调度员(车站值班员)及时通知供电部门检查处理，在《行车设备检查登记簿》内登记，车站值班员报告列车调度员。列车调度员转报供电调度员。

本线挂有异物时，如异物情况不影响行车，司机按正常行车方式通过。本线降弓可以通过时，司机按降弓方式通过该地点，列车调度员向该线后续列车发布限速 160 km/h 降弓通过故障地点的调度命令(不设置列控限速)，限速降弓位置原则上按司机汇报故障地点前后各 2 km 确定。不能降弓通过时司机应立即停车并报告，列车调度员(车站值班员)应立即通知本线后续列车停车，不得再向该区间放行列车。

邻线挂有异物时，如司机汇报邻线异物不能降弓通过，列车调度员(车站值班员)应立即通知邻线尚未经过该地点的列车停车，不得再向邻线该区间放行列车。如司机汇报邻线异物可降弓通过或异物情况不影响行车，邻线按《技规》第 388 条规定执行。

如司机汇报不能确定异物是否影响邻线行车，列车调度员应立即向邻线尚未经过该地点的首列列车司机发布口头指示限速 80 km/h 注意运行，限速位置原则上按司机汇报故障地点前后各 2 km 确定。司机应注意观察接触网设备状态。

七、受电弓挂有异物应急措施

列车运行途中，司机接到受电弓挂有异物通知时，应立即降弓、停车，向列车调度员(车站值班员)报告，车站值班员报告列车调度员。需下车检查或登顶作业时，司机(动车组列车为随车机械师通过司机)及时向列车调度员提出请求。

列车调度员(车站值班员)得到报告后，应立即通知区间内后续列车停车，不得再向该区间放行列车。列车调度员根据下车检查或登顶作业的请求，发布邻线列车限速 160 km/h 及以下调度命令;需登顶作业时,列车调度员还应通知该供电臂内的列车停车并降弓,与供电调度员办理接触网停电手续,得到供电调度员接触网已停电的通知后,发布准许登顶作业的调度命令。

司机在接到邻线列车限速 160 km/h 及以下调度命令已发布的口头指示后,下车检查(动车组列车为司机通知随车机械师下车检查)。司机根据准许登顶作业的调度命令和邻线列车限速 160 km/h 及以下调度命令已发布的口头指示登顶作业(动车组列车为司机通知随车机械师登顶作业)。

异物处理完毕后,司机应报告列车调度员,列车调度员与供电调度员办理接触网送电手续,通知该停电供电臂内的列车升起受电弓,取消邻线限速,恢复正常行车。需限速运行时,司机(动车组列车根据随车机械师的通知)限速运行。

八、运行途中自动降弓应急措施

列车在运行途中,因不明原因降弓,司机应立即切断主断路器并停车,同时查看降弓地点公里标,向列车调度员(车站值班员)报告,车站值班员报告列车调度员。列车调度员(车站值班员)应立即通知区间内后续列车停车,不再向该区间放行列车,列车调度员将降弓情况转报供电调度员。动车组列车随车机械师应根据故障信息记录,及时向司机反馈故障发生时间等信息,由司机报告列车调度员,列车调度员及时转报供电调度员。

列车调度员根据司机(动车组列车为随车机械师通过司机提出的)下车检查或登顶作业的请求,发布邻线列车限速 160 km/h 及以下调度命令;需登顶作业时,列车调度员还应通知该供电臂内的列车停车并降弓,与供电调度员办理接触网停电手续,得到供电调度员接触网已停电的通知后,发布准许登顶作业的调度命令。

司机在接到邻线列车限速 160 km/h 及以下调度命令已发布的口头指示后,下车检查(动车组列车为司机通知随车机械师下车检查)。司机根据准许登顶作业的调度命令和邻线列车限速 160 km/h 及以下调度命令已发布的口头指示登顶作业(动车组列车为司机通知随车机械师登顶作业)。

经检查处理,列车恢复运行后,司机应立即报告列车调度员,列车调度员应立即向本线尚未经过该地点的首列列车发布口头指示限速 80 km/h 注意运行,限速位置原则上按司机汇报故障地点前后各 2 km 确定。司机应注意观察接触网设备状态,发现影响行车异常情况时应立即停车并向列车调度员报告,列车调度员立即通知尚未经过异常地点的后续列车停车,不再向该区间放行列车,并立即通知供电部门检查处理,列车调度员按供电部门登记的行车限制条件组织行车。无异常时,司机在通过限速地点后立即向列车调度员报告,列车调度员根据司机确认无异常的报告组织后续列车正常运行。

九、列车被迫停车后的应急措施

列车在区间被迫停车不能继续运行时,司机应立即使用列车无线调度通信设备通知列车调度员(两端站)及随车机械师(车辆乘务员),报告停车原因和停车位置,根据需要迅速请求救援。

1. 随车机械师(车辆乘务员)、客运乘务组均应听从司机指挥,处理有关行车、列车防护和事故救援等事宜。

2. 列车调度员(车站值班员)接到司机通知后,应将区间内列车运行情况通知司机,并立即使用列车无线调度通信设备通知区间内后续列车停车，在停车原因消除前不得再向区间内放行列车。

3. 对已请求救援的列车，不得再行移动，并按规定对列车进行防护。

4. 列车在区间被迫停车后，应保证就地制动，防止列车溜逸。如遇自动制动机故障，动车组以外的旅客列车司机应通知车辆乘务员立即组织列车乘务人员拧紧全列人力制动机；其他列车司机应立即采取安全措施，并向列车调度员报告。

5. 需要防护时，列车前方由司机负责，列车后方由随车机械师（车辆乘务员）负责，配备列车防护报警装置的列车应首先使用列车防护报警装置进行防护。单班单司机值乘的列车防护作业办法由各铁路局规定。

列车被迫停车可能妨碍邻线时，司机应立即使用列车无线调度通信设备通知邻线上运行的列车和列车调度员（两端站），与随车机械师（车辆乘务员）分别在列车头部或尾部附近对邻线来车方向短路轨道电路，配备列车防护报警装置的列车应首先使用列车防护报警装置进行防护。司机应亲自或指派人员沿邻线一侧对列车进行检查，发现妨碍邻线时，应立即报告列车调度员（两端站）。如发现邻线有列车开来时，应鸣示紧急停车信号。列车调度员（车站值班员）接到列车被迫停车可能妨碍邻线的通知后，应立即通知邻线有关列车停车，在原因消除前不得向邻线放行列车。

单班单司机值乘的列车防护作业办法由各铁路局规定。

十、列车在区间退行应急措施

1. 在不得已情况下，列车必须在区间退行时，列车调度员须扣停后续列车，并确认退行距离内的闭塞分区空闲后通知司机允许退行。随车机械师（车辆乘务员）或指派的胜任人员应站在列车尾部注视运行前方，发现危及行车或人身安全时，应立即使用紧急制动装置（紧急制动阀）或通知司机，使列车停车。列车退行速度不得超过 15 km/h。

2. 列车若需退行至站内，列车调度员还应确认列车至后方站间已空闲。列车调度员（车站控制时为车站值班员）根据线路占用情况，可开放进站信号机或按引导办法将列车接入站内。动车组列车若需退行至站内，列车调度员应发布调度命令。

3. 动车组列车退行时，改按隔离模式退行。

4. 在降雾、暴风雨雪及其他不良条件下，难以辨认信号时，列车不准退行。

第四节　典　型　案　例

一、制动试验不能通过造成临时换车案例

1. 案例经过

CRH380B 型动车组担当值乘任务，司机开始进行制动机试验，HMI 屏故障信息提示“1、8 车气体大的 BP 泄漏，代码 1913”，司机立即通知机械师、地勤及厂家人员处理故障。在此期间 HMI 屏又显示“1、8 车间接制动有问题，代码 191A”。司机按机械师指示继续做完制动试验，制动试验完毕，制动信息显示 1、5、8 车没有制动有效率，司机及时通知机械师并报告列车调度员。列车调度员通知司机更换热备动车组担当其后续交路。

2. 处理程序

(1)制动试验中发生故障后及时将故障情况汇报调度员、通知随车机械师,并保持通信畅通。

(2)HMI 屏显示故障代码 1913,故障描述为:大的 BP 泄漏。

(3)故障报告为:大的制动管泄漏自动制动测试中断在制动管气密性试验过程中,制动管压力每分钟下降超过 0.6 kPa。

(4)故障处理提示为:完成部分菜单引导制动测试 MBT:“BP 气密性试验”如图 13-88所示,如果 BP 的压力在 1 min 之内下降超过 0.6 kPa,通知控制中心动车组无法运行,要求援助机车。如果 BP 的压力在 1 min 之内下降低于 60 kPa(0.6 bar),没有进一步测量的必要。

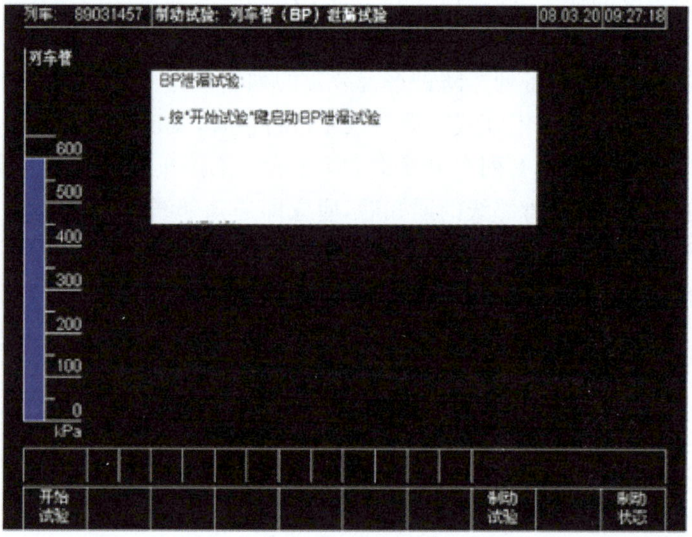

图 13-88　制动试验界面

二、司机室 HMI 屏故障处理案例

1. 案例经过

CRH380B(L)型动车组担当值乘任务,司机到达上行端(16 车端)按规定程序进行占用司机室作业,发现 16 车右侧 HMI 屏黑屏,司机立即通知随车机械师并报告列车调度员。经随车机械师处理无效,要求维持运行,并在司机手账签字:16 车右侧 HMI 屏黑屏,维持运行。机械师:张三。

2. 现象:司机室单个 HMI 黑屏或显示“无配置数据”等。

3. 原因:HMI 显示屏和 CCU 通信故障。

4. 注意事项

(1)用另一个 HMI 根据动车组运行功能需要,来实现两个 HMI 的功能。

(2)HMI 空开复位操作,每次的间隔时间必须 3 min 以上,左屏故障断开 42-F01,右屏故障断开 42-F02,禁止单个显示屏故障时,将两个空开同时断开。

5. 处理程序

(1)维持运行,直至动车组终到站。

（2）如果左 HMI 显示屏故障，随车机械师在司机室右侧故障开关面板上将 CCU 开关打到“1 关”位置，再打到“正常”位置。如果右 HMI 显示屏故障，随车机械师在司机室右侧故障开关面板上将 CCU 开关打到“2 关”位置，再打到“正常”位置。如图 13-89 所示。

（3）如果无效，将观光区右侧控制柜内故障 HMI 屏的空开断开 1 min 后闭合（左屏为 42-F01、右屏为 42-F02），如图 13-90 所示。

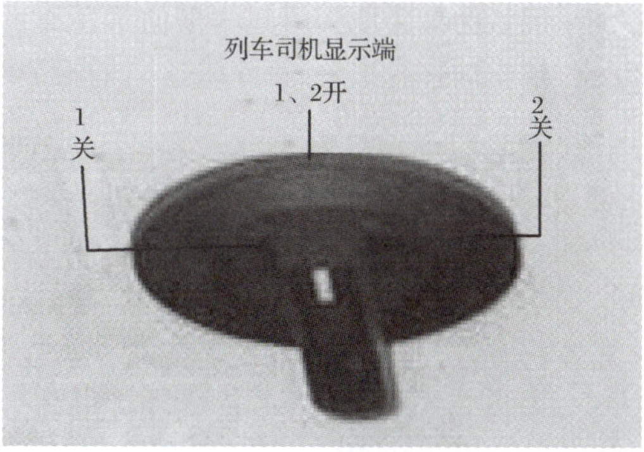

图 13-89　CCU 故障转换开关

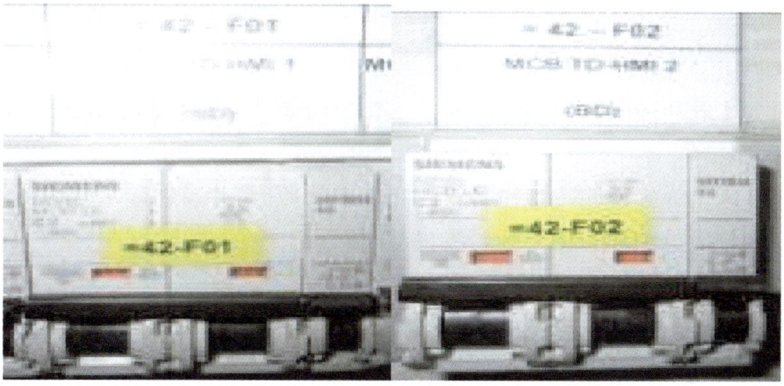

图 13-90　HMI 屏故障开关 42-F01、42-F02

三、横向加速度监控报警造成车载设备常用制动案例

1. 案例经过

CRH380B 型动车组担当值乘任务，列车以 289 km/h 的速度运行至某处，HMI 屏突然显示：运行稳定检测强制制动，故障代码：68C9。横向加速度监控报警，故障代码：6B1A，并触发常用制动，故障限速：280 km/h。司机立即将故障情况报告列车调度员并通知随车机械师。

当列车降速至 230 km/h 时，列车自动缓解，故障消失，司机立即将故障处理情况汇报列车调度员，恢复正常运行。

2. 处理程序

（1）要求：运行中发生故障后及时将故障情况汇报调度员，通知随车机械师，并保持通信畅通。

（2）现象：HMI 屏显示故障代码为 1737、68C9，故障描述为：横向加速度监控报警，触发常用制动。

（3）故障原因：横向加速度超限。

（4）行车：维持运行。

HMI 上显示故障代码 1737、68C9。若第一次发生横向加速度警报，最高速度将临时限制在 280 km/h 达 120 s；若在 300 km 内发生两次横向加速度警报，最高速度将一直被限制在 280 km/h；如果最高速度持续被限制在 280 km/h 后，300 km 之内又发生 2 次新的横向加速度警报，那么最高速度将一直被限制在 220 km/h。

如果确认为线路原因引起的横向加速度报警，驶出该区段后，在 HMI 显示屏紧急页面，按 4 复位横向加速度报警，解除限速。如不是线路问题，维持运行。如图 13-91 所示。

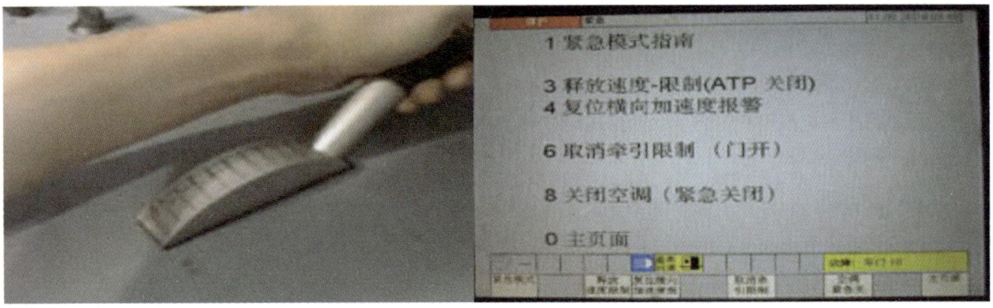

图 13-91　横向加速度处理方法及 HMI 显示

3. 注意事项

(1)动车组发生此故障时，司机应立即将牵引手柄回至零位(警示音会与 ASD 报警音重叠)，无须采取停车措施。

(2)向列车调度员详细说明车载设备报故障的具体原因，并通知随车机械师。

(3)立即通知调度员和随车机械师，并将故障信息记录在司机手账中。

(4)及时反馈信息，并寻求远程技术支持。

(5)故障处理完毕后及时汇报调度员汇报情况。

(6)处理过程中，司机应注意 ASD 使用，避免 ASD 动作。

四、ATP 故障停于分相区前退行处理案例

1. 案例经过

CRH380B(L)型动车组担当值乘任务，列车以 290 km/h 速度正常运行中，ATP 突然“黑屏”并触发紧急制动，由于前方有分相，司机立即手动断开列车主断路器。列车停于某处，网压显示正常。随车机械师通知司机将 ATP 倒系处理，司机进行倒系操作后重新闭合列车主断路器正常。司机与随车机械师共同确认，列车不具备通过分相条件。司机将情况汇报列车调度员，列车调度员发布准许退行的调度命令。司机指挥随车机械师到尾部司机室进行瞭望，开始进行退行。

2. 处理程序

(1)要求：运行中发生 ATP 故障后及时将故障情况汇报调度员并询问区间线路情况，通知随车机械师，并保持通信畅通。

(2)ATP 突然黑屏(死机)并触发紧急制动时遇电分相区，应使用手动过分相。

(3)动车组因故在分相绝缘区“断”电标前停车，司机判断列车满足通过分相绝缘区条件时，必须使用手动过分相。

①司机与机械师共同确认动车组不能闯分相区，向列车调度员汇报情况。

②列车调度员发布允许隔离 ATP 退行的调度命令后，司机指挥随车机械师携带良好的通信设备到尾车司机室瞭望，随车机械师到达后通知司机。

③司机应将 ATP 设置为隔离模式。

④换向开关置于后退位，退行速度不得超过 10 km/h，最远退行距离不得超过 500 m。退

行过程中，司机通过车载设备显示确认退行距离(不能显示时，退行距离不超过 10 个接触网支柱)。随车机械师要对线路区域内加强瞭望，发现危及行车安全时，立即通知司机停车，用语为："×××次司机停车"。当瞭望距离不足 100 m 时，不得退行，应采取换端牵引方式。

3. 注意事项

(1)动车组发生故障时，司机应立即通知调度员和随车机械师，并将故障信息、代码记录在司机手账中。

(2)将处理时间节点记录于司机手账中。

(3)及时反馈信息，并寻求远程技术支持。

(4)故障处理完毕后及时汇报调度员并询问区间占用情况。

(5)启动列车前应充分考虑停车地点的线路纵断面、前方分相位置。

(6)使用 ATP 控车非完全监控模式运行至分相区时，必须手动断电。进入完全监控模式后，第一分相注意断电状态，做好手动防护。

(7)停于分相区司机与随车机械师共同确认受电弓处于分相区的位置后，机械师通知司机操作升起的受电弓。

(8)闯分相必须保证动车组头部距离"断"电标有足够的加速距离。

五、ATP 故障停于分相区内处理案例

1. 案例经过

CRH380B(L)型动车组担当值乘任务，列车以 290 km/h 速度运行至某处，ATP 突然"黑屏"并触发紧急制动，由于前方有分相，司机立即手动断开列车主断路器。列车停于停车后，网压显示正常。司机与随车机械师共同确认，列车不具备通过分相条件。随车机械师通知司机倒系处理，司机进行倒系操纵后重新闭合列车主断路器不能闭合。随车机械师通知司机进行 ATP 断电处理，司机进行操作后重新闭合列车主断路器仍然不能闭合。

2. 处理程序

(1)要求：运行中发生故障后及时将故障情况汇报调度员并询问区间线路情况，通知随车机械师，并保持通信畅通。

(2)停车后停于分相区时，司机立即断电、降弓，汇报调度员停车具体公里数及通知随车机械师。

(3)接到列车调度员已发布邻线列车限速调度命令或邻线列车已扣停的口头指示后，通知随车机械师下车检查确认动车组受电弓位置。

(4)随车机械师经检查确认受电弓在分相区的位置后，汇报调度员。由列车调度、供电调度、动车司机调度根据动车组类型、停车位置、牵引供电设备状况，共同确定采用换弓、退行闯分相、向接触网无电区送电或开行救援列车等方案。

如升起的受电弓已通过无电区尚未越过"合"电标时，司机确认网压正常后，通知调度员，采取升一个受电弓的方式，牵引动车组驶离分相区后停车恢复切除受电弓及根据调度命令恢复 ATP 正常控车模式。

(5)如升起的一个受电弓主断路器不能闭合[CRH380B(L)型动车组强制闭合主断操作：闭合主断路器，同时按下司机操作台右上角"手动过分相区"背光按钮至少 2 s，直到背光按钮熄灭]，如强制仍不能闭合时，汇报调度员发令将 ATP 隔离后再闭合主断路器，如还不能闭合时，通知随车机械师做断蓄电池大复位[CRH380B(L)型动车组大复位时，全列车门处于"释

放”状态，需要列车长组织工作人员对车门进行看护]。

3. 注意事项

(1)动车组发生故障时，司机应立即通知调度员和随车机械师，并将故障信息、代码记录在司机手账中。

(2)将处理时间节点记录于司机手账中。

(3)及时反馈信息，并寻求远程技术支持。

(4)故障处理完毕后及时汇报调度员并询问区间占用情况。

(5)遇前方有分相区时，必须手动断电。进入完全监控模式后，第一分相注意断电状态，做好手动防护。

(6)停于分相区必须随车机械师下车确认受电弓处于分相区的位置后，通知司机操作升起的受电弓。

(7)闯分相必须保证动车组头部距离分相“断”电标有足够的加速距离。

(8)ATP 操作隔离模式必须汇报调度员并发布调度命令。

(9)CRH380B(L)型动车组强制闭合主断操作：闭合主断路器，同时按下司机操作台右上角“手动过分相区”背光按钮至少 3 s，直到背光按钮熄灭。如图 13-92 所示。

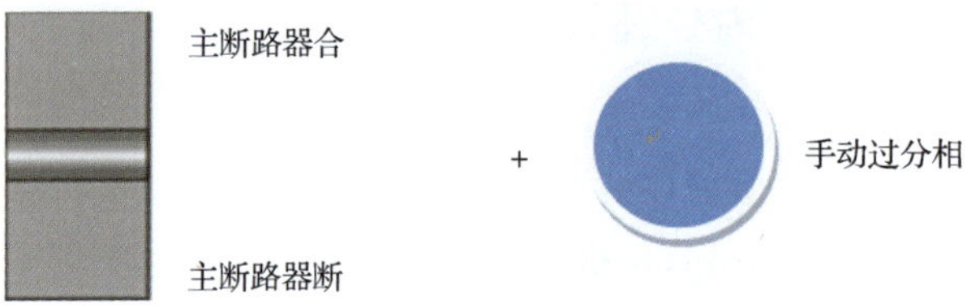

图 13-92 CRH380B(L)型动车组强制闭合主断路器操作

复习思考题

1. CRH380B(L)型动车组如何查看故障信息提示及显示屏截屏操作？
2. CRH380B(L)型动车组关电池复位如何操作？
3. 列车在区间被迫停车如何处理？